国家社科基金
后期资助项目
GUOJIA SHEKE JIJIN HOUQI ZIZHU XIANGMU

# 风险社会的媒体传播研究：社会建构论的视角

## The Study on Media Communication of Risk Society:A Social Constructivism Perspective

郭小平 著

学习出版社

**图书在版编目（CIP）数据**

风险社会的媒体传播研究：社会建构论的视角/郭小平著.
－北京：学习出版社，2013.6
（国家社科基金后期资助项目）
ISBN 978 - 7 - 5147 - 0325 - 2

Ⅰ.①风…　Ⅱ.①郭…　Ⅲ.①传播媒介 - 研究 - 中国　Ⅳ.①G219.2

中国版本图书馆 CIP 数据核字（2013）第 030493 号

## 风险社会的媒体传播研究

FENGXIANSHEHUI DE MEITICHUANBO YANJIU
——社会建构论的视角

郭小平　著

责任编辑：李　岩　关宵寅
技术编辑：王晓勇
封面设计：杨　洪

出版发行：学习出版社
　　　　　北京市崇外大街 11 号新成文化大厦 B 座 11 层（100062）
　　　　　010 - 66063020　010 - 66061634
网　　址：http://www.xuexiph.cn
经　　销：新华书店
印　　刷：北京市密东印刷有限公司

开　　本：710 毫米 × 1000 毫米　1/16
印　　张：26
字　　数：436 千字
版次印次：2013 年 6 月第 1 版　2013 年 6 月第 1 次印刷

书　　号：ISBN 978 - 7 - 5147 - 0325 - 2
定　　价：52.00 元

# 国家社科基金后期资助项目

# 出 版 说 明

后期资助项目是国家社科基金设立的一类重要项目，旨在鼓励广大社科研究者潜心治学，支持基础研究多出优秀成果。它是经过严格评审，从接近完成的科研成果中遴选立项的。为扩大后期资助项目的影响，更好地推动学术发展，促进成果转化，全国哲学社会科学规划办公室按照"统一设计、统一标识、统一版式、形成系列"的总体要求，组织出版国家社科基金后期资助项目成果。

全国哲学社会科学规划办公室

# 目　　录

# Contents

# 导　论

现代化进程中的科技与决策风险直接促使风险社会理论的诞生，全球化的风险事件、风险报道以及风险社会学研究的深入，直接催生了风险传播研究。置身于"传播与现代性"的复杂理论背景下，风险传播嵌入人类整体的命运思考之中。

## 一、风险传播研究的现状与评析

风险传播研究从早期关注单一的"外部风险"报道逐渐转向聚焦现代化进程中的"内部风险"报道。社会学、心理学、政治学以及文化学等学科为风险传播研究提供跨学科的理论资源。

### （一）国内外"风险传播"的研究现状

1. 风险传播研究在国外的发展

社会沟通意义上的"风险传播"（即"风险沟通"）研究始于 Starr 在 1969 年的研究[①]。20 世纪 80 年代，高科技技术应用的不确定性引发环境、公共安全和健康问题，引起公众与学界对风险议题的关注。其后，Slovic、Douglas、Wildavsky 等研究者开始考虑将个体的价值观、社会等因素纳入风险研究。风险议题关涉风险规制、议程设置与媒体沟通。研究者们开始注意到，风险论述不再被专家与管理者所掌控，风险论述被社会运动、大众传媒与公众所重塑。风险争议的冲突性、戏剧性与公共性，赋予风险议题极大的新闻价值，成为重要的媒介议题。媒体不仅传递与分享风险信息，还建构风险议题和设置风险议程。

20 世纪 80 年代至 2000 年前后，欧美的研究逐渐扩大到其他形式的"社

---

① Starr, C. , 1969: "Social benefit versus technological risk", *Science*, 165: 1232 – 1238.

会风险",包括"社会不公平风险"(如贫困、失业和犯罪)、环境与技术风险(如核泄漏、臭氧层破坏、水污染、基因与克隆技术等),以及公共健康风险(如食品和药品安全、传染疾病、癌症和艾滋病等)。这些研究认为,社会风险"一般由社会产生而不是由自然决定的",并强调过去的风险主要由自然事件引发,而当今的风险(自工业革命以来)主要是人为和技术发展的结果①。其中,针对风险问题的直觉与分析、反应过度与风险忽略、风险议程与全球政治、风险决策与代际正义②,都是现代传媒进行反思性监控的重要议题。风险报道与沟通实践的发展,直接促进了风险传播的研究。

20世纪80年代中期,"风险传播"(risk communication)一词出现在英文中并逐渐进入传播学研究领域。近年来,传播学者开始关注贝克的风险社会理论,并尝试与之对话。早在1997年7月,以系统提出"风险社会"学说而闻名的德国社会学家贝克,受邀参加在英国Cardiff大学举办的、主题为"传媒、风险与环境"的会议。西方新闻传播学界对核泄漏、转基因食品、生物多样性、磁辐射、纳米技术、恐怖主义、传染性疾病、环境与气候恶化等风险报道的关注,促进了风险传播研究的深入发展。在风险报道中,风险议题的演变不是一个更替的过程,而是一个累积、叠加的过程。风险论述(risk discourse)从单一的核能议题到全球环境、生物科技问题的演进,从专家垄断风险计算、评估到公众参与风险沟通,最后转变为更开放的风险论述与社会建构。

西方学界对媒体"风险传播"的研究主要集中在以下几个领域:

(1)风险传播的效果研究。媒体报道如何影响受众的风险感知、风险论争、风险判断以及社会舆论等,受到研究者的关注③。这主要运用心理测量等认知心理学研究方法,研究媒体的风险报道如何影响受众的风险认知与接纳,受众的风险感知与专家科技风险论述的差异,又是如何促进有效的风险沟通。Wåhlberg和Sjöberg(2000)认为,公众的风险认知被大量的新闻报道与信息的逼真性所形塑④。其中,风险的社会强化或

---

① Johnson,B. and V. Covello (eds),1987:*The Social and Cultural Construction of Risk:Essays on Risk Selection and Perception*. Boston:Reidel.

② 〔美〕凯斯·R. 桑斯坦:《最差的情形》,刘坤轮译,中国人民大学出版社2010年版。

③ Mazur,A.,1981:"Media coverage and public opinion on scientific controversies",*Journal of Communication*,31:106 – 115. Coleman,C. L. (1993). The influence of mass media and interpersonal communication on societal and personal risk judgments. Communication Research,20:611 –628.

④ Wåhlberg,Anders & Sjöberg,Lennnart,2000:"Risk perception and the media",*Journal of Risk Research*,3(1):31.

弱化效应受到研究者关注①。Renn（1992）认为，风险经由大众传媒报道已经直接影响受众的风险感知，引发一系列文化和经济后果以及个人和集体的反应②。Kitzinger 与 Reilly（1997）指出，媒体经常夸大较小的风险，但在另外的报道中又忽视严重的风险后果③。风险的社会放大效应（social amplification of risk）与"群体极化"（group polarization）心理影响媒体报道与公众认知④。这些研究就公众与媒介对某种风险的过度反应作出部分解释。

　　（2）由媒体的风险放大引发研究者对新闻理论的反思。风险的社会强化或弱化效应，使研究者陷入一种理论的困境：大众传媒是夸大还是忽视了某些社会风险？我们有充分的、客观的标准进行比较吗？⑤ 新闻学中的"客观性"理念，面临风险的"不确定性"与"争议性"的挑战。Eleanor、Endreny 与 Phyllis 从新闻建构社会真实的角度，采用定量分析方法，运用框架理论，发现环境新闻中媒体建构风险的特征⑥。Vaughan 与 Seifert（1992）认为，人们对风险的态度不仅有赖于风险是用严格的、科学的、统计学的措辞来描述，还受制于媒介对"不确定性的"经济、科技、健康、环境与决策风险的形塑⑦。"恐怖主义与电视传播"的复杂勾连集中体现了新闻伦理的困境。布丽吉特·纳科斯（Brigitte Nacos）认为，如果说恐怖主义的暴力往往是为了引起公众的关注、得到认同、获得尊重与合法性，媒体则间接充当了"恐怖主义的氧气"⑧。风险报道的

　　① Breakwell, G. M. Barnett, J. , 2001: "*The impact of social amplification of risk on risk communication.*" Surrey University for HSE Books.

　　② Ortwin Renn, 1992: "The Social Amplification of Risk: Theoretical Foundations and Empirical Applications", *Journal of Social Issues*. 48(4):137.

　　③ Kitzinger, Jenny & Reilly, J. , 1997: The Rise and Fall of Risk Reporting: Media Coverage of Human Genetics Research, "False Memory Syndrome" and "Mad Cow Disease", *European Journal of Communication*. 12(3):319.

　　④ 〔英〕谢尔顿·克里姆斯基、多米尼克·戈尔丁：《风险的社会理论学说》，徐元玲、孟毓焕等译，北京出版社 2005 年版。

　　⑤ Fog, Agner, 2001: Mass Media and Democracy Crises: A Search for Causality across Paradigms, paper presented at the 5th Annual IACR Conference, held at Roskilde University, Denmark, Friday 17 to Sunday 19 August 2001.

　　⑥ Simon Cottle, 1998: Ulrich Beck, "Risk Society" and the Media: A Catastrophic View? European Journal of Communication. 13:5 – 32.

　　⑦ Vaughan, Elaine & Seifert, M. , 1992: "Variability in the Framing of Risk Issues", *Journal of Social Issues*, 48(4):119.

　　⑧ Brigitter Nacos, 2002: Mass – mediaed Terrorism: The Central Role of the Media in Terrorism and Counterterrorism. New York: Columbia University Press, pp. 12.

伦理平衡，使恐怖分子得到更大的话语空间，从而使媒体陷入两难境地。

（3）媒体的风险呈现与沟通研究。一些学者研究大众传媒对疯牛病、非典、食品安全、生态环境、艾滋病、核设施选址等风险报道，分析媒体如何再现风险①。Singer 等学者认为大众媒体是风险社会的"准专家机制"（quasi - expert mechanism）②。媒体在公众的个人安全感知和技术描述的鸿沟上建立沟通的桥梁十分必要。如果那些有告知责任的组织忽视或者否认风险的存在，这必然导致"信息真空"的产生。公众、媒体与草根组织将会从其他渠道寻求消息源以填充信息真空，风险争议与冲突常常被放大。Powell 与 Leiss （1997）指出，英国政府与媒体对疯牛病的处理就是一个很好的例证，即先前被专家极力否认的问题逐渐发展成为普遍的心理焦虑与社会恐慌，最终迫使社会花费更多的人力与财力去解风险问题③。Paul R. Ward 研究了食品与营养报道中的风险、信任与不确定性④，Julie Doyle 关注媒介对气候暖化与核能风险的重塑⑤，Darrick Evensen 与 Christopher Clarke 则发现专家常常忽视医疗报道在风险沟通中的价值⑥。

（4）风险传播的话语权及其"亚政治"研究。有些研究穿梭于风险社会学与越轨社会学之间，关注风险报道背后的议程设定与风险定义的权力关系，强调"危险是一种社会建构"、"谁能够定义判定越轨和危险的标准，谁就能在社会权力机构中奠定重要的地位"⑦。风险定义的竞争

---

① Rubin,D. M. ,1987:"How the news media reported on Three Mile Island and Chernobyl",*Journal of Communication*,37(3):42 - 57. Blood R. W. & Holland K. ,2004:"Risky news,madness and public crisis:A case study of the reporting and portrayal of mental health and illness in the Australian press", *Journalism*,5(3):323 - 342. Gamson,W. A. ,& Modigliani,A. ,1989:"Media discourse and public opinion on nuclear power:A constructionist approach",*American Journal of Sociology*,95 (1):1 - 37.

② Singer,Eleanor,& Endreny,Phyllis M. ,1993:*Reporting on Risk*. New York:Russel Sage Foundation.

③ Powell,Douglas & Leiss,William,1997:*Mad Cows and Mother's Milk:The Perils of Poor Risk Communication*. McGill - Queen's University Press.

④ Paul R. Ward,Julie Henderson,John Coveney & Samantha Meyer,2011:How do South Australian consumers negotiate and respond to information in the media about food and nutrition. The importance of risk,trust and uncertainty. Journal of Sociology,7:1 - 19.

⑤ Julie Doyle,2011:Acclimatizing nuclear? Climate change,nuclear power and the reframing of risk in the UK news media. International Communication Gazette,73(1 - 2) 107 - 125. John Sonnett, 2010:Climates of risk:A field analysis of global climate change in US media discourse,1997 - 2004. Public Understanding of Science,19(6):698 - 716.

⑥ Darrick Evensen & Christopher Clarke, 2011:Efficacy Information in Media Coverage of Infectious Disease Risks:An Ill Predicament? Science Communication, 33 (3):1 - 27.

⑦ Foucault,Michel,1980:Power/Knowledge. Brighton:Harvester Press. Ben - Yehuda,Nachman, 1990:The Politics and Morality of Deviance. Albany:SUNY Press.

非常适合被称为"社会问题市场"（social problems marketplace）①，媒体通过占有议题设定权（issue ownership）②获得权力与影响力。其中，极少数的研究也涉及传媒在风险治理中的作用。在他们看来，新媒体传播远远超过传统沟通策略所能控制的程度③。媒体传播不仅支持风险沟通，还是危机管理整体中的重要部分，因为化解、驯服、控制风险的前提是获知相关的风险知识或风险信息④。

2. 风险传播研究在我国的兴起与发展

（1）中国港澳台地区有关"风险传播"的研究。香港、澳门地区学者对风险传播的研究，集中体现在《中国传媒报告》（2006 年第 1 期）上刊登的"媒体，危机和非典型性肺炎"专论，包括《瘟疫，传染病以及病原体：全球医疗卫生危机新闻报导中的伦理含意》（李·威尔金斯）、《处于全球及本土之间：网络新闻对非典危机的"全球本地化"报道》（李月莲）、《理性思考与信息处理：一个"非典"行为的预测模型》（郭中实、张荣显、沈菲）、《西方为首的新闻媒体对中国和越南"非典"报导的案例分析》（黄煜、梁子微）。其中，有些文章运用媒体和风险的理论框架来分析非典型性肺炎危机，提醒我们分析危急情况时传播所起到的中心地位，"因为事件是发生在社会环境下而不是实验室试管中的，所以在某些情况下传媒是起间接作用的"⑤。研究表明，传播建构了现实，传播还将人类努力集结起来对抗风险并找出有效的风险管理方法。

香港中文大学的《传播与社会学刊》（2011 年第 15 期）以"风险社会与危机传播"为题发表相关研究专辑。专辑以风险与危机作为研究的经纬，并以过去两年发生的重大事件作为观察的焦点，而作者则来自中国的两岸三地。马杰伟、陈韬文等人在《反思风险社会》一文中指出，始于 20 世纪 80 年代"风险社会学"，其理论解释力不仅没有因为全球化与数字化等新趋势而显得过时，反而更有力地切入现代社会的核心，解

①　Joel Best. , 1990：Threatened Children：Rhetoric and Concern about Child – Victims, Chicago：University of Chicago.

②　Jenkins, Philip, 1992：Intimate Enemies：Moral panics in contemporary Great Britain, NY：Aldine de Gruyter.

③　Toscano Moreno. , 1996：Tburulencia politica, Mexico：Oceano.

④　〔菲律宾〕马德雷德·莫斯科索主编：《传播语境中的女性与环保》，中国传媒大学出版社 2006 年版，第 30 页。

⑤　Wilkins, L. , 1989："Conclusion：Accidents will happen. In L. M. Walters, L. Wilkins, and T. Waters（Eds. ）", Bad tidings：*Communication and catastrophe*（pp. 171 – 177）. Hillsdale, NJ：Lawrence Erlbaum Associates.

释了反思现代性（reflexive modernity）所引发的风险连锁反应是势所必然。现代信息传播技术在风险社会的反思过程中起到决定性作用①。

　　具体而言，论文《台湾全球暖化风险沟通的常民认知》则以问卷调查法，探讨"常民"在"全球暖化"议题上的认知及参与的影响因素，提出风险沟通的策略②；《运用网络社交媒体于风险沟通——以 2009—2010 年台湾政府 H1N1 防疫倡导为例》探讨了台湾疾病管制局自 2009—2010 年间如何运用网络社交媒体进行 H1N1 防疫宣传与沟通，并提出相关建议③；《科技民主化的风险沟通：从毒奶粉事件看网络公众对科技风险的理解》从三聚氰胺事件分析台湾政府对于事件的危机处理以及民众参与、理解科技风险的情形④；《机构的风险责任与公共论述——传媒呈现香港汇丰控股负面消息的个案研究》以金融议题为例，通过内容分析与文本分析，探究传媒在金融风险与风暴中的角色，分析了传媒能否与是否发挥"社会预警"功能的条件⑤；《共识的焦虑：中国媒体知识分子对社会风险的论述》在"风险社会"的前提下，观察中国大陆知识分子对于汶川地震、毒奶粉事件以及金融危机三个个案的时评，揭示传媒符号建构、社会群体利益以及社会共识等概念间的关系⑥。

　　"风险社会与危机传播"研究专辑，集中体现了两岸三地的风险传播研究旨趣⑦：首先，从研究的广度来看，专辑以"风险"为主轴，以"危机"为主干，以天灾、人为事件、环境或医疗为分类基础，主要研究2008—2009 年重大事件，如 2008 年金融危机、三鹿奶粉三聚氰胺事件、H1N1 疫情以及全球气候暖化问题；危机事件或风险议题的核心参与者包括政府、媒体、专家精英、企业、民众与网民；风险沟通或危机传播的概念涵盖认知、知识、态度、传播与信息交换、沟通与对话、参与、管

① 马杰伟、陈韬文、黄煜、萧小穗、冯应谦、叶月瑜、罗文辉：《反思风险社会》，《传播与社会学刊》2011 年第 15 期。

② 徐美苓、杨意菁：《台湾全球暖化风险沟通的常民认知》，《传播与社会学刊》2010 年第15 期。

③ 吴宜蓁：《运用网络社交媒体于风险沟通——以 2009—2010 年台湾政府 H1N1 防疫倡导为例》，《传播与社会学刊》2010 年第 15 期。

④ 李明颖：《科技民主化的风险沟通：从毒奶粉事件看网络公众对科技风险的理解》，《传播与社会学刊》2010 年第 15 期。

⑤ 陈智杰：《机构的风险责任与公共论述——传媒呈现香港汇丰控股负面消息的个案研究》，《传播与社会学刊》2010 年第 15 期。

⑥ 司景新：《共识的焦虑：中国媒体知识分子对社会风险的论述》，《传播与社会学刊》2010 年第 15 期。

⑦ 黄懿慧：《风险社会与危机传播》，《传播与社会学刊》2010 年第 15 期，第 27—32 页。

理与控制；研究将事件或个案置于社会、政治、政策乃至文化情境因素中进行关联性探讨；讨论的情境元素包括政治制度、媒介制度、公共政策、科技网络、社会阶层乃至经济结构与商业竞争。其次，从研究深度来看，研究关注赋权、博弈、有限理性与情绪。

　　台湾地区对于风险沟通的研究起步较早，研究成果相对较多，本文不再赘述"风险社会"框架之外的论述，即不再论及台湾地区的危机传播研究或危机公关的语艺学或修辞学研究。在反身现代性视域下，硕、博士论文的选题也凸显了对风险与危机的高度关注。研究者运用风险社会学与新闻传播学的理论，采用定量分析方法，集中研究了媒体（主要是报纸）对台湾环境运动（如核四厂兴建、宜兰反六轻设厂运动、焚化炉的选址、反核运动）、食品风险（如转基因食品）、新发传染性疾病（如非典）、医疗风险等报道与沟通。有代表性的研究有林怡莹的《环境风险、环境运动与媒体：以台湾焚化炉政策争议的媒体再现为例》（国立政治大学新闻研究所 2004 年硕士论文）、李奉安的《报纸环境科学新闻报导之研究：有关台湾核能电厂环境污染新闻的报纸内容分析》（国立政治作战学校 1986 年硕士论文）、张桓凯的《灭族恐惧的建构：草根组织和新闻媒体对兰屿反核废运动的意义建构》（中正大学电传所 1997 年硕士论文）、杨韶彧的《从消息来源途径探讨议题建构过程——以核四建厂争议为例》（政大新闻所 1993 年硕士论文）、郭心怡的《SARS 风险沟通——以国立台北护理学院为例》（台北世新大学传播研究所 2004 年硕士论文）等。还有很少量的论文从沟通民主、传播伦理、风险政治等理论视角研究风险传播与社会的互动，如黄浩荣的《风险社会下的大众媒体》、徐美苓的《新闻乎？广告乎？医疗风险资讯的媒体再现与伦理》、朱元鸿的《风险知识与风险媒介的政治社会学分析》①。

　　近年来，全球气候变化风险报道的研究受到台湾地区学者的关注。陈静茹与蔡美瑛则通过分析《纽约时报》如何报道全球暖化、《京都议定书》的相关议题以及媒体新闻报道的核心框架，发现《纽约时报》报道全球暖化议题在 2001—2007 年间由缓和下滑至急剧上升的趋势，报道的角度视角也由"国际政治"转向"环保教育"，报道基调也由过去的消极

---

　　① 黄浩荣：《风险社会下的大众媒体：公共新闻学作为重构策略》，《国家发展研究》2003 年第 1 期；徐美苓：《新闻乎？广告乎？医疗风险资讯的媒体再现与伦理》，《新闻学研究》（台湾）2005 年第 83 期；朱元鸿：《风险知识与风险媒介的政治社会学分析》，《台湾社会研究季刊》1995 年第 19 期。

面对逐渐转为积极应对气候风险①。

（2）中国大陆的"风险传播"研究。2003 年前后，"风险社会学"理论开始被引入新闻传播研究之中。关于"风险社会学"的译著先后出版，这是社会风险意识觉醒与风险研究升温的表征。同时，对 2003 年非典报道的研究，直接催生了我国新闻传播学界对"风险传播"研究的关注。中国大陆对风险传播的研究萌芽于危机沟通与灾害报道研究。从天灾报道到"人为的风险"报道的研究，深化了传播学界的反思意识。一方面，"风险"、"风险社会"成为媒体报道的关键词，"风险传播"（risk communication）的概念也开始进入新闻报道中；另一方面，"风险社会"成为传播研究的重要理论背景。

高世屹的博士论文《政府危机管理的传播学研究》提出："在危机管理中，政府、媒体、公众处于相互影响的动态关系，其中媒体是信息沟通的核心"。该研究体系是以危机发展周期的时间链条来架构，偏重公共关系与传播修辞学的模式，这正如作者所言，研究"不是问题的终结，而是问题的开始"②。另外，中国人民大学钟新的博士论文《危机传播研究——信息流及噪音分析》（中国传媒大学出版社 2007 年版）、复旦大学汪凯的《媒体、民意与公共政策》（复旦大学出版社 2005 年版）与田中初的《新闻实践与政治控制：以当代中国灾难新闻为视阈》（山东人民出版社 2005 年版），从新闻传播的视角探究了转型中国的危机。此外，还有一大批关于危机报道或危机传播的硕士论文与期刊论文。有些研究还专门对"风险传播"予以论述。例如，廖为建、李莉就引用 Rene 的观点指出："实质上，风险传播就是危机传播。"③ 谢晓非从心理学的层面切入危机沟通，如对公众风险认知与社会的风险沟通进行系列研究④，有助于

① 陈静茹、蔡美瑛：《全球暖化与京都议定书议题框架之研究——以 2001—2007 年纽约时报新闻为例》，《新闻学研究》2009 年总第 100 期。

② 高世屹：《政府危机管理的传播学研究》（中国社会科学院新闻研究所博士论文），第 102 页。

③ Rene A. Henry. ,2000；You'd better have a hose if you want to put out the fire；the complete guide to crisis and risk communications. CA；Gollywobbler Productions. 转引自廖为建、李莉：《美国现代危机传播研究及其借鉴意义》，《广州大学学报（社会科学版）》2004 年第 8 期，第 18 页。

④ 谢晓非、郑蕊：《风险沟通与公众理性》，《心理科学进展》2003 年第 4 期；《SARS 中的心理恐慌现象分析》，《北京大学学报（自然科学版）》2005 年第 4 期；《SARS 危机中以受众为中心的风险沟通分析》，《应用心理学》2005 年第 2 期；《怎样会让我们感觉更危险——风险沟通渠道分析》，《心理学报》2008 年第 4 期；《风险倾向的跨文化差异研究综述》，《社会心理科学》2007 年第 22 期。

深化对受众的风险认知、社会的风险沟通研究。以上成果虽然没有从"风险社会学"或风险传播的角度进行系统研究，但丰富并推进了我国学界对危机传播的研究，也为风险传播研究奠定了一定的理论基础并提供研究方法指导。

整体而言，我国大陆对广义上风险传播的研究，更多地源自健康风险报道研究，主要涉及艾滋病、非典、食品安全等领域，注重"现实危机"，关注知情权。尽管有些研究也冠以"风险社会"、"风险传播"、"风险报道"之名，但多在"危机传播"或"健康传播"的框架下展开，较少涉及潜在的、可能的"风险"，更缺乏从现代化进程或反身现代性的角度对此予以深入研究。

实际上，学界已经开始意识到风险传播研究的重要意义。杨伯溆的论文《从 SARS 爆发期看互动类媒介与大众媒介之间的关系》，有意识地运用风险社会学思考危机传播议题，从非典的命名论及风险定义、风险建构问题[1]。

非典之后的 2004—2006 年，一系列的风险议题或风险事件，如"苏丹红风波"、湖北江夏转基因水稻、"高露洁牙膏致癌"、安徽泗县"甲肝疫苗夺命"等风险议题频频出现。同时，公众对科技、环境、决策、健康问题以及社会冲突风险的关注，促使媒体与政府对公众的风险忧虑与风险恐惧予以关注与回应。媒体的关注必然引起新闻传播学界的研究兴趣。夏禾雨运用"风险社会学"理论反思了媒体对 2005 年 6 月发生的安徽泗县集体疫苗反应的报道，认为在特定的环境条件下，媒体的报道和关注有时会变成一种"暗示"，"信息"成为病因，在"心魔"与"病魔"之间，新闻报道也可能扮演推波助澜的角色[2]，即媒体对"问题疫苗"的报道，将传媒自身也纳入到"群体性心因性反应"的暗示者队列之中。用以消除"不确定性"的信息传播，可能引发更大的社会风险，这正是风险传播研究的重要议题之一，但研究并未从深层次的传播机制对此予以剖析。秦志希和夏冠英指出，当代中国媒介在反思社会风险，但这种反思受到过去相关报道理念的制约。媒介在反思风险中进行权力博弈，但这种博弈受到自身"工具性心理"阻抗，而消除这种阻碍作用，有赖当代中国媒介自我监控、自我修正、自我调适的反思性[3]。

---

[1]　杨伯溆：《从 SARS 爆发期看互动类媒介与大众媒介之间的关系》，《华中科技大学学报（社会科学版）》2004 年第 2 期。

[2]　夏禾雨：《透过疫苗事件看新闻报道的风险性》，《新闻记者》2005 年第 9 期，第 15 页。

[3]　秦志希、夏冠英：《当代中国媒介风险报道透视》，《武汉大学学报（人文科学版）》2006 年第 4 期，第 491—496 页。

　　此外，孙玮与蔡启恩分别从"风险亚政治"、环境风险传播的角度直接触及风险传播的研究①。也有的学者从科学技术采纳与"创新—扩散"的角度来理解风险传播。科学传播旨在建立公众与科学家间的相互信任，而不是简单地告诉公众应当信赖的知识，信任的建立依赖于促进公众参与的、以科学论战武装起来的公共领域的建构②。

　　从研究取向来看，大陆传播学界的研究从注重"危机沟通"逐渐转变到兼顾"危机沟通"与"风险沟通"的综合研究。这主要包括如下几个方面：一是基于媒体责任及传播策略的风险传播研究，包括风险社会中媒体的传播功能、社会责任、传播策略及民主意涵③；新闻持续生产的固有压力、媒介技术的异质性和公众对风险的认知缺陷、认知机制，都会导致现代风险报道中的传播悖论；媒体的风险监测功能及其传播悖谬问题，即要警惕媒介放大风险、引发集体风险焦虑或道德恐慌的后果④。食品安全问题转变为食品安全报道问题的风险归因⑤。二是基于政府应急管理的风险传播研究。首先，风险沟通涵盖理念、制度和技术三个层面，但中国在思想意识、制度安排以及实践操作方面还没有实质性的突破⑥；其次，关注危机管理中的公众心理、危机公关、舆论引导、媒体互动⑦。三是基于公众风险认知与媒介素养教育的风险传播研究。有的研究公众享有平等话语权、风险社会的媒介素养的提升、风险认知、信任重塑等⑧；

　　① 孙玮：《日常生活的政治——中国大陆通俗报纸的政治作为》，《新闻大学》2004 年第 4 期；蔡启恩：《谈政府和传媒在风险传播中的作用——以粤港跨境污染为例》，《国际新闻界》2005 年第 3 期。

　　② 许志晋、毛宝铭：《风险社会中的科学传播》，《科学学研究》2005 年第 4 期。

　　③ 马凌：《新闻传播在风险社会中的功能定位》，《新闻与传播研究》2007 年第 4 期；蔡启恩：《谈政府和传媒在风险传播中的作用——以粤港跨境污染为例》，《国际新闻界》2005 年第 3 期；郭小平：《"怒江事件"中的风险传播与决策民主》，《国际新闻界》2007 年第 2 期。

　　④ 郭小平、秦志希：《风险传播的悖论——论"风险社会"视域下的新闻报道》，《江淮论坛》2006 年第 2 期；马锋、周东华：《现代风险报道中的传播悖论》，《国际新闻界》2007 年第 10 期。

　　⑤ 黄旦、郭丽华：《媒体先锋：风险社会视野中的中国食品安全报道——以 2006 年"多宝鱼"事件为例》，《新闻大学》2008 年第 4 期。

　　⑥ 张涛甫：《风险社会中的环境污染问题及舆论风险》，《西南民族大学学报（人文社科版）》2008 年第 4 期。

　　⑦ 唐钧：《风险沟通的管理视角》，《中国人民大学学报》2009 年第 5 期。

　　⑧ 张洁、张涛甫：《美国风险沟通研究：学术革命、核心命题及其关键因素》，《国际新闻界》2009 年第 9 期；林爱珺、吴转转：《政府应急管理中的风险沟通》，《北京航空航天大学学报（社会科学版）》2010 年第 5 期；郭小平：《风险传播视域的媒介素养教育》，《国际新闻界》2008 年第 8 期；谢晓非、王惠、任静等：《SARS 危机中以受众为中心的风险沟通分析》，《应用心理学》2005 年第 2 期。

有的探究风险认知与决策为突发群体性事件应急方案的制定提供理论依据①；有的研究发现，形象性信息的呈现与风险认知的关系。四是基于风险传播范式的理论研究。这包括风险传播的范式转化与沟通模式研究②；风险归因与责任话语研究，即媒体的风险建构深植于社会、政治和文化之中，应将风险归因和归咎联系起来进行研究③；风险沟通的民主价值，即风险沟通的"公共新闻学"的取向，公众媒介素养教育也从媒介批判走向参与传播，增进相互信任、容纳了社会的风险争议并形塑风险公共领域，体现其沟通理性、公共精神以及民主意蕴④。五是基于社会冲突的风险传播研究。大部分人的风险认知架构都是经由媒体报道所建立⑤，而危机传播就是对社会加以有效控制的信息传播活动，电视新闻的视觉呈现则使"看"的风险变成"可认知"的风险⑥。谣言传播的风险也受到关注。胡泳认为，在群体性事件生成、演变与扩散过程中，"地方政府因知情而说谎，民众因不知情而造谣"是激化矛盾的主要诱因⑦。"流言与暗示"、"话语意识与共意达成"构成了群体性事件的触发及动员过程⑧。社会抗争研究的基本框架是变迁、结构和话语，而集群行动的发生和走向受中国独特的传统文化、政治制度结构、城乡二元对立、舆论环境的制约⑨。在农民维权的集体行动中，"利益表达渠道是否顺畅，直接影响着社会冲突的演化程度；大众传媒当前在农民的利益表达中，并没有发挥出应有的作用；农民利益表达渠道的阻塞，根本上在于乡村传播体系

---

①　梁哲、许洁虹等：《突发公共安全事件的风险沟通难题——从心理学角度的观察》，《自然灾害学报》2008 年第 2 期。

②　孙庚：《日本灾害信息学研究的历史与现状》，《国际新闻界》2010 年第 1 期；郭小平：《"风险传播"研究的范式转换》，《中国传媒报告》2006 年第 3 期。

③　周丽玲：《风险归因：媒体的风险话语生产与社会建构的核心议题》，《新闻与传播评论（2010 年卷）》，武汉大学出版社 2010 年版。

④　郭小平：《风险传播的"公共新闻学"取向》，《兰州学刊》2008 年第 8 期；郭小平：《风险沟通中环境 NGO 的媒介呈现及其民主意涵——以怒江建坝之争的报道为例》，《武汉理工大学学报（社会科学版）》2008 年第 5 期；郭小平：《风险传播视域的媒介素养教育》，《国际新闻界》2008 年第 8 期。

⑤　吴宜蓁：《危机沟通策略与媒体效能之模式建构——关于肠病毒风暴的个案研究》，《新闻学研究》2000 年总第 62 期。

⑥　郭小平、秦志希：《风险传播的悖论——论"风险社会"视域下的新闻报道》，《江淮论坛》2006 年第 2 期。

⑦　胡泳：《谣言作为一种社会抗议》，《传播与社会学刊》2009 年总第 9 期，第 83 页。

⑧　柳建文：《"行动"与"结构"的双重视角：对中国转型时期群体性事件的一个解释框架》，《云南社会科学》2009 年第 6 期。

⑨　赵鼎新：《社会与政治运动讲义》，社会科学文献出版社 2006 年版。

的结构失衡。"① 针对都市维权的群体性事件，有研究者以番禺垃圾焚烧事件为例，分析新闻主题框架从"环境保护"、"健康维权"向"环境正义"的转变，探究了风险治理、环境参与、决策民主以及环境公平的多重媒介诉求②。以环境群体事件为例，无论是城市的"邻避政治"（Nimby Politics）与乡村的"补偿政治"（Compensation Politics），其抗争的核心都不是风险或危机本身，而是一种保护自身直接利益的维权行动。也有研究从风险哲学的视角来探究突发群体性事件的双重功能，即危机意味着"危险"与"机遇"。当下需要重构局限于政治和阶级框架内的社会冲突观，即立足于阶层分析、由政治定性转向突显经济利益取向、承认冲突的正功能等③。

### （二）风险传播研究现状的评析

1. 从研究人员的构成来看，"风险沟通"的研究亟待新闻与传播的教育者与研究者的参与

近年来，风险传播越来越受到人们的重视。在这一领域，主要有六类研究者：

第一类是研究技术哲学的人士。他们没有新闻从业经验，往往使用艰涩的语言进行分析且偏重技术风险分析，无法涵盖风险传播的诸多领域。

第二类是新闻记者。尽管他们熟知风险报道领域的实践，却难以将理论与实践结合起来，大多只是描述个案，无法深入探究风险传播的学理问题。

第三类是社会学研究者。他们运用田野调查与个案分析方法，为风险传播研究带来了另一种分析图景，但大多只是佐证风险社会学理论或解释特定的风险议题。

第四类是心理学研究者。他们多运用统计测量的方法，从公众的风险认知角度考察公众风险认知度、风险接纳度以及风险认知的影响因子等，但较少考虑新闻传播议题。

---

① 乔同舟：《乡村社会冲突中的利益表达与信息传播研究——兼论大众传媒的角色与作用》，《新闻与传播评论（2010年卷）》，武汉大学出版社2010年版，第91页。

② 郭小平：《环境风险报道的议题分化与"环境正义"的诉求——以城市废弃物处置的报道为例》，《中国传媒报告》2010年第4期。

③ 陈晓云、吴宁：《中国转型期社会冲突观念的重构》，《华中科技大学学报（社会科学版）》2003年第4期。

第五类是管理学者。他们重视媒体的风险沟通功能，但多从公共关系、政策宣导的角度出发，重视媒介"说服"的单向传播效果，将媒介仅仅视为风险沟通的"工具性"媒介。该研究取向极易被相关的利益集团所利用甚至控制。

第六类是新闻传播的教育者与研究者。他们在风险社会理论、媒体传播实践与传播理论的结合上作出有益的尝试。

以往的研究过多地从"沟通"层面切入，大众传媒作为一个社会单元而存在，新闻传播只是广义"传播"的一种。因而，在风险沟通研究中，新闻传播研究占据的分量明显不足。研究立足于社会与组织，从"危机"层面研究灾难报道、危机公关、组织的危机管理等沟通策略较多；相反，立足于大众传媒与公共利益，聚焦"现代风险"报道的研究严重偏少。因此，风险沟通的研究亟待加强新闻传播的本体研究。

2. 从风险传播研究的演变来看，应从重视人际传播、组织传播研究到强化大众传播研究

威廉斯·雷斯（William Leiss）认为风险传播研究经历了三个阶段的演变[①]：

第一个阶段（1975—1984），研究取向建立在理性人假设的基础上。在现代的工业经济中，人是有理性的，科学技术与专家知识能够识别、管理风险并使我们从中获益。风险传播的关键词是"风险"，强调风险与管理风险的能力。

第二阶段（1985—1994），风险传播的关键词是"传播"或"沟通"。对风险环境的论述被当作是最好的说服传播行为，即用来说服受众的正确的观点信息，它视风险沟通作为向受众传达正确观点的行动。

第三个阶段（1995 至今），风险传播的关键词是"组织"与"责任"。越来越多的公共的、私人的部门或机构认识到，他们有责任应付以上两个维度的事项，开展合理的风险沟通活动，这也是其良好的商业实践的一部分。

威廉斯·雷斯所说的三阶段风险传播研究并非是取代的关系，而是叠加、融合关系。在研究的第一阶段，专家理性充当了风险定义的权威，充当了媒体重要甚至是唯一的消息来源。然而，专家论述的技术风险与公众感知风险的矛盾，凸显该研究取向的弊端。在研究的第二阶段，开

---

① William Leiss, 1996: Three phases in the evolution of risk communication practice. Annals of the American Academy of Political and Social Science, 545: 85 - 94.

始重视公众的风险感知与"传播"意义上的"说服"功能,但极易陷入公关宣传的传播模式——将受众定位为对风险一无所知的"乌合之众"与"门外汉",传播旨在改变公众的风险认知与行为方式。第三阶段的研究开始重视"组织"的风险沟通与企业的社会责任,风险传播由单纯的说服传播转向主动向各利益团体提供风险信息,但这种沟通行为常常将风险传播视为企业、公司与机构的商业实践之一。

从威廉斯·雷斯的论述,我还可以看出,尽管以往的研究意识到媒体传播的重要性,但多将风险视为可以被理性的专家与知识系统客观认识与管理的对象。因此,研究多在"组织传播"与"公关传播"的意义上使用"风险沟通"一词。这导致了以下的研究现象:

一是将"风险传播"常常降低到"术"的层面。较少从新闻学或大众传播的角度对风险传播的相关议题进行深入探究,这与以美国为首的西方传播学界经验主义、实用主义学术传统有关。与此相对应,立足于组织传播、公关传播的风险沟通策略研究居多,而从新闻本体出发研究媒体风险传播的相对较少。

二是风险传播视媒体为"工具性媒介",而非"民主沟通的渠道"。以往的风险传播研究,既容易忽视"传播"的双向互动性,也极易遮蔽风险传播的民主内涵。实际上,作为风险传播的研究对象的大众传媒,不只是各沟通主体的传播媒介或工具,更是风险争议的发起者、参与者与公共沟通的平台。

3. 从研究方法来看,西方的风险传播研究,重案例轻理论,注重量化分析,弱化质化探究

早期的风险传播研究,比较关注对公众"风险感知"的心理测量。因此,在科学文献中,"风险感知"较"风险建构"更多地被提及[1]。后来,"文化理论"、"风险的社会放大"模式同风险感知的心理测量模式进行了竞争。该研究范式建立在"风险是一种开放式建构"的理论基础上。大众传媒参与对真实的社会建构的竞争过程,是风险社会的"结构性"因素之一,形塑社会与文化的环境。因此,受早期心理测量学派的影响下,一些学者开始运用定量研究的方法,分析报纸对疯牛病、艾滋病与非典风险的媒体呈现与建构,但仍然缺少对媒体风险建构的批判力度。

从研究方法来看,西方学界往往注重研究报道个案,主要是报刊新

① Dominique Van Nuffelen. The social construction of the risk. www. fanc. fgov. be/download/_Construction%20sociale%20du%20risque%20ENGLISH. pdf.

闻，偶尔也涉及网络传播，较少涉及电视新闻。从研究的取向来看，主要有微观研究与宏观研究。前者注重内在传播机制对风险报道的影响，主要涉及记者或新闻媒体在风险报道过程中的行为以及对公众风险认知造成的影响，比如，记者的新闻价值判断、新闻选择、消息来源、新闻框架对风险报道的影响等。后者注重媒体与社会的互动，主要是指媒介的行为和它们对整个社会的影响，以及风险新闻的生产又是如何受到经济、政治、文化等制约。美国社会学家托德·吉特林（Todd Gitlin）在对媒体报道和学生运动丰富的叙述中，专门就"媒体近期的报道模式：针对反对核电站与核武器运动"的议题展开论述。吉特林以反对核能风险的社会运动为例，运用文化霸权理论分析了媒体风险报道模式[①]。吉特林对风险运动与媒体报道的研究，涉及风险传播中的"话语—权力"分析。此外，林佳韵在《"心灵疾病"建构——台湾 SPA 新闻报导分析》一文中研究了 SPA 新闻报道中所呈现的疾病想象为何？媒体如何报道？新闻报道如何合理化 SPA 为一种"医疗行为"？并尝试回答"报道又传递何种权力意涵？"[②] 但整体而言，类似这样的研究相对较少。

　　再以"媒体的风险建构"为例，早在贝克的风险社会学中就提及风险的建构特征。研究者也意识到媒体建构风险的角色。日本研究者福本（Akiko Fukumoto）与玛丽·米雷斯（Mary Meares）运用内容分析的方法，比较了美国、日本报纸对"千年虫"（Year 2000 Problem，简称 Y2K）的报道，发现国家的文化影响了媒体对风险以及风险感知的建构[③]。南加利福尼亚州立大学罗伯特·斯托林斯（Robert Stallings），集中研究戏剧性灾难发生后的媒介话语。将桥的坍塌与《纽约时报》国内版的其他关于桥损坏的报道进行对比，考察为什么是这些消息来源，而不是别的内容被作为"风险概念"进入报道[④]。这些研究移植了风险社会学的文化理论，考察了文化对媒体风险建构的影响。

　　尽管他们研究了媒体如何呈现风险，也发现媒体的风险建构角色，

---

　　① 〔美〕托德·吉特林：《新左派运动的媒介镜像》，张锐译，华夏出版社 2007 年版，第 220 页。

　　② 林佳韵：《"心灵疾病"建构——台湾 SPA 新闻报导分析》，http://www.nccu.edu.tw/~g1254015/sociology/2003/25/25 - t.pdf.

　　③ Akiko Fukumoto & Mary M. Meares, 2005; Y2K and the Construction of Risk Perception in Newspapers in Japan and the United States. *Keio Communication Review*, 27; 99 - 115.

　　④ Robert A. Stallings, 1990; Media Discourse and the Social Construction of Risk, *Social Problems*, 37(1): 80 - 95.

但很少去集中探究以下问题：风险如何被媒体建构？媒体的风险建构的传播机制何在？风险建构对媒体的风险沟通有何影响？

4. 受传统的危机传播研究的影响，以往的研究将风险传播等同于危机传播，限制了研究的视野

首先，传统的研究将风险传播完全等同于危机传播。正如有学者指出："实质上，风险传播就是危机传播。"① 该观点强调了风险传播与危机传播的关联，但极易忽略两者的差异。很多研究一般将"风险社会"作为一个研究背景，具体的研究又陷入危机与灾害研究的窠臼。把风险传播等同于危机报道，即对突发事件、负面新闻、公共危机事件的报道，的确有助于新闻采写经验的积累，但是，这无疑将风险传播降低到"术"的层面，也丧失了风险传播的本真面目。危机传播的研究亟待拓宽、整合、提升与突破。风险沟通涵盖了危机沟通，并且重在风险事件真正发生之前。因此，风险社会学为传统危机传播研究的超越与创新提供了理论空间。

其次，这在传播实践上又有两种体现：（1）新闻报道将"可能性"的风险等同于现实的危机，既造成了媒体间风险报道的混乱，也放大了相关技术与产品的风险；（2）风险沟通主体常常等到"风险"变为"危机"后，才开始真正重视和启动沟通程序。这在传播上表现为：初期缺乏快速整合、受信赖的风险信息，任由媒体不断复制、夸大报道的严重性，形成大众风险恐慌，又回溯冲击社会经济与政治。

到目前为止，对风险传播研究仍缺乏更为宏观、更为理论化的视野。相对于中国的港澳台地区以及国外的研究，中国大陆既缺乏严格的实证研究与开阔的理论思维，也缺少跨学科的研究②。世界进入风险社会后，传播的情境往往受制于外部媒介生态环境、内在的传播结构与传播机制，媒体被迫在理性与诠释、科学与文化、专家与外行、分析与经验的动态发展中寻求平衡，在风险话语中反思现代性。贝克认为："'风险'的观念是现代文化的核心。"③风险的"知识不确定性"与争议性表明，风险传播有别于传统的危机传播。对危机传播的研究应该向危机发展的前端延伸，在危机预警中发掘新的研究课题。风险传播焦点凸显于危机管理

---

① 廖为建、李莉：《美国现代危机传播研究及其借鉴意义》，《广州大学学报（社会科学版）》2004 年第 8 期，第 18 页。

② 喻国明：《危机传播：路径、效果与策略调查报告——2003 年 SARS 疫情的传播条例》，《变革传媒：解析中国传媒转型问题》，华夏出版社 2005 年版，第 237 页。

③ 〔波兰〕彼得·什托姆普卡：《信任》，程胜利译，中华书局 2005 年版，第 51 页。

流程的开端，但其风险沟通又贯穿于整个危机传播的过程。

5. 从"反身现代性"的角度反思"传播与现代性"的研究偏少

诚如美国南加州大学社会学教授巴里·格拉斯纳（Barry Glassner）所言，媒介社会学家习惯观察某种社会议题被夸大到歇斯底里的程度，但他们对其缘由的解释常常局限于观察某些团体通过使他们的目标引人注目从而获取影响力①。因此，风险传播研究需要重申与倡导米尔斯（C. Wright Mills）所言的"社会学的想象力"②，从而实现研究视角的转换，即将传播置于反思现代性与"风险社会"的背景之中，赋予大众传媒"风险公共领域"的内涵，从人类整体生存命运的角度来反思传播与社会的互动关系。

罗杰·迪金森（Dickinson）对食品风险与电视媒体的研究做了良好的示范。在受众研究中，迪金森将受众的高风险意识、焦虑感同电视消费、食品消费相联系，即"我们时代的结构性焦虑展现在有关食品的话语中"③。媒介在此不仅作为大众文化，更是作为"公共知识"的载体被传播学界所关注。

总之，对风险传播的研究，应该将媒体置于传播与现代性的理论背景之中，关注处于议会民主、政党民主之外的风险"亚民主"中的媒体传播，以促进人类社会的风险沟通与反思。

由"天灾"到"人祸"，从"危机"到"风险"，从"外部风险"到"人造风险"，从客观风险到主观风险的研究，体现了风险报道的演进。与此对应的风险传播研究，对人与社会的互动、人类命运与历史情境的关联也予以高度关注。风险传播研究是对已有的危机传播研究理论拓展、整合与提升。然而，在经济快速增长的同时，人们看到了科技的进步，却常常忽视科技发展的另一种结果——风险的生成。这既同中国目前的经济发展状况相一致，也从侧面反映了传播学研究的盲点。一方面，对于风险从何而来，又是如何以及被谁社会地建构，则被新闻传播学研究所忽视；另一方面，尽管研究风险社会理论的学者看到了媒体的

---

① Glassner, Barry, 1999: *The Culture of Fear*, New York: Basic Books.

② 〔美〕C. 赖特·米尔斯：《社会学的想象力》，陈强、张永强译，生活·读书·新知三联书店2001年版。

③ Alan Warde, 1997: Consumption, Food and Taste: Culinary Antinomies and Commodity Culture, London: Sage Publications, pp. 56. 转引自〔英〕罗杰·迪金森：《现代性、消费与焦虑：电视观众与食品选择》，原载于〔英〕罗杰·迪金森、拉马斯瓦米·哈里德拉纳斯、奥尔加·林耐：《受众研究读本》，单波译，华夏出版社2006年版，第287页。

重要作用，但极少去梳理传播的相关文献，也极少集中笔墨去专门探究大众传媒的风险传播。这些局限性或研究的盲点，给本研究留下了一定的理论生长空间。

## 二、本研究的问题提出

为什么同样的风险，不同的媒体报道基调完全相反？潜隐的风险为什么会引起受众的强烈反应？为什么媒体对早已成定论的"吸烟有害健康"的报道却没有引发受众的焦虑行为？

我们可以用"风险是一种社会建构"予以回答，但问题是：风险从何而来？风险被谁建构？又是如何被社会建构？本研究首先必须从新闻传播的层面回应关于"媒体风险建构"的几个问题：

1. 媒体在"世界风险社会"中扮演什么角色？
2. 媒体如何建构"现代风险"？
3. 风险建构的传播与制约机制是什么？

在本质上，风险话语和风险社会理论展示了对人类生存命运的整体性思考。研究媒体对当代风险的建构，其理论假设的前提是：（1）人类进入"风险社会"，风险不仅是一种客观实在，更是一种社会建构；（2）大众传媒就是各种风险论述与论争的"新闻场域"，媒体建构了现代风险。研究"风险传播"不能仅仅停留于"风险社会"中媒体的风险建构，其终极目标应该指向良性的风险决策与沟通民主。循着这样的研究思路，本研究必须指向关于"风险沟通"的另外两个问题：媒体建构如何影响风险沟通？大众传媒如何促进有效的、民主的风险沟通？

总而言之，本研究所提出的问题主要集中在两个方面：大众传媒如何建构风险？媒体在风险建构中如何影响并促进科学、民主的风险沟通？

## 三、研究的理论价值与现实意义

风险的"不确定"、"全球化"以及潜隐性，强化了受众对风险信息渴求，也给风险报道带来某种风险与挑战。风险传播研究，既为政府的风险沟通与治理提供可资借鉴的参考，又为当下中国的传播社会学研究拓宽可能的研究领域。

### （一）风险传播研究的理论价值

1. "风险社会"已经成为一种现代性批判的公共话语

风险社会理论对现代性的深刻批判，使"风险社会"正逐渐超越经济语义成为公共话语。风险研究是理解现代性不可或缺的一环，因为风险存在于我们的日常生活之中。科技化已经极大地改变人类日常生活形态，风险也因此经常地渗入人与科技的互动之中，成为人们思考现代秩序及其意义不可忽略的一环①。现代科技的快速发展还牵动了政治、经济、社会及文化形式的改变，人们不得不面对现代科技给社会带来的风险威胁。对科技发展与科学理性的质疑逐渐成为人们对现代化过程进行反省的一个关键议题。因此，风险社会学成为思考"可持续发展"的理论参照。

尽管贝克关于"工业化国家的人民愈来愈生活在充满各种危险与危害的环境中"的说法是毋庸置疑的，但是，我们却难以认同他关于"不同阶级的人所受的环境危害是相同的，因而旧有阶级关系被打破"的论述。媒体的风险建构，折射了社会的风险话语权博弈，也检视了风险的分配逻辑。Goldblatt认为，贝克太过于强调全球性的、长远的环境危害（如核灾变、温室效应与臭氧层破坏），却忽视了许多地域性的、当下存在的环境问题，如空气、水污染与有毒废弃物的问题②。在美国，20世纪80年代的研究发现，有毒废弃物处置地、污染性工厂与垃圾处置场等"社会恶物"大多被放在少数民族以及穷人小区，这激起了许多少数族裔及其媒体的不满与反抗。在媒体的"环境正义"论述与环境运动驱动下，风险往往也转变为政治议题，如"生态（问题）的政治化"（ecological politica-tion）③。在媒介研究中，"风险社会"成为一种现代性批判的公共话语。

2. 研究传媒的风险建构是对大众传播的深层反思

风险社会理论的未来指向表明其本身缺乏实践性，但风险与公共危机具有一定的因果关系，因此，更多的讨论将围绕风险社会的实践性后果——公共危机展开。基于风险的全球性，全球治理将成为公共危机治理的根本之道④。对于危机传播的高度关注，常常会忽视对风险传播的重

① Douglas,M. & Wildavsky,A.,1982：*Risk and Culture*. University of California Press.
② Goldbaltt,David,1996：*Social theory and the environment*,westview press,pp.178.
③ Ulrich Beck,1992：*Risk Society：Towards a new Modernity*,London：Sage.
④ 张海波：《风险社会与公共危机》，《江海学刊》2006年第2期，第112—117页。

视，因为风险是一种"开放性的社会建构"，必须通过不同社会成员的沟通与互动，才会被公众意识到并成为"公共领域"的议题。相较过去，现代风险概念是"虚拟的真实"，特别是现代社会中由于受到大众传媒的影响，社会成员的想法趋于狭隘，态度趋于一致，通过媒介与科技的中介过程，人们将更能具体感受社会风险的存在①。

人们对风险的陈述并不是纯事实的描述，而是一种不排除价值（value）的宣称，即风险由文化中的定义而来，通过生活中所能够容忍或不能容忍的事物来界定。简而言之，风险社会也就是指我们想要过何种生活。既然风险是一种社会建构，那么，媒体如何建构风险？又是如何影响社会的风险沟通？进入"世界风险社会"，反思媒体的角色、功能、传播机制及其影响，是反思传播与现代性的重要组成部分。

风险传播所面对的问题一般是高度感性和情绪化的议题，但在一个高科技风险时代，大众传播指向的"不是单一科技的安全问题，而是对未来的选择、对未来世界图像的允诺"②。大众传播的发展处于现代性的变迁之中，风险话语和风险社会理论展示了对人类生存命运的整体性思考。全球性风险与传播的全球化，衍生出对现代性思考的另一诠释，即对风险社会中传播与现代性的思考。在一个全球传播时代，大众传媒的风险报道是风险治理（risk governance）的重要信息来源与决策依据，媒体也就成为全球风险沟通与风险治理的重要力量。风险又是生活当中的一部分，风险传播不只是形塑政府与专家的认同，也应吸纳民间社会与大众传媒参与风险沟通与决策。风险传播因此促进了民主决策与科学治理，也让社会的风险分担更合理、更有效。

3. 风险传播的理论困境亟待超越

David 在《制造恐惧》一书中认为："大众传媒和流行文化的娱乐样式，通过促进娱乐与恐惧，从而改变社会期待与日常生活的惯例。"③ 这些恐惧的话语不仅仅是由说服传播所构成，也是由围绕我们的符号化的意识与期待所构成。风险传播的根本目标在于：用清晰、易于理解的语

①  Ulrich Beck，2000："Risk Society Revisited. in Adam，B.，Beck，U. & Loon，J. V.（eds）"，*The risk society and beyond – critical issues for social theory*. London：Sage，pp. 211 – 239.

②  Waddell，C. Saving the great lakes：Public participation in environmental policy. In C. Herndl & S. Brown，*Green Culture：Environmental Rhetoric in Contemporary America*. Madison：University of Wisconsin Press，1996.

③  David L. Altheide，2002：*Creating Fear：News and the Construction of the Crisis*，New York：Aldine de Gruyter，pp. 1.

言，向特定的受众提供有意义的、相关的准确信息。这也许不能解决利益团体间所有的风险分歧，但可以增进他们对这些分歧更好的理解，也能促进社会对风险决策更广泛的理解与接受。

然而，风险传播的价值悖谬、风险的"不确定性"，对传统的新闻理论（客观性、平衡理论）提出了挑战。以风险的"知识不确定性"为例，风险的"不确定性"激发了受众的信息需求，也对风险报道与专家知识提出了挑战。Calman 指出，风险传播有三大影响要素：风险的不确定性、风险的等级以及风险对个人与大众产生的效果。当某项健康风险处于未经证实或证据有限时，是最难管理与传播的[①]。新闻报道准确、及时、真实的特征，面临风险"不确定性"与风险信息渴求的巨大挑战。因此，大众传媒在传播不确定性与未知风险时必然遭遇重重困难。

从风险传播的效果来看，媒体既能放大或弱化风险，也能遮蔽风险。在风险传播中，科学理性与社会理性竞逐，媒体的风险传播旨在寻求开放的风险建构与实践，在"风险公共领域"中建构风险的多元与共识。那么，媒体如何在多元的风险论述中寻求风险共识？如何避免科学与科技沦丧为生产机制？这些问题都有待风险传播研究从理论与实践的层面予以剖析与回应。

**4. 拓展和超越了传统的危机传播研究**

风险沟通研究拓展了传统危机传播的研究视域与理论视野，为转型期中国的传播社会学、风险政治学、危机治理研究开启新的空间。对风险报道与社会的互动、风险争议中大众传媒与集体行动、群体性事件的媒体动员的研究，体现了全球化理论视野与中国社会问题相结合的研究旨趣。其中，研究风险的视觉建构，弥补了现有研究重视报刊、互联网而忽视电视报道与新闻摄影的不足。

### （二）风险传播研究的现实意义

按照被学术界广为认可的说法，目前，全世界正处于现代化后期的"风险社会"时期。伴随着全球化与科技现代化，潜隐的现代"人造风险"日益显现并且在一定的条件下演变为现实危机。国际经验也表明，人均 GDP 达到 1000—3000 美元，社会面临着"高度风险"。目前，我国正处于这样的"高风险"时期，即安全事故和突发事件易发、频发期。这里面有自然原因引发的灾害、灾难，也有人为原因、技术原因等引发

---

① Calman,C. K. ,2002；*Communication of risk；Choice，consent，and trust.* The Lancet，360：166 – 168.

的事故，还有自然与人为等共同作用引发的灾难和事故①。"人造风险"成为当代风险治理的主要内容之一。风险社会理论的分析范式，为完善风险的预警与应对机制，提供了一个有益的尝试。换言之，如果说"和谐社会"主要侧重的是社会结构的合理化、社会关系的和顺与社会运行的平稳，那么加强对社会结构性风险、制度性风险和实践性风险的研究是构建和谐社会所必需的②。

同时，从社会转型的意义上来说，研究风险传播对于推进媒体的风险沟通、提高政府的风险治理与危机管理水平，具有重要的社会价值和政治价值。传播学者威金斯（Wilkins）曾经说过，学术界在未来应该对风险传播多做研究，以找出大众传媒在灾祸中怎样能为人类社会作出更大贡献③。西方的风险社会理论，当下中国的社会转型和现代化进程，共同构成了本研究的理论与现实背景。在如何认识、规避和排除风险方面，风险社会理论与早期的现代化理论截然不同。风险社会理论认为，应对传统危机，人类设计出"警察型秩序国家"，但应对现代危机，则需要依靠"警戒型秩序国家"（Vigilant State），这是一个包括政府动员能力、科技学术支撑能力、传媒风险预警和快速反应能力在内的整体应对系统④。从"警察型秩序国家"到"警戒型秩序国家"的转变，意味着对于社会决策者、普通公民与大众传媒来说，第一要务是要破除原有的控制逻辑的思维范式，正视风险社会的困境。因此，反思传播与现代性的理论价值也彰显了重大的现实意义。

此外，研究转基因、工程决策、环境污染、气候暖化、核辐射、老龄社会、医药健康、群体性事件的媒体再现与沟通，也为风险报道提供了有益的借鉴。

---

① 万兴亚：《危机面前相关部门不能再推诿扯皮》，《中国青年报》2006 年 1 月 9 日。

② 陈磊：《"风险社会"理论与"和谐社会"建设》，《南京社会科学》2005 年第 2 期，第 48 页。

③ Wilkins, L. ,1989:"Conclusion:Accidents will happen. In L. M. Walters, L. Wilkins, and T. Waters (Eds. ),*Bad tidings:Communication and catastrophe* Hillsdale, NJ:Lawrence Erlbaum Associates, pp. 171 – 177.

④ 周战超：《当代西方风险社会理论研究引论》，原载于薛晓源、周战超主编：《全球化与风险社会》，社会科学文献出版社 2004 年版，第 3—5 页；李培林：《社会学理论与经验》，社会科学文献出版社 2005 年版，第 3 页。

## 四、研究方法、研究创新、研究目标以及研究框架

### （一）研究方法

1. 本研究以文献分析为主，同时兼及对典型风险议题个案与文本内容分析，辩证分析了风险语境中的媒体传播，厘清了媒体风险建构的内涵、角色、功能及其社会影响，并在此基础上反思媒体的风险沟通。研究结合我国媒体对核辐射、食品与医药健康风险、新社会运动、转基因食品、水利工程的风险决策等现代风险报道，进行辩证式反省，对媒体的风险建构与沟通进行学理讨论。

2. 本研究采用结构化的、递进式的"事实描述—现象分析—理论阐释—沟通策略"的技术路线。本研究在文献分析的基础上，注重对风险议题个案的追踪和对媒介文本的内容分析，以及对相关部门的深度访谈，探究转型期中国媒体的风险建构与社会沟通。研究以新闻传播学理论为主干，借鉴政治学、公共管理学、社会学、心理学、哲学等学科的理论知识，结合转型期中国的风险传播理论研究与媒体实践，借鉴欧美风险沟通的经验，并结合媒介文本分析与社会调查，全面、系统地审视中国媒体的风险呈现、风险建构与沟通。

### （二）研究创新

1. 在国内新闻传播学界较早系统地、持续地从事风险沟通和风险传播的研究，具有一定的开拓性。转型期中国的风险频发、风险报道的不断升温以及风险治理的现实需要，赋予本课题巨大的研究空间与创新可能。本研究属于前沿领域，是中国社会发展的紧迫课题。研究运用风险社会学与新闻传播的跨学科知识，探究健康风险、生态环境风险、决策风险、高科技风险以及社会风险的媒体传播，对于转型期中国的风险治理与信息沟通具有重要的理论价值与现实意义。

2. 在传统危机传播研究的基础上，结合现代化进程反思新闻传播，反思现代社会的发展与风险，将研究视野从现实危机的传播扩展至可能、潜隐风险的传播，拓展我国现有的危机传播研究领域，深化危机传播研究的学术内涵。

3. 跨学科整合研究体现交叉特色。研究不仅涵盖了新闻传播学、科

技哲学、伦理学、社会学、心理学、公共管理学与政治学，还涉及食品安全、环境资源、公共卫生、转基因、工程决策等诸多领域。研究比较系统地从理论与实践两个层面探究媒体风险建构的传播机制、制约机制与社会影响，并在此基础上探讨传媒如何促进民主的风险沟通。跨学科的研究视野有助于突破现有危机传播的局限，为政府决策提供可能的整合传播策略，促进转型中国的风险沟通与治理。

### （三）研究目标

在"反思现代性"的理论背景之下，结合"风险社会"的新闻传播，研究媒体的风险建构及其沟通，拟实现的目标有：

1. 构建媒体风险建构的分析框架；
2. 分析影响媒体风险建构与沟通的深层因素；
3. 在媒体风险建构的视域中，探索克服风险沟通障碍的基本路径。

### （四）研究框架

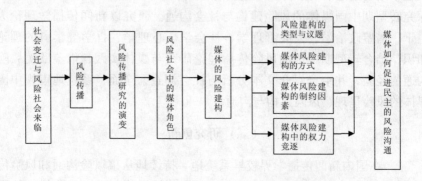

# 第一章　社会转型与风险传播研究的兴起

## 第一节　社会转型、公共风险与大众传媒：反思"传播与现代性"的理论命题

当代社会正在经历着一场根本性的变革，这场变革向以启蒙运动为基础的现代性提出挑战并开启了一个新领域，在这个领域中，人们选择了新的、尚未预期的社会与政治形式。吉登斯（Anthony Giddens）说："现代性降低了某些地区和生活方式内部的总的风险性，但与此同时，它也导入了一些以前的时代基本或完全不知道的新的风险参量。"① 其中，科技就是吉登斯所言的"新的风险参量"之一。现代科技与决策渗透到日常生活，影响并塑造现代社会。

### 一、社会变迁与"世界风险社会"的来临

德国社会学家卢曼说，我们生活在一个"除了冒险别无选择的社会"②。一系列风险事件，宣告人类进入德国社会学家乌尔里希·贝克（Ulrich Beck）所言的"世界风险社会"或吉登斯所言的"失控社会"。1986年10月，英国东南部阿福德镇发现疯牛病（BSE）；同年，苏联切尔诺贝利核电站爆炸，核辐射风险波及西欧多国；1996年，英国青年史蒂芬惨死于疯牛病引起的"克雅氏症"（CJD）；2003年，不明病毒SARS袭击全球；2005年4月13日，湖北省武汉市江夏区非法种植和销售转基因水稻被曝光，生物安全议题引起媒体关注；2006年9月14日，SK-Ⅱ品牌系列化妆品中检出禁用物质铬和钕；2007年，厦门PX项目引发的群

① 〔美〕乔治·瑞泽尔：《后现代社会理论》，谢中立译，华夏出版社2003年版，第208页。
② N. Luhman, 1993: *Risk: a sociological theory*, Berlin: de Gruyter, p. 218.

众"集体上街散步";2008 年,"瓮安事件"引发风险治理以及社会管理创新的媒体讨论;2009 年,广东番禺的垃圾焚烧发电项目争议引出环境风险分配与环境正义的议题,湖北"石首事件"再次引发舆论对突发群体事件的关注;2011 年,日本福岛电站的核辐射引发社会恐慌与"抢盐风波"、温州动车追尾事故、大连福佳大化 PX 项目引发群众"集体散步"、浙江海宁因环境污染引发大规模群体性事件;2012 年 6 月,武汉突现灰霾天气展示了城市的新社会风险……各种风险议题或危机事件经媒体报道后,给公众敲响了一个又一个警钟。

正如贝克所言,在未来的十年中,我们将面对深刻的矛盾和令人困惑的两难困境,并且体会到一种嵌入到绝望中的希望[1]。这种矛盾或两难的困境,就是风险的"反身性"(reflexiveness of risk)倾向:人的行动的出乎意料的副作用和反作用导致了风险的出现和加剧,如工业化产生的生态危机,不当社会化和家庭破裂导致的犯罪和不良行为,典型的现代性工作模式和生活方式产生新的所谓的"文明病"(civilizational diseases)等。

风险社会的起源可以追溯到今天影响着我们生活的两项根本转变,即自然界的终结与传统的终结:自然界的终结并非意指自然环境的消失,而是说现在未受人类干预影响的物质世界即使有也是寥寥无几;传统的终结意指听天由命的传统消亡[2]。

导致现代社会风险的根本原因在于现代社会科学理性与社会理性的断裂。人类科技文明与物质文化不断改变的结果,非但没有将社会转化为安全的居所,反而通过各种有毒、有害物质(如食物中毒、环境污染与新发的传染病)与危险的设施(如核电厂、化学工厂)而使现代社会成为一个"风险社会"。现代化的快速发展必须转变为"现代化的自我反思",其特点是既洞察到现代性中理性的困境,又试图以理性的精神来治疗这种困境。

## 二、中国社会转型与公共风险频发

目前,我国正处于一个社会转型的过程,即从传统社会向现代社会、从农业社会向工业社会、从封闭性社会向开放性社会发展。现代化的变迁与体制的转型,或现代化过程和体制改革过程,是 20 世纪 80 年代以

---

① Beck,Ulrich,1999:*World Risk Society*,Cambridge:Polity Press,pp. 1.
② 〔英〕安东尼·吉登斯、克里斯多弗·皮尔森:《现代性——吉登斯访谈录》,尹宏毅译,新华出版社 2001 年版,第 191—192 页。

来中国社会变迁的两个基本过程。对于当代中国而言，社会风险可能是叠加的或者是双重的，因为当代中国社会除了正在经历一个现代化的变迁外，还在经历一个巨大的体制转型变迁。"相对于现代化过程中的工具性、物质性的变迁来说，体制、制度和社会结构的变革是更为根本的变革。中国社会正在经历的体制转型使得体制、制度和社会结构的变迁处于一种迅疾的变革之中。"① 其中，根植于现代化进程的社会风险，是当代中国面临的新问题。"当代中国社会因巨大的社会变迁正步入风险社会，甚至将可能进入高风险社会。"② 前现代、现代和后现代的社会结构特征在不同的社会结构层面同时存在，现代性的公共风险日益凸显。当下世界同时具有工业社会与风险社会两种社会元素。美国社会学家乔治·瑞泽尔从核心问题与社会理想的角度比较了工业社会与风险社会③：

| | 工业社会 | 风险社会 |
| --- | --- | --- |
| 现代性的形态 | 古典现代性 | 高级现代性 |
| 核心问题 | 财富<br>如何才能对财富进行<br>比较公平的分配？ | 风险<br>怎样预防、最小化、<br>监督或控制风险？ |
| 理想 | 平等<br>在寻求平等的积极目标中<br>达成团结 | 安全<br>在寻求不被危险伤害这个主要是否定的、<br>自卫的目标的过程中达成团结 |

现在的世界混合了传统的灾难、危机与现代的风险。"实际上，在任何传统文化中，看来都没有风险观念。其原因在于，人们把危险当作命中注定。危险要么来自于上帝，要么仅仅来源于人们认为是理所当然地存在着的世界。风险理念与实施控制的抱负，特别与控制未来的观念密切相关。"④ 现代风险常常具有如下特征：不确定性、不可见性、争议性、建构性、灾难（catastrophe）的可能性、日常性、公共性、决策决定性以

---

① 李路路：《社会变迁：风险与社会控制》，《中国人民大学学报》2004 年第 2 期，第 11 页。
② 薛晓源、刘国良：《全球风险世界：现在与未来——德国著名社会学家、风险社会理论创始人乌尔里希·贝克教授访谈录》，《马克思主义与现实》2005 年第 1 期，第 48 页。
③ 〔美〕乔治·瑞泽尔：《后现代社会理论》，谢中立译，华夏出版社 2003 年版，第 193 页。
④ 〔美〕乔治·瑞泽尔：《后现代社会理论》，谢中立译，华夏出版社 2003 年版，第 193 页。

及全球性。现代风险有别于传统的危险与危害，对未来与安全的越来越关注，风险观念由此产生。

### 三、反思性理论命题："风险、传播与现代性"

"风险社会"日益成为媒介化社会流行的关键词，并通过诸如"9·11"恐怖袭击、非典、生态灾难、健康风险、社会冲突等被公众所认知。在一个现代媒体深刻地影响社会、社会也不断塑造媒体的"媒介化社会"，在专家系统之外，公众对风险社会与风险议题的认知，主要通过记者的眼睛和媒体的窗口来实现。我们所生存的"媒介化社会"与"世界风险社会"的关系越来越深入，媒介与社会的互动形成了很多值得关注的问题。

围绕风险定义的争论也是社会利益冲突的体现形式，因为如何定义风险直接关乎如何分配风险以及采取哪些措施预防和补偿风险[1]。在某种意义上来说，风险社会的产生是大众传媒参与缔造"共谋"的结果。因此，大众传媒或大众传播在"世界风险社会"具有不可或缺的作用，研究媒体的风险传播成为特殊传播学的焦点之一。随着社会化媒体（social media）的迅猛发展，公众在传统主流媒体与替代性媒介（Alternative media）渠道中交替寻求风险信息与观点，应对以"不确定性"为主要特征的风险文化正在源源不断地制造某种潜在的焦虑和恐惧，而这又反过来进一步加剧公众对媒介信息的依赖程度。风险事件催生了基于风险传播的公民集体行动，并在主导性话语空间之外建构"替代性公共领域"或"对抗性话语空间"，进而借助公共话语的修辞方式（以生命的名义、以安全的名义）来影响原有的媒介议程和政治决策[2]。迫于现代性生存的压力，利用信息传播媒介进行社会反思性监控就是必然的选择。"传播学显然正在游离开经验主义的微观知识架构，通过反思性的社会理论的启迪，进入宏观视野。"[3] 对现代风险报道的研究就置于这样的一种传播与现代性的反思中。

---

①　Ulrich Beck，1992：*Risk society*：*Towards a new Modernity*. London：Sage Pubications.

②　刘涛：《公民行动与风险传播》，《中国社会科学报》2009 年 5 月 26 日第 8 版。

③　吴予敏：《传播学知识论三题》，《深圳大学学报（人文社会科学版）》2001 年第 6 期，第 50 页。

## 第二节 "风险传播"的界定及其与 "危机传播"的区别

### 一、"风险传播"的界定

风险传播是特殊传播学的重要议题之一,至今仍无统一的定义。"风险传播"(risk communication)一词在 20 世纪 80 年代中期出现在英文中。在 1988 年,学者 Plough 和 Krimsky 依据风险传播所涵盖范围与沟通模式,区分出广义和狭义的两种定义:广义的风险传播范围涵盖了天灾(如台风、地震、水灾等)、传染病的流行(AIDS、非典、禽流感等)。"狭义的风险传播,是将'风险'定位在由科技或工业所造成的环境生态或人体健康的损伤及伤害上"①。尽管广义的风险沟通与狭义的风险沟通不能够截然地分开,本研究所探讨媒体的风险建构与风险沟通,还是更多地在狭义层面探究现代风险的新闻建构,也涉及广义风险领域中部分具有"知识不确定性"的现代风险。

在现有的"风险传播"研究文献中,对它的界定主要有两个:(1)美国国家研究委员会(National Research Council)将"风险传播"界定为"在个人、团体、机构间交换信息和意见的互动过程。它不只与风险相关,还包括风险性质的多重信息和其他信息,这些信息表达了对风险信息或风险管理合法的、机构的安排的关注、意见和反映。"②(2)"关于健康或环境的信息,在利益团体间任何有目的的交换。更明确地说,风险传播是在利益团体之间,传播(convey)或传送健康或环境风险的程度、风险的重要性或意义,或管理、控制风险的决定、行为、政策的行动。"③这里的利益团体包括大众传媒与公众在内。作为近年来颇受学术界重视的预防性制度,风险沟通注重风险信息与意义的传递与分享,因而同大众传媒密切相关。

以上两个定义都强调"风险传播"的信息交换功能,但前者强调交

① 黄懿慧:《科技风险认知与沟通问题》,《民意研究季刊》1994 年第 188 期,第 97 页。

② National Research Council,1989;Chapter 1:Introduction:*Improving Risk Communication*. Washington,D. C. :National Academy Press.

③ Covello,V. T. ,Slovic P. &Von Winterfeldt,D. ,1986;*Risk Communication:a review of literature. Risk Abstracts.* 3(4):172.

流的不仅是信息，还有意见的互动。这也正如 Cutter 所说，"风险沟通"是指任何关于危害信息的相互交换过程，不但提供风险信息的内容，也比较信息提供的观点及其正确性[①]。

也有学者批评了后一个定义将风险仅限于健康或环境风险信息。在此基础上，Penning - Rowsell 与 Handmer（1990）则在情境中考察风险沟通（见下图）[②]：

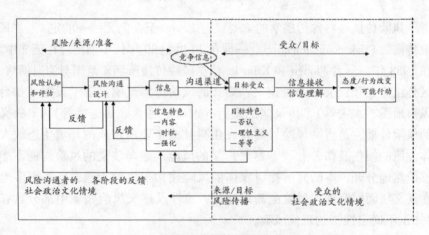

**风险传播的过程**

这和第一种定义均把风险传播放在社会情境中来了解。Penning - Rowsell 和 Handmer 认为文化决定了风险信息，即风险信息并非中立的，而是受到文化的制约并在社会与政治情境中产生的。正是因为风险传播的建构特征，许多学者从沟通的角度分别对它进行界定。William（1986）认为，风险传播是使人们共同承担风险议题之决策责任[③]，Lerbinger（1997）则认为风险传播主要是提供公众充分的风险情境信息与背景数据，使大家有能力就潜在危机参与对话，甚至加入风险决策，旨在创造

---

① Cutter, S. L. , 1993：*Living with risk：the geography of technological hazards*, London：Edward Arnold. 转引自张启达：《积体电路业环境与安全卫生风险评估与沟通议题探讨》，台北大学资源管理研究所 2001 年硕士论文，第 11 页。

② Penning - Rowsell, E. & Handmer, J. , 1990：The changing context of risk communication. In：J. Handmer & E. Penning - Rowsell（Eds.），*Hazards and the Communication of Risk. Aldershot*：Brookfield, pp. 10.

③ William, Diane F. , 2000：*Spinning the Web：a Handbook for Public Relations on the Internet*. New York：Longman.

一个参与的、理性且关心的、有问题解决能力的合作群体①。

以上定义概括了风险传播构成的四个要素：（1）作为风险沟通的传播媒介与参与主体的大众传媒；（2）传递或交换的风险信息与观点，该信息包括风险的水平、严重性以及风险的管理；（3）风险传播主体之间的互动；（4）一种有目的的行为，即主体间信息、意义的传递与分享。

Covello、Zimmermann、Kasperson 以及 Palmlund 等学者指出，一个良好的风险传播应该具备以下功能：启蒙功能，即促进彼此了解，启发解决问题的智慧；知情权功能，即让潜在利益主体事前获知风险信息并寻求对策；态度改变功能，即改变风险制造者与承受者的态度和风险接纳度；合法性功能，即塑造风险管理的合法性，重塑信任与公平；降低风险功能，即降低风险以保障公共安全；改变行为功能，即鼓励风险沟通机构采取保护性或支持性的行为；公共涉入功能，即使公共议题、有关风险知觉的知识受到普遍的关心；参与功能，即通过公众参与，协助解决与风险有关的冲突②。

在此基础上，本研究认为，"风险传播"是指大众传媒在一定的社会、文化、政治语境下，通过公共风险信息以及风险观点而进行的社会互动。媒体将可能性的风险或危机（如生态环境、健康、科技与决策等）的信息与观点呈现给受众，使公众与机构在获得充分、必要信息的情况下，对关乎健康、安全与环境的风险做出独立的判断；同时，为各风险沟通主体（个人、团体、机构）之间的信息互动与风险论争提供平台，参与并推动社会的风险沟通，从而促进社会的风险认知以及科学、民主的风险决策。

本研究是在大众传播的层面使用"风险传播"一词，这有别于仅限于组织内部的"风险沟通"与日常交往中的人际传播层面所使用的"风险沟通"。前者不仅将大众传媒视作风险沟通的重要媒介，更将其视为重要的风险沟通与民主沟通主体之一，而后者更注重组织沟通、公关宣传、政策宣导等，传媒成为组织传播的工具，即借助风险沟通传达风险信息以改变公众的风险知觉，进而促使其行为的改变。

① Lerbinger,O.,1997:*The Crisis Manager:Facing Risk and Responsibility.* NJ:Lawrence Erlbaum Associates.

② Covello,V. T.,von Winterfeldt,D.,& Slovic,P.,1986:"Communicating scientific information about health and environmental risks:Problems and opportunities from social and behavioral perspective,in Covello,Moghissi,& Uppuluri",*Uncertainties in Risk Assessment and Risk Management*,New York:Plenum Press.

　　这一界定包含以下几个关键要素：（1）风险传播研究的是大众传媒的风险呈现、媒体与社会之间风险信息与观点的互动；（2）"风险传播"所针对的"风险"，主要是指现代"人造/内部风险"而不是传统的"外部风险"，是指社会公共风险而不是个人风险；（3）风险传播强调风险信息与观点的双向互动；（4）风险传播的宗旨不仅仅是改变公众的风险知觉与行动，而是促进公众认知风险、参与风险论争与决策，实现风险决策的科学与民主。在一个媒介化的社会，风险传播成为近年来颇受学术界重视的预防性制度。媒体与风险管理主体的传播必须确保公众对不可避免的权益交换有较完整的了解，旨在让人们共同承担风险议题的决策责任。

　　同时需要指出的是，本研究中所出现的"沟通"一词，如若没有特别说明，也是在大众传播意义上使用"communication"一词。

## 二、"风险"与"危机"的比较

　　"风险"（risk）并不等于"危机"（crisis）。风险是"可能出现的威胁或危险"，危机是"即将形成或已经显现的破坏或损害"①。"风险"本身并不是"危险"（danger），而是一种危险和灾难的可能性。风险理论产生于针对西方社会"现代危机"而兴起的对现代性的批判与反思，当人类试图去控制自然和传统以及由此产生的种种难以预料的后果时，人类就面临着越来越多的风险。风险是文明的产物，通常是指"科技发展所带来的安全威胁"、"事物具有不确定性，但其结果能对人造成影响"②。"风险"更多的是指某项技术或活动在一段时间后产生负面影响的机率，着重影响或然率的探讨，从这个意义上讲，"风险"是指在未来发生、有着不确定后果的事件③。

　　风险并不等同于危机，但是在一定的条件之下，风险可以转换或生成危机。"大风起于青萍之末，风险就是危机的前奏，危机是风险的显化。"④ 潜隐的风险可以转化为现实的危机，现实的危机也可形成新的风

　　① 胡百精：《危机传播管理》，中国传媒大学出版社2005年版，第95页。
　　② 吴宜蓁：《危机传播——公共关系与语义观点的理论与实证》，五南图书出版公司2002年版，第28页。
　　③ Farago, K., 1999: "Reality versus perception, and values versus science in risk assessment and risk perception. In D. J. Briggs, R. Sten & T. L. Tinker (Eds.)", *Environmental Health for All*. Boston: Kluwer Academic Publishers.
　　④ 胡百精：《危机传播管理》，中国传媒大学出版社2005年版，第95—96页。

险，并对政治、经济、文化等产生严重冲击。例如，在 2005 年的"啤酒甲醛风波"中，啤酒含有可能致癌的物质甲醛，这是一种潜在的风险，但是经历少数媒体的断章取义或炒作（"95％国产啤酒含有甲醛"）以及商业对手的操纵，潜在的风险就可能演变为企业的产品营销危机与形象危机。

日常化的风险管理实际上是危机预警的一部分，但风险沟通又贯穿了危机沟通的各个阶段。风险就是"对某一问题的有害影响进行衡量，就是要评估和告知某一特定过程所带来的益处同其伴随的危险的对比关系。它帮助消费者对事关健康和安全的问题作出选择，并且保护我们的生存环境。"[①]

"风险"与"危机"都与现代性联系在一起，但二者是有区别的[②]："风险"是抽象的，"危机"是具象的；谈"风险"是为了揭示问题，谈"危机"更侧重解决问题；"风险"的概念是为了反思，"危机"的概念则是为了控制；对"危机"进行探讨的动力来源于对其进行管理，因而强调"决策"，而对"风险"的反思更在于提出一种新的"现代性"，强调"自反性"。关键在于，任何风险在发生之后，却不能称之为风险，只能称之为危机，而危机在发生之后，仍称为危机。风险是因，危机是果，二者之间有一定因果关系。

本研究主要针对媒体视域的"公共风险"与"人造风险"（manufactured risk），而不是"个人风险"与"外部风险"（external risk）[③]。

风险按属性与影响可以划分为"公共风险"与"个人风险"。公共风险主要是指因未来结果的不确定性对群体（或社会）产生不利影响，诸如非典、毒品泛滥、艾滋病扩散、恐怖活动等问题；个人风险主要是指某些社会个体可能遇到，但又不是每个社会个体都可能遇到的生活风险，这类风险与个人的生活经历、生活状态相关而呈现出个体特质的风险特征，如交通事故。

从现代性的角度划分，风险又可以分为"外部风险"与"人造风险"。"外部风险"是简单现代性条件下的风险类型，主要来自于外部、因为传统或者自然的不变性和固定性所带来的风险，可以预测、计算并

---

①〔英〕雷吉斯特·拉尔金：《风险问题与危机管理》，谢新洲等译，北京大学出版社 2005 年版，第 13 页。

② 张海波：《风险社会与公共危机》，《江海学刊》2006 年第 2 期，第 114—115 页。

③〔英〕安东尼·吉登斯、克里斯多弗·皮尔森：《现代性——吉登斯访谈录》，新华出版社 2001 年版，第 194—195 页。

据此来进行保险，如洪水、暴雨。"人造风险"是反思的现代性条件下风险类型，是由人与知识的不断发展，特别是由科学技术的进步所造成的，风险结果常常无法预测，如核辐射、转基因食品等。

因此，本研究的风险对象主要集中在健康风险、生态环境风险、科技风险、决策风险、医疗风险、社会风险等领域。它们往往同现代化进程、科技与决策密切相关的，具有"知识的不确定性"、"不可见性"等特征。

### 三、"风险传播"与"危机传播"的比较

事实上，在整个涉及危机的研究中，危机管理（Crisis Management）、危机传播（Crisis Communication）、风险管理（Risk Management）和风险传播（Risk Communication）都是紧密相连的概念。危机管理旨在如何管理危机并最大限度地加以避免；危机传播重在最大限度地向内外公众以及媒体告知事件的信息；风险管理是识别危险并预测相关危及公众的风险；风险传播侧重在危机发生的各个阶段如何与公众进行沟通。尽管风险传播（或风险沟通）与危机传播密切相关，但如果从风险社会学与"自反性现代化"的角度来看，二者并非完全等同。

风险的"知识不确定性"与争议性表明，风险传播有别于传统的危机传播。对危机传播的研究应该向危机发展的前端延伸，在危机预警中发掘新的研究课题。风险传播的焦点凸显于危机管理流程的开端，其风险沟通又贯穿于整个危机传播的过程。

从当下的新闻传播学界的研究现状来看，目前国内对危机传播的相关研究，以新闻传播学之外的学者居多。公共管理、公关关系等学科就从危机管理的角度关注媒体如何应对与沟通。例如，危机公关研究重"术"轻"学"色彩比较浓厚，关注的是形象修复策略、危机化解、媒体沟通等，对传媒传播的研究依附于危机公关策略。诸多研究因受"专业的分隔，更难以深入到传播理念、模式、具体传播技巧等细节"①，关注媒体利用问题却未能对危机中的传播进行专门研究。在传统研究中，人们常常把危机传播等同于危机报道，即对突发事件、负面新闻、公共危机事件的报道。这无疑将危机传播降低到"术"的层面，丧失了危机传播的本真面目，对危机传播研究缺乏更为宏观、更为理论化的视野。相

---

① 喻国明：《危机传播：路径、效果与策略调查报告——2003 年 SARS 疫情的传播条例》，《变革传媒：解析中国传媒转型问题》，华夏出版社 2005 年版，第 237 页。

对于港澳台以及国外的研究，中国大陆既缺乏严格的实证研究与开阔的理论思维，也缺少跨学科的研究。危机传播研究亟待摆脱单纯公共关系、危机管理的束缚。

因此，从新闻传播的角度，运用风险社会理论，去研究"风险"和"风险沟通"，应是对危机传播研究的拓宽、整合、提升与突破。

Lundgren 和 Mc Makin 从沟通的角度，将风险传播分为保护沟通、共识沟通、危机沟通等三种："保护沟通"主要是健康风险的沟通，目的在于警告和提供信息给公众，鼓励他们改变高风险的行为；"共识沟通"的目的则是将民众与决策者组织起来，建立他们对风险管理决策的共识；"危机沟通"则与紧急事件带来的风险（如地震、化学工厂起火）有关，目的在于警告民众危险，并提供他们降低风险的方式。[①] Seeger 等人也指出，风险沟通的范围涵盖了危机的三个阶段：危机前，告知风险的相关知识；危机时期，紧急告知风险损害的回避；危机后，形成新的风险认知，但是重点仍在于危机前的预防工作[②]。由此可知，风险沟通涵盖了危机沟通，并且重在风险事件真正发生之前。

"风险传播"（risk communication）有别于"危机报道"、"危机传播"（crisis communication）。危机传播是"为了影响大众对组织的形象与认知所做的努力，目的在于沟通与形象维护"。[③] 风险沟通侧重于在危机"孵化"过程中的风险信息与意义的传播，以利于风险决策。

根据以上分析，笔者认为：风险并不等同于危机，但是在一定的条件之下，风险可以转换或生成危机。危机传播（Crisis Communication）和风险传播（Risk Communication）是两个紧密相连的概念，但风险传播有别于危机传播。

首先，危机与风险不同。从认知层面看，心理、社会乃至文化意义上的民众的心理知觉变量在风险沟通中尤为重要，而危机传播中很少研究危机知觉因素。在一定的风险环境之中，风险可以转换成现实的危机，并对政治、经济、文化等产生严重冲击。

如果说传统技术范式对风险的界定注重损失的经济层面或实质的毁

---

① Lundgren，R. E. & McMakin A. H.，1998：*Risk Communication：A Handbook for Communicating Environmental，Safety and Health Risk.* Columbus：Battelle Press.

② Seeger，M. W.，T. L.，& Ulmer，R. R.，2001：Public relations and crisis communication：Organizing and Chaos. In R. L. Heath（Ed.），Handbook of Public Relations. London：Sage.

③ 吴宜蓁：《危机传播——公共关系与语义观点的理论与实证》，五南图书出版公司 2002 年版，第 9 页。

损层面，那么，"社会科学"的范式对风险的界定是多元的，不仅包括损失的经济或实质层面，还包括社会心理层面、政治层面和生态层面。因此说，风险研究比较重视认知情况——媒体对风险以及受众风险认知的建构。在新闻传播研究中，很少有学者会去讨论"危机认知"，但"风险认知"是研究风险时必须考虑的要素①。

其次，风险传播与危机传播存在差异。

（一）议题选择不同

风险传播关注一般民众对风险的看法、认识与接受度，风险大多涉及公众健康、环境和安全方面的议题；危机传播常以组织为中心，更关注组织危机以及在危机发展演变中如何与民众进行沟通。"危机作为爆发的风险才是可见的，危机传播遇到的总是危机而不是风险。"② 从传播的指涉面来看，风险传播更关心一般民众对风险本身的看法、认知与接受度；危机传播则比较是以组织为中心，思考的是在危机发生前或发生当时与发生之后如何与民众进行沟通。风险涉及的大多是与民生相关的事件，且偏重于由科技引发的危机，如饮水安全、环境污染、核能安全、电磁辐射、传染病等；危机可能涉及民生，也可能与民生无直接关系，如政府、企业、非政府组织等内部管理危机等。风险传播与危机传播固然有概念上的重叠之处，但前者较后者更重视民众心理知觉变项。

（二）价值取向不同

风险传播注重主体间的信息互动，即"对话"；危机传播大多关注以组织为中心对风险的管理与控制，即"传话"。根据美国国家研究委员会（the National Research Council）在 1998 的权威定义，风险传播是关于风险本质、影响、控制与其他相关信息的意见交换过程。从这个定义可以发现，对等的"意见交换"具有重要意义。主体间关于风险信息的传递是互动的，而非单一组织对风险的管理与控制。该定义强调风险传播的双向互动性，即风险沟通注重的是"对话"而不是"传话"，具有民主内涵。从价值取向上看，风险传播更强调保障公共利益，实现社会共识从而推动公共政策，而危机传播研究更聚焦于维护组织的利益和形象③。

---

① 吴宜蓁：《危机传播——公共关系与语义观点的理论与实证》，五南图书出版公司 2002 年版，第 28—29 页。

② 邱戈：《风险背景下的传播伦理研究》，《浙江社会科学》2011 年第 7 期，第 71 页。

③ 张洁、张涛甫：《美国风险沟通研究：学术革命、核心命题及其关键因素》，《国际新闻界》2009 年第 9 期，第 96 页。

（三）内容偏向不同

危机传播研究关注危机的解决，注重如何积极采取措施来化解危机，旨在维护组织的利益和形象；风险传播更强调沟通，通过交流与协作实现社会共识，保障公众的安全，推动政策的制定。风险沟通涵盖了危机传播的三个阶段，但重在危机发生前的预防工作，即潜在风险的告知。

危机传播重在最大限度地向公众以及媒体告知事件的信息；风险传播则是在危机发生的各个阶段与公众进行沟通。尽管风险传播（或风险沟通）与危机传播密切相关，但如果从风险社会学的角度来看，二者并非完全等同。危机传播是"为了影响大众对组织的形象与认知所做的努力，目的在于沟通与形象维护"[1]。风险传播侧重于在危机"孵化"过程中的风险信息与意义的传播，以利于风险认知、规避与决策。

（四）学科基础不同

从学科基础或学科支援来看，风险沟通更多地吸收了"风险感知"的心理学研究成果，并从政治学中获得理论滋养，更关心一般民众对风险的看法和认识，强调利益相关者（stakeholder）之间的"对话"。危机传播脱胎于危机管理学与公共关系学，偏重于组织对危机的管理和控制。其中，"互动性"是风险沟通和危机传播的最大差异所在[2]。

---

[1] 吴宜蓁：《危机传播——公共关系与语义观点的理论与实证》，五南图书出版公司2002年版，第9页。

[2] 张洁、张涛甫：《美国风险沟通研究：学术革命、核心命题及其关键因素》，《国际新闻界》2009年第9期，第96页。

# 第二章　风险传播中的媒体角色：
# 建构论的视角

　　人类步入"世界风险社会"，将面对前所未有、持续不断的、全球化的风险争议。与此相对应风险传播与风险治理的研究显得尤为迫切。科学、理性的风险沟通与风险治理，离不开良好的信息沟通以及相关主体的互动。与传统的风险相比，现代风险既是实在的，更是一种开放性的社会建构，必须通过社会成员的充分沟通与互动，风险才会被公众"意识到"，成为"公共领域"的议题。大众传媒在平时提供民众据以从事日常生活的相关信息，提供他们内在的安全感（ontological security）与信任感①，而当风险来临时又扮演着引导民众处理风险的重要辅助角色②。

　　媒体建构了风险，并实现了科技风险与生活风险、私人风险与公共风险在私人领域与公共领域之间的媒体转换。大众传媒通过对相关风险议题的报道，建构了现代风险。事实上，大部分人的风险认知架构都是经由媒体报道所建立③。大众传媒既充当了风险信息的传播媒介、风险论争与沟通的论坛，也主动建构了风险。从这个意义上来讲，风险或危机是"社会建构起来的现象"④。

---

　　① Giddens, Anthony, 1991: *Modernity and Self - Identity: Self and Society in the Late Modern Age.* Cambridge: Polity. Giddens, Anthony. , 1990: *The Consequences of Modernity.* Cambridge: Polity.

　　② Beck, Ulrich. , 1992: Risk Society: Towards a New Modernity. London: Sage. Beck, Ulrich, 1999: *World Risk Society.* Cambridge: Polity.

　　③ 吴宜蓁：《危机沟通策略与媒体效能之模式建构——关于肠病毒风暴的个案研究》，《新闻学研究》2000 年第 62 期。

　　④ 马成龙：《"媒体、危机和非典型性肺炎"专刊前言》，《中国传媒报告》2006 年第 1 期。

# 第一节　现代风险：一种开放式的社会建构

## 一、社会建构论的回顾

论及社会建构理论，不得不提到知识社会学。马克思曾深刻批判知识与阶级利益间的关系。曼海姆（Karl Mannheim）也认为，知识常常是特定的社会和历史观点的产物，反映了一定群体的文化和利益[①]，并将建构论从文化和意识形态领域拓展到与政治信念相联系的领域[②]，扩展了马克思的论述。社会建构主义者根据知识社会学的观点，强调知识建构是互为主观的，是认识主体与他人进行社会互动并经协商达成的，社会互动及文化情境（如价值观、意识形态）对知识建构有决定性的影响，即使是社会生活中许多被我们理所当然地认为是客观的或必然的东西，实际上也是通过社会关系和社会行为而"建构"起来的[③]。因此，建构主义者一致认为：知识的形成是研究者主动建构而产生；知识并非单纯只是说明世界的真理，而是个人经验的合理化；知识本身有其发展性、演化性，并非一成不变或维持某种恒常性。

社会建构理论在符号学、后结构主义等理论中也得到发展。他们所关注的知识，是文本塑造人类行为以及被精英们用作权力资源的方式。福柯（Foucaul）与布尔迪厄（Bourdieu）是典型的例子。布尔迪厄认为，记录文化（如印刷媒体）所负载的知识是维护社会地位和社会不平等的一个重要标准，科学、技术以及知识就不再被理所当然地看作真理；相反，它们是特定的社会群体的社会建构，是这些群体的权力工具[④]。社会建构理论，常常被运用到风险研究之中。

---

① 黄瑞祺：《意识形态的探索者——曼海姆》，台北：允晨文化1982年版，第220页。
② 〔英〕吉尔德·德兰逊：《社会科学——超越建构论和实在论》，吉林人民出版社2005年版，第125页。
③ 〔美〕黛安娜·克兰主编：《文化社会学——浮现中的理论视野》，王小章、郑震译，南京大学出版社2006年版，第8页。
④ 〔美〕黛安娜·克兰主编：《文化社会学——浮现中的理论视野》，王小章、郑震译，南京大学出版社2006年版，第4—5页。

## 二、两种不同的风险观：实在论与社会建构论

论述"风险"的理论，有许多不同领域与派别，Lupton（1999）将风险理论分为三类①：

实在论（realist）的风险观。它包含"技术——科学"观点与认知科学理论两大派别。这些派别假设个人为理性行动者，把"风险"当作一个客观的意外、威胁或风险因素，其存在独立于社会和文化过程，其测量也可以独立于社会和文化过程，但经由社会和文化过程的解释架构可能会被曲解或误解。"技术科学派"把风险当作"客观的存在"与"绝对的事实"，可经由科学测量和计算得到控制②。在此种取向下，风险群体被视为因没有获得"合适"或"正确"的风险知识所致，通常被假设获得并使用"低劣知识"。例如，在"高露洁牙膏致癌风波"中，媒体批评受众缺乏风险知识与科学素养，自己也因没有正确传递风险信息而遭到受众的批评。认知科学理论则把风险视为独立于文化脉络与社会过程之变项，主要的兴趣是采用心理学模型去说明人类的风险认知与风险行为。其研究旨趣在于运用"风险认知"与"风险管理"理论去解决风险问题。比如，用心理测量的方式探讨公众在购买转基因食品时的信息搜集与行为偏好。

"弱"社会建构论的风险观。该观点认为风险是一个客观的意外、威胁或危险，不可避免地需要透过社会和文化的中介过程来理解；风险分析如果孤立于这些社会过程，将无法深入理解其复杂生成机制。代表性的观点有贝克（Beck）和吉登斯（Giddens）的"反身现代性"与"风险社会"、道格拉斯（Mary Douglas）等人的社会文化论，以及"批判结构主义"对风险与社会变迁、社会冲突、不平等关系的论述。他们承认风险的客观性，也批判"实在论"忽略了文化与社会脉络，但更强调风险意识的社会建构和在不同文化情境下人们对于风险理解的差异：为何有些"危险"会被定义为风险，有些则不是？大众回应风险的心理动力为何？风险的情境定义脉络是什么？

"强"社会建构论的风险观。代表性的观点包括福柯（Michel Fou-cault）的权力理论与后结构主义，其研究重心在于"围绕风险操作的论

---

① Lupton, D. ,1999:*Risk*,London:Routledge,pp. 17 – 35.

② Bradbury. ,1989:The Policy Implications of Differing Concepts of Risk. Science,*Technology &Human Values*,14(4):382.

述与实践，如何建构主体性与生活世界"①，关注"知识——权力"生产性与流动性，将风险在更大的程度上视为一个由权力关系、意识形态、国家和社会关系以及象征意义所决定的认知问题。

本研究以"实在论"与"社会建构论"两种典范来界定风险：前者以科学与技术的方式呈现风险，后者着重风险的社会及文化取向。

"实在论"者强调风险的物质特性、可计算性与可补偿性，并赋予了个人理性发挥的空间。因此，普通民众对于风险的直觉或生活经验的认知，被认为是主观的、不正确的，而专家的风险观则是中立而无偏见的。但是，这种认识路径带有明显的"经济主义"色彩和"理性至上论"倾向。它无法给人们认识现代风险提供一个更宏观、更综合的框架。社会建构论既将风险视为一种物质特性，也视为一种社会建构，并偏重于后一种含义。建构论是贝克风险社会学的核心。现代"人造风险"不同于传统风险，它往往具有"知识的不确定性"。风险是"个人和群体在未来遇到伤害的可能性以及对这种可能性的判断与认知"②。在当今风险社会条件下，科学的扩张需要来自外在于科学的公众对科学的批判，即贝克所言的"反思性科学化"。

贝克认为，知识不是中立的，而是社会的建构，并尤为强调科学的公众责任。贝克、吉登斯有说服力地把风险感同知识的增加紧密联系在一起。吉登斯认为，"我们今天卖弄的许多不确定性正是由知识的增加造成的"；贝克注意到"危险的根源不再是无知，而是知识"③。在这一设想中，知识通过人类对它的运用既造成了新的危险，又带来人类对风险的重新认知。这从根本上动摇了科学的权威性。将知识与风险联系在一起，其基础是对变化和不确定性感到不安的社会。风险定义包含三个因素，即不利的结果、发生的可能性以及现实的状态④。对人类认知潜能的质疑，强化了媒体知识传播的反思性。

贝克最先提出"风险社会学说"，在建构风险理论的过程中，其他社会理论家的相关论述或丰富、或质疑、或批判了贝克的风险论述，由此

---

① Foucault, M., 1991: Governmentality. In Burchell, G., Gordon, C. and Miller, P. (eds.) *The Foucault Effect: Studies in Governmentality*. Hemel Hempstead: Harvester Wheatsheaf, pp. 87 – 104.

② 杨雪冬：《全球化、风险社会与复合治理》，《马克思主义与现实》2004 年第 4 期，第 63 页。

③ 〔英〕弗兰克·富里迪：《知识分子都到哪里去了》，戴从容译，江苏人民出版社 2005 年版，第 54 页。

④ Ortwin Renn. (1992). Concepts of risk: A classification, in Sheldon Krimsky, Dominic Giding, (eds.) Social Theories of Risk, CO: Praeger, pp. 53 – 82.

形成了风险理论三大流派①：

（1）反思现代性学说。它是贝克和英国社会学家吉登斯（Anthony Giddens）在合作的基础上对现代社会制度的论述，其中涵盖对贝克原有风险社会学说的发展。

（2）文化象征学说。它由英国人类学家道格拉斯（Mary Douglas）首先提出，在时间上早于贝克的风险社会学说，为挑战贝克的学者们奠定了理论基础。

（3）统治形态学说。它是由一些后现代学者在福柯（Michel Foucault）的权力理论的基础上形成对贝克的批判。

这三个流派都借用了"社会建构"概念："反思现代性学说"在本体论上将风险分为主观和客观存在形态，由此注意到客观和主观的互相作用；"文化象征学说"承认风险的客观性，但更强调风险意识的社会建构和在不同文化情境下人们对于风险理解的差异；"统治形态学说"则将风险在更大的程度上视为一个由权力关系、意识形态、国家和社会关系以及象征意义所决定的认知问题。

尽管他们在论述时各有差异，但都一致认为，风险问题在西方目前的社会生活中已经变为无处不在的政治和文化概念，成为了人类意识中的核心内容之一；同时，由于风险是可以通过人的干预而得以处理，因而风险必然同人的理性、人的责任感和人的过失密切相关。

相对而言，社会建构论强调了风险的社会建构，深化了我们对现代风险的认识：并非所有的风险都是可计算的并可以通过技术手段来解决的；不同文化和社会背景下，人们对同样的风险有不同的理解，从而会采取不同的决策和行动。"从社会行动者围绕风险问题来建构问题的意义上来说，风险也是一种建构"②。这就否认了风险知识的客观性、绝对性、价值中立性和确定性。随着行动者的社会位置变化和其所处的背景不同，人们对风险的认知和理解存在差异，甚至对同一风险事件持有相对立的逻辑和知识观点。因此，面对跨地域和跨文化的风险扩散，必须实现跨文化的沟通与理解。

---

① 景军：《泰坦尼克定律：中国艾滋病风险分析》，《社会学研究》2006年第5期，第146页。
② 〔英〕吉尔德·德兰逊：《社会科学——超越建构论和实在论》，吉林人民出版社2005年版，第134页。

### 三、风险：基于实在的社会建构

本研究认为，风险是基于客观实在的一种主观建构，但这并非否定风险本身所蕴涵的危险或威胁的客观实在性，只是意味着风险一旦被媒介呈现或论述，必然融合了各方的论争与建构。以宝洁公司 SK - Ⅱ系列化妆品的风险议题报道为例，2006 年 9 月 14 日，SK - Ⅱ系列化妆品某些品牌被查出含有微量违禁的重金属铬和钕。据《南方日报》报道：

> 美容专家表示，化学的物质会有一定的副作用，但是总体来讲，如将化学物质控制在有限的量之内，益处是大于害处的。比如说铅和汞，汞这种元素有美白作用，而铅则能够去角质层，它们对皮肤都是有益的，但是一定要在正常的量之内。
>
> 不过，国家质检总局和相关专家均表示，化妆品成品中的铬、钕安全含量，目前还没有明文规定。①

从以上报道，我们可以看到，作为化妆品中违禁重金属元素的铬和钕，的确存在于 SK - Ⅱ化妆品中。换言之，它对人体健康的危害是客观存在的。然而，从相关的新闻报道来看，首先是权威机构肯定了 SK - Ⅱ化妆品的健康风险客观存在，同时，各方又通过媒体定义或建构了风险：宝洁公司认为 SK - Ⅱ不存在健康危险；质检总局认为尽管标准没有明文规定，但风险依然存在；网民认为宝洁公司是跨国公司，店大欺人，遮蔽风险；相关专家也就 SK - Ⅱ是否存在风险争论不休；媒体则含蓄肯定风险依然存在。

事实上，"建构论并不赞同唯心主义的认识论的唯心主义论题：社会是思维的创造物；而只是认为现实能被我们的认知结构认识。这样一种观点并不否认外在现实的存在，而只是认为现实的经验世界是借助科学的结构而被认识的。"② 在认识论基础方面，贝克的风险社会理论遭受现实主义和建构主义两方面的批评。贝克回应说："现实主义与建构主义既不是一种非此即彼的选择，亦非纯粹的信仰问题。我们无须对某种特定理论或视角宣誓效忠。对我来说，采用现实主义或是采用建构主义的观

---

① 谢思佳、王小海：《宝洁：尽快恢复 SK - Ⅱ在华销售》，《南方日报》2006 年 10 月 25 日。
② 〔英〕吉尔德·德兰逊：《社会科学——超越建构论和实在论》，吉林人民出版社 2005 年版，第 123 页。

点是一个相当实用的决定，是一个如何选择适当的手段来达到预期目标的问题。"① 因此，当贝克将环境危机和生态风险视为社会危机而不是自然危机时，在这个意义上他确实属于建构主义者的阵营；当贝克将高新技术的现实物理风险看作驱使工业社会超越其本身限制的原因时，在这种意义上我们可以将他视为一位现实主义者。贝克将自己看作"建构主义的现实主义者"或"反思的现实主义者"。简言之，在贝克看来，风险是"现实的"并且是由社会认识和解释所建构的。

风险首先是客观的存在，其次才是由语言和概念建构而成的，即风险不是独立于我们的纯粹的物质事实，而是我们实践活动的产物，是一种社会事实或社会类别。社会世界是一种主体间性的或集体意义的世界。这种审视风险与风险社会的视角，让我们看到了科学永远受到其方法论的限制，必然增加我们对风险的"反思性"。

风险是客观存在与主观认知的结合，是基于客观实在的一种主观建构。"风险存在的现实创造了风险，带来了关于风险的争论。这并不是说没有客观风险。问题不在于存在着抽象意义上的风险，而是人们接受风险的事实……客观风险越大，其存在越依赖价值体系。"② 客观可能性的存在引发了主观认知，而主观认知的深入，有利于我们认识更深层次和更大范围的风险，并寻找更有效的应对风险的方法。

日常生活的焦虑感集中体现在"知识不确定性"之中，风险感同知识的增加紧密联系。这种认识强化了媒体知识传播的反思性，也必然增加了我们对风险的"反思性"。

## 第二节 "风险社会"中的媒体角色

现代风险的特征与风险议题的"公共性"，契合了媒体的新闻价值追

---

① 贝克：《再谈风险社会：理论、政治与研究计划》，原载于芭芭拉·亚当、乌尔里希·贝克和约斯特·房·龙主编：《风险社会及其超越：社会理论的关键议题》，赵延东、马缨等译，北京出版社 2005 年版，第 321 页；又参见乌尔里希·贝克：《世界风险社会》，吴英姿、孙淑敏译，南京大学出版社 2004 年版，第 173 页。《世界风险社会》一书的译者将"建构主义（constructivism）"误译为"结构主义"。

② Brian Massumi. ,1993;*The Politics of Everyday Fear*. Minneapolis:University of Minnesota Press, pp. 225.

求。新闻从业人员评估新闻价值有八个常用的判断标准①：（1）影响性：影响的人愈多、愈快、愈深，价值愈高；（2）显著性：主角愈有名，价值愈高；（3）异常性：事情愈奇特，价值愈高；（4）冲突性：冲突愈大，价值愈高；（5）实时性：报道愈快，价值愈高；（6）接近性：事发地点愈近，人物愈亲，价值愈高；（7）实用性：愈是实用，价值愈高；（8）人情趣味：愈有人情趣味，价值愈高，如母亲在台风缺水缺粮时咬破手指，以血喂食幼儿。风险议题常常具有社会争议性并关乎社会的公共利益，而潜在的风险还可能转化为现实的危机。因此，风险或者风险议题本身就具有重要的新闻价值。

尽管贝克以提出风险社会学理论而闻名，他也注意到大众传媒在"世界风险社会"中的独特而重要的作用，但他本人对"风险社会"中媒体的角色缺乏系统性的论述。风险是一种公开的社会建构，大众传媒又如何在"新闻场域"中建构风险并影响社会的风险沟通？本研究旨在运用"风险社会学"理论来探究风险传播，尤其是大众传媒如何在"新闻场域"中建构风险并影响社会的风险沟通。在一个全球化的风险社会，进一步厘清大众传媒在风险社会中的角色与功能，深入理解风险建构的传播机制、制约机制与社会影响，对于研究社会的风险沟通具有非常重要的意义。

其中，首要的问题是厘清媒体在"风险社会"的角色。所谓的"媒体角色"，是对传播媒介在整个人类社会系统中所处位置及其传播行为模式的功能性定位。大众传媒的社会角色通过其价值体认、传播观念、传播策略、行为模式、参与社会调控、影响社会的客观效果等体现出来②。可见，媒体的角色与其功能是密切相关的。传播学将媒体功能定位为传承文化、协调社会、监测环境与娱乐大众，实际上也对媒体的角色予以功能性定位。

无论是从历时性角度还是共时性的角度来看，传媒在其所处社会系统的运行中实际发挥作用的性质，均会因各种主体间关系的变化而变化。传媒角色形塑的动态性与其说是源自传媒自身发展的规律，不如说是在不同的社会形态下，参与社会运行的各种力量（政府、市场、公众等）

---

① 转引自孙一信：《媒体正在复制阅听大众对身心障碍者的歧视》，http://www.media-watch.org.tw。

② 任正安：《中西传媒角色比较与转型期中国传媒角色形塑》2005年10月11日，http://media.people.com.cn/GB/22114/44110/44111/3758759.html。

在特定文化传统、时代语境中博弈的结果。

## 一、"风险社会"中的媒体角色:"场域"理论的视角

贝克在知识的地图中阐述了"风险社会"的思想。贝克关于后现代社会及其潜在的灾难性风险生产的社会理论,引起了欧洲乃至全球学术界的关注。散布于贝克书中的一个观点是:从理论上讲,大众传媒在风险揭露、围绕风险的科学知识的社会论争以及应对"风险社会"方面,扮演了非常重要的角色。然而,令人惊讶的是,他的社会理论却被传播学研究所忽视,尤其是被那些从事风险沟通和环境传播研究的人所忽视。学者 Singer Eleanor 与 Endreny Phyllis 从吉登斯关于"专家体系"风险论述中引出媒体的角色思考,认为大众传媒是风险社会中的"准专家机制"(quasi – expert mechanism),即人们对于风险的感知与界定,往往离不开三个来源:个人亲身经验,与他人的直接人际联系以及间接的社会联系,特别是大众传媒[1]。传播学者西蒙·科特(Simon Cottle)在《乌尔里希·贝克、"风险社会"与媒体:灾难的视角?》一文中,就贝克对风险社会中的大众传媒的思想予以关键性的说明,分析了贝克是如何界定"风险社会"中媒体的角色。尽管"风险社会"理论因在传播研究中不一致、不成熟且富于争议而可能遭致批评,但西蒙·科特还是强调,有必要赋予它更广阔的理论视野,推进对它的持续争论与批评[2]。

西蒙·科特曾运用社会学家布尔迪厄的"场域"理论,对风险社会中媒体的主要角色进行了探讨,并总结了风险社会中媒体的主要角色[3]:

首先,媒体是风险的社会建构(social construction)场域。风险的定义,主要是由大众传媒的文字、影像与照片等符号再现与风险论述所建构。换言之,风险是经由大众传媒进行社会建构而成的。

其次,媒体是风险定义的社会竞争(social contestation)场域。既然风险是一种社会建构,是由各种传播符号、风险论述、利益团体或权力集团博弈的结果,而新闻媒体是风险社会建构的主要场域,它也必然成为风险沟通主体对风险进行界定的竞争场域。

---

① Singer, Eleanor, Endreny, Phyllis. ,1993: *Reporting on Risk*. New York: Russel Sage Foundation, pp. 2.

② Simon Cottle. ,1998: Ulrich Beck, "Risk Society" and the Media: A Catastrophic View? *European Journal of Communication*,13(1):5 – 32.

③ Simon Cottle. ,1998: Ulrich Beck, "Risk Society" and the Media: A Catastrophic View? *European Journal of Communication*,13(1):5 – 32.

最后，媒体是风险及风险社会的批评场域。大众传媒负责监督政府、权威机构、利益团体的风险定义、风险决策过程，报道风险事件并让公众知晓，进而反思、批评政府风险决策的得失。

西蒙·科特对"风险社会"中媒体角色的理解，既与贝克的风险社会理论一脉相承，同时吸取了布尔迪厄"场域"理论中"文化—权力"的分析模式，拓展了风险传播的研究视野。台湾学者黄浩荣在此基础上指出，如果从传播机制的角度对风险社会中媒体角色予以重新审视，媒体角色可以概括为：风险的再现（representation）机制；风险的定义（definition）机制；风险的监督（supervision）机制；风险的信息/知识渠道（information/knowledge conduit）；风险社会的沟通（communication）机制；风险在公/私领域间的切换（switch）机制①。以上论述透视了风险社会中媒体的角色，也弥补了贝克在风险社会理论中系统论述媒体角色的不足。

在此基础上，本研究认为，"风险社会"的媒体角色主要体现为风险预警、风险建构、风险批评与风险沟通等方面。其中，媒体的风险建构角色无疑成为其他角色定义的重要理论基础。

## 二、媒体是风险的预警者

（一）风险预警：风险社会中媒体的功能定位

1948 年，传播学者哈罗德·拉斯韦尔发表了论文《社会传播的结构与功能》。总体看来，该论文意义主要体现在两大方面：一是从内部结构上分析了传播过程中的诸要素；二是从外部功能上概括了传播活动的社会作用。就后者而言，他提出了关于大众传播的三种基本功能，并分析了其可能存在的负功能。拉斯韦尔主要是从政治学角度概括了大众传播的三种功能：监视环境、协调社会以及文化传承。1959 年，查尔斯·赖特又从社会学的角度，补充了"娱乐"功能。由此，形成了传播学中经典的大众传播四功能说②。这实际上是对媒体的角色予以功能性定位，这些功能是社会良性运转的有力支撑和保障。

媒体不仅具有文化传承、娱乐大众的功能，更有协调社会、监测环境的功能。在新闻传播学界，媒体素有民主社会中"看门狗"（watch-

---

① 黄浩荣：《风险社会下的大众媒体：公共新闻学作为重构策略》，《国家发展研究》2003 年第 3 卷第 1 期，第 121—124 页。

② 熊澄宇：《传播学十大经典解读》，《新华文摘》2004 年第 1 期。

dog）的美誉。美国《世界报》的创始人普利策，对媒体与记者的角色曾有一个形象的说法："倘若一个国家是一条航行在大海上的船，新闻记者就是船头的瞭望者，他要在一望无际的海面上观察一切，审视海上的不测风云和浅滩暗礁，及时发出警报。"① 他非常重视大众传媒作为社会"瞭望塔"的预警功能，并把新闻记者比作人类航船上"现代文明的守望者"。李普曼也说："首先，新闻不是社会状况的一面镜子，而是对已经显露出头角的那方面的报告。"② 大众传媒的舆论预警，能够探察社会不良动向的苗头，止之于始萌，绝之于未形，对于预防公共危机的发生有重大意义。

风险是危机的前奏，危机是风险的显化。大众传播是风险社会的预警机制。风险是一种观察的目标，也是一种概念。风险可能带来的重大损失，必然被纳入媒体的"预警原则"（precautionary principle）之中。事实上，面对同时具有工业社会与风险社会两种社会元素的当下世界，社会学家们已经注意到媒体的风险侦测与预警功能。

"世界风险社会"混合了传统的灾难、危机与现代的风险，面对前所未有、持续不断的、全球化的风险争议，风险传播与风险治理显得尤为重要。因此，怎样预防、最小化、监督或控制风险，成为其核心议题之一。媒体在风险的"预防、最小化、监督或控制"过程中担当了重要的信息传播功能。科学、理性的风险沟通与风险治理，离不开良好的信息沟通以及相关主体的互动。大众传媒在平时提供民众据以从事日常生活的相关信息，提供本体安全感与信任感，而当风险来临时又扮演着引导民众处理风险的重要辅助角色。看门狗的角色在"世界风险社会"尤为重要，也是大众传媒发挥其环境监测、协调社会功能的极好体现。媒体呈现潜在的风险，并将复杂、充满"不确定性"的风险具象化或物化（reification），提高了现代风险的社会能见度。

（二）风险的"文化之眼"："龙胆泻肝丸"与"注射隆胸"事件中的媒体

媒介是人体的延伸，大众传播是风险社会的预警机制。2003 年，新华社《新华视点》对"龙胆泻肝丸导致尿毒症"事件予以调查。2 月 23 日首发特稿《龙胆泻肝丸——"清火良药"还是"致病"根源?》指出，

---

① 转引自刘建明：《舆论传播》，清华大学出版社 2001 年版，第 1 页。
② 〔美〕沃尔特·李普曼：《公共舆论》，阎克文、江红译，上海人民出版社 2002 年版，第 270 页。

民族老字号中成药龙胆泻肝丸的确能够清火、去火，但其中含有的"关木通"成分存在导致尿毒症的风险，及时发出医药风险预警。追踪报道《"为什么没有人告诉我？"——龙胆泻肝丸导致肾损害采访手记》，以"为什么没有人告诉我？"为题，包含了记者的双重呐喊：既是对无良厂家与某些学者的声讨，也是对风险社会中媒体功能的反思。

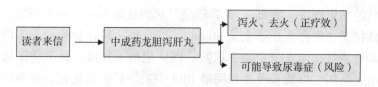

《龙胆泻肝丸——清火良药还是"致病"根源?》

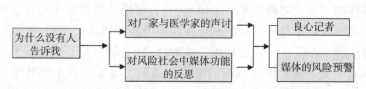

《"为什么没有人告诉我？"——龙胆泻肝丸导致肾损害采访手记》

龙胆泻肝丸的确可以去火，但也存在导致"尿毒症"的潜在风险。后者仍然存在风险的"知识不确定性"，我们从新闻报道的标题就可以看出，如《龙胆泻肝丸——清火良药还是"致病"根源?》（新华社）、《药监局：慎重使用"龙胆泻肝丸"不会对患者造成损害》（新华社）、《龙胆泻肝丸案举证悖论：患者无法自证病因》（《新京报》）。在风险报道中，"剂量决定毒性"是健康风险报道的重要内容与原则，但是，记者的风险伦理与责任也不容忽视，正如朱玉在《"为什么没有人告诉我？"——龙胆泻肝丸导致肾损害采访手记》中所说："更何况，人证、物证俱在，记者的良知也在，我们责无旁贷。"从此，因服食含关木通药物导致尿毒症的惨剧将不再发生。2003 年，记者朱玉被观众和专家推选为首届"中国记者风云人物"，其推介词为："让世界因为拥有我们而更美好，朱玉用自己的行为实践着这句话。"①

同样，中央电视台于 2005 年 10 月 25 日播出的《新闻调查·注射隆

① 《新华社记者朱玉：有一种力量就是责任》，http://media.people.com.cn/BIG5/40701/3776425.html.

胸》，也对"聚丙烯酰胺水凝胶（奥美定）"产品在使用中的安全性提出了质疑：注射隆胸存在很多后遗症，如液体硅胶、液体石蜡油等可能引起机体的免疫排斥。《注射隆胸》的播出促使国家药监局停止了"奥美定"这个产品的使用。媒体的报道起到了风险预警的功能。

风险具有知识依赖性。外在于"知识—权力"场域的公众，难以获得真正的知情，因为其信息、经验和知识是片断或支离破碎的，无法形成完整的知识链条。例如，"牙膏致癌"风险议题相关的科学研究，在未经媒体报道之前，公众是无从知晓的。风险是一种社会建构，不同的社会行动者透过媒体竞争定义了风险。媒体建构了风险，具象化了潜在威胁。电视新闻、报纸、漫画和网络 BBS 中关于风险的论述，从整体上凸显并建构了风险。从这个意义上说，媒介对转基因水稻、啤酒甲醛事件等消费安全事件的积极报道，在整体上履行了风险预警与沟通的功能。

媒体的"文化之眼"（cultural eyes），可将各类已发生的社会风险事件，以文字或影像符号（特别是电视画面及新闻图片）的形式予以再现，以供公众进一步认识风险或危机，唤醒社会的风险意识和警觉心。例如，电视新闻中关于骷髅树或垂死的海豹的画面，将无形的生态环境风险形象化。大众传媒的报道成为危险文化的眼睛，使威胁公开而可见，并唤醒人们对细节的注意。在人们自己的生活空间里，通过这些文化的眼睛，"瞎眼公民"（blind citoyens）可以赢回它们自己的裁判自治权[1]。与此相反，"对风险信息的忽视有助于风险的增长和传播。"[2] 因此，风险愈少为公众所认知，愈多的风险就会被制造出来——风险具有叠加性。

世界进入风险社会，受众急切需要了解周围环境变动的信息（包括全球性的风险信息）。媒体作为风险社会的"文化之眼"，应当尽可能地掌握全球各地的风险事件以及风险社会运动的发展，并持续将相关的风险信息导入社会内部，以供公民和专家体系来培育、凝聚风险意识以及规避风险。

尽管风险具有"不确定性"，但媒体还是应该首先呈现危机的可能性，即首先满足受众的风险知情权，其次才是受众知情后的决策与消费。总之，媒体应该发挥其应有的风险预警（alarming）功能。

---

① 〔德〕乌尔里希·贝克：《世界风险社会》，吴英姿、孙淑敏译，南京大学出版社 2004 年版，第 92 页。

② 〔德〕乌尔里希·贝克：《世界风险社会》，吴英姿、孙淑敏译，南京大学出版社 2004 年版，第 186 页。

### 三、媒体是风险的建构者

"风险"（risk）一词，实际上暗指了风险议题所包含的"危机"（crisis）内涵与"社会问题"的性质。大众传媒再现与建构了"风险"，但这并不是说大众传媒一定夸大了某些议题的影响，而是说传媒通过新闻报道、评论、图片、影像、声音等一系列符号或话语运作，将某些事件相互联系在一起，将其建构为风险议题或公共的"社会问题"。道格拉斯（Douglas）认为，贝克特别重视风险社会中的风险定义关系，因为风险的定义将决定国家政策、社会发展，并且影响到风险的社会分配状态，甚至是社会财富的分配，即涉及社会正义的存在形式①。因此，风险本身即充满政治性，风险争议具有"亚政治"或"生活政治"的属性。承认风险的"亚政治"属性，体现的是一种社会建构论的风险观。风险具有"知识的不确定性"，对风险的界定必然充满争议，争议的各方势力及利益团体对此的界定存在高度的竞争。风险知识与论述是一种公开的社会建构，并非是纯然客观的。这并非否定风险本身所蕴涵的危险或威胁的客观实在性，只是意味着风险一旦被媒体呈现或论述，必然融合了各方的论争与建构。

#### （一）新闻再现即媒体建构

新闻报道本身就是一种再现，而新闻再现也是一种社会建构。再现（representation）在哲学领域中原来指的是现代性（modernity）的特质之一，指的是人类以主体的姿态，将世界正在进行的状况，以抽象化后的概念来展示与代表。于是，这些概念便被视为再现了客观的外在世界②，是真实世界的表象。近年来，文化研究及媒介研究，也开始援引"再现"的概念。

文化研究中的"再现"是建立在当代"建构主义"（constructivism）社会思潮的基础上，再现即建构。"再现"概念本身即意味着一种"声称"，即"再现"并非是对现实的现实主义反映③。"再现"（representation）是指运用语言和影像来创造我们周遭世界的意义，这个过程透过再现系统来完成，这些系统拥有组织的规则和惯例。广义的"再现"指的

---

① Douglas, May, 1992: Risk and danger. In May. Douglas (1992). *Risk and Blame: Essays in Cultural Theory*, London: Routledge, pp. 45.

② 沈清松：《从现代到后现代》，《哲学杂志》1993年第4期，第11—12页。

③ Grossberg, L., E. Wartella & D. C. Whitney, 1998: Mediamaking: Mass Media in a Popular Culture. London: SAGE, pp. 179. 转引自李艳红：《一个"差异人群"的群体素描与社会身份建构：当代城市报纸对"农民工"新闻报道的叙事分析》，《新闻与传播研究》2006年第2期，第3页。

是一切通过语言、话语和图像等产制意义的过程①。按照这一定义，"再现"的对象非常广泛，可以是关于一个人、一个群体、一个物品或一个事件的意义生产。"再现"作为一种表意实践，实际上无所不在，渗透于我们任何企图通过语言或其他符号方式进行表达的过程之中，"构成了意义产制和一个文化内部成员之间进行交流的本质过程"②。霍尔（Stuart Hall）指出了三种有关再现的理论：主张意义存在于外在世界的反映派（reflective approach）；主张意义存在于作者的意图派（intentional approach）；主张意义来自人们的建构的建构派（constructionist approach）③。

事实上，当代文化研究"再现"的焦点有两个：一是"再现"是如何通过图像、语言、论述及其他符号表意方式而构成；二是这种被语言、符号等构成的"再现"又如何体现和构成于社会的权力关系。换言之，他们并不关注"再现"与真实之间的关系，而是更关心"再现"与社会事实之间的构成性关系。

在媒介研究中，文化是社会生活中的象征领域（symbolic domain），也是社会成员拥有共享意义的来源，而"再现"指的是这些意义如何在文化实践中将外在客体反映（reflective）出来、以人为的意图塑造出来以及在语言中经由时间的沉淀而建构（construction）出来的过程。"再现"凸显的是一个表意系统（signifying system），那儿不仅是社会成员所共享的意义地图，也是我们能够以概念来呈现及交换意义的基础④。但如果将"再现"的概念放在现今的传播媒体与社会真实关系中，"再现"则较为具体的意指媒体并非被动地反映社会状况，而是主动地对文字、图像符号加以结构，再借助媒体的特定使用方式而建构出关于社会的"真实效果"⑤。

"再现"作为一个文化符号过程，凸显于当代大众传媒之中。大众传

---

① Stuart Hall. ,1997；The Work of Representation. In Stuart Hall（Ed.）*Representation*：*Cultural representations and signifying Practices*,London：SAGE，pp. 15 – 29.

② Stuart Hall. ,1997；The Work of Representation. In Stuart Hall . （Ed.）*Representation*：*Cultural representations and signifying Practices*,London：SAGE，pp. 15. 转引自李艳红：《一个"差异人群"的群体素描与社会身份建构：当代城市报纸对"农民工"新闻报道的叙事分析》，《新闻与传播研究》2006 年第 2 期，第 3 页。

③ Stuart Hall. ,1997；The work of representation, In S. Hall.（Ed.），*Representation*：*Cultural representations and signifying practices.* London：Sage，pp. 24 – 26.

④ Stuart Hall. ,1997；*Representation*：*Cultural Representations and Signifying Practices*. London：SAGE，pp. 16 – 18.

⑤ 林芳玫：《女性与媒体再现》，台北：巨流 1996 年版，第 9—10 页；简妙如：《再现的再现：九零年代台湾 A 片"常识"的分析与反思》，《新闻学研究》第 58 期，第 113—139 页。

媒是当代社会最重要的文化再现场所，大众传播的过程即是"再现"的过程。大卫·麦克奎恩（David McQueen）在《理解电视》中曾说："所有的再现在任何时刻都只能有一个单一的视点。"① 他认为，媒介所传播的信息具有如下几个特点：（1）都是有选择性的；（2）有限制，受镜框制约的；（3）单意性的（只有一个视点）；（4）是机械性加工润饰的结果。媒体展现给观众的信息远非整个情景或背景，而是包含了全体中非常有限的部分。

媒体不仅仅是信息传播的渠道，在整个传播流程中，媒体有其自身的独立性，形成了一套从操作到体制的独立运作体系。在传播中，媒体有自己独特的操作方法和规则，并发出自己的声音。媒介影响着我们如何观看、思考、诠释和处理所接收的各种信息。当我们塑造大众传媒时，大众传媒塑造了世界，媒介景观是我们的认知图谱。

探究媒介的风险再现遵循的是建构主义的研究路径。与传统的传播效果研究不同，"建构主义"（constructivism）将研究的重点从可量化的媒介接触及态度行为变化上转移，集中力量分析塑造媒介信息这一过程本身的内在规律。之所以称其为"建构主义"，是因为研究的重点在于如何将各种符号、意义、政治议题及文化因素通过小到遣词造句大到选题、确定编辑方针等方式组合建造成一个有机的整体②。1966 年，伯格（Berger）与卢曼（Luckman）在《现实之社会建构》一书中宣称，人类主观可以认知的真相世界虽源于客观、受制于自然，但只要经过人为建构的过程，就会与社会、文化、政治、经济等各种条件相混杂，最终产生仅凭自然因素所不可预测的结果。"在自然与社会建构之世界的辩证联系中，人类有机体本身受到转化，人成为真相的塑造者，并同时塑造其自身。"③

建构主义对传播学研究诸领域产生了深远的影响。首先，建构主义聚焦于社会符号体系，而大众媒介作为社会符号的源泉和载体正是传播学的研究主题；其次，自 20 世纪 70 年代以来，西方实证主义研究从其巅峰状况开始下滑，各种质化分析方法日渐流行，建构主义在传播学中逐步普及也是大势所趋。与此同时，20 世纪 70 年代末至 80 年代初，西方学界发生了一场相当规模的关于新闻的"客观性标准"（objectivity criteria）的

---

① 〔英〕大卫·麦克奎恩：《理解电视》，苗棣、赵长军译，华夏出版社 2003 年版，第 254 页。

② 邱林川：《多重现实：美国三大报对李文和的定型与争辩》，《新闻与传播研究》2002 年第 1 期，第 64—65 页。

③ Berger，P. L. & Luchman，T.，1966：The social construction of reality. London：Penguin Books，pp. 183.

争论，其结果是以塔奇曼（Tuchman）、甘斯（Gans）、吉特林（Gitlin）等人发表支持社会建构学派的重量级著作而告终。然而，"社会建构现实"也有可能被用得过多、过滥，被形式化或被简单地理解成垄断资本周而复始制造主流意识形态的过程，如赫曼和乔姆斯基便认为美国大众传媒通过"宣传"来"调动民意支持，为控制国家政体及私人活动的少数人利益服务"①。政治权力、社会地位、经济资源，这些因素确实与多重真相的建构有着千丝万缕的联系。然而，既得利益集团可以持续地操纵媒介真实吗？媒介如何建构风险情境？哪些风险话语被放逐于媒介主流话语之外？又是哪些因素与条件促使传媒的风险报道、风险论述更多地强调风险冲突？弱势群体又是如何争取媒介的风险话语权？通过对媒体风险建构过程的分析，我们对媒介化社会的风险建构有着更深入的理解。

（二）风险报道即媒体的风险建构

风险报道是媒体对潜在风险的新闻再现，并打上建构的烙印。当代不断涌现的传播理论和文化研究认为，大众传媒是当代文化的重要生产者，因而它对于社会文化过程的建构和影响不容忽视。作为文化的重要生产者，大众传媒对于风险的再现（representation），关系到风险的能见度、公众对风险的认知及主体经验能否在公共文化空间中得到表达和体现。

社会真实建构理论打破以往新闻客观性的神话，将社会视为一个被建构而成的、具有意义的社会场域。M. Gurevitch在《文化、社会与媒体：批判性观点》一书中指出，媒介是社会真实的主要定义者②。这句话说明媒介并非客观地反映社会真实，同时与其他社会次系统共同定义了社会真实。因此，新闻的功能正是建构各种生活现实，同时反映出日常生活现实的一部分。

风险报道有别于一般的对社会事实的报道，因为风险不同于客观的危险、灾难或既成的危机事件，风险表征的大多是危险的可能性或发生的概率。风险的特性本身就对新闻报道构成严峻的挑战，也增加了风险沟通中媒体建构的复杂性。

传统上，新闻理论强调新闻的客观性，认为新闻报道的责任就是尽量客观地去反映新闻事件的特色。新闻必须报道"事实"，这是新闻与文

---

① Herman, E. S. & Chomsky, N. , 1988: Manufacturing consent: The political economy of the mass media. New York: Pantheon books, pp. 6.

② 〔英〕古瑞维奇、班尼特、库仑等编：《文化、社会与媒体：批判性观点》，唐敏敏等译，台湾远流出版公司1994年版。

学最大的区别，也是新闻从业人员必须坚守的最后一道防线。然而，新闻能否反映事实却是一个可以被挑战的问题。事实上，新闻报道其实也是一个建构（或再现）真实的过程。在这个过程中，它将已发生的社会事实转码成语言叙述。有学者认为："所谓新闻必须报导'真实'，事实上是包括至少两个层次的意义。"[①] 一个关涉的是事件有没有真的发生过；另一个指的是记者以"事实语言"（注：事实语言，指在某特定语言社群中，被用来表示事实的特定语言机制）的方式来呈现事实。例如，在表达记者自身对所报道事件的认知或态度中，记者可以对构成新闻报道的诸因素（如新闻中的人、时、事、地、物或者新闻价值）进行选择和排除，以决定新闻事实以何种面貌呈现在受众面前。因此，新闻报道既是记者对客观事实的陈述，又表现出主体对客体的认知和态度。记者的陈述与认知，实际上是记者与编辑对"不确定性"的新闻再现与主体认知。而且，风险报道较一般的新闻报道更加复杂，因为风险具有"不确定性"、争议性与"潜隐性"。

　　就不确定性风险的报道而言，新闻如何呈现现代风险，更是风险传播中一个值得深入探究的问题。风险议题为我们探究新闻语言是如何再现所谓的风险事实，提供了一个极好的窗口。研究媒体或记者如何报道风险议题，可以看到语言在建构事实时所使用的各种机制。跟其他报道相比较，风险报道使用的语言或符号常常呈现某种语言的张力，集中体现传播符号与事实建构之间的关系。

　　媒体的风险报道是一个风险知识具象化以及本体化的复杂过程。在"具象化"的媒体建构中，不确定性的风险与科学知识转变为一种生活常识，并同人们日常的焦虑相联系。因此，记者在常规或例行的报道中，处理的事实是散见于事实光谱上的：

| 非经验事实<br>（潜隐的风险） | →介于非经验与经验之间的→ | 经验事实<br>（危机） |
| --- | --- | --- |
| 如"油炸薯条致癌"、"手机辐射"等 | 例如，风险的报道，通常借助于经验世界中有物质基础的事物，如新闻照片、电视画面、Flash、绘图等符号的隐语或转喻，来证明或呈现风险的存在及其潜在的危害 | 经验世界中的人、事、地，如消费的认知与选择，由风险导致企业的形象危机与产品的营销危机等 |

---

① 翁秀琪、钟蔚文、简妙如、邱承君：《似假还真的新闻文本世界：新闻如何呈现超经验事件》，《新闻学研究》第 58 期，第 59—83 页。

尽管媒体报道风险与否并不能决定风险是否客观存在，但一经媒体报道，风险就会被诸多受众证明其存在，这是媒体为公众所选择、编排、呈现出来的一套经过建构的产物（媒介真实）。媒体通过象征性的传播符号，指涉风险报道的对象，而受众可借助报道所建构的意义进行抽象互动，而这些互动会对公众日常生活的风险认知及风险决策产生影响。媒体对风险议题的建构与社会对风险认知的契合程度，决定了新闻真实被社会的认可程度，进而影响社会大众对风险问题的心理预设。

（三）风险定义及其争议：表达谁的主体性

对风险社会的分析亟待了解风险知识的汇集、传播与分布，以及检讨专家权威的正当性。现代风险的特征之一就在于既难以认知，其不良后果又未必立即显现，如辐射伤害的鉴定并不容易。风险是一种"开放性的社会建构"，必须通过社会成员，如科学家、记者、医生、律师、社会运动组织和利益攸关者的沟通与互动，某些风险才能呈现为"公共领域"的问题①。

以电视传播为例。"电视逐渐消除了真实与虚拟之间的界限。这样一来，它们便向我们显露出，我们对真实的感知一直是一种建构，而不是在不同情况下总是瞄准同一真实的固定模式。"② 在一个媒介化的社会，越来越多的研究揭示新闻的建构性质，并将新闻视为符号系统和文化产品。因此，新闻文本也被视为文化建构。例如，海上油轮的原油泄漏，被国际新闻报道不断地予以呈现。原油泄漏对海洋环境或生态的影响，既是一种客观的危险，也是一种潜隐的风险。风险的"不确定性"与潜隐性，增加了电视媒体风险报道的难度。电视新闻必须捕捉那些触目惊心的画面，运用丰富的传播符号"再现"环境风险，比如，航拍的长长的污染带、浑身沾满油污欲飞不能的海鸟以及僵死的海豹。但是，对于污染造成的某种生物灭绝以及给区域经济带来的风险，电视画面常常力不从心。因而，电视的风险报道，可能放大风险，也可能弱化或遮蔽某些风险议题。

1. 风险报道：谁在定义风险？研究表明，"再现"是一个选择的过程，更是一个意义竞争的场所。在风险定义与风险论述中，"再现"意味着选择，选择就不可避免地排除一部分纳入另外一部分。这一风险的选择过程必然与风险论述主体位置存在密切的关联。不同的社会主体彼

---

① 顾忠华：《风险、社会与伦理》，《台湾政治大学哲学学报》1999年第5卷，第19—38页。
② 〔斯洛文尼亚〕阿莱斯·艾尔雅维茨：《图像时代》，胡菊兰、张云鹏译，吉林人民出版社2003年版，第18页。

此竞争，用自身的主体经验来"再现"或建构风险。谁在定义风险？这是研究媒体风险建构的重要议题。

两岸媒体对阳澄湖大闸蟹致癌风险争议的报道，集中了媒体建构特征。2006年10月18日，台湾媒体称，台湾民进党"立委"郑国忠指出，"卫生署"委托"经济部标准检验局"抽检从中国大陆江苏昆山进口的大闸蟹，验出含有禁用抗生素。一些台湾媒体对此进行大量报道，如《药水蟹》、《致癌大闸蟹流出》、《大闸蟹含致癌物，走私货全无人把关》等。中国大陆的《环球时报》报道说①：

> 岛内一些别有用心的政客和媒体对大陆大闸蟹致癌的消息大肆渲染。
> 在这些言论和报道的影响下，大陆大闸蟹开始在台湾受到冷落。

此次"大闸蟹致癌"的风波背后，是否隐藏着什么难以明言的玄机，值得琢磨。上海的《新闻晨报》也报道说②：

> 据台湾媒体报道，这批大闸蟹早在今年9月16日就已经通过台湾相关机构的质量检测。那么，为何偏偏一个月之后又被查出含有致癌物质？这是一个不容回避的疑问。此外，事件发起者——台湾民进党"立委"不迟不早选择在两岸农业合作会议召开这样一个时间节点上呼风唤雨，拿大陆食品安全问题做文章，其蹊跷之处，我们有理由多加分析。
> 此前，颇具轰动效应的"高露洁牙膏致癌"、"国产啤酒甲醛超标"等几起风波都曾经由于一些媒体的"积极介入"而在社会上引起了不必要的恐慌。
> ……
> 民众有权利知道真相。当然，任何人都不会否认，有时候揭露真相需要经历一个过程。

---

① 方惠军：《台当局称大陆大闸蟹致癌 媒体和政客大肆渲染》，《环球时报》2006年10月20日，第10版。

② 《大闸蟹事件很蹊跷 为何屡屡造成恐慌？》，《新闻晨报》2006年10月20日。

从以上报道可以看出，两岸媒体对阳澄湖大闸蟹致癌风险定义之争，凸显的是两岸政治与经济的博弈，而不是消费者的选择与论述。从两岸媒体的风险论争我们可以看到：大众传媒的风险报道或风险论述，是定义当代风险的重要力量；媒体传播的广泛性与影响力，使得出现在媒体上的风险信息或风险知识能够广为人知、影响深远；知识是建构当代风险的关键因素，风险的内涵也会随着占主导地位的知识变迁而转变。大众传媒正是传播知识、树立知识主导地位、界定风险的关键机制①。

2. 风险争议：风险论述与文化再现表达的是谁的主体性？风险具有不确定性与复杂性，各方势力或利益团体对风险的界定必然充满争议。风险知识与论述是一种公开的社会建构，并非是客观的。然而，这并非否定风险本身所蕴涵的危险或威胁的客观实在性。风险的定义主要是由大众传媒的文字、影像与照片等符号再现与风险论述所建构的，即风险一旦被媒体呈现或论述，必然融合了各方的论争与建构。媒体是风险的社会建构场域，风险是经由大众传媒进行社会建构而成的②。

媒体对于转基因食品的安全性的争论就是如此。总体而言，科技产业界倾向于支持在良好的科研基础上把转基因技术应用于食品生产，而多数绿色环保主义人士则持反对态度。欧盟国家对转基因农产品大多予以严格限制，比如保鲜西红柿在英国研制成功却无人敢投入生产应用；而在美国，转基因技术已经成为农业经济的一个新增长点。媒体的风险报道受到民族主义情绪、国家与公司利益、广告投放以及媒介组织的立场等的制约，因而，对转基因食品的风险建构也必然打上政治、经济、文化的烙印。从以下欧美媒体上的新闻漫画与新闻广告，我们就可以看出媒体如何建构转基因风险。

第一幅新闻漫画是长了眼睛的土豆。中国《环球时报》采用美国《新闻周刊》的这幅新闻漫画，印证的是欧洲媒体热炒"中国转基因大米"。第二幅是欧洲报纸上的公益广告"转基因人"，以夸张的手法凸显了转基因的风险。第三幅是色泽艳丽、可口诱人的"辣椒香蕉"，广告勾起受众的消费转基因水果的欲望。尤其是第二幅，画面上低等动物——长着人耳的老鼠，以异样的神情审视着高等动物——"转基因人"，广告的主题是

①　Beck Ulrich,1992;*Risk Society*;*Towards a New Modernity*. London;Sage,pp. 23 – 24,55.

②　Simon Cottle. ,1998;Ulrich Beck,"Risk Society" and the Media;A Catastrophic View? *European Journal of Communication*,13(1);5 – 32.

转基因食品是高科技时代的产物，但是这类食品对人体是否有害，众说纷纭，估计对此问题的争论还会继续下去（原载于 2001 年 1 月 1 日美国《新闻周刊》）

应用转基因技术，人类让老鼠的身上长出了
人的耳朵，如果反其道而行之呢？①

美国媒体：诱人的"转基因香蕉"

---

①　《震撼人心的公益广告》，http://news. xinhuanet. com/society/2006 – 10/16/content_
5208053. htm.

"己所不欲，勿施于人"（"don't treat others the way you don't want to be treated"）。新闻漫画与公益广告的视觉冲击力，勾起受众的风险想象，也凸显了媒体的价值立场。

从根本上来说，正是风险的"知识不确定性"本身导致关于转基因食品的社会争议。但是，不容忽视的是，科学知识争议的背后也有利益攸关者的话语竞逐与权力的博弈。知识及其背后的权力，共同建构了关于转基因食品的全球舆论场。

媒体是风险定义的社会竞争场域。不仅风险定义成为各方（包括拥有一定的读者市场与广告市场的媒体）的竞技场，甚至连媒体本身也可能成为各种权力集团、风险论述与意识形态的竞逐的场域。因此，在风险传播中，那些在媒体产权、内部组织、运作过程等层面对媒体施压，并试图操纵知识生产的各种政治、经济及社会权力值得探究[①]。对于转基因食品是否存在健康的风险，就涉及公司与企业、消费者、媒体、学术界、NGO 组织、国际政治等多层次定义的竞争。争论的各方，都可能提出相关的风险论述或定义来建构或维护自身的利益。除了媒体或记者的风险报道与论述之外，各风险沟通主体都运用各种传播策略，通过媒体传达相关的风险定义，以支配风险论述的话语权。

媒体的风险建构也可以从"新闻选择"的角度予以阐释。美国宾州大学新闻学教授汤玛斯·伯纳教授说，新闻是一种建构，是记者笔下写出来的文字，是编辑印在报纸上的白纸黑字，是制片人播放的节目，是受众消费的内容。新闻是根据实事写的，但本身并不代表真相，不是记者对某件事情的客观描述，尽管记者试图要使他的作品看上去很客观、公正和平衡[②]。在新闻报道中，媒体通过对新闻选题和信息源的限定，确定了记者采写新闻稿件的框架。框架是"人们用来阐释外在客观世界的心理模式；所有我们对于现实生活经验的归纳、结构与阐释都依赖于一定的框架；框架能使我们确定、理解、归纳、指称事件和信息"。[③] 而新闻框架，就是指媒体在报道某个事件时，基于某种特定的看法，通过反复使用特定的关键词、比喻、图片或论调从某个固定的角度来说明问题。对同一风险议题的报道，可以由不同的视角建构。比如，就垃圾焚烧而

---

① Beck Ulrich,1992:Risk Society:Towards a New Modernity. London:Sage,pp.46.

② 李希光:《新闻建构与新闻选择性》,http://www.media.tsinghua.edu.cn/data/2006/0226/article_159.html.

③ Goffman,E.,1975:*Frame analysis:An essay on the organization of experience*. Victoria:Penguin Books Australia Ltd.

言，不同的消息来源（中央政府、地方政府、普通市民、农民、专家学者、环保人士、企业等），从不同的角度定义环境与健康风险，因此，记者受制于某些特定的消息来源，其报道在建构、基调和内容取舍上将会有很大的差别。从 1987 年开始，"3·15"作为一个消费者维权纪念日进入中国，至今已经 20 多年了。公众对于"年年'3·15'，年年烧假货"的表扬报道已司空见惯了。但是，也有少数媒体理性地批评了"年年'3·15'，年年烧假货"现象："在大火冲天的焚烧现场，难闻的气味、熏眼的烟雾对周边环境和居民路人无疑是一种污染，倘若遇上有毒烟雾还有可能产生伤及无辜的危险后果"①。一个打击假冒伪劣的纪念日，竟变成一个环境污染日——善意之举却给环境带来风险。风险是一种公开的社会建构与话语建构②，媒体是风险的主要建构者之一。在"打假"报道之外，一些媒体倡导的"环保处理"和再生使用体现的是一种风险意识或风险观。

　　当然，记者所选择的报道框架与媒体的目标受众也有很大的关系。例如，新闻的地缘中心性和民族中心性在诸多的风险报道中体现得尤为明显，风险传播常常关涉各方利益，新闻报道也因此打上民族和国家的烙印，媒体成为风险的社会建构场域。

### 四、媒体是风险社会的批评者

（一）监督风险行为

　　风险社会理论赋予媒体的首要责任是：揭露具体存在的风险，使社会大众认知到"风险或问题确实存在着"，如社区安置大型电信发射塔或转接站，郊区建特大焚化炉，乡镇（将）被倾倒有害废弃物或"洋垃圾"等。

　　媒体是风险社会的"瞭望塔"，它不仅监测环境的变动并呈现、建构风险，而且成为风险社会的舆论监督者，对风险社会的"集体不负责任"提出严厉的批评。例如，《人民日报》在 2006 年 12 月 26 日刊登了一封署名"广西南丹县高中学生"的群众来信，反映了当地县政府为搞"面子工程"，组织人员假装治理刁江污染的情况。南丹县刁江沿岸的工业废水"含有很多有毒的重金属物质，还有大量硫酸，砷含量高"，"河水很臭很脏"，"沿河很多老百姓都患上了奇怪的病，肌肉萎缩，常年起不了

---

① 陈庆贵：《"3·15"不烧假货彰显理性回归》，《江苏经济报》2005 年 3 月 21 日。

② Robert A. Stallings, 1990: Media Discourse and the Social Construction of Risk. *Social Problems.* 37(1): 80 – 95.

床，河两边数以万计的良田无法种植"。① 然而，县领导与电视台却搞虚假的环境风险治理。《人民日报》刊登来信，发挥了中央党报对地方政府在风险治理中的不良行为的批评与监督作用，也曝光了当地工业发展给老百姓生活带来的环境与健康风险。

大众传媒以其"文化之眼"监视潜在的社会风险，倡导协商式民主，鼓励公众参与风险论争，监督政府和企业的风险决策与风险治理。媒体在监控风险社会的同时建构了风险公共领域，促进了决策民主与风险治理。

（二）媒介的风险批评影响公众议程和媒介议程：切尔诺贝利核泄漏的启示

媒体的风险批判，常常具有设置风险议题、唤起公众行动、改变政治议程的能力。

媒体对苏联的切尔诺贝利（Chernobyl）核泄漏报道就是一个典型个案。1986 年 4 月 26 日凌晨 1 时 23 分，在切尔诺贝利核电站四号核反应堆爆炸发生后不久，大规模的核泄漏就开始了。4 月 28 日晚 9 时，苏联国家电视台的晚间新闻在结束时发布了第一条关于此事的简短消息，但塔斯社的报道中只是称："在切尔诺贝利核电站发生了不幸事件，核反应堆中的一个出现了事故。"报道没有提及事故发生的时间、伤亡的数字，更重要的是对正在扩散的核灾难不置一词。当晚 11 时，核泄漏被丹麦一家核研究机构检测到，该消息通过欧洲一家电视台传遍整个西方世界。

面对国际舆论的强烈谴责，苏联领导人决定对切尔诺贝利的有关信息采取分类区别对待的政策。苏联公民和其他"兄弟社会主义国家"领导人将获知有关此事的最低程度的消息，而美国和西方国家则可以获知全部信息。

10 年后，乌克兰著名记者雅罗申斯卡娅称此事为"86 弥天大谎"，指责苏联领导人在危机到来后对西方的"先生们"说真话，却对自己的人民撒谎②。虽然切尔诺贝利核泄漏的悲剧已经融入世界人民关于风险的历史与集体记忆中，但全球媒体对此的批评一直持续到今天。媒介的批评与反核能运动形成一种跨国的互动。

在《未受惩罚的犯罪：切尔诺贝利 20 周年祭》一书中，雅罗申斯卡娅利用他获得的苏共档案指出，在获悉核泄漏造成巨大污染的实情后，

---

① 《广西南丹中学生写信质疑县政府治污作秀》，《人民日报》2006 年 12 月 26 日，第 13 版。
② 梁强：《切尔诺贝利的政治意义》，《南风窗》2006 年第 10 期，第 72 页。

苏联政府一方面通过官方媒体向全国和全世界发布事故并不严重的消息，称污染已得到控制；另一方面，则通过行政指令要求所有参与救援的工作人员和其他知情者严守秘密。

由于一切都要听从莫斯科的指令，乌克兰和白俄罗斯甚至没有权力向受害的本地人民公布事故的真相。在中央报刊和电台发表统一口径的新闻之前，事故发生地的媒体不能发布任何消息，结果造成了事故邻近地区人民疏散工作的严重滞后。5 月 1 日，数万儿童参加了基辅市的五一大游行，几天之后，基辅市政府才发布相关预防通知。当苏联人通过国外媒体了解到这些事实后，他们震惊了。"从灾难发生后的那一刻起，苏联的政治体制缺乏公开性、欺骗人民、歪曲事实就不再是西方媒体的宣传攻势，而成为苏联普通人切切实实能感觉到的东西。"①

1989 年 2 月，首次全苏人民议员普选开始前，莫斯科才取消对切尔诺贝利的信息封锁，媒体被首次允许刊登受核污染侵害的具体地图。直到这时，人们才知道，在事故发生 3 年之后，仅在白俄罗斯就有 200 万人仍生活在遭到核污染的区域里。

乌克兰是切尔诺贝利的最直接受害国。事故发生后，乌克兰人也自发组织了"人民阵线"运动，要求获得加盟共和国在宪法上所应该享有的自主权和新闻自由。对高科技风险与生命的漠视，最终促使白俄罗斯和乌克兰两国的政治力量从简单的环境保护运动走上了寻求政治平等，并最终建立独立主权国家的道路。从这个意义上说，切尔诺贝利已经成了一个媒体与政治符号，它是乌克兰人和白俄罗斯人寻求民族和国家独立的体现和象征。受灾国的民族主义情绪在事故后进一步高涨，事故也强化了苏联东欧盟国的离心倾向。

直到今天，媒体与绿色和平组织依然质疑核事故的损失："我们怎么能相信官方得出的调查结果？""1957 年乌拉尔'灯塔'核燃料工厂爆炸；1975 年列宁格勒核电站爆炸；1986 年切尔诺贝利核泄漏；1997 年季米特罗福格勒核中心核原料外泄。所有这些事件我们都是在事发好久才得知消息，而且永远无法得到具体情况。"②

媒体是风险及风险社会的批评场域。大众传媒负责监督政府、权威机构、各利益团体的风险定义、风险决策过程，报道风险事件并让公众知晓，进而反思、批评政府风险决策的得失。

---

① 梁强：《切尔诺贝利的政治意义》，《南风窗》2006 年第 10 期，第 73 页。
② 梁强：《切尔诺贝利的政治意义》，《南风窗》2006 年第 10 期，第 74 页。

## 五、媒体是风险的沟通者

（一）媒介的风险沟通：降低社会的风险焦虑与不安

风险是指在不确定情境下不利事件或危险事件的发生及其发生的可能性。风险并不等于现实的危害，却可以在一定的风险情境中转化为现实的危机或灾难。

当风险即将到来，或者风险转化成现实中的具体危害时，媒体成为政府、专家系统（注：吉登斯语）与民众之间风险信息沟通的桥梁，协助专家系统有效地将风险信息传播出去，降低公众对于风险的疑虑与不安，稳定民间社会对政府与专家系统的信任[①]。媒体多元、客观的报道，促进了社会在整体上的风险沟通。

下面以媒体对 2006 年湖北随州地震报道为例予以说明：

> 据中国地震台网测定，2006 年 10 月 27 日 18 时 52 分，在湖北省随州市三里岗镇（震中位于北纬 31.5°，东经 113.1°）发生 Ms4.2 级地震。
>
> ——《湖北随州发生 4.2 级地震》（中国地震台网，2006 - 10 - 27，20：34：09）

> 中国湖北省随州 27 日发生规模 4.7 级地震，已造成 2218 户合共 7763 人受灾，其中 3200 人被紧急转移，但至今没有伤亡报告。香港的中国人权民运信息中心表示，这起地震可能是三峡水库蓄水位置达到 156 公尺高位后，诱发附近的一条地质断裂带活跃，不排除在近期三峡水库会发生高于规模 4.7 级的地震。
>
> ——《湖北随州地震 7000 余人受灾    三峡蓄水位可能有影响》（台北中央社 10 月 28 日）

> 昨日 18 时 52 分 04 秒（北京时间），在我省随州市三里岗附近（震中位于北纬 31.5°东经 113.1°）发生里氏 4.7 级地震，

---

① Miller, David & Macintyre, Sally, 1999：The relationships between the media, public beliefs, and policy - making, in Bennet, P & Calman S. K. (eds.) *Risk communication and public health*, pp. 229 - 240. 转引自周桂田：《全球在地化下之风险沟通与风险评估——以 SARS 为 Case 分析》（2003），第 10 页，tsa. sinica. edu. tw/Imform/file1/2003meeting/11291103. pdf.

震中地区震感强烈。此前 10 月 15 日北京时间 17 时 14 分 38 秒，也是同一地区曾发生过一次里氏 3.0 级地震。据悉，这是 27 年来，发生在湖北省境内最大的一次地震。地震专家称，此次地震不会给宜昌以及三峡大坝带来破坏性影响。

——《昨晚发生 27 年来省内最大一次地震　武汉有震感》

（《长江商报》2006 年 10 月 28 日）

在三峡大坝完成 156 米蓄水后，湖北省随州市三里岗附近连续发生四级以上地震，这也是二十多年来发生在湖北境内的最大地震。对于外界怀疑是三峡蓄水诱发此次湖北地震，中国地震局地球物理研究所所长陈云泰表示，目前还不好肯定或否定地震是因水库诱发，尚需进一步观察分析。

——香港《文汇报》（10 月 30 日）

首先需要指出的是，尽管地震爆发主要属于客观危机层面，但对其爆发的原因却在民间舆论与学界引发了争议。争议本身掺和了政治的因素，但也凸显了风险的"知识不确定性"问题。我国的港台地区以及海外部分媒体，将地震的诱因归结为三峡工程的决策，从而将危机议题上升到决策风险的层面，赋予随州地震的风险争议性。

其次，港台地区与海外部分媒体对随州地震的报道，使用的新闻框架是"工程决策风险"，即三峡工程建设与随州地震的相关性。那么，湖北省的媒体对此又有何回应呢？在地震后第三天，湖北媒体《长江商报》以"新闻链接"的方式对境外媒体、民间舆论予以回应，报道共分为三个部分：

《发生更大地震可能性不大》

《近期随州为何地震频发？》

《27 日地震是 4.2 级还是 4.7 级？》

其中，第三部分《27 日地震是 4.2 级还是 4.7 级？》报道称：

"有媒体报道三里岗地震震级为 4.2 级，而也有媒体报道为 4.7 级，为何不一样？"4.2 级是国际通用震级，而 4.7 级是中国地震震级，两种报道都没有错，但需要换算。

尽管湖北的媒体对以上问题予以了回应，但对于科学的风险沟通而言，媒体的反应似乎迟缓了一些，也必然影响风险传播的预期效果。新闻报道中地震震级的数据差别，对湖北省政府和各级媒体而言，应该不是一个难以监测的对象。如此重要的疏忽，必然会引发受众的风险想象与国际媒体的议程设置。报道的不足，更凸显了媒体风险沟通的重要意义。

此外，2006 年夏季，重庆和四川东部持续高温。民间舆论与国际舆论直接将三峡大坝与高温相联系。9 月 1 日，央视新闻频道《决策者说》播出新闻谈话节目《重庆高温：三峡大坝惹的祸?》，对此风险话题予以回应。两位"决策者"（中国气象局国家气候中心主任与国务院三峡办水库司副司长）认为：重庆的异常高温与干旱，与三峡工程没有关系；"独立学者"王红旗则认为三峡大坝对重庆高温有影响，相左的观点在媒体上展开风险论争。三峡工程与重庆高温、干旱之间的关系，是非常专业的气象科学问题，一般的观众无法辨识谁对谁错。媒体将"重庆持续高温"的电视讨论置于"全球气候变暖"与大型工程决策的风险传播之中，传播了相关的风险知识与信息。

（二）媒介的风险沟通：重塑社会的信任

作为一种被社会关注的现象，信任是现代性的产物。随着风险社会的来临，人类的焦虑与不安不断地被触发。现代性的发展推动信任关系从前现代向现代的发展，使之从"地域性"基础上的信任关系转变成了"脱域性"基础上的信任关系，使之由对自然或神明的信任转变成了对抽象符号、技术性知识的信任[1]。彼得·什托姆普卡认为，信任以不信任为前提，不信任具有合理性[2]。转型期的中国已经进入一个风险社会，信任资本缺失导致的社会冲突和信任感的普遍匮乏，已经严重地影响到社会秩序的稳定与进步。因此，必须改变以血缘家族关系为核心的中国传统特殊主义人际信任模式，代之以制度信任为核心的普遍主义信任模式，才能使风险社会中的社会转型与政治秩序保持稳定[3]。

公众对专家及相关机构的信任与风险的社会采纳之间有密切的关系，

---

① 〔英〕安东尼·吉登斯：《现代性与自我认同：现代晚期的自我与社会》，赵旭东、方文译，上海三联书店 1998 年版；〔英〕安东尼·吉登斯：《现代性的后果》，田禾译，译林出版社 2000 年版。

② 〔波兰〕彼得·什托姆普卡：《信任——一种社会学理论》，程胜利译，中华书局 2005 年版，第 187 页。

③ 翟学伟：《信任与风险社会——西方理论与中国问题》，《社会科学研究》2008 年第 4 期。

这种信任应该是一种理性的信任，公众参与是构建信任的有效途径①。社会断裂、制度失序以及人格失范是引发风险社会信任危机的主要原因。谣言传播与非理性的集体行动，往往是社会信任缺失的风险后果之一。其中，风险信息的缺乏与风险沟通渠道的不畅，会直接降低社会整体的信任感。因此，大众传媒的良性风险沟通，有助于建构社区认同与社会信任。

## 六、"风险社会"中媒体角色的反思

媒体在揭发风险中充当风险预警者；媒体在定义风险中充当风险建构者；媒体在提供民众发表意见的场域中充当风险沟通者；媒体批判风险沟通不畅与风险治理不力时充当风险批评者。在肯定媒体风险预警功能的同时，我们也不能忽视：知识与信息赋予力量，但力量也制造恐惧。因此，我们应该对抽象的专家系统（包括媒体传播符号系统）充满警觉与反思。

媒体的牵引最终成为自我的信息、知识甚至需要的开发者和满足者，我们把对世界和自己的把握寄托于自己之外的世界，我们对自己的信任已经成为了问题。无论是象征性标志，还是专家系统，我们都对它保持着一种矛盾的心态。一方面，我们必须也应该借助抽象系统（专家系统、传播符号系统等）来获得一种自我认同；另一方面，在一个高度风险的社会，大多数人又都认识到抽象系统的脆弱和限度，如专家解决问题的能力差异、风险解释的彼此矛盾、受众选择缺乏一致性和连续性以及对专家的某种怀疑和敌对态度。

例如，专家学者对转基因食品风险的针锋相对的观点，通过媒体报道，建构了转基因食品风险的论述。这种多元化的风险论述与媒体呈现，在整体上推进了社会的风险沟通，但也将"知识不确定性"的困惑呈现在受众面前。

进入"世界风险社会"，并不存在"何种风险认知是更为正确"的问题，因为普通民众和专家的风险知识都是由潜在的社会过程、文化理解和认知过程所建构产生的。更为理想的传播情境是：风险沟通应该导入公众参与（public involvement）。鼓励公众参与风险传播，使公众与社会理性（有别于技术专家的"专家理性"）共同参与风险定义、风险决策成为可能，让公民或另类专家的意见被专家与技术官僚聆听，并促成他们

① 卫莉、李光：《论信任与公众对风险技术的认知与接纳》，《科学技术与辩证法》2006年第6期。

负责任地做出有效回应，这才真正体现了"传播"或"沟通"（communication）含有的平等、民主、双向的互动特性，消解媒体单向传播所导致的权力宰制的弊端。

媒体向公众传播风险信息与知识，实际上是对公民进行赋权（empowerment）和启蒙。媒体的"赋权"，提升了公民的风险知识水准，使其有充分知识和能力来监督国家技术官僚及专家系统的作为与言论，并参与风险论辩与决策的过程[1]；也让公民得以自发地组织各类"亚政治"行动甚至组成公民团体来捍卫社会公众的整体利益。于是，作为风险社会"结构"之一，大众传媒在提供信息形塑公众个人生活的同时，也为公众提供了"行动"资源。

传媒传递风险信息与知识，在促进社会的风险沟通中，也实现了风险在私人领域与公共领域之间的切换。公众通过媒体报道来认知风险的存在，将风险转入生活的私人领域，即"将外在环境向内转化为私有"[2]，从而影响自我的生活节奏；相对地，经过媒体的报道，原属于私人领域的风险事件却也可能因此公共化，由此更多地关涉公众的私人领域并影响其生活行为[3]。

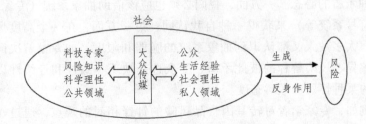

**风险沟通的互动过程**

就前者而言，比如在非典期间，疾病的爆发与媒体的报道改变了个人的生活习惯，如分餐制、自行车代替公共汽车、戴口罩、一遍又一遍地洗手，并且改变人们公共生活中的古老礼仪（如用作揖代替直接的握手）。媒体类似"碱皂液虽然不利于护肤，却能够有效杀死非典病毒"的风险论述，借助专家之口，极大地影响了受众的私人生活领域。而媒体

---

①　周桂田：《在地化风险之实践与理论缺口——迟滞型高科技风险社会》，《台湾社会研究季刊》2002 年第 45 期，第 101 页。

②　Beck Ulrich, 1992: Risk Society: Towards a New Modernity. London: Sage, pp. 133.

③　顾忠华主编：《第二现代——风险社会的出路?》，台北：巨流 2001 年版，第 35 页。

对艾滋病、同性恋等报道，则是将一个原初属于私密的话题转化为一个"公共化"的风险话题，引起全社会的关注，最后，在媒体的注目下，这一公共话题又影响了受众的私人生活。

风险社会构成了媒体的传播语境。将对大众传播的反思置于"风险社会"的语境之中，这是一种社会的、历史的思维方式，也体现了美国社会学家赖特·米尔斯（C. Wright Mills）所倡导的"社会学的想象力"。只有这样，对日常生活中的焦虑不安的审视，才能实现从"环境中的个人困扰"到"社会结构中的公共论题"的转换①。

新闻产品不同于一般的商品，它还具有公共属性。新闻的公共利益导向赋予媒介的公共性质，这要求媒体要充当社会的警钟（social alarm），告知公众关注可能发生的风险或者提供已发生风险的防范对策②；同时，媒体必须审慎监督、批判"专家系统"中关于科技发展等风险决策过程，使之透明化、公开化。换言之，就是要让公众拥有媒体接近权，得以接近并了解相关的风险信息与知识，参与事关公共利益的争议与决策，监督技术官僚与科学专家不得滥用权力以公牟私。

---

① 〔美〕赖特·米尔斯：《社会学的想象力》，陈强、张永强译，生活·读书·新知三联书店 2005 年版，第6—7页。

② 周桂田：《在地化风险之实践与理论缺口——迟滞型高科技风险社会》，《台湾社会研究季刊》2002 年第 45 期，第 69—122 页。

# 第三章　媒体风险建构的类型与方式

## 第一节　媒体风险建构的类型

从风险建构主体的视角来看，媒体的风险建构主要有直接建构与间接建构两种类型。媒体对风险的直接建构，是指媒体主要作为风险的定义机制发挥作用；媒体对风险的间接建构，是指媒体主要作为风险信息的传递机制发挥作用。

### 一、媒体直接建构风险：风险的定义机制

Berger 与 Luckmann（1966）归纳了社会建构中最具有代表性的三个基本过程：外化（externalisation）、客观化（objectivation）与内化（主观化）（internalistation）①。当人们和他的世界起作用时就是"外化"（具体化）的过程。例如，记者或许有一个关于食品健康风险的观点，他必须借助新闻报道的方式将其"外化"（具体化）。于是，风险议题或风险论述进入社会的范围，被纳入公众的视野。人们观看或阅读新闻，并通过网络、手机等媒体以及人际传播的方式传播、阐释风险议题，最后，该风险议题就在整个社会范围中开始具有它自己的生命，这个原本想要表达的观念变成社会中人们意识里的一个客体，并发展成为一个事实。"观念"似乎变成客观的"事实"，存在于人们的互动和建构中，并以自然的方式呈现，成为人们理解这个风险社会的一部分。

风险到底只是自发产生，还是一个社会建构与认知的复杂过程？实际上，媒介在报道风险时，并非只是被动地反映真相，也主动建构事件的"符号真实"。此时，媒体充当了风险议题的首要定义者——媒体主动、直接地建构风险。

---

① P. Berger，T. Luckmann：《社会实体的建构》，邹理民译，台北：巨流 1991 年版。

　　一旦媒体具象化并揭露潜隐的风险，不同的风险定义将彼此竞争，不同风险沟通主体彼此抗争，相关的利益主体将持续博弈。当电视取代了"大街"（直接政治）成为世界风险社会的"政治场域"，"文化的符号在大众媒体中被展现"①，大众迷失在"符号森林"中，我们不得不依赖媒体的符号政治。媒体传达的形象符号以及风险文化，在此获得了议会政治与政党政治之外的"亚政治"地位。这些符号必须也正是在风险争议、受众恐惧的眼睛前呈现出来。

　　媒体在构建大众对风险理解与态度中扮演了一个十分重要的角色，因而内容广泛的风险沟通计划应将媒体置于重要的位置。人们所理解的风险以及随之而来的危机，源自有关意外、疾病、自然灾难及科学突破的新闻报道。新闻"定义"了风险，而这个定义引导受众对风险的认知与选择。大多数的受众是经由媒体或人际的风险信息传播来建构其主观的风险感知。调查显示，比较而言，除核能与火力电厂外，受众一般认为"新兴科技"具有较低风险与较高的益处，而"传统产业"则被认为具有较高风险与较低的益处。这可能是受到媒体选择性报道的影响：媒体对传统产业的报道所传达的负面信息较多，对新兴科技的报道则以正面信息为主。在"科技进步"的主题框架之下，新闻媒体主动建构了社会真实与风险文化。

　　媒体既是风险沟通的传递媒介，又是风险沟通的"促发者"②。记者对风险争议的认知与理解程度，将深刻的影响社会在整体上对科技的理解。研究表明，大众传媒作为风险沟通媒介与行动者，因为不同的因素，比如对科学专业知识的不理解、科技新闻报道利益、截稿时间的压力、专业报道的纪律，常常造成不一样的效果③。其中，最受技术官员或科学界诟病的是媒体夸大的或错误的报道。

　　不同的风险定义彼此竞争，新闻媒体建构真实、定义风险的力量更是不容小觑。进入风险社会后，"知识的不确定性"挑战了专家的权威

---

　　①　〔德〕乌尔里希·贝克：《世界风险社会》，吴英姿、孙淑敏译，南京大学出版社2004年版，第55页。

　　②　周桂田：《争议性科技之风险沟通——以基因改造工程为思考点》，《生物科技与法律研究通讯》，2005年第18期，第42—50页。

　　③　Willis Jim, 1997: *Reporting on Risks: The practice and ethics of health and safety communication*, London: Praeger.

性，专家逐渐由"立法者"转变为"阐释者"①。在风险定义力量的彼消此长之中，作为一种知识传播系统的大众传媒，也获得了一个风险"阐释者"竞争资格。媒体的信息传播定义了风险，并直接影响受众的风险认知以及系统的风险管理。当然，在一个缺少民主传统的社会，传媒有可能获得一个风险"立法者"的资格，获得对风险独断的定义权。

面对风险的"知识不确定性"，媒体无论是充当"立法者"还是"阐释者"的角色，都会深深地影响社会的风险定义与公众的风险认知，从而建构风险。

## 二、媒体间接建构风险：风险信息的传递机制

风险的"不确定性"影响了"风险的能见度"，前工业社会的"外部风险"转变为后工业社会的"人造风险"。这种"人造风险"是"一些社会构想……它们是认识上的构想，因此总是带有某种不确定性"②，是无法直接感知的。风险的"不确定性"使得公众迫切需要从媒体上获知外界信息。风险具有很强的知识依赖性，只有在风险实际发生时，或者借助媒体报道、知识、研究，人们才知道其危险性，就像人们理解核辐射的风险一样③。大众传媒成为人们获取或传递风险信息、风险知识的重要传播媒介。

风险知识与论述往往通过媒体进行传播，大众传媒是风险沟通的关键，无论是国家技术官僚、科学群体、公众、社会团体等不同的风险论述，都将通过大众传媒产生程度不一的风险宣传与沟通效果。因此，这些不同领域的风险沟通主体如何运用不同的沟通平台或信息机制来衔接大众传媒，变得尤为重要。

不同的风险沟通主体，都企图操纵大众传媒，试图操控公众对风险争议的论述，影响公众对争议的风险感知与价值判断。例如，当风险报道深陷民族情绪之中，或者民间舆论主导了风险报道，或者广告商主宰了风险报道的基调等，媒体有可能成为某一风险论述的"传声筒"。此时，大众传媒主要是被动地充当了相关风险沟通主体建构风险的媒介——媒体传递风险信息与风险观点，间接地建构了风险。

---

① 〔英〕齐格蒙·鲍曼：《立法者与阐释者——论现代性、后现代性与知识分子》，上海人民出版社2000年版，第5—7页。
② 〔德〕乌尔里希·贝克、威尔姆斯：《自由与资本主义——与著名社会学家乌尔里希·贝克对话》，路国林译，浙江人民出版社2001年版，第145页。
③ 秦志希、郭小平：《论"风险社会"危机的跨文化传播》，《国际新闻界》2006年第3期。

　　以环境风险传播与社会的环境运动为例。在探讨大众媒体与社会运动的关系时，研究者大多以"媒介中心论"的角度来探讨环保运动，而忽略了社会运动组织"主动"建构的角色。实际上，媒体的风险传播既充当了风险事件的首要定义者，也充当了风险议题的次级定义者。无论是技术官僚、科学界、大众传媒、社运团体、公众都在这一传播过程中建构社会的风险认知与风险观，促进了社会的风险沟通与学习。当媒体主要以信息传递媒介的角色出现时，它主要充当风险议题的次级定义者，间接地建构风险。

　　媒体直接或间接地建构风险，也相应地充当风险议题的首要定义者或次级定义者。与此相应，传媒既是风险信息的传递机制，也可能是风险问题的定义机制；大众传媒既是风险沟通的传播媒介，其本身也是风险沟通主体或促发者之一。当然，这两种建构类型也常常交叉起作用。

## 第二节　媒体风险建构的方式

　　媒体关于食品、健康、医疗、生态环境等风险的报道，为受众开启了一扇又一扇接触和认知风险的窗口。然而，现代风险具有隐匿性、不确定性与争议性等特征，那么，媒体又运用哪些传播的方式去建构现代风险？

### 一、媒体对风险的视觉建构

#### （一）风险的媒体视觉建构

　　就媒介文化变迁而言，一个媒介化的社会正面临着深刻的文化转型：从以语言为中心的文化向以形象为中心的文化转变。这种变化的重要表征就是视觉因素越来越突出。巴拉兹曾预言，电影诞生后，一种新的"视觉文化"将取代传统的印刷文化[①]。20世纪30年代，海德格尔提出"世界图像时代"，指出世界作为图像被把握和理解。20世纪60年代，德波更是作惊人之语，宣判一个充斥着图像的"景观社会"的到来[②]。视觉文化是一种崭新的文化新形态，其显著的特征之一就是"影像"。它是指"文化脱离了以语言为中心的理性主义形态，日益转向以形象为中心，特

---

[①] 〔匈牙利〕巴拉兹：《电影美学》，上海三联书店1996年版。
[②] 〔法〕居伊·德波：《景观社会》，王昭凤译，南京大学出版社2006年版。

别是以影像为中心的感性主义形态。"① 视觉文化，不但标志着一种文化形态的转变和形成，而且意味着人类思维范式的一种转换。实际上，人类自诞生之日就有了视觉（Visual）经验，即看的经验，并因此逐渐产生视觉文化，有了视觉文化传播。视觉，亦可视为通俗的"观看"。"世界通过视觉机器被编码成图像，而我们——有时候还要借助机器，比如看电影的时候——通过这种图像来获得有关世界的视觉经验。"② 今天，这种机器包括了电影、电视、手机与网络等多种电子媒介。观看是人类最自然、最常见的行为，但观看并非是最简单的行为，因为"观看"实际上是一种异常复杂的文化行为，我们对世界的把握在相当程度上依赖于视觉。

在视觉传播中，媒介不再仅仅以语言模式为基本规则，更以图像学为基本规则，不但表现为对影像显现现实的迷恋，而且将虚拟的影像作为对现实本身的怀疑。这一方面反映在图像与现实的界限消失，另一方面又呈现为对实在本身真实性的怀疑。当新闻生产的对象不再局限于那些纯物质性的产品，越来越多的视觉符号被生产出来。这些影像符号的传播，赋予了物质对象更多的符号价值、审美因素或形象因素③。

图像作为一种特殊的符号，同语言一样，由社会成员在互动过程中赋予其意义，对这种意义的共通理解也是人们的互动所必需的。图像中每一种场景、表情、色彩以及图案都可能被所在社会的人们赋予特定的意义。当然，图像不同于文字，图像意义的交流、传播是需要相应的前提，即图像意义的成立和传播，是需要制作者、传播者和阅读者拥有共通的或相近的知识、文化背景，也需要人们对许多社会的问题、观念的问题具有共通的关心。不同的社会、时代以及观念赋予图像符号不同的意义。

虽然如此，图像较其他符号具有更多的共通性。风险传播视域中的"社会风险"是有别于"个人风险"的，它最主要的特征在于"公共性"，并且，在世界风险社会，风险传播更具有全球性特征。因此，媒体对风险的视觉化建构，常常会超越地域、文化、政治的界限，造成"世界在看"的全球跨文化传播效果。

媒介不仅生产信息，还生产图像，正是这些媒介图像提供了我们逐渐将大自然理解成受到严重威胁的方式，并且这些图像已经成为 21 世纪

---

①　刘砚议：《视觉文化时代的媒介特征》，《当代传播》2004 年第 5 期，第 80 页。

②　雅克·拉康、让·鲍德里亚：《视觉文化的奇观——视觉文化总论》，中国人民大学出版社 2005 年版，第 12 页。

③　刘砚议：《视觉文化时代的媒介特征》，《当代传播》2004 年第 5 期，第 80—82 页。

全球的共识。当某些政府部门、公司或企业遭到信任危机时，在"眼见为实"的文化语境中，媒体的图像提供了更多的、更稳定的信息、意义与解释。同时，全球化的传播也是将个人的、本土化的风险经验与全球化风险联结起来的机制①。

美国时代华纳旗下的付费电视网HBO（Home Box Office）2003年拍摄的纪录片《心碎切尔诺贝利》（*Chernobyl Heart*），夺得第76届奥斯卡最佳纪录短片奖。需要特别指出的是，总部设在洛杉矶的HBO电视网，于1972年开播，它不卖广告，全天候播出电影、音乐、纪录片、体育赛事等节目。记者们以强烈责任感与真实的画面记录了核风险以及核辐射的灾难，正如导演埃罗尔·莫里斯（Maryann De Leo）在获奖感言中所说："这是令人惊异的荣誉。我感觉到你们同样也赋予了切尔诺贝利的人民荣誉，在那次世界上最严重的核泄漏事故发生18年后，他们依然经受着辐射带来的影响。"② 对核风险的视觉传达浓缩了全球的风险记忆，将一个神秘而似乎遥不可及的风险议题具体化，带来了高科技风险的强烈视觉冲击力。

在电子媒介的飞速发展以及印刷媒介的视觉化趋势中，大众传媒将整体分解为碎片，然后在这些碎片中窥见那些已破碎而不可复聚的整体的本质，即在视觉的重组中凸显日常生活碎片本身的真实，引起人们的震撼。"当代视觉文化不再被看作只是'反映'和'沟通'我们所生活的世界，它也在创造这个世界。个体与民族的信念和欲望也在日益通过图像被建构、被折射和被扭曲。"③

环境风险就有别于其他现代化风险（如失业风险）。一般人可能在日常生活的经验当中感知甚至反思失业的风险和痛苦，却无法从日常经验中感知到环境风险的存在。死气沉沉的枯树、僵死沙滩的海豹、恐怖的"蘑菇云"，这些画面将日常生活中本来无法捕捉的东西浓缩起来并且具体化。新闻报道借助这种"锚定机制"或视觉建构，促使人们关注并思考风险及其背后的问题。

对于"不可见"且富于正义性的现代风险而言，知识的不确定性，

① John Urry,1999:"Globalization and Citizenship." *Journal of world - systems research*,5（2）:319 –320.

② 最佳纪录短片奖《*Chernobyl Heart*》获奖感言，来源: http://ent. sina. com. cn/m/2004 - 03 -01/1141317721. html.

③ 雅克·拉康、让·鲍德里亚：《视觉文化的奇观——视觉文化总论》，中国人民大学出版社2005年版，第12页。

增加了公众对风险感知的难度。因此，风险认知有赖于观众的知识素养的提高，以及风险传播的视觉化传达，比如电视新闻、新闻摄影、公益广告等对潜隐风险的呈现。图像构筑了视觉文化符号传播系统，不断地驾驭、凌越乃至征服文字，风险也因此逐渐清晰可辨。

（二）媒体建构风险的视觉表征：从图像到影像

1. 公害中"孩子受难图"：传媒风险建构的重要表征。环境风险是最近几十年以来世界关注的社会焦点。随着工业文明的不断发展和渗透，人类的生存环境正日益受到工业污染等侵害。空气污染、水土流失、生活水源污染、珍稀动物灭绝、烟草危害、能源危机等一系列的社会问题日渐突出，成为媒体关注的热点题材。对环境问题的关注，新闻媒体也经历了一个曲折的发展过程。

在媒体的风险建构中，儿童在社会角色理论中俨然成了一种社会位置，要承担社会角色的所有的职责。透过"孩子"这一传播符号，我们可以解读出一些相对超越民族、文化及其时代的普遍、共通的意义：纯洁的象征；成年人的生活回忆、精神故乡的象征物；成年人的责任与义务；生命延续的承载体，爱情的结晶以及人类生命力与未来希望的象征[①]。正因为孩子所具有的种种象征意义，在新闻传播、社会与政治批判中，孩子的图像被广泛使用，用以揭示与批判社会的不公或弱势群体所遭受的伤害。

博帕尔大灾难

1984 年 12 月 3 日子夜，美国联合碳化物公司印度分公司的博帕尔农药厂发生毒气泄露事件。一夜之间，街头尸横遍地，2500 人丧生，3000 人濒临死亡边缘，约十万人终生致残。这次毒气事件引起世界的关注，记者们的镜头纷纷对准了受害的人们。印度摄影记者帕布劳·巴塞洛缪拍摄的《博帕尔大灾难》（"荷赛" 1984 年最佳新闻照片），展示一个正在掩埋的受害小孩——黄土已经没过他的胸部，袒露在外的是他那已被毒气损坏的双眼，似乎死不瞑目；微启双唇，似泣似诉。

在博帕尔事件爆发之前，相关的主体对风险缺乏认知以及风险沟通能力，以"人的理性"面对"风险的不确定性"："公司在管理这种放射性气体的时候太过

---

① Neil Postman：《童年的消逝》，台湾远流出版公司 1994 年版，第 47 页。

于自负了，它从来没有真正的担心这种气体有可能引发的一系列的问题"。但是，即使到了 2002 年，媒体仍然报道说："即使在今天也没有人知道正确治疗异氰酸钾（MIC）气体中毒的方法。"[1] 风险报道透露出媒体对工业化与现代化进程中"人类理性"的忧虑与反省。

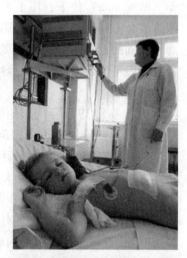

生活在切尔诺贝利
核泄漏事故阴影下的儿童

苏联切尔诺贝利核电站 1986 年发生爆炸事故，死亡 31 人，放射物质扩及北欧和东欧。它的影响至今还未消除，不断有因此患病落残和死亡的报道。新闻特写照片虽然没有对准那些痛苦的受害者，但其中的"孩子受难图"的新闻照片令人不寒而栗，引起世界强烈的震撼。

一系列的环境问题和灾难的报道见于报端，一幅幅触目惊心的新闻照片让人对他们所享受的物质文明感到怀疑与愧疚。人们对自身环境状态的关注，促使摄影记者对大自然的拍摄与探索越来越多。从风险伦理的视角来看，作为传播符号的"孩子"，常常成为批判风险或风险社会的道德资源。在反对环境公害的运动中，"孩子受难"的图像或影像具有重要的传播意义：或是欲望对象物，或是政治、文化、宗教、灾难等的符号，或是国民的情人……在"孩子崇拜"观念的推动下，"儿童风险受难图"彰显了媒介神话般的动人魅力，震撼过无数人，也启发人类对现代化与"经济—科技"发展的深刻反思。

在风险情境中，孩子们惊恐的眼睛、羸弱的身子、疾病缠身、身体或生理障碍等，成为风险传播中的"孩子受难图"重要内容。"孩子受难图"之所以被视为风险报道的绝好题材，是因为人们对这样一种符号意义的某种共识：无论城市化进程如何高歌猛进，科技如何突飞猛进，文明是何等的灿烂辉煌，都不应该伤及无辜的孩子[2]。"孩子受难图"也因此越来越多地见诸世界各国的媒体。

---

① 〔印度〕阿尼尔·沙马：《18 年后追踪：40 吨剧毒气体致印度博帕尔大灾难》，www.people. com. cn/GB/huanbao/56/20021205/881775. html.

② 陈映芳：《图像中的孩子——社会学的分析》，山东画报出版社 2003 年版，第 34—35 页。

美国著名的摄影记者尤金·史密斯的新闻摄影作品《智子入浴》，就是世界风险报道史中里程碑式的杰作。

从 1971 年起，美国著名的摄影记者尤金·史密斯（W. Eugene Smith）与其日裔妻子艾琳·史密斯，专程来到日本熊本县的海边渔村水俣（Minomata）住下，用了 3 年时间，深入采访报道了发生在当地的水银排放公害问题。这是以摄影方式介入公害问题报道的最早实践。由于海水受到附近奇索公司的氮肥厂排放的水银污染，当地许多渔民因此中毒，身患不治之症佝偻病，导致终生瘫痪并将病症遗传给下一代，这被称为水俣病。

1971 年到 1973 年间，他们全程记录报道了村民的生活、受害、生存环境与社会抗争，报道公害问题的专题也在 1972 年《生活》杂志上发表。他们选取其中 175 幅，出版了一本名叫《水俣》的报道摄影作品集，将此事在西方公开，引起巨大的社会反响。"水俣"系列新闻照片让世人关注环境风险的后果。《水俣》发表后，引起日本公众舆论的强烈反映，促使政府出台了《防止公害对策基本法》。史密斯在介绍拍摄这一作品的经历时说："眼见这个画面构成了我想说的东西，是这样的感人，我觉得泪眼模糊，简直难以按下快门，然而我毕竟拍了。我自问，什么是你个人一向最信守的哲理？是人性。"①

《智子入浴》（1972 年），尤金·史密斯摄

对于反思以牺牲民生利益为代价而达成现代化的发展至上主义的弊端，此书起到了不可估量的作用。照片《智子在她母亲帮助下入浴》（1972 年）（以下简称《智子入浴》），拍摄的是满怀爱意的智子母亲为残疾的女儿洗澡的画面：17 岁的智子是水俣症的牺牲者，母亲搂着她，盈盈的爱意洋溢她的裸身。整个画面闪烁着人性的光芒，《智子入浴》是《水俣》一书无可争议的代表作。

照片揭露了罔顾甚至牺牲人民生活与尊严来发展经济的风险。影像所呈现的风险已经超越了控诉公害问题本身，它使得科技挂帅、发展至

① 潘嘉来：《摄影对文化的贡献》，《新华文摘》1998 年第 3 期。

上的论调变得苍白无力，显出其道德逻辑上的破绽。从某种意义上讲，《智子入浴》不只关乎公害或环境风险，它体现出来的悲悯情怀已经使它成为 20 世纪人类感情与记忆的一种象征。《智子入浴》不仅出现在许多摄影史与视觉艺术史著作中，也作为一种形象教材被反复选入各种教材与宣传材料，成为控诉公害、倡导环保的典型视觉素材。在呈现现代化过程中的重大社会问题的影像作品中，它至今仍然是一张最具说服力与视觉震撼力的照片。

2. 风险影像：电视媒体的风险建构。在风险报道中，记者拥有一种非凡的话语权。他们力图通过各自的观察与思考，与城市、乡村、自然发生互动，让影像不再是一门技术，而是一种表达的方式。他们执著于对环境的关怀、对生命的尊重、对人性的追求，用影像力量推动公益事业。

壳牌（Shell）石油公司将报废的钻井平台 Brent Spar 沉入北海的事件，激发了绿色和平组织对可能导致的环境污染进行猛烈抨击。在这一风险争议之中，政府与大众传媒纷纷地被卷入其中，电视画面再一次彰显媒体建构的影响力。该事件表明，单一的议题组织和少数积极分子的强大影响力，主要表现在控制传媒方面。当媒体众口一词讨伐 Brent Spar 的时候，绿色和平组织无疑占了上风。电视新闻总是有助于塑造形象，当然也会毁坏形象。他们在钻塔海岸安装了摄像机与卫星系统，不允许其他船只靠近并控制了民心所向。当时的场景恰如好莱坞大片一样壮观。绿色和平组织租下直升飞机将补给从附近的船只运送到钻塔。当直升飞机在约百英尺高的半空盘旋时，人们拍下消防船喷向直升机的水柱。飞机在空中摇晃、颠簸。这样的十秒钟的画面足以将壳牌公司塑造成一个欺凌弱小的形象，将其推入万劫不复的境地，同时也将环境积极分子塑造成英雄①。壳牌公司在媒体再现中，输掉了风险论述与媒介形象。在风险的视觉传播中，"英雄"与"坏蛋"的二元叙事模式，激起了欧洲受众的关注。

无论是电视新闻的风险报道，还是电视纪录片对风险的呈现，都是电视媒体对现代风险的影像建构。其中，电视纪录片弥补了主流媒体对风险论争的报道不足，提高了弱势群体在"风险社会"中的"社会能见度"，促进社会整体上的多元、有效的风险沟通。因而，电视纪录片对风险争议与社会运动的视觉呈现或建构具有独特的影像魅力。

约翰·葛里森（John Grierson）将纪录片的形式定义为："一种'对

① 〔英〕帕特里克·迪克松：《洞悉先机——全球化的六个方面》，孙雪晶译，中国人民大学出版社 2005 年版，第 208—209 页。

真实具创造力的处理'（creative treatment of actuality）——纪录片是将真实的素材（事件）作创作性的处理与诠释（再现），是呈现一种看事物的方式，衡量人性的价值，激发观众的情感去参与、去思考、去判断。作者借由影像传达观念、思想、主张、意识形态和展现生活的方式、态度与精神"①。尽管纪录片是非剧情性的，具有历史性、真实性与客观性等，但它仍然带有拍摄者个人主观的意识形态，其意在传达特定观点与立场，即诱导感觉、思考和行动的功能，"一方面，使社会中的一般民众成为支持社运的潜在参与者；另一方面，也激励潜在参与者实际参与行动"②，进而促成社会改革。

纪录片具有四种相互重迭、交互影响的功能：（1）记录、揭露和保存；（2）说服或宣传；（3）分析或调查；（4）表达。在风险报道中，纪录片作为"社会运动"的重要传播方式，它的主要作用在于揭露被忽略的社会现象，再现真实的风险处境。因此，约翰·泰格（John Tiger）认为纪录片是一种意义的策略、文化的干预，其目的是在面临重大危机和冲突时，重新巩固社会的团结和信念的结构③。

因此，以影像作为叙述手段的纪录片，形构了一套有别于主流媒体所呈现的论述，以社会弱势群体或边缘群体的立场为主要的拍摄框架，争取风险议题的话语权，并发挥纪录片说服与动员功能，倡导了环境正义与风险的责任伦理。

（1）日本纪录片导演土本典昭拍摄的"水俣系列"。在 20 世纪 70 年代的日本，由 1950—1960 年代高速增长的经济所带来的环境风险问题受到广泛的关注。其中，最具破坏性的事件就是日本九州岛 Chisso 公司所引起的汞中毒事件，导致水俣病发生，但该公司又解决了水俣这个城市 1/3 人口的就业问题。因此，当地有人想把水俣病掩盖起来。

从战后一直到 1972 年，日本一直处于美国的占领下。当时日本所谓的民主化，是美国式的民主化，不允许共产主义存在和生长，自由的言论也受到限制。新闻从业者只要稍有左倾言论都会被解雇，人们渐渐开始讨厌社会思想。此后，日本进入经济高速成长时期，生活富足了，人们不再进行社会抗议。水俣事件突然出现后，电视媒体几乎没有报道。

---

① 转引自郑贵今：《木枝·笼爻的平埔族群纪录片之诠释风格与再现政治》（台南艺术学院音像艺术管理研究所 2004 年硕士论文），第 32 页。

② 刘祥航：《社会运动中的共识动员——以我国消费者运动初期（1980—1984）的媒介报导为例》（台湾政治大学社会学研究所 1994 年硕士论文），第 19 页。

③ Michael Renov,1993；*Theorizing Documentary*，New York：Routledge.

NHK 只是在事件发生 3 年后播出了一个 30 分钟的电视纪录片。到 1970 年土本典昭开始拍摄纪录片时，几乎没有任何报道。土本典昭认为："我们觉得有种责任感：报纸新闻不做的事情，我们去做。不能让弱势群体愈加弱势——说是正义感也好，说自觉性也好，就是由此而来的吧。"①20 世纪 90 年代，几万人的诉讼导致水俣问题终于得到了解决。这时，日本很多电视台也制作播放了有关水俣病和相关审判的节目，但土本典昭的纪录片始终没有被他们关注过。

尽管日本政府的态度如此，但土本典昭坚持拍摄《水俣患者及其世界》系列，表现患者斗争的情况。1965 年，他拍摄了一部电视纪录片《水俣的孩子还活着》，披露了当时尚不为人们所关注的水俣病问题。他以那种穷追不舍的实证方法逼近问题核心，完成了水俣系列：《水俣患者及其世界》（1971）、《水俣报告系列》（1973）、《水俣起义——寻找生命意义的人们》（1973）、《医学意义上的水俣病》（1974）、《不知火海》（1975）、《水俣日记》（2004）。水俣系列已经拍了 17 部作品，这奠定了他在日本纪录影片史上不可动摇的位置。

在 2004 北京国际纪录片展上，土本典昭的《水俣——患者及其世界》，把 40 年前发生在水俣的化学污染事件再现于中国观众面前：熊本县的小镇水俣，新日本氮肥公司将含有有机水银的废水排入大海，镇上的居民食用了被污染的海产，成年人肢体病变、大脑受损，妇女生下畸形的婴儿，更可怕的是这种病完全无可救治。画面上患者的惨状几乎令人不忍卒睹，但工厂拒不负责，政府也漠然处之。患者们的对抗办法之一是集资购买公司股票，以便亲临股东大会与董事会当面对质。影片末尾的高潮中，身着丧服的患者、家属出现在股东会礼堂，总经理面无表情地念起报告书，受害者、支持者终于爬上讲台，与保安和公司高层们扭打在一起。

土本典昭拍摄的"水俣系列"，以大量篇幅描述污染受害者的苦难和斗争，用影像的视觉冲击力，真实地揭示了日本极速的工业现代化进程中的环境风险，增进了民众对环境风险的认知，批评了公司、企业漠视风险伦理，最终促进了日本政府风险决策的转变。

（2）中国台湾导演崔愫欣的反核纪录片《贡寮，你好吗?》。近年来，关于记录环境风险的电视纪录片也在台湾蔚为风潮，其创作素材往往取自于现实环境冲突与环境运动，反映了人民真实的声音。当经济发展与

①　李宏宇：《真相是纪录片的基础》，《南方周末》2004 年 10 月 7 日。

生态环境保护有所冲突时，并有可能导致环境风险时，便有社运组织或当地居民推动环境保护运动。反对兴建核四、反美浓水库、反杜邦运动、反焚化炉抗争就是其中典型的个案。纪录片则以影像方式再现了环境风险与新社会运动。

导演崔愫欣拍摄的纪录片《贡寮，你好吗?》，以贡寮的反核居民为主轴，从反核运动的本土观点出发，记录他们长期从事的反核运动。该片拍摄与制作历时六年，于 2004 年 2 月公开放映。《贡寮，你好吗?》遵循台湾反核运动的发展脉络，叙述贡寮当地居民将近 20 年的反核故事。

导演崔愫欣本身为环保团体"绿色公民行动联盟"的成员，大学时代即投入反核运动。为了拍摄此片，她于 1999 年深入贡寮渔村，以田野调查和亲身访谈的方式，长期记录贡寮乡亲反核的历程。崔愫欣的拍片动机主要是为了替贡寮居民发声，以本土观点详实记录反核运动的推行，试图借助纪录片弥补主流媒体对反核议题报道的不足，并揭露核四的兴建对贡寮地貌、海岸生态环境以及居民安全所带来的风险，倡导推动非核家园、永续台湾的观念①，而这些风险信息是主流媒体经常忽略的。

《贡寮，你好吗?》的叙事是以贡寮当地的反核运动作为主轴。影片一开始，摄影机沿着滨海公路取景，带领观众欣赏贡寮美丽的海岸风光。画面具有极强的隐喻与象征意义：绵延的海岸线见证了贡寮当地美丽的景致，蜿蜒的滨海公路象征着贡寮居民曾经走过的反核之路。纪录片没有采取激烈的"对立冲突型"框架，即拥核与反核、政府决策与反核自救会的冲突框架，所采纳的消息来源几乎全部是贡寮当地的反核人士、反对续建核四厂的专家学者，强调核电厂对生态环境的破坏、核能危及居民的安全。全片运用了一种"社会不公"框架、表达了"环境正义"的诉求。从影像画面的选择来看，拍摄者借助人物访谈、历史性影像与数据画面，以及阿源假释出狱时与贡寮乡亲在福隆火车站的会晤场景，建构了核四争议对于贡寮当地居民不公的主题，同时，与"环境正义"背道而驰的环境开发所造成的生态破坏，也凸显了"社会不公"框架的策略性运用。

一旦纪录片被用作"风险运动"的书写策略，必然呈现出纪录片的再现政治（the politics of representation），即谁在看谁、谁在诠释谁。正如导演崔愫欣在拍摄手记中所说，除了贡寮反核运动的过程，以及参与运

---

① 崔愫欣：《贡寮的反核运动记录——纪录片〈贡寮，你好吗?〉拍摄手记》，http://www.wretch. cc/blog/Gongliao&article_id = 1744149.

动者的心路历程，拍摄时又恰逢政党轮替、核四停建又续建的政治风暴，记录当地人的心情转折与感想也是一个重点。纪录片凸显了"原住居民的声音"，其消息来源或采访对象也多以原住居民为主，有别于经常采用政府官员或专家学者作为消息来源的主流媒体。纪录片提高了"原住居民的声音"在媒体上的能见度，彰显了民间的草根力量，促使受众从本土的视角反思核四厂续建的正当性。

从土本典昭拍摄的"水俣系列"到崔愫欣的《贡寮，你好吗?》，我们可以看到：针对社会重大风险争议事件，纪录片充分运用影像的视觉冲击力与感染力，在意识形态竞逐的媒介场域中扮演中介角色，从弱势团体的角度出发，重新诠释与定义了风险事件的意义。

总之，风险报道中的"孩子受难图"，揭示了一系列重大社会风险议题，唤醒了人类的警觉。媒体对风险的视觉建构，以无可辩驳的一手影像事实，弥补了主流媒体报道的不足，呈现了弱势群体的风险论述与风险抗争。

（三）具象化：媒体风险建构的重要途径

"不确定性"的风险构成了日常生活的"文化盲点"，但人们依然可以通过符号来感知风险。在某种意义上，新闻报道成为危险文化的眼睛，使威胁公开而可见，并唤醒人们对细节的注意。

日常生活中人们所熟悉的危险"被经验所充斥"，环境危险的潜在性、不确定性与隐形性，使"危险社会＝传媒/知识/信息社会"这一等式对危险来说尤为重要①。风险社会只能从它同时也是"传媒/知识/信息社会"这个前提来捕捉，因为我们需要新闻报道的揭露、强调、浓缩与具象化（特别是电视新闻）的功能来使"看不见"的风险变成可见或可认知的风险。

媒介的"锚定"机制是这种揭露、强调、浓缩与具象化的主要手段。所谓的锚定（Anchoring），是指借助既有的熟悉事物以及可触接的文化类别，对不熟悉对象予以分类和命名的历程。锚定意味着对"陌生的他者"予以客体化，媒体对于风险的报道就是一例。风险报道的客体化就是要将不熟悉与抽象的风险观念与风险意象等，转化为具体、客观的风险常识。比如，中国官方媒体在对艾滋病的早期报道中，常常将其客体化为西方人不洁的生活方式以及资本主义腐朽生活的后果。

---

① 〔英〕约翰·塔洛克：《电视受众研究——文化理论与方法》，商务印书馆 2004 年版，第 41 页。

法国著名社会心理学家塞奇·莫斯科维奇（Serge Moscovici）指出，客体化的过程就是要"发现不精确观念或存有的图像性质（iconic quality），重现在意象中的概念。"[1] 风险观念以及科学风险的相关概念经由媒体的大众传播，其扩散与常识化的速度极快。就科学传播而言，科学知识的增长，使得大众变为"业余的"科学家、经济学家、心理学家、医生等。一般民众虽然没有接受专业的训练，但也在日常生活中讨论诸如温室效应、臭氧层的破坏、环境风险、传染性疾病、饮食安全等议题。这些科学议题都是风险传播的重要议题。在一个媒介化的社会，正是由于大众传媒的介入，这些知识有可能迅速成为大众文化或者常识的一部分。

具体而言，将知识转变为常识有三种过程，即知识的体现（personification）、定形（figuration）与本体化（ontologizing）[2]：（1）知识的体现是将观念、理论或概念和某些人或群体加以联结，例如，弗洛伊德（Freud）与心理分析、切尔诺贝利与核能风险。将概念同具体的物与人的关联使得概念具体化。（2）定形是指将某个概念以一种隐喻的意象加以具体化的过程，使得该概念更易于触接或更具体。例如，媒体以图像式的隐喻或隐喻式的语言，诸如"牛奶湖"、"奶油山"等来指涉欧洲共同体的食物过剩。（3）本体化是指抽象的概念被赋予物理性质的过程。比如，将"辐射"等抽象的术语视为手机、小区中小灵通发/转射塔、核电厂等实质的现象。

由现代传媒的图像或图片所建构的风险图景，唤醒了公众对所有其他风险或危机的历史记忆或集体记忆，而报道与历史的关联建构了人们对风险的认知和构想。具有象征意义的传播交流活动是风险传播最有力的工具，风险也往往因为这些有象征意义的活动或者形象而在人们心里留下深深的烙印，印度博帕尔（Bhopal）的化学物质泄漏事件会让人想起抛尸街头的景象；艾克森威尔德（Exxon Valdez）的石油外泄事件，让人忘不了受石油污染而致死的海鸟在阿拉斯加海湾上漂浮着；"挑战者"号宇宙飞船失事留给人们的是拖着浓烟在空中爆炸的恐怖情景；泰诺（Tylenol）公司的医药事件，也给公众留下一个被污染的胶囊药片的记忆。媒介塑造的历史记忆与风险图景构成受众风险感知的前置因素（predisposition factors），影响受众的风险认知并揭露了风险。

① Moscovici,S.,1984:The Phenomenon of Social Representations. in:Farr,R. & Moscovic,S.,*Social Representations*(eds),Cambridge University Press,Cambridge,pp. 38.

② Moscovici,S. & Hewstone,M.,1983:Social Representations and Social Explanations:From the "Naïve"to the 'Amateur' Scientist. in:Hewstone,M.,*Attribution Theory:Social and Functional Extensions.* Oxford:Blackwell,pp. 98 – 125.

Covello 与 Johnson 研究也发现：风险常因容易想象和回忆而扭曲风险知觉；一般大众甚至专家常有解析高风险信息的困难；风险选择、知觉及关切受到风险信息呈现方式的影响；风险评估常常考虑潜在灾难、熟悉等因素①。关于风险的知识，同某种文化的历史与象征、知识的社会结构相联系；风险知觉受"想象和回忆"、"潜在灾难"、"熟悉的因素"等影响；风险知觉及关切也依赖风险信息呈现方式（诸如电视、网络以及大众媒体技术）的帮助。

在这一过程中，情感成为影响媒体风险建构的重要因素。情感符号——瞄准绿色和平组织成员并试图占领布伦特司帕（Brent Spar）钻井平台的水炮、从空中拍摄的阿拉斯加原油泄漏造成污染的新闻照片，切尔诺贝利（Chernobyl）上空驱散不去的阴云等，足以让任何对立的科学事实相形失色②。2006 年，正值切尔诺贝利核泄漏 20 周年，中国媒体在报道核辐射的风险时，集中于封闭失事电站的"石棺"。央视电视画面上那阴森恐怖的"石棺"，凝集了新闻当事人对悲剧的历史记忆，也激发了普通受众对核辐射风险的集体想象。

媒体的影像或照片，再现了可能的风险，而种种风险记忆与画面的叠加体现了一种"视觉的狂热"和"景象的堆积"。在安妮·弗莱伯格（Anne Friedberg）看来，"不管是'视觉的狂热'还是'景象的堆积'，日常生活已经被'社会的影像增殖'改变了。"③ 对于 19 世纪下半叶出现的这种"视觉的狂热"和"景象的堆积"，德国的哲学家马丁·海德格尔（Martin Heidegger）早在 1938 年的《世界图像的时代》一文中就指出："从本质上来看，世界图像并非意指一幅关于世界的图像，而是指世界被把握为图像了。"④ 这种"视觉性的在场"不是指物的形象或可见性，而是海德格尔意义上的"世界的图像化"，是使物从不可见转化为可见的运作的总体性，包括"看与被看的结构关系"、"生产看的主体的机器、体制、话语、比喻之间复杂的相互作用"、"构成看与被看的结构场景的视觉场"，这就意味着"视觉性既是一种敞开、敞视，也是一种遮蔽、隐

---

① Covello, V. T. & Johnson, B. B. ,1987: *The social and culture construction of risk: Issues, methods, and case studies*, D. Reidel Publishing Company.

② 〔英〕雷吉斯特·拉尔金：《风险问题与危机管理》，谢新洲等译，北京大学出版社 2005 年版，第 16 页。

③ 安妮·弗莱伯格：《移动和虚拟的现代性凝视：流浪汉/流浪女》，见罗岗、顾铮主编：《视觉文化读本》，广西师范大学出版社 2003 年版，第 327—328 页。

④ 〔德〕马丁·海德格尔：《林中路》，孙周兴译，上海译文出版社 1997 年版，第 86 页。

匿，是在敞开的同时又遮蔽——因为任何一个政体都必定隐含着某种主体/话语/权力的运作，隐含着阿尔都塞（Althusser）所称的'意识形态的形式结构'"。①

英国学者安东尼娅·里昂斯（Antonia Lyons）从媒体对健康与疾病的风险呈现角度，肯定了分析媒体文本与图像重要价值：一是个体存在于社会之中，通过可以获知的话语与建构来理解健康与疾病；二是健康与疾病的媒介再现，为外行与专家生产和再生产了关于健康与疾病的意义；三是媒体再现传递了个体的体验，而这种体悟融汇了关于健康与疾病的社会、文化与政治内容②。里昂斯教授运用批判的方法对媒体呈现予以探究，发现了围绕主流媒体的风险呈现所产生的权力与控制问题。从这个意义上讲，媒体对潜在风险的视觉呈现，实际上是对现代风险的一种视觉建构，并体现了特定的"话语——权力"秩序。只不过，这种风险建构是以一种具象化的方式来实现的。

## 二、风险的媒介话语建构

### （一）风险的话语建构

传统中，话语研究的主要领域是修辞学和诗学，随着印刷媒介和电子媒介的传播方式超越人际交流，话语概念及含义有了很大变化：一是超越了对话语的工具性认知；二是研究角度的多元化取向。

在对话语的认识上，西方马克思主义及其法兰克福学派的批判理论（以意识形态批评为中心），索绪尔、罗兰·巴特的符号学（以语言、文本为中心）以及后现代各种文化理论形成汇流，使话语成为当代文化与传媒研究中的一个重要概念，话语理论为当代文化研究和社会科学研究提供了后现代的视角。西方马克思主义者葛兰西较早从意识形态斗争的角度涉及话语及话语权的问题。他认为："社会集团的领导作用表现在两种形式中——在统治的形式中和'精神和道德领导'的形式中。"③ 前一形式表现为上层建筑的国家机器，后一种形式则体现为文化领导权或话语权。突破了经济基础——上层建筑二元结构的意识形态奠定了文化研究的基础。法国思想家米歇尔·福柯进一步指出，人类的一切知识都是通过"话语"

---

① 雅克·拉康、让·鲍德里亚：《视觉文化的奇观——视觉文化总论》，吴琼编，中国人民大学出版社 2005 年版，第 14 页。

② Antonia Lyons,2000;Examining Media Representations;Benefits for Health Psychology,*Journal of Health Psychology*,5(3);349 - 358.

③ 〔意〕安东尼奥·葛兰西：《狱中杂记》，葆煦译，人民出版社 1983 年版，第 316 页。

而获得的，任何脱离"话语"的事物都不存在，人与世界的关系是一种话语关系，"话语意味着一个社会团体依据某些成规将其意义传播于社会之中，以此确立其社会地位，并为其他团体所认识的过程。"①

从与结构主义的语言相关性来看，"话语"就是作为文化载体的语言与使用该语言的社会中的整个机制、惯例以及习俗之间的"关系"。话语并非再现事物的符号，话语由符号构成，但话语不只是用符号来确指事物，因而不能将"话语当作符号的整体来研究（把能指成分归结于内容或者表达），而是把话语作为系统地形成这些话语所言及的对象的实践来研究"②。话语本身就是一种社会实践，这种作为"严肃"言语行为的"话语实践"（discursive practice），"形成了"我们所讨论的认识客体，"限定了"客体得以可能的条件。斯图亚特·霍尔指出，文化生产不过是现实世界的表征和符号/话语（discourse）的操控和运作③。同样，从理论上讲，风险社会的一切方面都具有同等的表征价值。

所谓的"风险话语"（risk discourse），是指直接涉及风险议题的、有结构的、有影响的、不断变化的集体叙事④。这一叙事表现着我们对风险的认知和想象。参与风险话语建构的人物和组织包括国际组织代表、新闻媒体、政府官员、专家学者、NGO与一般民众。当媒体对风险议题的报道越来越多，公众也通过大众传媒参与风险的话语建构。这种风险的话语建构，常常以什么被定义为风险问题、风险的性质与后果、谁该对风险负责等作为叙述内容。

在风险传播中，媒体通过文字、影像与声音、新闻图片等象征符号再现复杂的现代风险。尽管我们说风险是一种生成的危险，一种虚拟的危害，但是，媒体的风险再现或建构，往往具有重要的社会文化后果和力量，即"再现"往往具有强大的符号力量，扮演一种构成式的角色，而不仅仅是呈现社会事实意义上的风险。这对于人们的风险认知与风险认同、生活与消费、权力与地位都将产生真实的影响，并在很大程度上影响着社会的风险沟通，甚至影响到关于风险的公共决策。

（二）媒介的风险话语：主观层次的风险呈现

媒介的风险论述，常常由客观风险延伸至主观风险层面。所谓"主

---

① 王治河：《福柯》，湖南教育出版社1999年版，第159页。
② 福柯：《知识考古学》，谢强、马月译，三联书店1998年版，第62页。
③ 斯图亚特·霍尔编：《表征·导言》，徐亮、陆兴华译，商务印书馆2003年版。
④ 景军：《泰坦尼克定律：中国艾滋病风险分析》，《社会学研究》2006年第5期，第140页。

观风险"就是指我们对种种风险因素的看法和判断。这些看法和判断一方面带有对客观现实的认识，另一方面又带有个人的想象，其背后是我们社会中各种文化概念和社会因素对我们思维方式的制约。

媒体对风险的不同话语建构，突出地反映在新闻框架（frame）之中。"框架"指涉的不只是新闻的真实性建构与风险建构，还有受众的再建构形式，其定义包括如下三个要素：（1）框架会组织一项争论的重点；（2）安排特殊的符号与比喻；（3）阐释与建构特定争论。框架的功能在于具体呈现新闻事件和建构意义[1]。透视媒体风险报道的主题框架，必须分析其风险话语实践。所谓的话语分析（discourse analysis）关注的就是新闻文本生产的社会脉络，把媒体语言视为话语的一部分，即只有将文本的生产与消费的过程联系起来，才能掌握新闻文本与社会脉络的关系，真正找出话语实践的方式[2]。对媒介风险建构的讨论，必须置于风险情境之中，并结合风险报道或知识的生产与消费来理解。

2005年5月22日，"绿色和平"（中国）媒体主任周梅月，在"GAD网络倡导行动媒体工作坊"上专门就媒体行动能力建设进行研讨。她主要依据绿色和平（中国）的实践经验，演示媒体行动的具体过程，并分析NGO利用媒体的环境、策略和前途。周梅月首先分析"绿色和平"进行媒体行动的基础，如"绿色和平"（中国）1/4的员工曾经做过记者，其中有些人还报道过"绿色和平"。

其中，对转基因食品与非法转基因水稻风险的曝光是绿色和平中国媒体行动的重要个案。2005年，绿色和平在NGO项目与媒体需求之间寻找结合点：在"3·15"消费者权益日，曝光两个跨国公司使用双重标准，在中国销售无标识转基因食品；4月份公布湖北销售非法转基因稻米的新闻。这次风险新闻的发布包含了以下特征：（1）选择的新闻的角度是"跨国公司采用双重标准、不尊重中国消费者的知情权和选择权上"，而不是"不采用标识"、"违反相关法律"等。（2）新闻发布的方式采用新闻发布会，以便于记者看样品、调查报告、检测报告以及拍照，而不是简单的电子邮件和传真。（3）在媒体选择上，首先考虑的是国际媒体，因为转基因风险报道可能影响国际贸易；其次是国内周报、周刊等深度媒体，

---

①  Alexander Görke，Matthias Kohring & Georg Ruhrmann，2000：Genetic engineering in the press：An international long-term analysis from 1973 to 1996. *Publizistik - Vierteljahreshefte für Kommunikationsforschung.* 45（1）：20-37.

②  Fairclough，N. ，1995：*Media discourse.* London：Edward Arnold.

因为该新闻议题是复杂的负面新闻，适合做深度报道；最后是都市化媒体。

从两次新闻发布的效果来看，第一则关于转基因食品的新闻获得了巨大的反响，成为有史以来市民报纸报道绿色和平最多的一次，但国际报道明显不足，主要是因为"当时正值两会结束，全国人大在同一天有新闻发布会，一些国际媒体更关注此事，而且，他们对这一新闻中暗含的民族主义倾向不是非常感兴趣"①。而关于湖北非法转基因稻米的报道，国际媒体报道比较踊跃。这主要因为那一时期没有重大新闻，北京的国际记者俱乐部的媒体联络也起到了明显的效果，同时，议题本身可能牵动国际贸易也是重要的动因。相对于国际媒体，国内主流媒体报道较多，如《转基因稻米惊现市场》(《南方周末》2005年4月14日) 等，但由于报道存在一定风险，一些媒体没有报道，如新华社就没有发布国内通稿。

从"绿色和平"(中国) 的风险新闻发布来看，风险是NGO、媒体、专家与政府的一种公开的社会建构。报道与否，如何报道，对风险如何界定或论述，都是基于风险沟通主体的新闻价值判断、自身利益的维护、媒介话语权的争夺等主、客观因素。

事实上，在一个媒介化的社会，媒体对风险的话语建构，其影响甚至不小于风险本身。因为风险传播的诸多议题都具有情绪性与争议性的特征，极易激发受众的想象力，乃至于人们对于风险的认识更多地来自于它的社会和文化属性。因而，对于风险议题认识有赖于我们对客观事实的社会和文化解释。

话语/论述分析 (discourse analysis) 从20世纪60年代开始被引入传播学领域的分析。相较于传播学中热门的内容分析法，梵·迪克 (Tean A. Van Dijk) 曾指出论述分析与内容分析的不同：论述分析除了看重外显内容外，还重视隐藏在外显内容之下的语意结构、预设立场、关联性与策略运用等隐含意义，内容分析主要是注重可观察与可计算的外显内容；论述分析试图找出与解释新闻背后所隐含的规则与策略，包含新闻论述如何被理解与被再现成为人们记忆，内容分析仅显示出变项之间的关联性以及特殊的结果②。对风险话语建构的分析，有助于发现内容分析之外的意义。

尽管对艾滋病等新发传染病风险的客观分析，一般依赖于其病理学

① 卜卫等：《GAD网络倡导行动媒体工作坊实录》，http://www.ngocn.org/Article/ShowArticle.asp? ArticleID=2155.

② Van Dijk,T. A.,1989：Structure of discourse and structure of power, *Communication Yearbook*, 12：18,59.

意义上的医学信息，但是，现代风险大多具有"知识的不确定性"与
"不可见性"，因此，媒介的风险话语必然成为风险建构的主要方式之一。

　　审视艾滋病话语在中国的出现和演变，可以透视我国媒体如何呈现
主观层面的风险。清华大学艾滋病政策研究中心的景军，回顾了我国艾
滋病话语的演变过程，并将这一过程视为一部四幕话剧：第一幕，病毒
亮相，它以对病毒渊源的叙述作为台词；第二幕，风险人物亮相，它对
高危行为人群予以深度的刻画；第三幕，受害者亮相，它以艾滋病病人
和家庭成员的悲惨命运作为警世箴言；第四幕，救世主亮相，它以帮助
人类免受艾滋病毁灭的英雄作为舞台人物①。目前，无论中国还是世界，
关于艾滋病的风险话语建构的四幕话剧都已经演到了第三幕。

　　如果说发达国家的艾滋病话语的第一幕以有关"男同性恋癌症"的
说法为开幕词，我国的艾滋病话语的开幕词则是"境外说"和"资本主
义生活方式说"的结合。我国最早关于中国境内艾滋病问题的新闻报道
出现在 1985 年。那是由一名美籍阿根廷人在我国境内被检测为 HIV 阳性
所引发。此后《人民日报》一年内连续刊登了 20 多篇对艾滋病的报道。
当时 AIDS 的中文翻译是"爱滋"，暗示着艾滋病病毒源于"性"与"性
乱"。我国媒体对艾滋病的最初反应是将其视为"舶来品"，一个主要是
"外国人才会感染"的疾病。

　　1986 年 10 月 31 日的《人民日报》报道说：

> 　　卫生部有关方面负责人申明我国没有艾滋病发生。有人说
> 上海曾有发生，这是不确切的，那是一名外国患者，来华时在
> 上海被发现的。我国从使用美国血制品的血液病患者中发现艾
> 滋病病毒抗体为阳性的有四例，但这四例并不等于是艾滋病病
> 毒携带者。

　　显然，这篇报道是将资本主义国家视为中国艾滋病的祸根。同时，
该文还显示了记者缺乏艾滋病的基本知识，因为既然查出来抗体阳性，
那 4 名受检的中国人必然是病毒携带者。

　　国家关于艾滋病的政策也影响媒体的风险报道。我国媒体则将艾滋
病的危害称为"超级癌症"。《人民日报》在报道中指出："人们往往谈

---

① 景军：《泰坦尼克定律：中国艾滋病风险分析》，《社会学研究》2006 年第 5 期，第
141—143 页。

癌色变。现在又有一种所谓'超级癌症'——爱滋病，更令人生畏。这种病于 1981 年首次在美国被发现，后来传播开来。"在新闻报道中，媒体与专家尤为强调"中国人的道德风尚、生活环境以及受到严格限制的生活方式将限制艾滋病的传播"。

20 世纪 80 年代末至 90 年代初期，我国媒体对艾滋病的宣传报道逐渐增多，但仍然以国际艾滋病消息为主。新闻报道的焦点议题由"资本主义生活方式说"转移到"艾滋病在我们中间"，媒介关于艾滋病的风险论述进入第二幕，即艾滋病在我国少数人中存在。风险议题的转移，并没有排除大众传媒继续将艾滋病同资本主义腐朽、没落的生活方式相联系。1989 年，在我国居民中首次发现一名性病患者感染了艾滋病，新闻报道说："据了解，这位艾滋病病毒感染者长期性乱，与外国人有同性恋行为。"1999 年起，河南艾滋病村吸引了媒体和社会大量的关注，各大媒体纷纷报道和追踪河南艾滋病的出现、蔓延、防治以及艾滋病感染者和患者的命运。直到 2000 年前后，中国艾滋病的媒介话语开始出现社会学家和人类学家的声音。在我国，通常被视为高危行为人群的成员所面临的艾滋病风险，主要来自于他们社会地位低下的事实和属于边缘或弱势群体的社会处境。

从 2003 年起，我国媒介的艾滋病的话语进入了第三幕，即涉及感染者及其家属的叙事。其官方主题词是"理解和关爱"，其内容以患者和家属的悲惨命运为主。温家宝总理和胡锦涛总书记相继于 2003 年、2004 年与艾滋病患者握手，成为当时重要的新闻议题，也标志着艾滋病报道的转折与变化。2004 年年初，《南方周末》等主流媒体报道了河南省一批省级干部进驻"艾滋病村"的消息，艾滋病带来的一系列社会问题成为政府和媒体新的关注焦点，艾滋病问题也成了一个新的政治和社会问题①。

然而，普通老百姓有关艾滋病的风险意识和相关行动时常会使得官方台词与媒体论述变得十分尴尬。例如，据《中国艾滋病调查文摘》报道，胡锦涛总书记于 2004 年 11 月在北京佑安医院接见艾滋病患者时，两名小患者代表也在场，被中央电视台录像并连续播出。节目播出后，他们遭遇地方干部与邻居的"污名化"并逐渐被孤立。

在新闻场域中，不同的风险论述竞逐，不同的社会地位决定着不同的主观风险或不同的风险认知。官方台词、媒介话语的转换并没有带来民间话语的即刻转变，受众的风险认知明显处于一种"文化迟滞"状态。

---

① 张立、江华：《目击：省干部进驻"艾滋病村"》，《南方周末》2004 年 2 月 26 日。

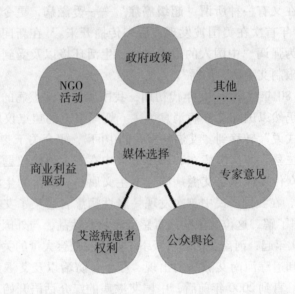

媒介对艾滋病话语的建构充斥着官方台词和民间台词的紧张：政府与主流媒体欲借助象征性的传播符号——国家领导人紧握艾滋病病人双手的画面，扭转过时的风险论述；民间话语依然保持了对艾滋病病人根深蒂固的歧视与偏见。实际上，普通受众的这种成见既与风险知识沟通不畅有关，也与媒介早期的风险建构所导致的歧视、排斥和社会恐惧有关。

# 第四章　媒体建构风险议题的
# 类型化研究

媒体的风险议题建构与风险信息传播是形塑公众风险感知的主要渠道。传播学者 Oliver Boyd – Barrett 区分了威胁人类文明的八个重大议题①：

1. 环境资源问题，包括全球变暖、空气污染、野生动物和森林灭绝、海洋酸化、土地荒芜、饮用水污染、过于依赖基于石化产品、有机土壤与食物的农业综合企业（Agribusiness），以及能源耗竭（首先是汽油，然后是天然气与清洁水）。

2. 健康问题，包括全球传播的艾滋病、同武器有关的疾病与致命的损伤——如炮弹的低放射、战争遗留下来的地雷等，以及既有的社会保险和健康体系的缺失或崩溃。

3. 穷富之间的持续危机。一国内或国家之间的收入鸿沟不断加深，强化了男人与女人、白人与非白人、资方与劳工、发达国家与发展中国家之间长期的不平等与冲突；贫穷仍然折磨着全球 60 多亿的人口，而极度的贫穷又伴随着饥饿、疾病与极端不平等、虐待。

4. 国际权力的战略竞争，美国的全方位主宰的战略、先发制人战略、低强度核战争、导弹防御体系、新美利坚帝国的新保守主义梦想，这一切预示着它与强大的中国、日益强大和统一的欧洲、新生的俄罗斯的"共存"（coexistence）越来越脆弱。

5. 政治权力中心化，财阀、大公司、军工联合体控制的权威结构，通过各种国际机构（联合国、国际货币基金组织、世界银行和 WTO）对全球进行驯化与控制。

6. 恐怖主义，包括代表全球主流国家支持的恐怖主义以及愤怒、绝

---

① Oliver Boyd – Barrett. A different scale of difference, *Global Media and Communication*, 2005 (1):17 – 18.

望、被放逐的恐怖主义，恐怖主义产生更多控制、主宰的邪恶战略。

7. 信息的寡头垄断，反映在集团兼并、私有化、解除规制、商业化上，所有这一切对少数的精英有利，公民很难对其复杂性进行分析。

8. 政治、社会和私人的合作，资本对政治决策过程日益增加砝码，公共议题被公司短期的、行业的议事日程框定，个人与家庭生活被资方联合控制，媒介与话语殖民化。

Oliver Boyd – Barrett 把这些议题归结为"大灾难话语"（discourses of catastrophe），并希望《全球媒介与传播》杂志能够把这些重大问题放在前景的位置上，使我们在自己提出的问题前保持警觉，为问题的改善贡献自己作为知识分子的有建设意义的思考。传播也许仅仅是这一过程的一部分，但它们是这一议题与方案的构成要素①。作为从事这些议题研究的传播学者，应该超越安全、习以为常的专家维度，首先注意的是农业、商业、文化、经济学、能源、环境、政治、科学、社会与技术的维度。因此，传播学者需要跨学科的全球化视野。

"大灾难话语"涵盖了德国社会学家乌尔里希·贝克（Ulrich Beck）所言的诸多风险议题。事实上，风险的复杂性以及彼此的相互勾连又使得不同类型的风险相互交叉甚至互为因果。本研究对媒体风险建构的探究主要集中在健康风险、经济风险、决策风险、生态环境风险、高科技风险与社会安全风险等六个领域。

## 第一节　健康风险的媒体建构

贝克等学者过于强调全球性的、长远的环境危害（如核灾变、温室效应与臭氧层破坏），忽视了许多地域性的、当前存在的环境与卫生问题，如食品安全风险议题。实际上，在目前众多的风险议题中，健康风险直接关系日常生活，成为全球性议题。例如，不安全食品给全球造成的损失巨大，20 世纪 90 年代爆发的疯牛病，光给英国造成的经济损失就高达 90 亿—140 亿美元。据央视《每周质量报告：三道防线护卫食品安全》2007 年 3 月 11 日的报道，在我国，每年因食物中残留农药和化学添加剂而中毒的人数超过十万人。面对健康风险，人们对风险预警的需求越来

① Oliver Boyd – Barrett. A different scale of difference, *Global Media and Communication*, 2005 (1):19.

越迫切。相应地，"健康"与"不健康"、"安全"与"风险"已经成为日常生活和新闻报道的重要主题。

随着经济发展与人们生活质量的提升，大众对于健康信息愈来愈重视，而媒体的健康教育倡导，能够促使健康行为的改变，进而减少社会疾病风险、死亡率与罹患率①。我国台湾学者徐美苓将健康传播定义为人们寻找、处理、共享医疗资讯的过程②。该定义关注的焦点在于医疗领域，包括健康传播的主体、客体与媒介等，涵盖了个人、系统等多层次行为。事实上，媒体的健康风险传播不仅仅局限于医疗领域，而是与健康有关的传播行为，即经由大众传媒告知受众与危险有关的生活形态，促使他们降低冒险程度，训练他们获得健康生活形态的技巧，以朝向更健康的生活。本研究中的健康风险议题包括医疗、传染病等。

就风险社会的健康传播策略而言，恐惧诉求（Fear Appeals）旨在激起受众对于健康的保护动机。

## 一、健康风险报道的主要议题

健康风险传播主要包括食品、化妆品、医药、医疗、传染病等领域的风险议题。具体而言，包括以下新闻议题：

（一）食品安全风险

纽约大学营养与食品研究中心玛丽恩·内斯特尔（Marion Nestle）教授阐释了美国食品行业如何影响人们的饮食与健康，并以大量鲜为人知的第一手资料向人们揭示：美国的食品行业为了自身的利益和高额利润，以合法的政治手段千方百计地影响国会的立法和政府政策，以做出有利于食品行业而不利于消费者的营养和健康的政策举措③。玛丽恩·内斯特尔在《食品政治》一书中提出了一个复杂而又与我们的生活密切相关的话题，即食品安全高于所有的政治：食品政治是美国所有政治的基础，要解决美国人的营养和健康问题，就必须从政府体制改革入手。2012 年，"清真食品"成为法国总统大选中博得选民信任的政治工具，食品的争议再次证明了食品也是一个政治话题。

---

① 徐美苓：《艾滋病与媒体》，台北：巨流 2001 年版。
② 徐美苓：《健康传播研究的回顾与展望：从国外到台湾》，原载于翁秀琪主编：《台湾传播学的想象》，台北：巨流 2004 年版。
③ 〔美〕玛丽恩·内斯特尔：《食品政治：影响我们健康的食品行业》，刘文俊等译，社会科学文献出版社 2004 年版；〔美〕玛丽恩·内斯特尔：《食品安全》，程池等译，社会科学文献出版社 2004 年版。

报业大亨诺斯克利夫勋爵曾告诉手下的记者，报道以下四个题材是绝对符合公众利益的：犯罪、爱情、金钱和食物①。而最后一个题材是放之四海而皆准的。"在疯牛病危机中，电子媒介将科学、政治和大众消费文化联结了起来。"② 数字化意象促使隐形风险的显性化，电视新闻联结了化学、分子生物学、药物学与计算机图像。在权威部门的调查中，食物被列为最让人不放心的商品之一。食品安全的风险议题设置了媒体议程、公众议程以及政府议程。风险报道逐渐融入公众的日常生产与消费，"食品安全"中的争议性报道是风险报道的重要组成部分。以央视的《每周质量报告》、《新闻调查》、《经济半小时》为代表的电视栏目，以及一些新兴的财经媒体和都市生活类报纸，报道涵盖了环境、医疗卫生以及食品安全等的相关风险领域。

公众的消费选择处于营销与广告的环境中，传媒常常误导消费者的选择倾向③。食品安全频遭媒体质疑和曝光，加剧了公众对食品安全的焦虑，甚至引发社会恐慌。为此，专家们特别呼吁"媒体不要夸大食品安全问题"、"媒体需有科学求证精神"④。食品安全的风险预警机制是全球焦点之一，如何完善与评估我国现有的饮食监测、预警和控制机制，也是大众传媒风险报道与舆论监督的重要内容。同样，反思媒体的健康风险报道，也是风险传播研究的重要议题。

（二）医疗、药品与传染病风险

医疗行业的特殊性决定医疗行为具有不同于其他行业的高风险性。对患者而言，医疗风险是指存在于整个医疗服务过程中，可能会导致损害或伤残事件的不确定性，以及可能发生的一切不安全事情，包括医疗事故风险和医疗意外风险⑤。2005 年 11 月 23 日，央视《新闻调查》播出的《天价住院费》，直指中国当下医院的生存环境、医疗体制弊端以及由此引发的一系列医疗风险问题。医疗手术以及新的医学技术，也常常带来难以估量的健康风险，如《器官移植之后》（凤凰卫视《社会能见度》2006 年 11 月 16 日）回应了"上海下岗女工免费换心肺死亡，家属怀疑

---

①　〔美〕菲利普·费尔南德斯·阿莫斯图：《食物的历史》，何舒平译，中信出版社 2005年版，第 V 页。

②　〔英〕芭芭拉·亚当、乌尔里希·贝克、约斯特·房·龙：《风险社会及其超越：社会理论的关键议题》，赵延东、马缨等译，北京出版社 2005 年版，第 323 页。

③　〔法〕让·波德里亚：《消费社会》，刘成富、全志刚译，南京大学出版社 2006 年版。

④　董城：《食品安全问题还应理性面对》，《光明日报》2006 年 11 月 25 日。

⑤　余艳莉、朱少铭：《医疗风险防范与化解新趋向》，《医学与哲学》2003 年第 4 期，第 7 页。

死者被做人体试验"的报道。但在此前，一家全国著名的晚报刊登了《14 位专家节日回家义诊》（2006 年 5 月 5 日 A2 版）与《换心换肺"姐妹"上午欢乘"磁浮"》（2005 年 7 月 27 日头版）的虚假新闻，从不同的层面宣扬了"换心术"。《南方周末》等媒体通过深度调查报道，将一家在媒体视野中"力争向上的医院"置于舆论批评的焦点①。

医药风险主要是指药源性风险、假药与劣药、严重药品不良反应、不合理用药、药疗差错。信息沟通的重要性已经成为药品风险管理者的共识②。美、加、澳等国已有较完善的风险沟通体系和方法，在风险信息收集、风险沟通平台构建、风险沟通决策等方面有成功的实践经验③。2003 年，新华社记者朱玉、张建平采写的《龙胆泻肝丸——清火良药还是"致病"根源?》、《"为什么没有人告诉我?"——龙胆泻肝丸导致肾损害采访手记》，揭露了清火良药导致尿毒症的风险问题，发挥了媒体的舆论监督与风险预警的功能。

无论是医疗风险，还是药品风险，都容易导致医疗纠纷。一方面，大众传媒能监督医疗行业服务的改善与规范，促进医疗纠纷的法律健全、合法解决并预防潜在的医疗纠纷的发生或蔓延；另一方面，媒体对医疗纠纷的放大和过度解读，可能削弱医疗机构、卫生行政部门在医疗纠纷调解中的必要的权威性，激化医患矛盾，在一定程度上导致了防御性医疗泛滥。因此，大众传媒在影响医疗纠纷解决的过程中，应把握价值优先原则、纠纷解决引导原则与客观中立原则④。

此外，新发传染病（如非典、禽流感、艾滋病）风险也是健康传播的重要议题。尽管传染病已经给现实的公共安全带来危机，但疾病本身仍然具有"知识的不确定性"。2003 年非典期间，央视播出的《北京"非典"狙击战》（《新闻调查》2003 年 4 月 26 日）、《"防非典口罩"真防非典吗?》（央视《每周质量报告》2003 年 5 月 4 日）就集中体现了新发传染病的风险特征。在疯牛病与禽流感爆发后，科学家、政府与媒体最初都笃信人禽之间不会传染，但结果恰恰相反。一旦风险转化为危机之后，媒体需要不断修正、补充风险报道。

台湾学者徐美苓通过分析 548 则医疗报道，探究媒体呈现的"医疗

---

①　沈颖：《上海东方医院治心术调查》，《南方周末》2006 年 12 月 7 日。

②　陈崇泽：《信息沟通在药品风险管理中的作用分析》，《中国药物警戒》2010 年第 10 期。

③　陆柯茹、胡明、蒋学华：《药品风险管理中的风险沟通方法及思考》，《中国药房》2010 年第 17 期。

④　游小留：《大众传媒对解决医疗纠纷的影响》，《医学与社会》2008 年第 11 期，第 17 页。

风险信息"的质量。研究发现，报道最多的是医疗机构所发布的病人特殊案例，这一类报道也是损及健康医疗信息质量比例最高的类别；参与焦点访谈的医药记者所采用的消息来源大多来自医学中心或大型医院；医疗新闻中的风险信息质量有赖于媒体自律与质量把关，但卫生署发布的伦理守则与实际的新闻采访常规有很大的落差①。媒体对医疗风险信息的新闻再现还存在以下问题：传播不确定性与未知风险的困难；议题的广度不足；医药新闻小报化；医药新闻广告化；医药记者专业训练与能力的不足。即便如此，近年来医疗与医药风险日增，媒体对此的报道也逐渐增多，相应地，对医疗医药风险报道的研究也逐渐进入传播学的视野。

（三）美容保健类风险

随着休闲保健行业的兴起，媒体对美容保健风险报道日增，如南香红的《脸上的战争：十年毁掉二十万张脸》、师欣的《我为美丽狂　我为美丽伤》（《南方周末》2006 年 7 月 13 日）、新华社报道宝洁公司 SK-Ⅱ危害、柴静《新闻调查》之《注射隆胸》；李虎军、袁玥的《寻找失去的乳房》（《南方周末》2006 年 11 月 16 日）、《致人上瘾的危险化妆品》（央视《每周质量报告》2006 年 9 月 17 日）、《鲁豫有约·行业黑幕之美容院》（凤凰卫视 2007 年 2 月 9 日）、《美容风险从哪来？》（《羊城晚报》2011 年 4 月 2 日第 B16 版）。正如央视《每周质量报告》指出的那样："这两年化妆品不止一次的亮起红灯，像祛斑产品违规添加有毒物质汞等问题就曾经被媒体多次曝光，本该美丽容颜的化妆品却让皮肤和身体都受到了伤害。"化妆品与美容的风险已经引起媒体的高度关注。

徐美苓从健康传播研究的视角，发现学术界对医疗与媒体关系的研究大多集中在媒体如何呈现医疗健康议题（艾滋病、瘦身美容等），但对于医疗健康论述如何结合本土社会的身体想象、性别意识、身体权利观的研究较少②。

（四）"物质滥用"风险

就媒体对"物质滥用"问题的议题呈现而言，受药品管制与国情的影响，中国大陆媒体的报道相对较少，相应地，新闻传播学界的研究也较少。2007 年，关于"联邦止咳露"的两篇报道将药物滥用的风险议题

---

① 徐美苓：《新闻乎？广告乎？医疗风险资讯的媒体再现与伦理》，《新闻学研究》第 83 期，第 83—125 页。

② 徐美苓：《健康传播研究的回顾与展望：从国外到台湾》，原载于翁秀琪主编：《台湾传播学的想象》（下），台北：巨流 2004 年版，第 479—542 页。

呈现在读者面前，即《短暂的"HIGH"过，是翻江倒海式的痛苦》、《一种处方药如何像 K 粉般诱人上瘾？"联邦止咳露"地下销售链调查》（见《南方周末》2007 年 4 月 17 日，第 B9 版）。美国与中国港台媒体早年关注的话题在我国重新演绎。在西方以及中国港澳台地区的新闻传播研究中，对类似的风险议题已经有所涉及，如对毒品、性药等药物滥用风险的媒体再现研究。

台湾学者宁应斌从话语的角度分析了台湾媒体与公众对性药"伟哥"的风险论述①。2000 年 8 月 27 日，台湾艺人何好玟参加一个千人派对，因携带"摇头丸"被香港警方拘留并扣护照。周君兰等研究者以此为研究个案，结合台湾《中国时报》、《联合报》、《民生报》与《自由时报》的相关报道，研究媒体是如何报道"摇头丸"的相关议题，以及媒体所形塑与再现摇头丸的意象为何②。研究发现，影视新闻的陈述语句负面多于正面；社会新闻将青少年摇头丸"次文化"与社会规范置于"二元对立"的论述中，将"摇头丸"建构成"糜烂"、"一夜情"的负面形象，强化服用摇头丸的违法行为并借此加强既有社会秩序；在医疗保健新闻中，常引用专业消息来源并列举各种并发症，采取恐惧诉求，将摇头丸建构为"等同安非他命的毒药"，强调服用后的严重性，期望民众不要服用。

在诸多议题中，除了食品、医疗与医药议题受到媒体的较多关注，日常饮食与消费的健康风险也是媒体的重要选题。下文将以"高露洁牙膏致癌"风险的报道为例，探究媒体如何建构健康风险。

## 二、健康风险的媒体建构："牙膏致癌"的健康传播研究

尽管在 2003 年之前，食品安全在大众媒体上并不占据太多版面或时段，但近年来，媒体对"苏丹红"风波、薯条含超量致癌物、PVC 保鲜膜致癌等风险的呈现，以及此后央视《每周质量报告》、《健康之路》与各地养生节目的热播，都激发了社会对饮食健康风险报道的关注。转基因大米、地沟油、明胶等，一时成为新闻报道的关键词。关键词的背后，是一件件影响深远的媒介事件或媒介论争。

---

① 宁应斌：《现代用药与身体管理台湾伟哥论述的分析》，http://intermargins. net/intermargins/IsleMargin/DrugLib/articles/public/viagra. pdf.
② 周君兰、毕盈、李盈谆：《摇头丸新闻报导之媒体建构——以中国时报、联合报、民生报与自由时报为例》，《传播与管理研究》2001 年第 1 卷第 1 期，第 121—143 页。

尽管风险已经牵动着媒体与社会大众的神经，但是，世界的复杂性和报道思维的简单化形成了"粗放式"的风险报道，常常遭致社会的批评：媒体简单迎合受众和社会非理性情绪，最终为非理性情绪所淹没。下文拟以2005年"高露洁牙膏致癌"风险传播为例，探讨大众传媒对健康风险的建构。

（一）"牙膏致癌"风波历时性的传播链

纵观"高露洁致癌"的传播链条，相关风险议题传播基本路径如下：环境科学家威克斯兰教授的研究——《环境科学与工程》杂志上的科普文章——英国《旗帜晚报》报道——国内平面媒体编译——网站转载和其他媒体跟进——人际传播。依据议题的演变，这又可以划分为以下三个阶段：

第一阶段：学界的研究与英国媒体的风险议题侦测

4月2日，论文发表。美国研究者彼得·威克斯兰在《环境科学与工程》发表题为《三氯生在游离氯调节下氧化反应生成三氯甲烷和含氯有机物》，聚焦于模拟洗碗过程，但没有分析任何牙膏产品，在含"三氯生"的产品对健康的威胁上措辞相当谨慎。

4月6日，两篇新闻报道相继提到以上科研发现，将一个单纯的化学研究引入了令人瞩目的公共安全领域：凯琳·贝兹（Kellyn‑Betts）发表在4月6日《环境科学与工程》上的文章《氯＋抗菌剂＝意想不到的结果》，第一次提醒读者留心氯仿的危害性，并且提到"用含三氯生的洗涤液清洗盘子很可能会导致这些易挥发物通过呼吸及皮肤接触进入人体"。弗吉尼亚工艺学院4月13日向新闻界提供新闻稿《太干净能给你的健康和环境带来危害》，以阐述最新研究成果。

4月15日，"牙膏癌症"消息出笼。英国《旗帜晚报》（The Evening Standard）记者马可·普里格发表了《牙膏癌症警告》，但与彼得·威克斯兰最初那篇论文的内容相差甚远。文章开头即断言："今天，大量在超市中销售的牙膏成了一场癌症警报的中心。"标题触目惊心，新闻稿断言牙膏成为癌症警报的中心，暗示含"三氯生"的牙膏、洗碗液、洗手液都有致癌危险，并杜撰已经建议所有国家政府密切管制这种化学物品。尽管"化学论文"已演变为"健康新闻"，但报道在英国还是没有引起多大反响。

第二阶段：风险议题演变为"健康危机"

4月17日，中国的《法制晚报》转载了英国《旗帜晚报》的文章，标题改为《英报称高露洁等牙膏含间接致癌物》，"高露洁"首次上了标题。该报道当天被新浪、搜狐等多个大型门户网站转载，第二天又被多家网络媒体和平面媒体进行转载并从不同角度进行追踪报道。

4月18日，"高露洁"所属公司发表声明，媒体聚焦"高露洁致癌"风险议题。国内媒体从4月18日开始竞相报道该消息，指向"高露洁致癌"，媒体继续挖掘"致癌牙膏"名单，原本在英国报道中尚幸免于难的佳洁士、洁诺也在中国沦陷，潜在风险演变为现实的"公共卫生危机"。在"疑罪从有"的心理下，消费者对高露洁牙膏的信誉度急剧下降。

第三阶段：新闻传媒对"高露洁致癌"的澄清与反思

4月19日：《人民日报》刊发驻英国记者撰写的文章《高露洁事件：研究不等于警示》指出，《旗帜晚报》的报道并没有在当地引起强烈反应。彼得·威克斯兰在弗吉尼亚说，许多媒体断章取义了他关于潜在健康风险的发现。

4月20日，当新浪网上"高露洁"致癌风波高涨时，两名记者开始唱"反调"。新华社国际部记者颜亮在彼得·威克斯兰助理教授的研究成果中求证消息源。《世界新闻报》驻英国记者彭丽为《北京晚报》撰文《"高露洁"在英未下架　致癌英文报道仅一篇》。

其间，媒体、企业、专家与权威部门受到媒体的质疑与批评，传媒开始反思"牙膏致癌"风险议题。

4月27日，相关公司正式对外界做出积极回应，消费者完全可以放心使用，风险报道不断深入，风险信息逐渐多元化，消费者渐渐回归理性。信息"真空"已经被填补，公众、媒介的关注逐渐减弱、消失，注意力也在转移。

在"高露洁致癌"的风险传播链条中，潜在、可能的"致癌风险"，在传播中逐渐附着于具体的目标以供社会观察和思考。相关风险议题由于媒体的报道、转载变得具体化并扩大化：偶然性的事实，经媒体报道、炒作以及个人想象，激发了受众的风险构想，这种普遍的风险构想通过误导性的大众传播和人际传播被放大。

（二）关于"牙膏致癌"报道的媒介批评

风险是一种社会建构。风险具有"不确定性"与潜隐性的特征，不同的社会行动者通过媒体竞争定义风险。从牙膏致癌的风险报道来看，媒体对于人们风险观的形成起到重要作用，因为大多数人都是从媒体而不是通过直接经验获得信息，他们的看法容易受信息发布的方式影响。然而，传媒对"高露洁牙膏致癌"风险议题的呈现，还是引起激烈的媒介批评和社会争议，这大体可以分为三类：

（1）谴责传媒不负责任和缺乏科学素养。《新闻晨报》认为是媒体的非理性误导了受众、放大了风险，指出媒体不能因为怀疑的权利就拥有了对责任的豁免权。

（2）传媒发挥了应有的风险议题侦测功能，政府、权威机构应该对危机负责。《商业社会的表达自由原则》（《法制日报》2005 年 4 月 28 日）一文指出，牙膏风险彰显了媒体在商业社会的表达自由原则。《高露洁风波，媒体没有"反应过度"》（《南方都市报》2005 年 4 月 22 日）也认为，从根本上讲，媒体要对产品与结论的科学性负责，更应对公众安全与公共利益负责，但传媒不是科学教程与生活指导书，指责媒体没有道理。

（3）肯定传媒的风险预警功能，也批评报道的不客观。《消费安全：媒体推动或混乱制造？——高露洁、苏丹红事件评述》（《新京报》2005 年 4 月 28 日），分别以《牙膏致癌：一场"媒体制造"版的肥皂剧》、《苏丹红事件：媒体的"第一推动力"》、《消费安全事件中媒介缺位与越位批判》为题对传媒在消费安全中的作为予以反思，认为媒介对潜在风险或现实危机发出严重警示的同时，也要保持科学理性的态度。

就风险传播而言，激烈的媒介批评实质上体现了公众对全球化生活必需品供应链以及安全问题的忧虑，也彰显了风险传播研究的紧迫性。

（三）"牙膏致癌"风险报道的启示

《旗帜晚报》关于"三氯生"的报道并没有在英国引起什么反应，即使在对消费安全以及环保的要求近乎苛刻的德国，《法兰克福汇报》、《南德意志报》都未见有报道，媒体与公众对此也没有异常反应。然而，一项尚无定论的科学研究，为什么在中国经媒体报道和转载后演变成一场"公共危机"，并激起公众对"高露洁"牙膏的不信任呢？

媒体对风险信息的扭曲或"误读"，常常遭致公众的诟病。西方的新闻界素有严肃大报和通俗小报之分，通俗小报定位于娱乐大众，因而炒作新闻、哗众取宠甚至编假新闻都属正常。在一个全球传播的时代，媒体编译和转载消息的渠道更多，因此更要确认消息来源属于哪类媒体。《法制晚报》引用了英国名不见经传的《旗帜晚报》的消息，又未经查证，风险报道的偏差在所难免。

伴随着全球化、高科技的发展以及人为决策的增多，风险事件层出不穷。普遍性的风险一旦进入本土后，就成为必须从本土风险情境出发进行诠释、建构的风险。在"牙膏致癌"风险报道中，风险传播初期缺乏整合的、受信赖的信息，单一的消息来源与人际传播的放大，将理性的风险争议变成盲目争吵与非理性的行动。媒体不断复制与夸大风险必然形成社会恐慌并回溯冲击社会经济活动。消费者对"高露洁"信任度急剧下滑，超市里相关牙膏纷纷下架——潜在风险迅速转化为现实的企业形象危机与产品的销售危机。

　　而科学信息太早被公开、遭到简化甚至扭曲，必然影响传媒对风险的建构。在对"高露洁致癌"的风险报道中，复杂的化学反应被简化成一类商品或某品牌商品中含有某种危险物质。在大多数风险报道中，媒体为了适应传播的需要，常常将风险信息进行形象化、简单化和符号化的处理。媒体用于描述和形容危险的符号、比喻、话语以及其他传播修辞策略的差异，赋予同一风险议题以不同的"框架"，最终建构了风险。正如许多文献指出的那样："大众媒体作为风险沟通媒介与行动者，因为不同的因素而常常造成不一样的效果①。"

　　尽管记者个人的能动性可以通过一些微观的机制左右报社在某个议题上的偏向，但这仍受媒体定位、文化语境、政治与经济利益权衡的制约。

　　在高露洁的报道个案中，如果没人知道那个化学反应，风险与恐惧就无从谈及。知识的"不确定性"犹如"恐怖的陌生人"无处不在，人们生活在媒体的风险建构与对恐惧的想象之中。一旦与"食品安全"类似的风险议题出现，不少市场化运作的媒体往往通过制造恐惧来吸引受众的眼球。如果记者将自己和他人的经验泛化，必然导致对风险的"自我放大"，正如"苏丹红"、"高露洁"以及"薯条致癌"导致的"蝴蝶效应"。媒体热衷于对"不确定性"的炒作，在内容上又倾向国外风险论述，或者刻意回避风险并极力提供"肯定现状"的信息，必然会扭曲风险。

　　整体而言，媒体对风险议题的侦测，增强了公众的风险意识与反思能力。媒体报道的价值选择考验了受众的批判能力，受众也在风险呈现与沟通中检视了企业对消费者的态度，检验了大众传媒的风险沟通水平以及对受众知情权的满足程度。

### 三、"美丽神话"的电视建构：身体规训与健康风险的遮蔽

　　电视摄像机延伸了公众针对身体意象的审美目光，强化了"身体"

---

① Willis Jim, 1997: *Reporting on Risks: The practice and ethics of health and safety communication*, London: Praeger.

的视觉形象并拓展了"美丽产业"（beauty industry）。"美丽产业"的本质是身体产业（body industry），核心是管理、美化、展示甚至开发身体，其影像产品已成为视觉文化的重要组成部分。Kern 指出："我们的时代是一个迷恋青春、健康以及身体之美的时代，电视与电影这两个统治性的媒体反复地暗示：柔软优雅的身体、极具魅力的脸上带酒窝的笑是通向幸福的钥匙，也是幸福的本质。"① "身体"的视觉符号生产丰富了电视的内容产业并借助媒介叙事介入消费社会、积累社会资本。电视媒体建构关于"身体"的视觉形象，游走于身体改造与健康风险呈现之间，借助美丽或健康、滑稽或游戏的身体愉悦观众，激发观众对自身身体的焦虑和改造身体的欲望。在身体图像构成的视觉文化中，观众常常会严格地监控自己的身体，与消费社会对身体改造和控制相得益彰。探究电视媒体如何建构"身体"的社会意象、推动身体消费并倡导关于身体的观念，是反思身体的电视消费与风险呈现的重要维度。

（一）消费主义幻象与"美丽神话"的电视建构

在消费主义的浪潮中，生物学知识、外科整容与运动科学提供了身体塑造（bodybuilding）的工具。减肥、增高、"丰乳肥臀"、瘦身、运动健美与人工制作处女膜等电视节目或广告，为观众提供理想身体的想象，迎合了在 20 世纪出现的"自恋"人格。它被克里斯托弗·拉什（Christopher Lasch）描述为"过分的自我意识"、"对于健康的持久的不安"、"恐惧老化"、"对于老化征兆的极度敏感"、"沉浸于永远年轻与充满活力的幻想"，呈现出"表演性自我"（the performing self）概念，即过于强调外表、展示与印象设计②。身体文化与视觉文化构成现代消费文化的两翼，即身体主导视觉文化与身体文化的图像化。被身体影像所包围的电视观众，在身体消费中以媒介建构的身体形象为参照，在身体焦虑中寻找身体改造的路径。

1. 电视综艺娱乐节目定义身体的美学标准。身体成为影像消费的主要形象，而电视对理想身体的塑造引导受众对身体的自我监视。肇始于1921 年美国的选美大赛，成为未婚青年女性身体叙事的舞台，也成为男性"合法"地集体观赏女性身体的节目。从 2001 年第 51 届"世界小姐"

① 金元浦：《消费美丽：时代的文化症候》，《文化研究》（第 5 辑），广西师范大学出版社 2005 年版，第 15 页；陶东风：《消费文化语境中的身体美学》，《马克思主义与现实》2010 年第 2 期，第 29 页。

② Christopher Lasch,1979:The Culture of Narcissism,New York:Warner Books.

大赛开始，全球通过卫星电视收看评选活动的观众已达 20 亿人。全世界参与网上投票的网友超过 1 亿人。在厄瓜多尔 53 届环球小姐大赛期间，世界上有 15 亿电视观众观看了这场大赛。"理想的形象是对模特特征大规模改造的结果。"① 身体的标准不但是普遍的美学产物，同时也是特定阶层和群体生活方式和价值观的体现。

在电视综艺娱乐节目中，电视界面人物的才艺表演与身体的动作性，突出身体的娱乐表意功能，传递理想身体的观念，带动化妆品、时装、饰品、保健品等"身体经济"的发展。美容时尚类节目《女人我最大》与《美丽俏佳人》传递青春、美丽、性感与时尚的理念，倡导重塑身材；《舞林大会》则将身体私语放大为集体对话。在星空卫视的《美人关》与湖南经视的《绝对男人》等节目中，女性也以自我的眼光来审视男性。社会归属或身份认同需要想象性地被赋予，身体"在它的生死盛衰中带着对全部真理和错误的认同"②，霸道地主宰着道德领域、知识领域和审美领域。

2. 电视广告构建"苗条文化"。媒体常常将苗条的女性身体作为视觉信息的主要形式，明确地呈现"理想瘦"的身体意象③。电视"瘦身"广告呈现了"瘦身"的理想特征：皮肤白、年轻、高挑、结实、无多余的肌肉、线条美、丰胸和极端瘦。"瘦身"理想的内化，是媒体对"身体意象"影响的一个有力的中间变量，媒体所塑造的理想身体与它所代表的文化有关。同样，尽管大众传媒惯于强调女性身体，但它们也以"健壮"、"肌肉发达"的标准建构理想的男性身体④。

电视广告塑造了"美女"与"型男"形象，呈现了"改造—展示—自我实现"的塑身逻辑。"在消费文化中，人们宣称身体是快乐的载体，它悦人心意而又充满欲望，真真切切的身体越是接近年轻、健康、美丽、结实的理想化形象，它就越具有交换价值。"⑤ 体形的意识形态的制造者

---

① 〔英〕珍妮弗·克雷克：《时装的面貌——时装的文化研究》，舒允中译，中央编译出版社 2008 年版，第 117 页。

② 吉尔·德勒兹：《尼采与哲学》，周颖、刘玉宇译，社会科学文献出版社 2001 年版，第 59 页。

③ Myers & Biocca,1992:The elastic body image:The effect of television advertising and program-ming on body image distortion in young women. Journal of Communication,42(3):119.

④ Pope,Olivardia,Gruber & Borowiecki. ,1999:Evolving ideals of male body image as seen through action toys. International Journal of Eating Disorders,26:65 – 72.

⑤ 〔英〕费瑟斯通：《消费文化中的身体》，龙冰译，原载于汪民安、陈永国主编：《后身体文化、权力和生命政治学》，吉林人民出版社 2003 年版，第 331—332 页。

不仅征服或支配了民间，同时也支配着学校入学和社会就业①。

　　身体在电视广告中的编码大致分为两种：一是叙述类的身体编码，一是表现类的身体编码②。叙事类的身体编码通常出现在告知式或说明式广告中，即采用传统的宣传方法向观众直接介绍与推荐产品，唤起观众更多关注身体与商品的关系，如"碧生源"、"婷美"的减肥广告。表现类的身体编码通常出现在提醒式广告中，它借助前期摄影和后期制作的各种技术手段，营造意境和渲染氛围。表现类的身体编码体现了一种典型的"消费主义神话"。

　　电视广告中的身体界面是一个极具诱惑力的空间位置，是被预设给电视机前的观众的。电视广告中的身体只是一个等待被置换的符号。广告把个体建构成能够自由地选择或购买的虚幻主体。正如波斯特所言，"广告不仅刺激人们选择某一物体，作出一次认知决定，做出一次理性评价，而且力图在其他语言学层面上制造种种使观看者与该产品合而为一、彼此依附的效果。观看者是广告中缺席的男女主角。观看者被引诱，而把他或她自己置换进广告之中，从而使该观看者与产品意义合而为一"③。在电视广告中，身体演绎是激发消费愿望、刺激消费行为的一个不变的法宝。理想的身体界面永远是电视广告中最大的亮点，身体界面是广告酿造出的最具支配性的信息符号。大量的广告被用来为产品创造身体幻境，身体通过激发受众自身的身体意象反观。

　　3. 电视纪实节目背后的身体意象。电视新闻或真人秀节目也表现出对明星或参赛者的"后台"领域的浓厚兴趣，如对私人生活、美容秘诀、锻炼情况以及饮食控制等的记录。身体形象的展示要争夺新闻界注意力。每年报道米兰时装季的记者超过 850 名，其后的巴黎时装秀也会迎来2000 名记者④。挑战与生存类电视真人秀《城市之间》与《智勇大冲关》强调"身体在场"，整形真人秀节目则建构了"健康"、"美丽"与"自信"的媒介幻象，呈现了科技思维下的"塑造身体的技术"。美国广播公司的《改头换面》、福克斯电视网的《天鹅》、MTV 频道的《我想要张明星脸》与《整形手术台》、华娱卫视的《美丽起义》以及湖南经视的《天使爱美丽》等节目，记录整容的全过程，如脱衣体检、在胸部塞入硅

---

①　蔡骐、孙有中：《现代美国大众文化》，中国经济出版社 2000 年版，第 230—231 页。

②　陈月华、李晔：《电视广告与身体》，《电影评介》2006 年第 12 期，第 66 页。

③　〔美〕马克·波斯特：《第二媒介时代》，范静哗译，南京大学出版社 2000 年版，第 89 页。

④　〔美〕加亚特里·斯皮瓦克：《重温法国女权主义：伦理与政治》，王逢振主编：《性别政治》，天津社会科学院出版社 2001 年版，第 137 页。

胶与治疗术后肿胀发炎。虽然节目引发社会争议，但仍吸引不少参赛者以牺牲个人的隐私为代价获得免费的整容手术。

（二）电视消费主义幻象下的身体焦虑

消费文化宣扬使用各种方法来保持外表的亮丽和生命的强度。媒体呈现的意象和女性身体满意之间相关①，许多的女孩透过电视获得减肥和外貌信息。媒体描述了这样的理想体型，增加了我们（尤其是妇女或少女）实际的自我感知与理想自我的差距，引发公众的身体焦虑，导致饮食紊乱、压抑、低自尊等不良后果②。

1. 身体美的标准范式：从传统文化到当下的视觉文化。身体不仅是人类物质性的存在，也是人们日常交往、劳动、休闲与思考的载体。"无论是基督教对身体的鄙夷，还是启蒙运动身心二元论的崇尚心灵而贬抑身体，或是中国关于灵与肉的传统理念，大抵都以褒扬精神、心灵而贬抑肉体为目标。"③ 如果说宗教以"节食"抵制肉体诱惑，当下的电视媒体则将节食与身体保养视为释放肉体诱惑的载体。"你的身体的不完美，这是你的罪过和耻辱。"④ 在传统社会，身体标准与身体塑造技术往往通过强制性传统来实现，身体观赏与崇拜受制于特定的时空与文化。在一个媒介化的社会，电视影像恢复了身体的核心位置和解除视觉禁忌，并通过塑造身体偶像制造社会的"身体焦虑"与身体美学标准。

解除身体意象的压抑巩固了商品社会的文化秩序，影像空间的身体意象正在自觉地成为走俏的商品。"西方文化中的'女性史'与消费主义和关键文化符号的偶像化有千丝万缕的关系。"⑤ 电视广告持续地推销身体的技术，如医学美容（去皱、抽脂、隆胸、提臀、垫鼻等）、节食、健美与保健（按摩、桑拿）与饮食控制。自 1970 年以来，身体产业整合了传媒、医学、形象设计、广告等多种行业。影视剧、电视娱乐节目以及真人秀节目描绘和强调了女性身体令人崇拜的各个部分，如眼睛、腿、唇、臀部与乳房等。从遮盖身体到改造与展示身体，控制身体与享受身

① Tiggeman. ,2002：Media Influences on Body Image Development. Cash & Pruzinsky（eds）. Body Image. New York：Guilford Press.

② Steve H. Sohn,2009：Body Image：Impacts of Media Channels on Men's and Women's Social Comparison Process,and Testing of Involvement Measurement. Atlantic Journal of Communication,17：20.

③ 周宪：《社会空间中的身体审美化》，原载于陶东风、金元浦、高炳中主编：《文化研究》（第 5 辑），广西师范大学出版社 2005 年版，第 4 页。

④ 〔英〕齐格蒙特·鲍曼：《流动的现代性》，欧阳景根译，三联书店 2002 年版，第 102 页。

⑤ 〔英〕珍妮弗·克雷克：《时装的面貌——时装的文化研究》，舒允中译，中央编译出版社 2008 年版，第 97 页。

体已经分离。电视影像中的身体标准则以健康、美、性感、瘦身、美白、活力和科学等修辞话语形式出现，将强制性的身体标准转化为认同性的身体标准。

2. 视觉文化下的身体焦虑。消费文化的内在逻辑取决于培养永不满足的对形象消费的需求，电视就是其中重要的传播机制之一。在瓦尔特·本雅明（Walter Benjamin）看来，影像是对视觉无意识的解放。影像空间的身体意象隐秘呼应了人的某种欲望，人们的视线始终渴望遭遇身体。美国学者彼得斯认为："凡是能够把远方的身体联系起来的手段，在一定程度上都是带有性爱色彩的。"① 摄像机力图切割出理想的视觉景框，聚焦人的身体并提供观看身体的特殊角度与景别，向观众提供最合适、最舒服的身体意象和观看位置。

电视呈现的美好身体引发年轻女性对自我身体的不满与焦虑。Greenberg 指出，在电视媒体中，女性的肥胖特征总是和消极的人格特征联系在一起②。媒体是"瘦身"观念的传播者。电视媒体对女性身体的静态（坐、躺或站姿）呈现，可能增强女性将身体作为装饰性的而非功能性的信念。同时，电视画面将女性身体分割成部分（仅仅聚焦女性身体的眼睛、腿部、腰部、手等某个部位）和缺乏个性的呈现方式，也会促使女性将身体定位成"客体"。媒体广告中所大量呈现的苗条体型与女性患厌食症有密切关系③。观看音乐电视中塑造的纤瘦女性形象的女性，表现出更明显的身体不满和饮食紊乱。

电视媒体不仅被动反映"纤瘦性感"的神话，也主动建构身体消费的意识形态。电视瘦身广告的主诉对象是中青年女性，主诉功效是"性感"与"魅力"。电视叙事将"苗条"置换为"健康"，制造身体暴政与"身体焦虑"，宣扬通过技术重塑身体，构建病态的"苗条文化"④。利润丰厚的化妆品、减肥和时装工业助长电视建构关于身体的"美丽神话"，形塑观众的身体理念并使观众"对自我的憎恶、对身体的过度关注、对

---

① 〔美〕彼得斯：《交流的无奈：传播思想史》，何道宽译，华夏出版社 2003 年版，第 157 页。

② Greenberg,2003:Portrayals of Overweight and Obese Individuals on Commercial Television. American Journal of Public Health,93(8):1342－1345.

③ Smith,1985:Media Images and Ideal Body Shapes:A Perspective on women with Emphasis on Anorexics,Paper presented to the Association for Education in Journalism and Mass communication.

④ 徐敏、钱宵峰：《减肥广告与病态的苗条文——关于大众传播对女性身体的文化控》，《妇女研究论丛》2002 年第 3 期。

老龄的恐惧、对失控的忧虑"①。

（三）电视形塑身体意象及其规训功能

图像的视觉性、机器、体制和身体的复杂勾连，实际上是驯顺的身体（docile bodies）的视觉范式。因此，对影像中身体的考察"不只是关注社会如何生产着身体及其观念，更重要的是还要注意到身体是如何影响了社会生活的实际组织过程"②。

1. 身体技术与身体意象的双重控制。米歇尔·福柯（Michel Foucault）不仅将身体理解为一个生物学实体，还将它理解为一个社会建构物。电视常常将体态美好、性感撩人与事业成功、生活幸福紧密地联系起来。整形、整容、美容与减肥等身体消费成为获得美好身材和容貌的法宝，身体也成为一种规范、调控与社会管制形式。当今社会对身体的控制体现在"对身体外形的控制"和"对身体意象的控制"两个维度上，前者是"身体塑造"技术的课题；后者更多的是大众传媒的功劳。

所谓的"身体技术"包含三个最基本的层面：一是修饰身体的技术，如化妆技巧、形象设计等；二是塑造身体的技术，即在特定社会文化背景中使用自己的身体来进行社会交往和传达意义的种种技术，如舞蹈、节食、健身等；三是改变身体的技术，如整形美容手术等医学手段。

身体意象（body image）是指个人对自己身体的主观感受和认知。媒体是影响个人如何看待自己外型以及如何评价自己身体的一个重要渠道。西方学者运用涵化理论与社会认知理论，研究媒体暴露（media exposure）、身体自我意象（body Self – image）和饮食紊乱（disordered eating）之间的关系。观看美容美体广告的女性观众较一般的观众更加重视外表的吸引力③。电视将性别和身体当作文化塑料来处理，与身体相关的新闻与广告不断地被生产与消费。电视媒体传播了传播者的身体意象，传播者的身体意象召唤着观看者的身体意象，观看者以电视中的身体意象为参照反观自己建立自己的身体意象，转而又推及电视中的身体意象④。观众在一种相互再认的复杂过程中获得身体的认同性。在时尚消费与身体

① 汪民安、陈永国主编：《身体、空间与后现代性》，江苏人民出版社2006年版，第286页。

② 〔英〕布赖恩·特纳：《普通身体社会学概述》；布赖恩·特纳编：《社会理论指南》，李康译，上海人民出版社2003年版，第586页。

③ Tan, Amy S., 1979; TV Beauty Ads and Role Expectations of Adolescent Female Viewers, Journalism Quarterly, 56: 283 – 288.

④ 陈月华：《论电视传播中的身体意象》，《现代传播》2006年第3期，第12页。

认同中，人们常常借助现代影像获取他者文本，在他者的再认中建立个人的认同性①。

2. 身体的影像消费及其规训。在消费文化中，电视促进时尚的身体形象广为流传并不断强化使用"身体技术"的种种益处。"消费并不是通过把个体们团结到舒适、满足和地位这些核心的周围来平息社会毒症"，而是"用某种编码及某种与此编码相适应的竞争性合作的无意识纪律来驯化他们"②。一方面，文化研究学者揭示了女性身体塑造的文化政治；另一方面，包括传媒工业在内的文化政治肆意横行并支配着社会的身体意象③。女性尝试改变自己的体重、体形与肤色等想法并非与生俱来，而是文化政治支配的结果。身体美学的合法化，不仅仅限于对身体的外部形态的护理改造，更有其复杂的意识形态内涵，与社会文化、精神归属、政治理念等一系列上层建筑意识形态相关。

媒体不断强化胖与瘦的二元论述，暗示纤瘦者似乎比肥胖者更具有对异性的吸引力且更容易成功④。鲍德里亚曾质问："身体是女性的吗?"⑤当仅以"瘦"作为审美标准无法刺激身体消费时，电视广告商在身体文化加入新的审美标准，如"丰满的胸部"、"平坦的小腹"、"上翘的臀部"、"细长的小腿"等，将单一的减肥扩大到束身、整形、修复身体曲线等更为广阔的"身体规训"。继政治权力、资本权力与话语权力之后，女人的身体被大众传媒改装成欲望符号，从而成为第四种资本⑥。电视媒体制造偶像身体并塑造身体美学规范。一方面，视像化传媒将驯顺身体的抽象理念不断地视觉化与具象化；另一方面，权力凭借图像对身体规训隐蔽得更加巧妙。

社会学家约翰·奥尼尔（John O'Neill）和道格拉斯（Marry Douglas）认为，人存在两种身体，即"生理的身体"与"交往/社会的身体"⑦。身体的文化体现包含两种基本形态：一是身体作为一个物质性、视觉性

---

① 〔美〕道格拉斯·凯尔纳：《媒体文化——介于现代与后现代之间的文化研究、认同性与政治》，丁宁译，商务印书馆 2004 年版，第 393 页。

② 〔法〕让·波德里亚：《消费社会》，刘成富、全志钢译，南京大学出版社 2001 年版，第 89 页。

③ 孟繁华：《战斗的身体与文化政治》，《求是学刊》2004 年第 4 期。

④ Creedon,1993;Women in Mass Communication. Newbury Park:Sage.

⑤ 〔法〕让·波德里亚：《消费社会》，刘成富、全志钢译，南京大学出版社 2001 年版，第 149 页。

⑥ 张念：《身体政治与女性公民》，《天涯》2004 年第 3 期，第 42—45 页。

⑦ 〔加〕约翰·奥尼尔：《身体五态——重塑关系形貌》，李康译，北京大学出版社 2010 年版。

符号在特定文化情境中的呈现；二是身体作为一个对象在语言描述、隐喻、修辞、叙事和分析中的呈现。电视画面上的"驯顺的身体"，是社会（交往）的身体对自然（生理）身体规训或征服的符号再现。电视媒体一方面在影视剧、化妆品与整容广告、综艺娱乐节目中鼓励对生理身体的改造；另一方面更呈现为对社会身体的文化意义或象征意义的生产。

如果说身体的技术管理与美学改造成人的类化，电视广告、整容真人秀以及青春偶像剧对身体改造的倡导则迎合了社会风尚和技术标准，体现人类的身体异化与处置自己身体的反自由。

（四）电视中的身体消费与健康风险的遮蔽

如果说身体是视觉文化消费的重点，视听媒体则为青年男女生产和供应标准的、批量的身体图像。"视觉对于身体的迷恋得到了现行文化的暗中认可，电子传播媒介积极地为之推波助澜。"[①] 身体的外形、身体的审美价值与消费价值成为媒体与社会关注的焦点。

1. 影像消费与"身体"的商品化。在对身体的种种改造和修饰中，"美丽"成为一个至高无上的通用符号和准则。商业化、时尚化、视觉化的身体已经被抽离它的原有内容，转换成了一种欲望客体、时尚符号和社会资本。在经由电视荧屏的"看与被看"的过程中，观众们拥有了一种操控一切的优越感。电视媒体既是信息得以被接收的外在部分，又遮蔽着某些信息；它既是中介本身又是一种象征[②]。身体出席更直观地呈现或隐喻了商品与人的关系，从而诱导观众的需求。

现代消费社会是一个痴迷青春、诉诸肉体、外表与形象的社会。医疗、科技令女性"瘦骨嶙峋却又胸部丰满"的媒介神话充满幻想。女性身体也变成了一个不断被改造、被控制的对象。电视上的整形、整容广告关于"重塑"、"打造"、"粉碎"、"清除"、"排出"的诱惑性描述，使身体沦为了一块可以按照某种社会文化要求切割、打断、拼合、填充、重组的"文化塑料"。鲍德里亚（Baudrillard）区分了栖息欲望的身体与成为商品交换符号的身体。欲望的身体从宗教禁锢之中解放曾隐含着革命意义，如今也被重新"神圣化"、符号化和商品化，影视媒介成为传播这一商品的工具。"苦行般的身体劳作所带来的回报不再是对灵魂的救赎

---

① 南帆：《身体的叙事》，原载于汪民安主编：《身体的文化政治学》，河南大学出版社2004年版，第219页。

② 陈月华、李晔：《电视广告与身体》，《电影评介》2006年第12期，第65页。

或是好转的健康状况，而是得到改善的外表和更具市场潜力的自我"①。消费文化中对身体的维护保养和外表的重视存在"内在的身体"与"外在的身体"两个基本范畴。对内在身体实行维护保养的主要目的是彰显外在身体美。

2. 身体幻象中电视媒体对健康风险遮蔽。新闻报道是个人获得健康或医疗保健信息最重要的渠道②，但电视对消费的刺激与社会对纵欲的谴责构成结构性的矛盾。针对身体的媒介再现，有研究者认为媒体在报道风险议题时，除了告知的角色，还应扮演教育大众的功能；但也有研究者认为新闻的本质不适宜解释复杂的科学与政治事实，媒体如果过度介入风险传播过程，只会导致煽情与不正确的报道③。事实上，"媒体和广告中大量存在着所谓'建议'却明显具有伪科学的性质"④。

电视媒体将"生产美丽与健康"与"塑造自信"视为文化工业的"引爆点"（The Tipping Point）⑤，引发社会的整容热潮。关于化妆、减肥、健身、整容等身体符号充实荧屏，电视借助影视明星的传播效应，不遗余力地讲述如何使身体变得年轻、时尚、美丽与性感。早在1931年，幸运牌香烟厂商花费1900万美元用于广告宣传，并成功地让妇女相信抽烟十分有助于减肥。2005年，美国热门连续剧《整容室》才播完第一季，就与《绝望主妇》、《迷失》同时入选美国电视大奖——艾美奖。同时，还有三档人气指数极高的电视"整容真人秀"节目：福克斯电视台（FOX）的《丑小鸭变天鹅》（The Swan）、美国广播公司（ABC）的《改头换面》（Extreme Makeover）、MTV频道的《我想要张明星脸》（I Want A Famous Face）。2010年，美国有线电视娱乐频道推出《整容新娘》（Bridalplasty），其中，12名已经订婚的女子为获得整容手术机会而展开竞争。尽管电视台声称节目给参与者带来美丽、健康与自信，但电视整容真人秀倡导流水线方式制造"美丽神话"，损害了自我尊重和个人认同感，侵害了多元化的审美观。更为重要的是，媒体、明星与广告商制造的"身

① 〔英〕费瑟斯通：《消费文化中的身体》，龙冰译，原载于汪民安、陈永国主编：《后身体文化、权力和生命政治学》，吉林人民出版社2003年版，第324页。
② 徐美苓：《新闻乎？广告乎？医疗风险资讯的媒体再现与伦理》，《新闻学研究》第83期，第83—125页。
③ Wilkins & Patterson, 1987: Risk analysis and the construction of news. Journal of Communication, 37(3): 80 - 92.
④ 〔英〕费瑟斯通：《消费文化中的身体》，龙冰译，原载于汪民安、陈永国主编：《后身体文化、权力和生命政治学》，吉林人民出版社2003年版，第340页。
⑤ 〔美〕马尔科姆·格拉德威尔：《引爆点》，钱清、覃爱冬译，中信出版社2006年版。

体幻象"与"美丽神话",遮蔽了身体控制与呵护中的健康风险问题。2006 年,宝洁公司由刘嘉玲等明星代言的 SK - Ⅱ化妆品被批评存在健康风险,解构了媒体所建构的"美丽神话"。

关于电视对身体意象的影响,身体社会学有效地启示了电视研究:我们经由身体影像来思考社会,同样,我们也通过社会来思考影像中的身体意象①。身体的审美文化是社会建构的,女性则以男性"凝视"的目光来"塑身"。电视媒体复制和形塑了理想身体的范本,在父权制度之上呈现女性的美丽与苗条,将女性置于"被观看者"的位置。

身体的技术改造积淀了沉重的历史与文化,也体现了消费社会、电视与广告对现代人的强大控制作用。身体是图像消费的主题,但在身体图像的背后是人们的审美能力被操纵。在媒介消费社会中,自然的身体与社会的身体构成空前的内在张力。作为符号的社会的身体对自然的身体实施的塑造,即身体"再生产"。这种改造往往借助化妆品、健身运动与整容美体等呈现为某种"愉快的暴力",使身体认同具有了文化认同的意义。

大多数的电视媒体在建构美丽神话的同时,遮蔽了规训背后的"健康风险"。相反,《注射隆胸》(2005 年央视《新闻调查》)、《身体的战争》(2006 年央视《纪事》栏目)以及《脸上的战争》、《我为美丽狂　我为美丽伤》、《十年毁掉二十万张脸》(2006 年《南方周末》),围绕身体改造的健康风险与官司,探究了身体、女性与社会的复杂关联。身体形象信息及其隐喻的转变具有极其重要的权力意涵。从风险社会学的视角审视电视媒体对身体意象的建构,健康观统摄下的身体美学体现了性别自主性的转变,即女性"社会资本"的获取不再单纯借助"纤瘦性感"的美丽神话,男性"社会资本"的获取也不再单一依赖于身体的"强健"。

## 第二节　经济风险的媒体建构

### 一、经济风险报道的主要议题

经济风险是指因经济前景的不确定性,各经济实体在从事正常的经

---

① 〔加〕约翰·奥尼尔:《身体五态——重塑关系形貌》,李康译,北京大学出版社 2010 年版,第 33 页。

济活动时，蒙受经济损失的可能性。它是市场经济发展过程中的必然现象。经济风险按其产生的原因，可分为自然风险、社会风险与经营风险；按经济过程的不同阶段，经济风险可分为投资风险、生产风险与销售风险。其中，媒体对于证券、期货的报道，集中体现了吉登斯关于媒体与结构化风险的论述。

股票市场联结着公司与企业的兴衰，集中了投资者的经济梦想与失落，体现了经济全球化的重要特征。证券市场的细微变动，极大地影响股民的收益、公司与企业的经营，并冲击与此相关的金融市场。因此，证券已经成为媒体关注的焦点之一。

证券市场是一种结构化风险，一种"制度化风险"。风险投资、金融竞争为诠释结构性的系统风险提供了最有意义的例证。与其他的风险环境相比较，股票市场主动地运用风险来创造随之而被拓殖的"未来"。所有的储蓄与借贷通过风险的启动创造了可能的未来世界。世界进入德国社会学家贝克所言的"风险社会"，个体生存的现实风险、自我存在的政治风险、制度化风险、金融风险，以及自我的无意义感，生命的无力感问题，时时刻刻困扰着每个现代人。制度化的风险环境用许多方式把个人风险与集体的风险联结起来。股票将"经济人"的个体生活直接与全球化的资本主义经济联结在一起，集中体现了这种制度化的风险环境与结构性的风险。股票交易在一定范围内提供了规范化市场，让借贷方让利，储蓄方持利，从而促成借贷者、储蓄者在获取利润目标上产生一种结构性的风险选择方式[1]。

## 二、金融风险的监控与媒介责任：日本<br>"活力门事件"的媒体乱象

由媒体、政治与经济共同塑造的日本"活力门"神话的幻灭，给股民带来不可挽回的损失，给日本股票市场造成极大的震荡，也导致一定程度的金融风险。"活力门事件"对于反思金融风险与媒体责任具有重要的意义。

（一）媒体光环下"活力门"神话的缔造与幻灭

日本的活力门（Live Door）集团的成功是一个典型的神话。它于

---

① 〔英〕安东尼·吉登斯：《现代性与自我认同：现代晚期的自我与社会》，赵旭东、方文译，生活·读书·新知三联书店1998年版，第135—137页；另参见〔美〕P.金德尔伯格：《西欧金融史》，中国金融出版社1991年版。

1996 年以 600 万日元起家，到 2006 年总资产有 1 万亿日元，10 年期间财产大约增长了 17 万倍。"活力门"神话的编织者和主人公——年轻总裁堀江贵文（Horie Takafumi），集中了媒体所追求的新闻价值要素，也成为日本媒体与政治角逐的宠儿，并引起西方媒体的关注。

1. 媒体光环下的"活力门"神话塑造。"活力门"神话就是在日本的经济改革与媒体光环中诞生的。1999 年 10 月，日本修改了商法，企业可以通过交换股票的方式并购其他企业；2001 年 10 月，日本开始准许企业将股票分割，而且对分割后的投资单位没有具体的限制。堀江贵文通过用股份交换的形式兼并其他企业，通过股票分割和发布虚假信息的"炼金术"循环使用，制造了"活力门"神话。

对于"活力门"公司而言，名声带来信誉，信誉带来财富。投机企业迫切需要制造名声，因此媒体的报道就成为"活力门"公司追逐的焦点之一。体育圈、文艺圈、媒体和政界是日本媒体最关心的几个焦点。堀江贵文深谙此道：购买日本著名专业棒球队、同某女演员的绯闻、并购媒体以及与富士电视台的股权争夺战、竞选国会议员、公开骂媒体，都吸引了媒体的高度关注。

诞生于日本经济改革与媒体光环中的"活力门"神话，其耀眼的光芒还得益于日本政治的博弈。在堀江贵文谋求政治资本与话语权的过程中，自民党吹大了"活力门"泡沫。2005 年 9 月日本众议院选举开始前，小泉纯一郎与干事长武部勤支持堀江参加众议院选举。在国内改革问题上，堀江和小泉互相利用：堀江贵文以小泉的改革作为神话演绎的政治舞台；小泉也要利用堀江贵文的闯劲来树立改革形象与打击政敌，并利用堀江的影响力为自民党拉选票。虽然堀江最后未能当选议员，但选举最终以自民党的大获全胜告终。媒体给予堀江热烈的报道，将堀江塑造成日本经济改革的一面旗帜。活力门公司的知名度空前提高，收益也大幅度攀升，自民党继续吹大活力门泡沫。因此，堀江被日本媒体称为"小泉改革的宠儿"。

在政治与媒体热炒的"活力门"神话中，公众狂热认购"活力门"股票，却对"活力门"的业务与账务内容知之甚少，"活力门和崛江贵文，不过是在政治家、媒体、御用学者合谋下，吹捧出来的一个巨大的肥皂泡。"[1]

---

[1] 徐琳玲：《新经济旧伎俩》，《南方人物周刊》2006 年第 4 期；陈言：《"活力门"曝出惊世丑闻 日本政治经济一地鸡毛》，《南方周末》2006 年 2 月 9 日。

2. "活力门"神话破灭中的媒体与政治之争。2006年1月16日晚，日本东京地方检察院"特搜部"突袭搜查了著名IT企业"活力门"的总部以及堀江贵文的私宅并逮捕他。其直接原因是，活力门公司在股票分割等方面造假账，把10亿日元的亏损做成了14亿日元的盈余。

堀江的名人效应，使他和"活力门"丑闻在第一时间被媒体报道，并在日本国内引起了雪崩般的连锁反应。从17—18日，在东京证券交易所交易的225种股票算出的日经平均股价狂泻900多日元，两天之内下挫5%以上，被看成美纳斯达克"日本版"的创业板"JASDAQ"更下挫超过10%。投资者纷纷抛售与活力门相关的持股，导致东证18日下午被迫于收盘前20分钟采取了全面停止交易的紧急措施。这是该证交所成立以来首次因系统处理能力超负荷而叫停交易，不仅在日本史无前例，在整个西方国家亦属罕见。《朝日新闻》翌日发表的社论《东证大混乱，国际资本市场的看板在哭泣》。据初步统计，因该事件造成的投资恐慌，使日本股市在短短三天内"缩水"3000亿美元——相当于瑞典一年的国民生产总值。

"活力门"神话的破灭不仅是一场股市风波，还暴露了日本政商关系、媒体与企业关系的扭曲。"活力门"丑闻爆发后，小泉否认了自己与活力门公司的关系："媒体一直在追捧堀江，媒体不去反省自己的行动，现在要把责任推给我。"以《朝日新闻》为代表的媒体则认为："是自民党总裁小泉让堀江当自己的广告塔和刺客，小泉这个时候来批评媒体，让人感到不可思议。"[1] 在"活力门"丑闻爆发后，《纽约时报》强调："日本的保守派报纸和电视，对此事大加炒作。而且在对堀江这个普通人进行强制搜查的背后，令人怀疑是不是有打倒破坏既得利益的堀江的意图。"

"活力门事件"对于媒体、政府与企业而言，具有重要的反思价值。

（二）媒体、企业的"信息操作"与金融风险

"活力门"的总部被突袭搜查，总裁堀江贵文被东京地方检察院逮捕，媒体对此的迅速跟进，"活力门"神话顷刻之间幻灭。大量投资者纷纷抛售与活力门相关的持股，东京证券交易所发生类似银行挤兑的骚动，导致自动交易系统瘫痪。

"活力门"神话破灭给社会留下诸多的问题：处在信息社会中的"经济人"为何忽视了经济风险？媒体又为何丧失应有的风险预警功能？这

① 陈落雁编译：《清算活力门公司》，日本《东洋经济周刊》2006年第3期。

还得从风险、"经济人"的非理性选择、企业与媒体的信息操作说起。

1. "经济人"的理论假设。古典派经济学的"经济人"理论，假设市场行为主体具有理性的风险选择与规避能力。事实上，从美国的安然公司破产、日本的"活力门"丑闻到我国的"银广厦陷阱"，经济人的选择并没有表现出所谓的理性，反倒在股票市场上损失惨重甚至跳楼自杀。

股民就是亚当·斯密所说的"经济人"之一，在市场中进行金融冒险与风险选择。"经济人"是市场社会中的普遍肖像在经济理论的抽象逻辑演绎中代表经济活动主体的抽象单位。[①] 自亚当·斯密古典经济学诞生以来，经济人成为经济学理论的出发点。亚当·斯密古典经济学派认为，人的理性表现为人的"自利原则"（在各项利益的比较中选择自我利益的最大化），以及对市场行为者认知决策能力的认可。

该理论强调"经济人"（包括生产者与消费者）在市场中的行为是理性的，都有能力获取完备的市场信息，有能力对充满"不确定性"风险的市场信息进行准确的分析与判断，都有能力对未来进行理性的预期。

理性经济人与价值规律自动调节市场的假设，有力地支撑了古典经济学家或新古典经济学家的理论。然而，理性"经济人"的理论假设也遭致专家学者的质疑。主张市场活动的非理性者认为，人的心理结构方面的非理性因素，如人的意志、欲望、习俗、情绪以及无意识等心理现象涉及经济行为。事实上，经济人的非理性因素以及经济信息的不对称，否定了对作为市场主体的经济人完全理性的假定，换言之，经济人"自利原则"也并非总能带来个人与社会利益的最大化。凯恩斯放弃古典派的经济自由主义而转向国家干涉主义，就诞生于这样的一种理论论争之中。

凯恩斯指出市场行动中也有类似于群体心理的特征，在经济市场中，无力和无知具有支配性的地位。[②] 凯恩斯分析了在投资市场中占据支配地位的群体心理：信息与知识要素的缺乏导致决策的盲目性；市场容易受到"短时、并非重要的变动"的影响；市场有别于常态的细微变动，都会使人们滋生对市场或乐观或悲观的极端预测。

2. 信息不对称、群体心理与"信息操作"

（1）企业和媒体"信息操作"的传播学分析。"经济人"的非理性因素的存在以及经济"信息的不对称"，为政治、公司（企业）与媒体的

---

① 张雄：《市场经济中的非理性世界》，立信会计出版社 1995 年版，第 49 页。
② 〔美〕熊彼特：《从马克思到恩格斯》，江苏人民出版社 2000 年版，第 273 页。

"信息操作"提供了活动空间。

在我国，从"股票热"到"传销热"、从"开发区热"到"房地产热"、从"教育产业化"到"MBO 热"……无不是经济人群体心理的集中体现。同样，推动日本股民热炒"活力门"相关股票的动力，并非源于理性经济人的个体判断，而是一种非理性的集体性判断。媒体对此的炒作，激发了股民热捧"活力门"股票的"群体极化"现象。所谓的"群体极化"现象是指"团体成员一开始即有某些偏向，在商议后，人们朝偏向的方向继续移动，最后形成极端的观点。"[1] 简言之，群体极化是指群体成员中原有的倾向性，通过群体的作用而得到加强，使一种观点或态度从原来的群体平均水平，加强到具有支配性地位的现象。该理论假设：群体的讨论可以使群体中多数人同意的意见得到加强，使原来同意这一意见的人更相信意见的正确性；而原先群体反对的意见，经讨论后，反对的程度也更强。这种极端化倾向可分为两种：冒险偏移和谨慎偏移。群体极化具有双重的意义：它既能促进群体意见一致，增强群体内聚力和群体行为；也能使错误的判断和决定更趋极端。

同样，"沉默的螺旋"理论与勒庞的群体心理学也揭示了凯斯·桑斯坦的"群体极化"理论。德国社会学家伊丽莎白·诺尔·诺伊曼 1974 年提出的"沉默的螺旋"理论揭示了群体意见的自我封闭性。法国社会心理学家勒庞（Gustave Le Bon）则分析了个体如何在一个非理性、易激动、少判断、好左右的群体里走向极端的心理机制，认为人作为行动群体中的一员，其集体心理与他们的个人心理有着本质的差别，成员的判断极易受到感情、名望、权威等左右[2]。

职业专家们抢先捕捉到对市场群体心理带来最大影响的信息和市场气氛的变化，并进行"信息操作"以使其利益最大化。日本学者川上和久认为，所谓的"信息操作"是指信息的传递者依照特定的目的，直接或者间接地（如通过大众传媒等传播手段）对个人或是集团传递信息，意图对其态度和思考施加影响，诱导其朝预期的方向行动。[3] 信息操作不仅是抑制信息的提供，还包括选择受众、意图性地利用时间差发布信息，

---

① 〔美〕凯斯·桑斯坦著：《网络共和国：网络社会中的民主问题》，黄维明译，上海人民出版社 2003 年版，第 47 页。

② 〔法〕古斯塔夫·勒庞：《乌合之众——大众心理研究》，冯克利译，中央编译出版社 2000 年版，第 134、第 146 页。

③ 〔日〕川上和久：《信息操作的陷阱》，讲谈社 1994 年版，第 16 页，转引自裴毅然：《经济新闻学概论》，上海财经大学出版社 2003 年版，第 90 页。

或是与其他信息巧妙组合进行传播。

（2）"信息操作"的金融风险。公司、企业和媒体的"信息操纵"必然导致风险信息遮蔽，从而给市场带来更大的风险。媒企、政商关系的扭曲与角色的错位，是导致新闻伤害与引发经济风险的直接原因之一。传播学者斯蒂文·约翰认为媒介与外部源体的两种权利关系：弱势源体对强势媒介；强权源体对弱势媒介。在第一种情形，处于强势地位的传媒拥有绝对的话语权，媒介组织在很大程度上对新闻议程负责。尤其是当媒介可信度高，证据矛盾程度低，个人认同媒介的价值观，并且在受众急需引导时，媒介最经常显示其力量。在第二种情形，外部源体可能同化媒介并利用它达到自己的目标[①]。

媒体一旦没有准确地报道重大经济事实，或对重要的经济形势预测失误，有可能造成社会的动荡。前几年我国某些城市发生金融骚乱，其重要原因之一，便是当地的媒介无意或者为了媒介自身的利益有意传播了错误的信息。一旦上市公司操作信息、攫取超额利润，媒体成为被监督对象的一部分并与庄家一起做市，极易引发市场波动与金融危机。因此，在美国"安然破产"后，在中国的"郑百文神话"、"银广厦神话"、"蓝田神话"幻灭后，公众为《财经》杂志等媒体的调查性报道叫好的同时，也对诸多媒体的行为发出质疑：作为社会良心所在、预警风险的"哨兵"，媒体是否由公共利益的"看门狗"蜕变为公司企业的"宠物狗"？

（三）媒体的金融风险监控与责任伦理

媒体辅助监管金融风险，体现了经济新闻学的责任伦理。所谓的Economic Journalism 是指"记录同时代的经济活动，对其意味进行评判之工作的全体，并对经济活动进行贴切的价值判断"[②]。作为市场主体的"经济人"，其经济选择实际上就是一个风险选择与风险规避的过程。市场的"不确定性"与决策的非理性因素带来了金融风险，媒体的反思性监控提高了金融风险的社会能见度，有利于投资主体的决策以及金融市场的规范。

在一个"高风险"社会，大众传媒正是对现代风险进行反思性监控的重要途径之一。风险报道满足了普通受众的心理诉求，能够减少孤独

---

① 陈亮：《徘徊在新闻伤害与新闻炒作间的中国财经报道》，2005 年 10 月 8 日，http://media. people. com. cn/GB/22114/44110/44111/3748716. html.

② 裴毅然：《经济新闻学概论》，上海财经大学出版社 2003 年版，第 95 页。

感，风险沟通在危机时刻激发出文明自我保护的免疫机制。同时，它还能打破政治权力的密室，将权力机构的有害行为公诸于众，可以有效防止危机在权力机构的一意孤行下恶化。① 尽管经济风险的历史记忆不应被媒体遗忘，但是，5 年后的"活力门"丑闻，在财务造假、靠并购不断扩大等手法上，与 2001 年美国安然公司丑闻、其后的 Worldcom 公司丑闻并没有太大的差异。那么，媒体该如何吸取日本与美国的教训？

1. 媒体精英向市场输入理性。凯恩斯主张通过国家精英的介入，向市场输入理性，减少非理性给市场经济活动带来的消极影响。凯恩斯也看到：尽管职业专家们对群体心理影响市场的抢先判断能够修正市场的轨道，但他们无意于修正这种非理性的因素，而是尽量利用人们的群体心理，通过"信息操作"等种种手段为自己谋利。

市场中的非理性因素，常常给经济持续、稳定的发展带来潜在的风险与现实的危机。那么，媒体如何面对经济风险？如何客观呈现金融风险？凯恩斯对市场中非理性因素的揭示，对经济新闻报道以及传媒的经济风险预警有重要的启示。媒体精英也应该发挥其应有的机能，介入到市场经济中，向市场输入理性，减少非理性，以纠正市场群体心理带来的负效应。经济"信息的不对称"或信息的有限性，常常导致投资判断的失误，从而引发不良的经济后果，因此，媒体在经济报道中要及时、准确、客观地传递市场的"多种声音"，尤其要在保证公众"知情权"的同时增进经济风险沟通，帮助决策者做出更加合理的决策。

2. 经济报道要提高金融风险的社会能见度。在金融市场上，金融机构与投资者为数众多，有效的金融风险治理仅靠政府金融监管部门的力量显然不够，还需要借助社会与市场的力量。其中，大众传媒是披露和传递经济行为主体相关信息的主要媒介，以不同的方式对金融市场和金融机构直接进行监督，影响到广大投资者和金融机构以及金融市场的方方面面，具有重要的沟通、监督与预警功能，有助于发挥其对金融监管部门的辅助监管作用和强化市场机制的约束作用。

1994 年，美国的两名教授通过大众传媒向社会揭露某些证券商在代理 NASDAQ 股票时的惊人"黑幕" NASDAQ 股票的小数报价一般以 1/8 的倍数为单位，但一些证券商在接受委托时却只接受 1/8 的偶数倍数，另外 1/8 的零头被证券商隐瞒不报并据为己有。股票交易黑幕被揭露之后，美国证券监管部门和司法部门立即采取了大规模的调查行动，最终

---

① 覃里雯：《危机报道：荆冠与光荣》，《经济观察报》2003 年 6 月 2 日。

引发了受骗的数百万投资者对相关证券商高达 10 亿美元的诉讼。此外，1998 年香港百富勤公司倒闭以后，当地媒体也曾揭露公司董事存在玩忽职守和虚假陈述的行为，为此，香港证监会也随即进行了耗时两年的调查。

在中国的"银广夏事件"和美国"安然事件"中，媒体扮演了双重角色，既误导了受众，也在揭露"黑幕"与风险批评中发挥舆论监督功能①。

美国的《财富》杂志的调查，曾经连续 6 年称安然公司是美国"最富创造力的公司"，《纽约时报》也称其为"美国新式工作场所的典范"。作为世界最大的能源交易商，安然公司 2000 年度总收入高达 1010 亿美元，名列《财富》杂志"美国 500 强"的第 7 名；掌控着美国 20% 的电能和天然气交易，曾是华尔街竞相追捧的宠儿。直到安然公司倒闭前，美国新闻媒体基本上都忽视了经济风险的预警，没有对安然公司潜在的危险保持警惕。在安然事件正式曝光前，只有美国著名投资网站 The Street.com《华尔街日报》和《财富》等少数媒体曾经关注安然公司潜在风险，如披露安然公司和许多关联企业之间的复杂交易、质疑安然公司股价是否被高估等。在媒体和市场各方的压力下，安然公司不得不决定对过去数年的财务状况进行重审。2001 年 10 月 16 日以后，安然公司成为媒体追踪的焦点。11 月 8 日，安然公司宣布，在 1997—2000 年间由关联交易共虚报了 5.52 亿美元的盈利。2001 年 12 月 2 日，安然公司正式向法庭申请破产。

在 2009 年的普利策新闻奖评选中，占据 2008 年报纸大幅版面的金融危机报道全军覆没。美国《哥伦比亚新闻评论》的资深编辑迪恩·斯塔克曼说："如果非要我推测原因的话，我认为普利策奖不太愿意授予那些在事情发生后才出炉的报道，即使这些文章可能写得很好。"② 新闻界没能在金融危机全面爆发前通过及时充分的报道发出预警，丧失了传播学者拉斯韦尔所倡导的"环境监测"功能，使得美国金融危机报道无缘 2009 年普利策新闻奖。

在中国，《财经》杂志于 2000 年年底发表了"基金黑幕"一文，引发了一场有关证券投资基金的大讨论，对我国基金业的规范和监管起到了重要的推动作用。2001 年，《财经》杂志又以《银广夏陷阱》为题，

---

① 程曦：《媒体对企业的新闻舆论监督——安然和银广夏事件的启示》，《新闻记者》2002 年第 5 期。

② 宰飞：《2009 年度普利策奖揭晓　金融危机报道没奖拿》，《解放日报》2009 年 4 月 22 日。

揭露了曾被众多媒体吹捧为"中国第一蓝筹股"的银广夏的内幕。一时间，规范上市公司的信息披露，加强对会计师等中介机构的管理，成为社会关注的焦点；相反，2008 年中国股市从 6000 点高位急速转向熊市，中国财经媒体在风险的预警功能上乏善可陈。针对《人民日报》、《21 世纪经济报道》、《经济观察报》2007 年次贷危机报道分析显示，传媒对金融危机的预警报道偏向于乐观，重"信心"而轻"困境"[1]。

华尔街日报首席执行官彼得·凯恩（Peter－Kann）认为："读者对你信任与否取决于你报道事物正确率的高低，因为我们经常预测正确，因此这点对我们的公信力非常有帮助。"[2] 媒体在宏观上要关注经济政策的变动以及经济走势的变化带来的风险预警；在微观上要关注企业发展中的典型事件、金融市场中投资产品的知识预警等问题。就微观预警而言，中央财经大学研究员刘姝威为财经记者树立了良好的典范。2001 年 10 月 26 日，她在《金融内参》上发表文章《应立即停止对蓝田股份发放贷款》，从而揭穿"蓝田神话"。她就是从蓝田股份公开发表的报表和资料中，发现其财务造假的蛛丝马迹的。财经记者应将新闻专业主义精神与公共利益原则作为经济报道的重要理念，培养专业素养，加强实地调研，掌握充分的资料与数据，提高新闻发现力，善于发现风险线索，提前预警经济风险[3]。因此，大众传媒，尤其是财经媒体，应不断提升对经济风险的预判能力，加强经济风险的预警报道，更好地发挥其监测社会、预警风险的功能。

当然，财经记者的"风险观"具有双重内涵。一方面，新闻监督对于经济风险预警具有毋庸置疑的积极意义，因此，国家要加强对新闻媒体的保护力度。耶鲁大学陈志武教授指出，资本市场的发展程度与新闻媒体的言论自由程度有着很强的正相关性：媒体言论保护得最好的国家的资本市场总市值与 GDP 之比平均为 28.81%，媒体保护中等的国家的该比值平均为 16.46%，媒体言论保护得最差的国家的该比值平均为 7.32%[4]。从实证意义上，媒体的监督越自由，资本市场越发达。另一方

---

① 胡菡菡：《金融危机传播中的两难选择——以三家中国报纸为分析样本》，《新闻记者》2009 年第 7 期。

② 转引自朱春阳、田智秀：《危机与变革：改变财经媒体的认知版图》，《新闻记者》2009 年第 4 期，第 29 页。

③ 周晓红：《金融危机背景下的预警性经济新闻初探》，《新闻记者》2010 年第 4 期。

④ 陈志武：《媒体、法律与市场》，中国政法大学出版社 2005 年版；张邦松：《陈志武：媒体监督对市场经济意义重大》，《经济观察报》2010 年 7 月 30 日。

面，媒体和记者也要警惕风险报道成为新的风险策动源：（1）不要因为追求轰动效应而误导投资者。2000 年 5 月，由于一家报纸错误报道动摇了储户的信心，导致台湾华侨银行突然被挤提 30 亿新台币。（2）新闻报道提供的心理暗示导致风险的扩散蔓延。在 1997 年印度尼西亚的金融风暴中，媒体揭露苏哈托家族的银行问题严重，被公众误读为"凡是民营银行都危险"，由此引发的大规模的挤兑将一些经营业绩良好的民营银行挤垮了，民众反而把钱存进了质量更糟的国有银行。最后，国有银行全面崩溃，弄得这些人血本无归。（3）过度报道引发社会心理恐慌，导致犯罪追随效应。在亚洲金融风暴中，索罗斯等国际金融投机集团直接投入攻击泰国的资金不过几十亿美元，但泰国民众在谣言鼓动下挤兑的美金要比外部投机集体的资金高出十倍。最后，谣言变成了"自我实现的预言"（Self - fulfilling prophecy），即一个虚假的期望、信念或预测，由于它使人们按所想象的情境去行动，结果，最初虚假的东西变成了真实的结果[①]。泰国金融体系崩溃，损失惨重，当初跟随投机集团挤兑本币的民众成为最大的受害者。默顿的"自我实现的预言"与传播学中"信息环境的环境化"理论不谋而合

3. 媒体充当信息提供者、监督者与批评者的角色。媒体充当信息提供者、监督者与批评者的角色，打破信息操纵，维护了各种经济因素之间公平自由的交换。在我国，2000 年年底，《财经》杂志发表"基金黑幕"的文章，推动监管当局加大对基金不规范行为的打击力度。2001 年，《财经》杂志又以《银广夏陷阱》为题揭露了银广夏的大骗局，有关当事人——银广夏实业股份有限公司董事局在犹豫了数天后不得不发布风险提示公告，称新闻媒体的监督是加强监管的有效途径，并对媒体的监督表示欢迎。

风险的出现与更广阔的社会结构趋势（如现代化和全球化）相关联。大众传媒"使用风险的象征符号作为对特定个人和社会团体进行谴责、辨别的手段"[②]。"银广夏"、"郑百文"、"广国投"、"蓝田"、"安然"、"活力门"等，已经定格为媒体的风险象征符号。媒体的调查性报道与深度解读，呈现了股票、基金市场上的金融风险，对金融监管与投资具有

---

① 〔美〕罗伯特·K.默顿：《社会研究与社会政策》，林聚任等译，三联书店 2001 年版，第287—288页；秦志希、郭小平：《论"风险社会"危机的跨文化传播》，《国际新闻界》2006年第 3 期，第 19 页。

② Deborah Lupton，1999：*Risk and Socialcure Theory*，Cambridge University Press，pp. 2.

重要的警示作用。

风险的反思性监控内在于制度化风险系统。"今天专家思维和公共话语的一个明显部分就是'风险概观'（risk profiling）的制造，在当代的知识状态以及当代的条件下，其所分析的是风险在一个特定的行动氛围中的分布。"① 正如美国著名记者杰克·富勒所说："就报纸而言，我认为假如市场调研很深入，它们是能够反映出人们在一份报纸中要找到的东西，正是他们在人际关系中要找到的东西。"②

当然，对于金融风险的反思性监控，除了媒体的自身作为以外，制度安排、法律保障以及记者的专业主义素养显得更为重要。

## 第三节　决策风险的媒体建构

自亚里士多德以来，欧洲所形成的思想实践一直秉承一种本体论的认识论。在这种认识论下，世界上一切的事物都是按照因果关系的图式来发展的。在这种以单一线性时间顺序排列的因果关系链中，未来由我们自己的决策而产生③，只要最大限度地遵循理性传统，在每一个决策中越是穷尽可能性，就越可以在未来"尽可能避免损失"。在卢曼与吉登斯看来，进入"风险社会"后，不再是过去决定现在，而是未来的风险决定我们今天的选择。而且，随着社会化媒体的发展与公众媒介素养的提升，传播为公众赋权，公众则借助新媒体参与公共风险的决策。在风险争议中，公众通过使用、批判性分析媒介信息并运用媒介工具创造信息，旨在通过分析、推理、传播和自我表达技能的发展来提升自主权（autonomy）。科学、民主的风险决策，则应以"协商民主"理论为指导去构建公民参与网络。

### 一、现代决策风险与大众传媒

在社会学家看来，现代大型工程、科技项目（如基因工程、大型水利水电工程、核电厂与垃圾焚化炉等），其决策常常会带来风险与社会争议。

---

① 〔英〕安东尼·吉登斯：《现代性与自我认同：现代晚期的自我与社会》，赵旭东、方文译，生活·读书·新知三联书店1998年版，第137页。

② 〔美〕杰克·富勒：《新闻的价值》，陈莉萍译，新华出版社1998年版，第119页。

③ Luhmann, Niklas. ,1993:Risk:A Sociological Theory. New York:Aldine de Gruyter.

所谓的"决策风险",是指在决策活动中,由于主、客体等多种"不确定性"因素的存在,导致决策活动不能达到预期目的的可能性及其后果。

在工业社会,公共风险决策模式常常表现为一种"专家统治"模式。进入风险社会,人们发现专家知识也存在局限性。比如,在评估切尔诺贝利核泄漏对英国的影响时,专家知识受到"常民知识"的严峻挑战。2009 年 8 月,农业部批准了转基因抗虫水稻"华恢 1 号"和"BT 汕优63"的生产应用安全证书,同年 10 月"华恢 1 号"和"BT 汕优 63"出现在《2009 年第二批农业转基因生物安全证书批准清单》,这引发社会的风险争议。争论的焦点不仅涉及转基因水稻的商业化,也涉及决策的科学性和正当性。在决策争议中,媒体的风险沟通的价值有助于化解决策风险和提高决策的正当性。

以水利水电工程的决策为例。新华社下属的《国际先驱导报》(2004年 4 月 19 日)针对围绕水利工程的持续争论指出:"50 年间,水电大坝在中国已经从'高峡出平湖'的浪漫想象,变成了环保部门和当地民众头疼的一个难题。"这篇题为《怒江都江堰三门峡　中国水利工程 50 年的 3 次决策》的报道,共分三个部分:"怒江:一场挑选专家的游戏";"都江堰:决策中的省市之争";"三门峡:被淹没的陕西省"。怒江工程似乎是中国专家学者分歧最大、争议最多的一次。一些媒体认为,就专家座谈会而言,学界受到不同利益集团干扰。尽管"怒江环境评估结果都是专家做的,出的数据也都是专业部门的",但不容忽略的是"这些结果和数据都一边倒地来自支持怒江大坝的专家们"。

报道的第三部分,既是报道的主体部分,也是怒江报道的新闻背景。与当下工程决策的纷繁复杂不同,三门峡的决策带有那个特殊年代的痕迹,即地方无条件服从中央,经济考虑无条件服从政治安排。1957 年年初,三门峡水利枢纽初步设计审查会刚刚召开时,陕西省就激烈地表达了对这个工程的不满。当风险争议还在继续的时候,三门峡工程在 1957年 4 月 13 日正式开工。4 月 14 的《人民日报》在显著位置发表了社论《大家来支持三门峡啊!》。1958 年 3 月,在三门峡工程动工之初,诗人贺敬之在媒体上发表《三门峡——梳妆台》的讴歌诗篇。施工完成后仅仅一年半,即 1962 年,三门峡就因为泥沙淤积、抬高渭河水位、淹没下游农田而开始改建。2003 年 8 月 24 日至 10 月 5 日,渭河流域发生了 50 多年来最严重的洪灾,数十人死亡,515 万人口受灾,直接经济损失达 23亿元。陕西省认为是"小水酿大灾",矛头直指三门峡。2004 年两会期间,陕西省人大代表和政协委员联名提出停止三门峡蓄水发电。

2003 年 10 月 31 日，央视《经济半小时》播发题为《张光斗抨击设计错 渭河灾起三门峡》的报道，当年的两位工程倡导者、组织者张光斗和钱正英终于公开承认，三门峡工程是一个错误。此后，《郑州晚报》发表《"三门峡水库"对撞"央视报道"》（2003 年 11 月 18 日）认为央视报道不符合事实，认为"近十几年来，潼关高程持续上升和渭河下游淤积的主要原因，是汛期洪水量大幅减少所致，与当前三门峡水库运用方式及指标基本无关"。

《国际先驱导报》（2004 年 4 月 19 日）借专家之口指出："50 年中，关于大型工程的论证和事前考评已经越来越仔细，但是唯一不变的是，这些大型水电站的建或不建、拆或不拆，几乎都取决于当时博弈各方的实力对比。决策民主一直被反复提及，但是既当运动员又当裁判员的现象仍然普遍存在。"

对三门峡水库的风险论述，是报道怒江建坝风险的新闻背景和历史记忆，同时也是媒体重要的话语资源。在怒江水电开发的争议中，环保 NGO 与媒体力量尤为引人注目。与《国际先驱导报》一样，《中国青年报》、《科学时报》、《经济观察报》、《21 世纪经济报道》、《南方周末》、央视《新闻调查》、凤凰卫视等媒体对怒江建坝风险予以高度关注。正如报道所言，反对怒江大坝工程的目标"不是反对修建一两座大坝，而是创造一种机制来促进流域管理的科学化和民主化决策"，"不是一味反对大坝，而是强调建设大坝要有规则以及对环境和社会的评估，并需要民众和 NGO（非政府组织）的参与"[1]。在它们的影响下，2004 年 2 月 18 日，温家宝同志亲笔批示怒江大型水电工程搁置[2]，风险决策中的环保 NGO 与大众传媒的影响力第一次引起社会的强烈关注。

在决策风险的媒体沟通方面，美国"大隧道"工程的资金投入与分配，对我们思考大型水利枢纽工程、核电站建设的决策具有重要的借鉴意义。在美国波士顿，人们厌恶曾经给他们带来灾难的高速公路。其可怕影响集中体现在"中央干线"上——一条从南到北纵贯东波士顿的高架桥高速公路，没有紧急停车带，出入口和急转弯过多，交通事故频发，超负荷的通行，污染严重。于是，决策者们决定把"中央干线"埋进地

---

① 曲奇、建刚：《守护怒江的力量：于晓刚和一个名为"绿色流域"的组织》，《21 世纪经济报道》2004 年 7 月 19 日。

② 谢小亮：《环保民间组织调查：工资是没有的　垫钱是经常的》，《中国青年报》2006 年 4 月 24 日。

下。"大隧道"工程历时 26 年，耗资 150 亿美元，是美国历史上最大的公共工程，其中 37.5 亿美元被用于"公共参与"项目。重大工程的决策，常常伴随着决策风险与社会争议，因而，工程决策中的风险沟通显得尤为必要。150 亿美元的投入，仅仅"公共参与"项目就占 37.5 亿美元，换言之，用于公众参与、学界、媒体沟通、环评论争等公共参与的资金占整个工程的 25%①。美国"大隧道"工程资金的分配表明，有效的风险沟通是大型工程决策的安全保障之一，其中，媒体是风险沟通的主要渠道之一。

人们已经注意到，现代风险已经彻底改变了现在、过去和未来的关系，不再是过去决定现在，而是未来的风险决定我们今天的选择。新社会整合必须在高度的自我反思基础上建立起来，而且必须有很强的未来的价值取向，亦即可以不断自我修正②。工程决策，关乎社会的公共利益，关乎老百姓的日常生活，因此，决策的过程不能省略公众与媒体的参与。唯其如此，工程决策才能真正获得社会的"合法性"，也使工程产生的风险为社会所认知与接纳。这种防患于未然的风险意识，要求大众传媒在重大风险论争与决策中充当风险的预警与沟通的角色。

### 二、公共决策风险的媒体呈现：垃圾焚烧发电的决策争议

近年来，随着工业化与城市化进程的加速，人类在享受富庶生活的同时，也感受到周围的环境风险。与水电建设、电磁辐射、城市垃圾焚烧、化工厂选址、磁悬浮列车等项目相关的风险决策、环境冲突与规划沟通均有诸多困境与争议，也产生了所谓的"邻避"（Not In My Back Yard，NIMBY）症候群③。公共环境决策对环境健康与公众心理产生双重影响，然而，公共性的"邻避设施"又被视为城市发展的"必要之恶"。学会处理城市废弃物是文明生成的标志，而科学处理垃圾则可视为文明进步的表征。

城市废弃物（工业污染与城市垃圾）和有毒废弃物（toxic waste）的议题，不断地引起社会的论争，也不断地被媒体再现与建构。媒体对城

①　石岩：《大隧道：美国的"三峡工程"?》，《南方周末》2006 年 11 月 23 日，第 25—26 版。

②　〔英〕安东尼·吉登斯：《现代性与自我认同：现代晚期的自我与社会》，生活·读书·新知三联书店 1998 年版；《全球风险世界：现在与未来——德国著名社会学家、风险社会理论创始人乌尔里希·贝克教授访谈录》，《马克思主义与现实》2005 年第 1 期。

③　"邻避情结"是指民众承认某些不受欢迎或具有危险的设施有设置的必要，却不希望该设施设置于他们临近地区的一种心理。

市废弃物处置问题的风险再现，既是工业化与城市化背景下环境传播的媒体实践，也是媒体对弱势群体环境生存权益的关注。同时，媒介议题的分化，建构了城市废弃物处置的风险争议，也表征了"新闻场域"中环境新闻生产的复杂勾连。

伊塔洛·卡尔维诺（Italo Calvino）在《看不见的城市》中描绘了里奥尼亚：现代城市在欢快地拥抱技术进步带来物质富足的同时，也被自己制造的废弃物所围困①。英国社会学家齐格蒙特·鲍曼（Zygmunt Bauman）在《废弃的生命》中讲述了现代社会中多余人的故事，如城市里"劳而固穷"的阶层（the working poor）与来自落后国家的移民等，也涉及发达国家积极谋划用金钱兑换"碳排放交易"。"人类废品的产生，既是现代化不可避免的产物，同时也是现代性不可分离的伴侣。它是秩序构建（每一种秩序都会使现存人口的某些部分成为不合适的、不合格的或者不被人们需要的）和经济进步（这种进步必须要贬低一些曾经有效的生存方式，因此也一定会剥夺倚靠这些方式生存的人的谋生手段）必然的副作用。"② 在鲍曼看来，现代城市不仅制造垃圾，也制造"人类废品"（human waste）或"废弃的生命"（wasted live），即那些被认为无用的人群或丧失环境生存权益的"难民"。大众传媒建构"垃圾议题"与再现"环境难民"的生存困境，必然是新闻专业主义精神与媒体人良知的重要体现。

西方的大众传媒经由文字、影像记录来反思工业化与城市化进程中的环境危机与人类的生存困境。"新浪潮之母"阿涅斯·瓦尔达在 DV 纪录片《拾荒者》（The Gleaners and I，2000）中，用电视镜头对准城市的拾荒者，放大了法国形式主义画家米勒（Jean－Francois Mille）作品《拾穗者》的意象，影片结尾中那个在垃圾堆里被拾回的心形土豆，是以一曲优美的田园牧歌在向工业社会做温和的反抗。纪录片《垃圾勇士》（Garbage Warrior，2007），记录了注重生态环境的建筑师雷诺在美国新墨西哥州沙漠地带抗争 35 年故事，他使用垃圾废物建造的房子能自给自足，包括供应水电暖气等。如果说"我们这个时代的新风景是我们改变的风景，是我们以进步的名义所破坏的风景"，那么，以拍摄工业风景著名的加拿大摄影师爱德华·伯汀斯基（Edward Burtynsky）则用影像见证

---

① 〔意大利〕伊塔洛·卡尔维诺：《看不见的城市》，张宓译，译林出版社 2006 年版。
② 〔英〕齐格蒙特·鲍曼：《废弃的生命：现代性及其弃儿》，谷蕾、胡欣译，江苏人民出版社 2006 年版，第 6 页。

工业入侵对自然的影响。导演詹妮弗·贝齐沃尔（Jennifer Baichwal）则以伯汀斯基在中国的摄影活动为主，将镜头对准中国飞速的工业化进程所面临的环境问题与健康危机，套拍了纪录片《人造风景》（*Manufactured Landscapes*，2008）。风景成为一种造化的隐喻，使观众"能够看到那些应该为之负责却永远看不见的地方"。《人造风景》以唯美的影像纪录了伯汀斯基在中国的摄影活动，并在影像书写中交织着强烈的伤痛情怀和批判精神。拍摄者深入到中国福建的工厂区和回收工业垃圾的乡村工场，呈现了消费社会的后果，即工业文明对大自然以及人类自身的影响，凸显了风险社会的环保主题。加拿大纪录片《塑料成瘾》（*Addicted to Plastic*，2009），也探寻了不负责任的、成瘾的塑料使用所造成全球环境风险的后果。《塑料成瘾》科学地传达了塑料制品便宜、耐用、使用方便却不可被生物降解的特性，揭示并批判了人类处理塑料废品的方式是"隐藏问题"，即大规模的陆地堆填、海洋倾倒而不是解决问题。媒体再现了社会学家齐格蒙特·鲍曼所言的现代"废弃物"——城市垃圾与废弃的生命，不仅表达了对环境风险与危机的忧虑，也饱含了对维护弱势群体的环境生存权益的关切。

随着中国经济的飞速发展，城市废弃物议题不断地进入媒介的风险图景中。其中，"进口洋垃圾"与"垃圾焚烧发电"成为这一媒介议题的重要表征与象征性媒介符号。

首先，少数西方媒体也注意到中国城市环境问题。加拿大纪录片《人造风景》呈现了消费社会的后果并凸显环保主题，日本NHK纪录片《日本的垃圾去大陆》揭示了"生态殖民"下的中国环境问题，美国媒体则将广东汕头市贵屿镇的污染建构为电子垃圾的"切尔诺贝利"。2007年，美国Current TV记者探访了贵屿镇。2008年11月，美国CBS电视台《60分钟》栏目播出的《The Electronic Wasteland》，揭露美国电子垃圾处理链，也曝光了贵屿"洋垃圾"的来源。2009年8月30日，节目又被回放一次。

其次，中国的媒体在呈现大陆经济现代化的繁荣图景之外，也在"生态文明"的国家意识形态牵引下重新审视现代化的后果。获得2008年国际纪录片评委奖的中国纪录片《瓦全》，再现了小镇上处理洋垃圾的农民工"环境难民"形象。2009年，围绕番禺垃圾焚烧发电项目的决策争议，公众与媒体继云南怒江水电、厦门PX项目以及北京的高安屯与六里屯、上海江桥的垃圾焚烧项目之后，再次将环境决策争议建构为一个公共的社会议题。现代化的转型是一个权力和意识形态不断分化的过程，地方权力在强化，中央对地方的控制趋于弱化。媒体对环保问题的舆论监督，潜在地发挥了自上而下地监督地方政府环境决策的功能，强化了国家的生态文明建设的合法性与权威性。类似怒江建坝、番禺垃圾焚烧项目的环境争议和风险批评，不再惯性地被简单视为对党的权威和国家政权合法性的挑衅，其正面建构作用越来越被重视①。作为现代城市公共性的"邻避设施"与城市发展的"必要之恶"，城市垃圾处置的媒介议题集中体现了大众传媒对城市废弃物与公民环境生存权益的双重关注，也赋予"风险传播"新内涵。

（一）城市废弃物处置风险的新闻议题框架差异

环境风险决策的复杂性、新闻场域的动态变化赋予媒体报道的不同框架。Jung（1999）在研究美国媒体对有毒废弃物（toxic waste）运动所作的框架命名时，将环境新闻的框架分为 12 类："信任政府"与"不信任政府"框架、"负责任的企业"与"不负责任企业"框架、"理性组织行动"框架、"冲突"框架、"健康风险"框架、"环境灾难"框架、"处理成本"框架、"环境正义"框架、"漠视环境权"框架以及其他框架②。

在我国关于垃圾焚烧的争议性报道中，媒体定位、媒体性质与媒体层级等差异导致环境新闻框架的不同。政治权力和资本逻辑在不同媒体的"新闻场域"中的控制力有所不同，这可能导致不同媒体"再现"环境风险议题的分化。广州番禺区生活垃圾处理系统规划完成于 1999—2001 年，但随着周边小区相继建成并入住，垃圾处理和居民生活安全的矛盾凸显。广东番禺垃圾焚烧发电争议，从业主 BBS 论坛"转帖"发展为全国媒体关注的公共危机事件，持续了 4 个多月的时间。华南板块数万业主不断聚集、散发传单、"上街散步"或者集体上访，最终以政府有关部门宣布此项目先停建、"回锅"讨论而告一段落。针对番禺垃圾焚烧争议的媒介呈现，研究不同媒体对现代"废弃物"报道的议题分化与框架差异，有助于探究转型期中国的环境传播与公共决策的复杂勾连。

1. 媒体层级与报道框架的分化。目前，我国政府对媒体传播的管理体制，还处于纵向割裂、横向割据的态势：横向上，广播电视隶属于国家广电总局；平面媒体隶属于新闻出版总署，手机与互联网则是多头管

---

① 凌燕：《中国电视新闻评论节目解读》，《二十一世纪》2002 年第 4 期。

② Jung，H. Y. ，1999：Mainstreaming American and Media Hegemony：How Network Television News Has Constructed the Meanings of the Industrial Toxic Waste Movement，Ph. D. Dissertation：University of Minnesota.

理，隶属于国家文化部、信息产业部、公安部、新闻出版总署、广电总局等多个部门；纵向上，按照行政级别来划分传播范围与传播层次，将媒体划分为中央级、省级、地市级等多个层级，由当地相应部门管理①。在 2009 年广州番禺垃圾焚烧发电争议中，中央级媒体与地方媒体、省级媒体与市级媒体，因媒体层级（中央与地方）、议题的利益相关性（本地与外地、省与市）不同，呈现报道框架的差异。

　　在番禺垃圾焚烧争议中，广东本地媒体的角色出现分化与冲突②：（1）番禺区党委机关报《番禺日报》对事件的报道数量少，主要充当了当地政府的"新闻代言人"角色，满足了政府对媒体的角色期待。（2）广州市委机关报《广州日报》是事件的谨慎报道者，介于政府喉舌与公众喉舌之间，部分地满足了公众的期待。《广州日报》的前期报道对争议内容采取边缘化态度，满足了政府对媒体角色期待，后期报道以反映危机解决的客观进展为主，在满足政府与公众对媒体的角色期望方面达成某种程度的转化与平衡。（3）南方传媒集团下属的《南方都市报》，倾向于新闻专业主义理念，充当了公众代言人的角色。《南方都市报》通过新闻评论与舆论监督，如首次揭露政府部门从与相关利益集团借车事件，维持环境正义立场，梳理网络情绪化语言形成理性的公众舆论，与政府的决策机制互动。《南方都市报》从维护公共利益的立场出发，更多地满足了公众对媒体的角色期待。政府、媒体与公众的博弈与制衡决定了媒体的角色分化与冲突的必然性，我国大众传媒纵向割裂、横向割据的管理体制为媒体的角色分化与冲突提供了可能，媒介的竞争强化了媒体的角色分化与冲突的现实性。

　　中央级媒体的风险论述维护了主导意识形态，即包容社会联合体和个人环境生存权益追求的合理性，又强调社会整体利益的合法性、国家意志的普遍性③。在番禺垃圾焚烧发电争议中，中央级媒体的报道极大提升了社会对该风险议题的关注度。10 月 26 日，CCTV 新闻频道专门报道了番禺垃圾发电厂事件，使得整个事件再次升温。与地方媒体相比，央视的报道更加宏观且偏重于政府的公信力、环境决策民主等议题。央视的《新闻 1+1》栏目将垃圾焚烧议题置于"政府与民众之间的信任"这

　　① 《我国传媒管理体制急需改革》，《新闻记者》2007 年第 10 期，第 34 页。
　　② 董天策、胡丹：《论公共事件报道中的媒体角色——从番禺垃圾焚烧选址事件报道谈起》，《国际新闻界》2010 年第 4 期，第 54—55 页。
　　③ 吴海清：《主导意识形态的重构——〈焦点访谈〉的事实性诉求分析》，《二十一世纪》2004 年 11 月号，总第 32 期。

一新闻框架之中，在质疑与监督政府的环境决策方面比较尖锐。《人民日报》从"政府决策如何响应民意、释解民忧"的角度指出，片面追求"行政效率"却忽略解释、沟通、疏导与修正的决策，往往容易导致误解、纠葛、不满与反对，因此，科学与民主的决策应该让民众和专家充分参与，让商业利益充分回避，让利弊之议充分表达①。尽管跨地区舆论监督赋予中央级媒体与省外媒体较大的活动空间，但新华社、《中国青年报》等媒体对该议题的关注较弱且多集中于政府与民众的沟通。其他的中央级媒体对番禺事件没有足够的关注，在某种意义上凸显了我国环境传播的缺失，也造就"沉默的大多数"。

一旦公众的环境表达渠道与言说机制欠缺，基于新媒体的"公民新闻"或民间 DV 纪录片的环境传播，通过民间话语（要健康不要生态风险）向官方话语（生态文明或科学发展观）的转换，发挥草根阶层对权力机构的合法监督与批评，最终达成对环境决策风险的制衡与纠错机制。同样，主流的官方话语也自然而然地渗透进网络文本的民间叙事层，强化"以人为本"的媒介形象和弱化政府立场，为环境风险攸关者提供利益表达渠道，为转型期民众提供化解不满的"安全阀"机制，巧妙地实现对民间话语的询唤和整合，发挥着有效的社会整合功能。

2. 利益相关性与环境报道框架的分化。在环境风险争议中，尽管地方媒体成为其中的重要参与者，但不同媒体在风险沟通中又扮演了不同的角色。在垃圾焚烧议题中，同样是地方性媒体的《番禺日报》与《广州日报》，因利益相关性的相对差异，其报道框架也出现共时性的差异与历时性的分化。同样，受媒体定位、性质等因素的影响和制约，《广州日报》积极传达官方的态度和立场，《南方都市报》则通过呈现各方意见，呼吁尊重民意、透明决策②。当政府和民众成为环境风险争论双方时，地方政党媒体《广州日报》也逐渐充当了风险沟通的平台，在一定程度上减少了误会并避免了谣言的产生，促进了环境风险的理性沟通。

广州本地媒体对番禺垃圾焚烧厂的报道和评论锲而不舍，但也因报纸背景不同而有所区别。《广州日报》积极呈现政府论述，对民众意见的表达不甚积极。《新快报》在程序民主之争时连续几天刊出社评或圆桌会议式的评论，但由于报道初期的焚烧问题与 LPG（液化石油气）公交车

---

① 史哲：《决策不能"千里走单骑"》，《人民日报》，2009 年 11 月 10 日第 6 版。
② 莫雪芳：《关于番禺垃圾焚烧厂事件报道框架的比较——以广州日报和南方都市报的报道为例》，《青年记者》2010 年 5 月，第 9 页。

污染问题融合，其评论对此的主动区分度不够。《时代周报》的报道则较为灵活。《南方都市报》与其他媒体的协同报道，对风险报道的议程设置与舆论导向起到关键作用。

　　总体上，广东媒体体现了广州作为中国媒体重镇的实力。在"番禺将建垃圾发电厂"消息发布之后，广州六家主要日报（《南方日报》、《羊城晚报》、《广州日报》、《南方都市报》、《新快报》、《信息时报》）与广州电视台、南方电视台、广东卫视等，从不同的角度持续跟进和建构了环境风险与环境决策议题。其中，《南方都市报》不仅组建专门的报道小组全方位、多角度地跟踪报道，还发挥其社论的优势，指出环境决策要依法将民意纳入考虑环节，并呼吁民众合法、合理地保卫绿色家园；《新快报》则始终与业主们保持密切联系，记录他们的活动并通过评论声援业主。几家全国性报刊（《南方周末》与《南方人物周刊》等）剖析了国内几起民众反对垃圾焚烧发电的事件，报道了西方社会如何处理城市废弃物与垃圾焚烧风险等科技议题，完成环保科技的知识启蒙并提供环境风险治理的经验借鉴。

　　外埠媒体（如人民网、央视等）最初对番禺垃圾焚烧项目的报道，大多是本地媒体人对外联络、寻求新闻援助的结果。10月27日，凤凰网以《央视关注广州建垃圾焚烧厂》为题，金羊网以《苏泽群：垃圾焚烧项目依法推进》为题对此事进行了报道。10月31日晚，丽江花园的几名业主因征集签名被警察请去喝茶，《南方都市报》率先报道，《新快报》随后跟进；会江村民挂条幅和签名反对工程上马，《新快报》第一个报道，《南方都市报》立即跟进。11月下旬，新浪微博关于市政府秘书长吕志毅涉嫌垃圾焚烧发电利益的消息引起媒体的高度关注。外埠媒体报道有助于提高环境决策议题的"社会能见度"，使其由区域性的环境决策议题演变为全国性公共议题。尽管外埠媒体报道使该议题成为11月的重要媒介议程，但有些报道与评论未能较好地把握事态进程、切中事件要害，且多为宏大的民主框架，极易忽视城市垃圾处置问题本身。

　　媒介的地理接近性与利益的相关度直接制约了环境风险报道框架的分化。省级媒体与外埠媒体（包括中央级媒体）多以"民主"、"正义"、"信任"、"冲突"、"健康风险"、"环境灾难"框架呈现环境议题，广州市或番禺区的媒体多以"环境风险治理"、"处理成本"等框架来建构该议题。外埠媒体较多偏向环境报道中的决策民主与政府公信力等宏观问题，本地媒体则较多关注城市废弃物处置这一核心议题，将其建构为生态环境议题。

　　3. 媒体性质与报道取向的差异。党报、省级卫视、政府门户网站等，作为党和政府的"喉舌"，突出主流意识形态，避免对政府的批评，正面报道居多，多从政府的立场看待生态环境议题。中央级媒体多从决策意识与执政能力层面报道该议题。《人民日报》（2009 年 11 月 10 日）在评论中提出"政府决策如何响应民意、释解民忧"的问题，指出应兼顾"行政效率"与民意沟通，让民众和专家在民主、公正、透明、科学的基础上充分表达利弊之议，最大限度地保障决策与民意的契合。

　　市场化程度较高的媒体和不受"邻避效应"影响的媒体，则有意淡化环境事件的宣传色彩与政治话语倾向，从民生视角关注环境风险议题。始于 2009 年年初的垃圾焚烧发电争议，在官方与专家言论之后，爆发居民联名签字抵制事件。1 月 26 日，《广州日报》报道广州将建立垃圾焚烧发电厂以破解城市垃圾围城的难题。2 月，政府网站与相关媒体相继披露工程的选址与进展情况。9 月 22 日，番禺区丽江花园的业主论坛"江外江论坛"转贴了广州市政府要建番禺垃圾焚烧电厂的 9 号文件。9 月 24 日，广州本地媒体《新快报》头版头条并配以两个整版的规模推出《垃圾焚心——番禺建垃圾焚烧厂　30 万业主急红眼》，《广州日报》刊登《番禺垃圾焚烧厂将环评　距楼盘 3 公里业主担忧》，《信息时报》刊登《番禺垃圾发电厂将动工》。番禺"垃圾门"迅速成为华南板块 10 多个楼盘业主的最热话题，BBS 上的业主网络舆情也被广州媒体持续追踪。在浏览大量跟帖与实地采访后，9 月 25 日，《南方都市报》以大篇幅推出《二噁英阴影笼罩　居民心结难解　番禺垃圾焚烧发电厂建设引发争议》；《新快报》继续跟踪并发出《网友声音：众业主网上投票　七成人反对建厂》等。10 月 23 日，南方网刊登《南方人物周刊》的跟踪报道《垃圾焚烧调查：释放地球上毒性最强的毒物》，披露垃圾焚烧发电厂释放大量二噁英会使人致癌。传统媒体及时传递了政府消息与业主声音，将 30 万华南板块业主的环境风险焦虑从互联网推向报刊①。10 月，番禺居民通过新媒体的社会动员（手机与互联网）、小区宣传、集体上访等途径抵制政府决策。

　　尽管不同的媒体在环境风险再现中也会产生议程融汇与统一，但媒体性质的差异必然反映其在新闻场域中的不同位置。环保议题的高度"政治合法性"赋予媒体更为广阔的报道空间，"主流媒体"更多地发挥

---

① 陶达嫔：《一个公共危机事件非冲突式解决的标本——番禺"垃圾门"事件的传媒介入观察》，《新闻实践》2010 年第 3 期。

党和政府"喉舌"角色与舆论引导功能，市场化媒体则更多地体现为公众立场或"社会公器"角色，在市场导向下较多关注冲突性议题。

4. 消息来源的使用与环境议题的分化。环境风险的"知识依赖性"，赋予了专家学者较高的媒体能见度，但风险的"不确定性"又挑战了专家学者对消息来源的主导地位。消息来源使用的偏好，反映了环境报道中权威图像的变幻；"专家知识"与政府权威在风险报道中地位的变化，导致了环境风险报道的议题分化。

齐格蒙·鲍曼假设权力来源于对不确定性资源的控制，于是，他将知识分子的角色和地位变迁问题置于现代性和后现代性的文化背景下进行探讨，作出了知识分子正日益由现代的"立法者"转变为后现代的"阐释者"这一论断①。传统上，知识分子或专家被视为公共权力的一部分并垄断着知识的生产与传播，也因其权威知识对"不确定性"的掌控而获得"立法者"的位阶。知识分子成为环境风险报道的主要消息来源，具有较高的媒体能见度。在我国，由于国内其他科学家不愿意直接参与风险论争以及国外科学家的缺席，垃圾焚烧问题的同行评议实际不存在，因此，"主烧派"专家在早期主导了政府立场和媒体态度并影响舆论走向。

然而，在风险社会学家看来，风险的"知识不确定性"挑战并消解了专家知识的权威性。当知识分子从现代的"立法者"向后现代的"阐释者"转变，普通公众借助互联网与公众调查充当了"公民记者"的角色，解构了专家论述的权威甚至颠覆了专家身份的合法性。10 月 30 日，广州政府邀请专家权威与公众就番禺垃圾焚烧发电厂项目进行沟通，但几位"专家"被网友"人肉搜索"显示均来自利益团体。网民讽刺他们是"砖家叫兽"，记者们也呼吁政府"不要用专家来糊弄公众"，《南方周末》（2009 年 11 月 5 日）"读者来信"版刊出广州外企白领曾嫔与几名业主一同参观番禺会江村后的来信，并引用了她所采访的当地村民的立场："谁说我们同意建垃圾发电厂？我们反对被代表，我们很团结的。"《南方周末》"绿版"的报道《专家、说客还是商人？ 垃圾"主烧派"，你为谁做主？》（2009 年 12 月 2 日），则直接质疑了媒体曾经所依赖的专家消息来源的权威性，并对"利益中立"、环评公开、公共利益以及城市发展格局等问题进行反思。

尽管新闻生产社会学研究"将新闻制作视为一种精英控制的现实建

---

① 〔英〕齐格蒙·鲍曼：《立法者与阐释者：论现代性、后现代性与知识分子》，洪涛译，上海人民出版社 2000 年版。

构活动"①，但专家与政府官员的风险论述也常常遭遇普通公众"公民新闻"的解构与颠覆。2009 年 12 月 2 日，《新快报》披露网络猛料"网友疯传吕志毅与垃圾焚烧利益集团存在密切关联"并发表关联文章《市府副秘书长辟谣：胡说八道》；12 月 3 日，《南方都市报》发表长篇报道《网帖称广州市政府副秘书长与垃圾焚烧利益集团关系密切：吕志毅：现在不想说这事，今后再说；网友：吕副秘书长不妨坦言真相》，同时发表社论《澄清利益输送的疑云需要决策透明》。次日，继续刊出三个整版的长篇报道，报道了市容环卫局"借用"广日集团轿车一事，同时质疑以造电梯见长的广日集团缘何进军垃圾焚烧产业而取得垃圾终端处理权。不出两天，市城管委就市容环卫局借用工作车辆作出回应：三辆汽车还给广日集团②。垃圾焚烧的环境风险议题也由此转换为媒体对资本"定义风险"的批评。随着媒介与公众的不断介入，所有卷入 2009 年垃圾焚烧风险知识论争的"知识分子"与政府官员发现，在一个公众完全有能力自我科普的时代，仅仅依赖数据、图表与专业术语的话语修辞进行"风险沟通"，本身就存在风险。向公众打"技术官腔"、为资本代言或说不公正的话，都可能遭到传统媒体的舆论监督甚至"网络暴力"③。

消息来源的偏向直接影响媒介议题的分化。《广州日报》与《南方都市报》在消息来源的选择上都存在一定的偏向。有研究重点考察了《广州日报》的五个消息源在报道中被呈现的比例：广州市政府有关部门及官员（64.17%）、华南板块业主（8.33%）、主烧派专家学者（27.50%）、反烧派专家学者（0%）、其他媒体的反应（0%）④。《广州日报》消息源单一且以官方消息源为主，强调垃圾焚烧项目"合理合法"、"依法推进"；相反，《南方都市报》的消息来源多元且以业主方为主，强调"反对垃圾焚烧"和尊重"民意"。媒体的性质与定位制约了新闻从业者的认知、解释、表达及其消息来源的使用，从而在筛选、强调和排除过程中形塑特定新闻框架⑤，而内化于新闻中截然不同的报道框架

---

① 〔美〕迈克尔·舒德森：《新闻社会学》，徐桂权译，华夏出版社 2010 年版，第 178 页。

② 陶达缤：《一个公共危机事件非冲突式解决的标本——番禺"垃圾门"事件的传媒介入观察》，《新闻实践》2010 年第 3 期，第 7—8 页。

③ 冯永锋：《垃圾处理的程序正义与技术正义》，原载于杨东平主编：《环境绿皮书：中国环境发展报告（2010）》，社会科学文献出版社 2010 年版。

④ 莫雪芳：《关于番禺垃圾焚烧厂事件报道框架的比较——以广州日报和南方都市报的报道为例》，《青年记者》2010 年 5 月，第 8 页。

⑤ 〔美〕托德·吉特林：《新左派运动的媒介镜像》，胡正荣、张锐译，华夏出版社 2007 年版，第 14 页。

常常呈现为媒介议题的分化。

（二）城市废弃物议题的媒介呈现：城市化与民主化的双重议题

在城市废弃物处置的风险报道中，环境议题框架的差异主要表现为内容框架与主题框架两个方面。

1. 环境报道的主题框架：从"环境保护"、"健康权益"到"环境公平"。中国是一个没有垃圾处理传统的国家。过去，随地乱扔垃圾或将垃圾倾倒到阴暗坑洼之处，是所有农村生活沿袭下的共同选择。"五讲四美"中的"讲卫生"成为历史上官方话语或媒介话语的重要内容。然而，快速的工业化与城市化、人口爆炸与垃圾不可降解、垃圾有毒有害等，对人类应对废弃物的方式提出挑战。

1994 年后，垃圾填埋场建设与垃圾分类逐渐进入媒体与公众的视野，"环境保护"成为重要的媒介议题。2003 年，非典事件为"垃圾焚烧发电"项目创造了有利舆论空间。从 2006—2009 年，媒体与公众对大型垃圾焚烧发电厂的环境风险认知开始发生转折。从北京六里屯、南京天井洼、北京高安屯、上海江桥地区、苏州平望镇与武汉盘龙小区到广州番禺的垃圾焚烧发电，城市废弃物处置越来越成为中国传媒的重要议题。普遍的"安全恐慌"与"风险焦虑"成为"废弃物"处置争议的文化根源。"健康权益"成为环境决策的核心议题。

当下关涉公众健康与权益的环境决策过程仍由政府主导，弱势群体的利益表达渠道与机制仍不完善。在公共政策合法化及营销过程中，大众传媒常常借助新闻与评论影响决策者对政策方案所持的态度①。媒体不仅可以作为发现公共问题的机制，而且可以作为催化剂——将冲突社会化。而利益团体趁机将私人问题公共化，媒体代理人可借此拓展受众的规模，从而改变政策制定过程的动态关系，使利益团体能够依其条件界定议程，留给政府经由"公共"政策承诺来批准私人决定的任务。尽管精英与资本的联盟以"绿色产业"的话语修辞遮蔽了风险的后果，但媒体层级、利益相关性与媒体性质的差异以及公民新闻的崛起，突破了风险话语的精英联盟并使"环境公平"与"环境正义"成为媒介的重要主题框架。

《南方周末》、《南方都市报》、中央电视台等媒体，经由环境事件关注弱势群体的环境权益与环境正义，同时影响了媒体的舆论走向。妥善处置城市"废弃物"与避免制造"废弃的生命"成为现代环境风险报道

① Gerston：《公共政策的制定——过程与原则》，张明贵译，台北：五南 2005 年版。

的双重议题，保护城市环境与维护公民的环境生存权益成为环境风险决策报道的两大主题框架。

　　2. 垃圾焚烧发电争议性报道：风险治理与环境正义的双重诉求。随着城市人口激增，城市垃圾以每年 10% 左右的速度增长，垃圾围城问题已无可回避。城市管理者认为焚烧是解决垃圾围城的必由之路；开发商认为焚烧厂将带来滚滚财源；附近居民则认为，焚烧厂将导致楼盘贬值、二次污染与健康风险。2009 年 12 月 19 日，胡锦涛考察澳门时专程视察了澳门专门从事垃圾焚烧发电的厂房。尽管胡锦涛没有对垃圾发电给予评价，但一些舆论将垃圾焚烧发电的环保议程置换为风险控制的技术议程，认为曾经遭到媒体持续质疑的垃圾发电有了新的期待（《中国证券报》2010 年 1 月 11 日）。在风险传播学研究看来，遵循平衡报道原理，不同消息来源提供了完全相反的风险论述，以及专家自相矛盾的结论，既弱化了潜隐风险的存在，也令受众无所适从。

　　虽然如此，受众还是认可垃圾焚烧设施是风险治理中的公益性设施，但受"邻避情结"（Not in My Backyard，即"不在我家后院"）影响，环境风险报道也可能呈现出某种偏向甚至损害环境公平与正义。在网络社区中，远离自己居住区域的垃圾焚烧厂，常常被视作公益性的基础设施并予以赞成；相反，临近自己居住区域的垃圾焚烧厂则被视为毒气工厂予以反对。受众的"邻避情结"在维护私益中抵制自身遭受的环境不公，客观上促进了公共环境利益的保护，也引发了另一种形式的环境不公，如导致将垃圾向欠发达地区或发展中国家转移的"环境殖民主义"倾向。

　　垃圾焚烧的好处由全体市民共享，而环境风险则主要由场地周边的居民承担，这有悖于环境公平与正义原则。亚里士多德将正义区分为分配的正义与纠正的正义。分配的正义关心的是利益与损害的分配，纠正的正义关心的是惩罚与补偿。环境正义最为我们关心的是对环境行为中利益与损害的分配情形，需要在决策参与中加入对环境的关心①。正如央视"新闻 1 + 1"在《垃圾面前：民意是黄金》的报道中指出，番禺垃圾焚烧厂事件不是一个投票能够解决的问题。环境争议的前提是番禺的垃圾必须处理且应在番禺处理，受"邻避情结"的影响，程序民主并不能保证民主价值——环境公平与正义的最终实现。事实上，在乌尔里希·贝克（Ulrich Beck）看来，在传统社会可以明显区分出风险的制造者与受

---

　　① Jamieson,2007:Justice:The Heart of Environmentalism, in Sandler & Pezzullo. (eds). Environmental Justice and Environmentalism, Cambridge, Mass. : MIT Press, pp. 89 - 98.

害者，但在现代风险社会，风险的制造者以风险牺牲品为代价来保护自己的利益，自己最终也将沦为风险的受害者①。

如果说作为环境风险冲突的直接参与者，精英与资本联盟试图通过"冲突的私域化"来超越法律的规约，那么，弱势群体必然借助传播的力量，通过"冲突的社会化"以增强话语权②。如果说《建垃圾焚烧发电厂是民心工程》（《番禺日报》）、广州电视台与《广州日报》先后报道"依法推进垃圾焚烧项目"是将环境冲突保持在公共权威的视野之外，那么，《人民日报》刊发的《广州副市长：番禺垃圾只能就地处理，选址要听民意》（11 月 1 日）、央视播出的《新闻调查·垃圾焚烧之惑》（11 月 21 日）、《新闻 1 + 1　垃圾面前：民意是黄金》（11 月 25 日）与《24 小时　广东番禺垃圾焚烧事件——有官员被指与垃圾焚烧利益链相关》，以及新浪网的报道《广州万名小区业主签名反对建设垃圾焚烧厂》（12 月 3 日）则站在弱势群体的立场上，努力诉诸公共权威或提高媒体能见度，使冲突的范围不断扩大并借助舆论力量完善环境决策。因此，环境的社会冲突在现实性上又体现为"冲突的私域化"与"冲突的社会化"之间的力量博弈。

对于番禺垃圾焚烧发电的争议性报道，媒体关注的焦点从环评到程序、从项目本身到垃圾处理模式、从政府决策到民意表达的技术性冲突，强化了环境决策的舆论监督与风险沟通。经由媒体协作与新媒体的"解放性使用"，民众完成了诉求的表达，新闻议题也由垃圾焚烧发电之争演化为推行垃圾高效分类的政策提议，以减缓直至取消焚烧厂。而政府与企业的焦点依旧是"必要之恶"的可行性研究、风险的技术控制能力等。不同媒体风险论述的竞逐，政府与民众的互动，网民对国外垃圾分类与减排方法的介绍，对弱势群体环境生存权益的关注，促进了政府与居民在环保公共政策上的理性觉醒以及环境风险传播的民主。环境"风险传播"从科技宣传模式向民主参与模式的转换，秉承了"公共新闻学"和"参与式新闻"的理念并将其作为风险传播的重构策略，建构了社会对于不同风险争议的容纳力③。

作为一种比较温和的新闻议题，城市废弃物议题赋予大众传媒更多

①〔德〕乌尔里希·贝克：《风险社会》，何博闻译，译林出版社 2004 年版。
②〔美〕谢茨施耐德：《半主权的人民》，任军锋译，天津人民出版社 2000 年版，第 1—17 页。
③　郭小平：《"风险传播"研究的范式转换》，《中国传媒报告》2006 年第 3 期。

的专业主义想象空间。当环境风险决策出现公共性偏离，不同层级、不同性质、不同地域的媒体，在不断试探报道的边界并拓展报道空间中实现议题的分化，促使新闻主题框架不断地从"环境保护"、"健康权益"走向"环境公平与正义"。媒体在环境风险沟通与舆论监督中促进官方舆论与民间舆论的良性互动，建构与张扬媒体公共性。

## 第四节　科技风险的媒体建构

科技高速发展引起的价值断裂以及对自然控制的不确定性，使基于科技高速发展的现代社会成为高风险的社会①。科技风险是指由科技方面的不确定性所带来的对主体的损害性。现代科学技术因其高度的复杂性和本身固有的不确定性，使得任何专家都不能完全准确地预测、计算和控制科技发展与应用给人类带来可能的危害而形成的风险。科技风险议题，包括化学技术风险（环境污染、食品添加剂、药物残留、化学武器、化学品滥用、工程事故）、物理技术风险（电子废弃物、核污染、信息技术安全）、生物技术风险（转基因作物、克隆与基因治疗）、纳米技术风险、科技应用导致的生态环境风险以及科技政策等，是一种"被制造出来"的"外部风险"。

### 一、科技报道中的风险议题

与传统社会的"外部"自然风险（如水灾、旱灾、台风、地震等）不同，伴随着科技文明而来的生活风险（如核能风险、化学产品风险、生物产品风险），是产生于人类社会"内部"的人为风险。这种主要由科技发展副作用导致的风险就是科技风险。现代科技的快速发展，带来了政治、经济、社会及文化形式的改变，人们不得不面对现代科技给社会带来的风险威胁。

科技风险源于专家组织、经济集团或政治派别权衡利弊得失后所作出的重大决策，它对人类生存的潜在威胁与破坏作用构成了现代社会日益严重的危机。同时，科学在现代社会中的自身合法性表述也因风险问题而受到质疑，进而构成公众对科学的信任危机。

---

① 刘松涛、李建会：《断裂、不确定性与风险——试析科技风险及其伦理规避》，《自然辩证法研究》2008 年第 2 期。

贝克将"工业社会"与"风险社会"看作现代化过程的两个阶段：前一个阶段是工业社会对传统社会形态的抽离与重新嵌合，是"简单现代化"的现代化过程，其产生的影响和威胁尚未成为大众问题或政治冲突的中心；第二个阶段，由工业社会向风险社会的转变，即"自反性现代化"（reflexive modernization），工业社会的危险开始支配公众、政治与私人的争论和冲突，科技风险问题日益成为现代社会的突出问题。

那么，风险社会有没有自己的理性基础？大众传媒作为科学与公众的沟通渠道，其科学传播功能能否在现代社会化解这种信任危机？贝克对此提出了两个相互连结的原则：第一，实行权力分配；第二，营造一个公共领域①。风险社会学认为，只有一个激烈的、有说服力的、以科学论战武装起来的公共领域才能够将科学的精华从糟粕中分离出来。公共领域应担负起沟通各种科技风险的传播功能。社会公众在这里将发挥着一个"开放的上议院"所发挥的作用②，以保证科技发展和应用形成一个二者分权的舞台和论坛。媒体与公众积极参与风险论争与决策，以便把"我们希望怎样生存"这样一个生存标准应用到科学规划、科研成果及应对科学所导致的风险和危机等方面。

风险社会理论为关注公众与科学关系的科学传播研究提供了一个新的视角。而科学传播研究所揭示的公众与科学家之间的紧张关系也正是风险社会危机的反映。近年来，媒体加大了对高科技风险（如转基因食品、核泄漏）的报道力度。2005年，湖南卫视"超级女生"热播期间，"超女"PK中插播的非转基因大豆食用油广告，就是以"非转基因"作为广告诉求点，强调非转基因大豆食用油的安全性；2005年4月，"绿色和平"组织联合媒体调查湖北武汉江夏区"非法扩大种植转基因水稻"；央视科教频道播出《警惕身边的电磁波》；2006年4月，媒体对切尔诺贝利核电泄漏20周年作出报道；2011年，央视在日本福岛核泄漏期间对核能风险进行讨论。

由媒体报道与专家知识构成的"专家系统"，为公众提供信任与生存安全感。但是，知识科技一旦出错也会带来社会恐慌。转基因食品以及类似龙胆泻肝丸等药品，就涉及因科学的不确定性导致的风险焦虑，由此带来不同的专业人士、团体与社会大众在风险问题上激烈的冲突与争议。同时，科技风险往往转化为政治议题，即科技的政治化。

---

①　许志晋、毛宝铭：《风险社会中的科学传播》，《科学学研究》2005年4期。
②　〔德〕乌尔里希·贝克：《从工业社会到风险社会——关于人类生存、社会结构和生态启蒙等问题的思考》（下篇），王武龙编译，《马克思主义与现实》2003年第5期，第72页。

## 二、科技风险的媒体建构：核能风险报道的演变

媒体对核能、转基因、生物化学风险的报道，引起新闻传播学界甚至社会科学界的研究兴趣。胡湘玲在研究台湾核四争议时发现，无论是拥核或反核的科学家，在与社会其他阶层沟通时，多半以科学权威的姿态出现，诉诸专家身份、科学证据；在社会争议中，一旦敌对双方同样强调专家知识、引用科学证据来攻击对方，则单凭科学证据无法提供解答的缺点就昭然若揭，也可能削弱了科学权威的光环①。张家荣结合本土文化的"不孕"想象，分析了试管婴儿等生殖科技如何在 20 世纪 80 年代引进台湾，发现生殖科技不仅解决不了不孕者求子的困难，反而强化了文化中的不孕焦虑与风险想象②。台湾学者周桂田的《在地化风险之实践与理论缺口——迟滞型高科技风险社会》，统计 1997—2001 年的基因科技和基因改造食品的新闻报道次数，分析台湾社会对转基因（GMO）的风险论述，发现报道仅集中于少数环保团体的议题操作上，台湾社会普遍缺乏与基因科技相关的风险论述③。

与转基因食品一样，媒体对核风险议题的持续报道，也为我们研究媒体对科技风险的建构提供了一个极好的个案。

### （一）核能风险的媒体传播史

回顾核能报道的历史，美国新闻界极具代表性，这主要是因为核能军用与民用开发源于美国，而且美国媒体对其报道的历史较长。下面主要以美国的核能报道历史为例，探究媒体如何建构核能风险。

20 世纪 30 年代的科学家发现，稀有的铀同位素 U235 的核子可以释放巨大的能量，公众对此仍然一无所知。1945 年 7 月，美国进行"Trinity"核试验。绝密的曼哈顿岛工程（Manhattan Project）的负责人，美国"原子弹之父"罗伯特·奥本海默（Robert Oppenheime）说："我会成为死神，世界的毁灭者。"几周以后美国轰炸了日本的广岛（Hiroshima）与长崎（Nagasaki），核武器成为世人所敬畏的力量。1951 年，美国的科学家开始思索如何利用相同的核能发电。受此鼓舞，核潜艇、核间谍飞机等进入科学界与媒体的视野。自此，核子的力量成为媒介神话：一方面，

① 胡湘玲：《科技专家与社会沟通——台湾核四争议 13 年的科学文化简史》，台湾清华大学历史研究所 1994 年硕士论文。
② 张家荣：《台湾当代生殖科技的建构》，台湾清华大学历史研究所 1999 年硕士论文。
③ 周桂田：《在地化风险之实践与理论缺口——迟滞型高科技风险社会》，《台湾社会研究季刊》2002 年第 45 期，第 69—122 页。

核能提供了毁灭世界的可怕武器；另一方面，也提供了挽救人类的丰富能源。尽管如此，公众依然较少关注我们所生活的核时代。1956 年，"和平利用核能"运动促使国际原子能机构（International Atomic Energy Agency，简称 IAEA）建立，这种乐观的情绪达到顶峰。1957 年，迪斯尼公司发行了一部名为《原子：我们的朋友》（*Our Friend the Atom*）的纪录片，在电视台与学校同时进行展播。

20 世纪 60 年代，媒体对于核反应堆仍然很少有负面的评论。甚至在 1966 年 10 月 5 日，位于底特律附近拉瓜那海滩的费尔米 1 号增殖反应堆灾难发生，媒体依然如故。按照历史学家 Spencer Weart 的说法，"尽管这是一次严重的事故，新闻界很少注意到"。[1]

20 世纪 70 年代早期，电视新闻报道依然保持中立或者乐观的态度；1972 年美国哥伦比亚广播公司（CBS）的报道说，快速增殖反应堆具有较高的能源潜力；1973 年的石油危机仍使核能支持者主张核能可以为美国的能源自主打开方便之门；到了 70 年代末期，对民用核能的乐观景象逐渐让位于暗淡的影像。促使这种新闻报道基调的转变，源自大众文化的觉醒、鼓吹反核以及两起被公开的核事故。

自始至终，核能诱导有机体突变的潜力以及原始力量，激发了作家、记者与电影制片商的兴趣。《哥斯拉》[2]（*Godzilla*）与恐怖片《他们》（*Them*）展示了公众对核能改变人类生活的灰色想象。除了美国大众传媒以外，英国广播公司（BBC）的电视科幻系列《*Doomwatch*》（1970—1972）[3] 影响也极大。

到 20 世纪 70 年代，大多数人通过电视新闻的画面见证了氢弹测试的可怕场面，也听说了核灰尘辐射的问题。1977 年，电视电影《红色警戒》（*Red Alert*）描绘了全美的反应堆同时爆炸，将人类对核的恐惧推至极致。

事实上，并不是所有的科学家都赞成核能开发。在 1971 年的电视纪录片《那是动力》（*Powers that Be*）中，三位背弃美国原子能委员会的科学家论述了放射性的风险。一旦核技术处于不断的安全审查中，新闻界就更加主动地报道核能安全事故，1975 年，美国国家咨询中心决定关闭

---

① Weart, S., 1988: *Nuclear fear: A history of images*. Cambridge, MA: Harvard University Press, pp. 301.

② 《哥斯拉》讲述了这样的一个故事：因为核试验气候异常，使一个高 90 英尺的庞大怪物复活，整个纽约陷入一片混乱，科学家、新闻记者、电视台摄影师、军人和保险公司的核查员联合起来对付它。

③ 一个小岛周围的水被化学垃圾污染了，吃了这些水里打来的鱼的人产生基因突变，成了食人族。

23 个破裂的核反应堆，媒体对此进行了大量报道。

1976 年，核能在媒体上明显呈现出负面的形象。1979 年，三里岛核泄漏，大量的电视新闻、文章与书籍记录了这一划时代的事故。尽管这次事故没有导致严重的核辐射，但核工业陷入了公关危机之中。而此时距离电影《中国综合症》（*The China Syndrome*，1979）① 公影刚刚两周的时间。

专家认为，正是《技术会议索引》以及媒体新闻报道的负面影响放大了核能风险，影响了公众对核能的信任。历史上最糟糕的科技风险，是 1986 年苏联的切尔诺贝利核爆炸事故。

1986 年 4 月 26 日凌晨，一场史无前例的核事故将切尔诺贝利与灾难划上等号。位于今乌克兰的苏联第一座核电站——切尔诺贝利核电站的 4 号机组发生爆炸。这次事故所产生的放射性尘埃，比日本广岛原子弹爆炸造成的辐射强 400 倍。大火散发出的核碎片，飘至白俄罗斯、波兰以及波罗的海共和国。几天内，放射性的薄雾飘至苏联边境，扩散到大部分欧洲地区，导致整个欧洲的紧张与恐惧。

这起事故引发了大量的电视新闻报道。新闻研究者指出，由于当时处于冷战时期，苏联和西方政治上对立，西方舆论对事故作了一些不实报道，使一些人对核能产生了误解和担心，有些人甚至谈"核"色变。媒体对事故进行了生动、无情的负面报道，例如，美国《新闻周刊》（Newsweek）在 1987 年的报道中称，核能是"与魔鬼的交易"（a bargain with the Devil），加强了公众对核能的风险感知。

进入 20 世纪 90 年代，由于没有发生新的核事故，核报道的焦点明显转向棘手的核废料处理问题。

切尔诺贝利事故发生后的 20 年间，绝大多数新闻媒体对这起事故的报告是客观的，但也有少部分为追求轰动效应，进行新闻炒作，作了不实报道。事实表明，诸如"事故死亡 3 万人、受辐射后变异的老鼠比猪大"之类的说法是完全没有根据的。"截至 2005 年，国际能源组织公布的切尔诺贝利事故死亡数字不超过 50 人，但是国外却有报道说死了 5000 到 7000 人，这些不正确的报道容易在公众心中投下阴影，这一阴影这么多年还没有完全消除。"② 《人民日报》在报道中指出，在这场世界核电

① 詹姆斯·布里奇斯导演。女记者金伯利和摄影师亚当斯拍到加利福尼亚一家核电站控制室发生故障的情景，且发现这是个严重的事故——中国综合症。为了能把真情公诸于世，他们历经千辛万苦侥幸逃脱特工的暗杀，终于在电台作了揭露。

② 武卫政：《和平利用核能　用科学战胜恐惧》，《人民日报》2006 年 4 月 27 日，第 14 版。

史上最严重的事故中，辐照因素对环境的影响远远不像媒体报道的那样耸人听闻，影响公众健康的主要因素是心理紧张和应急性的心理刺激以及由此产生的疾病。因此，要理性、科学地认识核能，必然要加强媒体的社会沟通，把科学真相告诉公众。

联合国原子辐射效应科学委员会，针对西方舆论界的大量错误报道（"事故到现在已造成7000人死亡，还有称已死亡3万人"），专门讨论了切尔诺贝利核电站事故的后果，澄清了有关事实。一些传媒报道说，这些为追求"轰动"效果而"缺乏科学依据的错误报道有损核能的公众形象，影响了人类和平利用核能的信心，这一情况引起科学家们的极大担心"[①]。但无论如何，切尔诺贝利（Chernobyl）还是成为高科技风险或核能风险的象征。

2006年，切尔诺贝利核事故20周年。2006年4月14—24日，美联社、法新社、路透社、《纽约时报》等，各自以自己独特的影响力向世界传递人们对安全开发利用核能的关注：

> 对于世界上成百上千万人来说，切尔诺贝利象征着灾难与毁灭、疑云与争议。

2006年4月26日，联合国网站主页的一篇报道《切尔诺贝利事件20周年：安南呼吁继续对受害者施以援手》指出：

> 人们从切尔诺贝利事件中接受了很多的教训，其中之一就是认识到了在一场灾难发生时应向公众提供透明、即时和可信信息的重要性。

切尔诺贝利事件的许多细节，通过媒体留在人们的集体记忆中：

> 核泄漏事故将深深地刻在俄罗斯人记忆中，永远无法抹去。
> ——《切尔诺贝利20年后反思：受灾三国努力想
> 走出阴影》（《环球时报》2006年4月26日）

---

① 丁健行：《联合国原子辐射效应科学委员会报告指出：切尔诺贝利核电站事故死亡人数为30人》，《光明日报》2000年5月22日。

核能的媒体报道史，是一个源自铀核子的或正面或负面的报道历程。2011 年 3 月，日本海啸引发地震和核电站泄漏。2011 年 5 月 30 日，为了规避生态污染风险和保障核设施不受恐怖袭击，德国环境部长宣布，德国将于 2022 年前关闭国内所有的核电站。2011 年 8 月 9 日，美国《纽约时报》在头版刊登文章，披露日本政府在福岛第一核电站核泄漏事故发生后的最初阶段"扣住辐射相关数据不公开"，瞒报数据致使福岛县部分地区居民遭受 3 天高辐射。事实上，对核能的负面报道更具影响力与持久力。因此，我们今天即使没有读到诸多的核能报道，"核恐惧"也并不遥远①。建立新的核电厂、储存或者移动原子废料、恐怖袭击或者核事故，都可能重新激发"核恐惧"，并引发大量的批评报道。

（二）核能风险媒体建构的问题所在：与全球变暖报道的对比

核能风险与全球变暖风险的报道有许多相似之处。核能与全球气候变暖等环境威胁，主要是对现代文化提出了政策方面的挑战。Palfreman 运用新闻学与社会科学的视角对全球变暖的风险报道做了一个简要的回顾，认为全球变暖不仅仅是一种科普问题，更是大约 150 年的观念建构史。这些紧要而复杂问题的公共政策，有赖于公众舆论，而舆论又受到媒体报道的极大影响②。

Palfreman 回顾了美国公共广播公司（PBS）关于核能、全球暖化的两个纪录片，并对焦点小组的风险感知做了一个简要的勾勒。研究发现，在核能议题的风险感知上，焦点小组成员的态度差异较大。是什么原因导致了如此大的差异？一个可能的解释就是大众传媒。但是，新闻媒介不是公众舆论的唯一来源，它代表的只是核能、全球变暖议题的主要传播渠道。

科学家们一直在争论说，媒体对科学尤其是环境风险争议的报道，存在许多的不足。这源于记者缺乏必要的教育与培训③、新闻从业人员"好新闻"的价值观④以及"平衡报道"理念⑤等。实际上，媒体对环境

① Jon Palfreman. ,2006:A Tale of Two Fears:Exploring Media Depictions of Nuclear Power and Global Warming,*Review of Policy Research*,23(1):23 – 43.

② Bell,A. ,1994:Media (mis)communication on the science of climate change. *Public Understanding of Science*,3(4):259 – 275.

③ Cohn,V. ,& Cope,L. ,2001:*News and numbers*:*A guide to reporting claims and controversies in health and other fields.* Ames:Iowa State University Press.

④ Mazur,A. ,& Lee,J. ,1993:Sounding the global alarm:Environmental issues in the U. S. national news. *Social Studies of Science*,23:681 – 720.

⑤ Boykoff,M. T. & Boykoff,J. M. ,2004:Balance as bias:Global warming and the U. S. prestige press. *Global Environmental Change*,14:125 – 136.

报道的不足与歪曲的真正原因相当复杂，对此的探究需要比较媒体对于高层（high‐profile）环境问题（核能与全球气候变暖）的报道。

在许多科学家与传播学家看来，媒体对全球变暖、核能开发等技术风险的报道存在严重不足。这至少可能导致三种歪曲：一是记者制造科学错误从而歪曲事实；二是关注趣味性的故事而不是科学的内容；三是记者严格遵循"平衡报道"的结构从而歪曲报道。

首先是事实的歪曲。对核能的非理性恐惧，被归结为是好莱坞式小说、环保游说团体与大众传媒共同形塑的结果。尽管记者的科学素养影响了媒体的风险报道，但即使具有良好科学素养的记者，也很难找到气候变化的真正原因与影响机制。即使记者掌握了复杂的科学知识，编辑也可能要求他用叙述的语言较好地表达这些观点，以引起读者的关注。

其次是叙述的歪曲。记者是故事的讲述者，他们喜欢讲述有人物、环境与冲突的故事。尽管记者对风险争议感兴趣，但最令他们感兴趣的不是学界争议，而是潜在的戏剧性冲突①。这种对"趣味性"叙述的强调，自然会选择类似切尔诺贝利这样的核灾难——一个有着确切的、值得谴责的罪人以及值得同情的受害者的事件。像全球变暖这样的非个人化的故事，常常没有什么趣味性。Combs 和 Slovic 分析了两家报纸对死因的报道，发现自杀、事故以及自然灾害得到较多的报道；相反，与普通疾病相关的公众健康却很少得到呈现②。

"趣味性"争议，即"无辜的受害者"与所谓的"作恶者"的对抗，是一个基本的报道类型。按照 Shoemaker 和 Reese 的说法，在新闻编辑那里，与趣味性、显著性、时宜性、声望以及接近性一样，争议是影响新闻选择的主要变量之一③。但是，争议性也给编辑提出新问题，例如，什么才是最公正地向受众传达激烈争论的现实的报道方式？"客观主义"的新闻学传统是平衡报道。在这种报道框架中，只要允许竞争的观点出现，即使非党派性的观点也可以被报道。然而，科学界与传播学者最近对记者的这一核心价值观提出了挑战。

最后是平衡报道的歪曲。平衡报道的观念在报道政治会议的时候也

① Mazur, A., & Lee, J., 1993; Sounding the global alarm: Environmental issues in the U. S. national news. *Social Studies of Science*, 23:681 – 720.

② Combs, B., & Slovic, P., 1978; Newspaper coverage of causes of death. *Journalism Quarterly*, 56: 837 – 849.

③ Shoemaker, P. J., & Reese, S. D., 1996; *Mediating the message: Theories of influence on mass media content.* New York: Longman, pp. 261.

许很管用，但是，在科学文化中，平衡对立的观点也许既不公平也不真实。用气候学家 Stephen Schneider 的话来说："科学是有别于此的。"① 认为地球是扁平的观点应该与现代天体物理学家观点平衡？当然不行。按照这种逻辑，媒体给予他们同样的版面、时段是误导科学的。然而，媒体很明显一直在这么做。科学新闻界则认为，平衡的科学报道并不是意味着给双方论点以同等的地位，而是根据证据的平衡予以分配的。

　　科学记者，如果具有更多的专业知识，更少受媒体平衡报道传统的制约，将被视为好记者的典范。令人困惑的是，这样做能否充分地影响对复杂议题的理解与态度？科学记者依然偏好对观点的叙述。媒介分析忽视了更大的因素：记者毕竟也是人，也会受制于跟读者一样的心理因素。记者对风险故事的选择，不仅存在于新闻实践的编码阶段，更在于以社会科学的方法思考风险。

　　社会科学家能够很好地理解风险是一个复杂的概念。"风险"一词对核工程师、社会学家、公关顾问含义不同。对核工程师而言，风险是一个数据，即坏事件发生的可能性与后果；对社会学家而言，风险不只是一个事件的可能性与后果，还关系到人们如何知道并思考它。Kasperson 认为，风险是一个混合概念，"部分是对人类的客观威胁，部分是文化与社会经验的产物"②。

　　风险感知的文献表明，人类倾向于对技术或风险心存恐惧，并且这种风险极易被相关主体放大。

　　研究表明，更多对类似大灾难的风险报道影响了公众舆论。Mazur 在研究了媒体对美国 Love Canal 事件与核能风险的报道后，发现持续接触这样的报道导致公众的恐惧③。总之，"对争议性技术与环境项目的广泛报道，不仅引起公众的注意，也会导致对立情绪的产生"④。Mazur 发现，风

---

①　Schneider, S. ,2005：Mediarology：The role of citizens, journalists, and scientists in debunking climate change myths. Retrieved September 1, 2005, http://stephenschneider. stanford. edu/Mediarology/MediarologyFrameset. html.

②　Kasperson, Roger E. ,1992：The Social Amplification of Risk：Progress in Developing an Integrative Framework, in Sheldon Krimsky & Dominic Golding（eds.）, *Social Theories of Risk*. Connecticut：Praeger, pp. 154.

③　Mazur, A. ,1984：The journalist and technology：Reporting about Love Canal and Three Mile Island. *Minerva*, 22：45 – 66. Mazur, A.（1990）Nuclear power, chemical hazards and the quantity of reporting. *Minerva*, 28：294 – 323.

④　Mazur, A. ,& Lee, J. ,1993：Sounding the global alarm：Environmental issues in the U. S. national news. *Social Studies of Science*, 23：295.

险甚至在平衡报道中也可能发生。

核能与全球气候变暖两个风险议题有着不同的心理牵引力。核能似乎具有产生强大风险信号的因素：潜在的巨大灾难，缺少信任，害怕辐射，诱导有机体突变与致癌等。全球变暖议题缺少以上要素。首先，全球变暖的报道不能够使"犯人"与"受害者"的故事个人化。尽管有人集中谴责了一些国家（如美国排放导致温室效应气体，占全球 25%）、跨国企业（如汽车制造商），问题是我们每个人都应该受到谴责。现代生活离不开矿物燃料，从人工降雨到使用计算机，增加的热量俘获二氧化碳进入大气层，导致全球变暖。在这一争议中，公众既是罪魁祸首，也是潜在的受害者。更何况，全球变暖的因果关系也很模糊，并且不只是影响我们自己，甚至影响我们的后代。正是因为风险争议中的"集体不负责任"以及风险影响的延迟性，媒体对于核能的关注度要高于对全球气候变暖的报道。

（三）大众传媒对科技风险的重构

一些社会科学家解释说，类似的风险问题（如核废料的处置）意味着所有的风险都是主观的。但这种极端的解释，就像工程师视风险为一个数字一样误导大众。我们大多数人都是本体实在论者，相信一个真实的世界存在于我们的知识与思想之外。在这个实在的世界里，一些风险（如驾车）在统计的意义上比其他的风险（如生活在电线旁）更危险。但是，心理上的诱发与偏见无法被否定。因此，风险决策者需要三种能力：评估不利事件的可能性及其后果的技能；理解人们思考风险事件的风险感知能力；有效讲述风险故事的风险传播能力。

媒体应该如何处理这些风险知识？与一些鼓吹者不同，记者不是"劝说"而是"报道"。如果记者用一些观点去操纵受众多担心全球变暖、少关心核能，那是不对的，但可以主张记者扩大自己的报道视野：不仅包括正在被讨论的风险事实，而且包含人们如何、为何探究风险。本质上，他们应该报道风险故事的两个维度：对核能与全球变暖的物理叙事，以及讨论公众如何思考这些风险的心理独白。当然，记者应该努力做到报道准确，避免歪曲科学。风险报道要求记者在讲述一个引人注意的、在科学上经得起推敲的故事时，不仅要理解危险的客观因素，更要懂得受众感知风险议题的方式。

因此，记者应该找到新的叙述方式来讲述重大风险议题。比如，要使受众关注全球变暖的新闻议题，"遗产"的概念似乎变得同核废料的处置一样重要。如果受众脑海中呈现出我们的后代为了不可逆转的气候变化而苦苦挣扎的背景，该新闻议题就不会太抽象，反而显得更加紧迫。另外一种方式是增加风险报道的视觉呈现。对于南极冰帽的融化、气候的变化，通过长期观察的新闻照片或卫星电视录像的对比，媒体对这些风险议题以及相关资料予以戏剧性的视觉呈现，促进公众对科技风险的理解。

Dorothy Nelkin 说："公众理解科学很少是通过直接的经验或过去的教育，而主要是通过记者的语言与象征。"[①] 如果 Dorothy Nelkin 的说法是正确的，那么，公共政策以及公众的命运就同新闻业的实践相联系。新闻从业者应该有这样的理想与责任去胜任这种挑战。

## 第五节　生态环境风险的媒体建构

生态环境是构成人类和其他生物生存发展的光、热、气、水、土、营养等环境条件的总称。自然的、人为的因素使生态环境得到保护，生态系统保持相对平衡，人类和其他生物才能生存和发展。生态环境被破坏，生态系统失去相对平衡，就会给人类和其他生物的生存和发展带来难以逆转的生态风险。生态环境恶化会加剧生态系统良性逆转、破坏经济社会持续稳定发展、加剧人类和其他生物的安全风险、加剧政治风险。围绕人口、资源和环境而产生的生态环境风险议题，如生物议题（生物政治、基因工程、外来物种入侵、生物多样性等）、环境风险（工业污染、日常生活污染等）、生态风险（臭氧层的破坏、全球暖化等），是大众传媒报道的重要议程。然而，环境传播仍然受到经济发展、媒介与公众的环保意识以及媒体环境传播能力的挑战[②]。媒体的公共属性与市场生存的资本逻辑，对风险报道提出了严峻的挑战。

### 一、隐匿与呈现：环境风险的媒体建构

环境保护与环境传播不是一个处于历史之外并远离经济与政治的焦点性事件，它嵌入生态风险的社会结构之中，深度刻画了生态环境与社会发展之间的张力。

（一）风险事件与环境传播的警示功能

20 世纪 50 年代，环境风险议题就大量进入"新环境主义"运动之

① Nelkin, D. ,1995: *Selling science: How the press covers science and technology*. New York: W. H. Freeman, pp. 2 - 3.

② 王莉丽：《绿媒体：中国环保传播研究》，清华大学出版社 2005 年版。

中。蕾切尔·卡逊（Rachel Carson）在 1962 年发表《寂静的春天》（*Silent Spring*）一书，对现代农药毒害野生动物的后果作了令人恐惧的分析；保罗·埃里奇（Paul Ehrlich）的《人口炸弹》（1968）以一种启示录的方式使人口过多问题进入公众意识领域；巴里·康芒纳（Barry Commoner）在 20 世纪 70 年代发表《科学与生存》、《封闭的循环》、《权力的贫困》等，揭示核废料和化学污染可能带来的灾难，认为对环境最大的威胁还不是人口增长率，而是现代技术及其背后的大公司的权力。20 世纪 60 年代末，主流媒体已使环境问题得到公众高度关注，到 1970 年达到高潮，在《时代》、《财富》、《生活》、《观察》、《纽约时报》、《华盛顿邮报》等杂志和报刊上都出现了大量有关环境风险的头条新闻及封面故事。20 世纪 80 年代以来，随着人类对于地球作为一个生态系统的脆弱性的日益关注，生态风险也广为人知。

生态环境风险与科技风险有着密切的联系。生态风险是指原本为增进人类健康与财富而发展的科技，却因为破坏了生态平衡而给人类带来新的风险，包括物种灭绝、臭氧层的耗竭、全球暖化、土壤和水污染等。例如，1930 年比利时马斯河谷事件、洛杉矶光化学烟雾事件、美国多诺拉烟雾事件、伦敦烟雾事件、1953—1961 年日本的水俣事件、1955 年日本四日事件、1968 年日本米糠油事件、1931—1975 年日本富山骨痛病、1984 年的印度博帕尔毒气泄漏事故、1986 年苏联切尔诺贝利核泄漏与 2011 年日本福岛核泄漏等。

生态环境的风险报道属于环境传播的一种。环境传播具有公众性、科学性、现实性、公益性、倡导性等特点。美国环境新闻记者、犹他州州立大学教授麦可·佛罗梅（Michael Frome）认为，环境新闻的报道要"有目的，要向公众提供坚实准确的数据，作为在有关环境问题的决策过程中知情参与的基础……它不仅仅是报道和写作的方式，而是一种生活方式，一种看待世界和看待自己的方式。"① 从文化角度重新审视人与自然的关系，赋予环境传播或环境新闻学以新的内涵。在此基础上，麦可·佛罗梅指出，环境传播的"出发点是一种社会服务的概念，让奋争和诉求发出声音，要诚实，可信，目标明确"②。罗伯特·考克斯（Rob-

---

① Michael Frome,1998：Green Ink：An Introduction to environmental Journalism,University of Utah Press,pp. 1.

② Michael Frome,1998：Green Ink：An Introduction to environmental Journalism,University of Utah Press,pp. 1.

ert Cox）教授认为："环境传播是一套构建公众对环境信息的接受与认知，以及揭示人与自然之间内在关系的实用主义驱动模式（Pragmatic Vehicle）和建构主义驱动模式（Constitutive Vehicle）。"①

环境新闻学是有关环境报道的学问，它探求环境报道的独特规律，聚焦于人与自然环境的矛盾及其产生的社会问题，重在将人类环境的现状告知受众，引起社会的警示②。环境传播强调媒体的"社会警示"功能，这主要针对的是工业化的进程与科技的副作用。环境风险传播则是关于生态环境的风险信息传递、议题建构与意义分享的过程。

（二）我国环境风险报道的内容变化：从"外部风险"到"人造风险"

目前，中国正经历从传统农业社会向现代工业社会的结构转型、从计划经济向市场经济的制度转轨的双重社会转型过程。这一艰难转型面临着生态环境风险频发的挑战。吉登斯（Anthony Giddens）从风险来源的角度将现代风险分为"外部风险"（external risk）和"人造风险"（manufactured risk）两大类③。前者指地震、洪水、瘟疫、饥荒等自然风险，后者指核辐射、生态灾难、人口爆炸、金融危机、全球气候变化、资源与能源短缺、酸雨等人造风险。现代的生态风险一般都不是自然风险，而是一种"人造风险"，既体现为生态风险的"人化"，又体现为生态风险的"制度化"。传播学研究表明，风险的社会建构主要来自三方面：个人面临危险的直接经验；经由他人转述个人经历而建构的知觉经验；通过新闻报道所获得的知识④。对于生态环境风险这一特定议题，"公众的直接经验越少，他们为获取该方面的信息就越是被迫依赖新闻媒体"⑤。于是，媒体传播的非强制性生态议题成为公众的主要信息来源，大部分人的风险认知都是经由媒体报道所建构。

（三）环境风险报道的能见度：从隐匿、遮蔽到合法化呈现

我国的环境保护依赖于环境污染、环境突发事件以及政治行为的推动，更呈现出"媒体驱动"的特征。媒体的环境传播嵌入国家政治与环

---

① Robert Cox,2006;Environmental Communication and Public Sphere,London;Sage Publications, pp. 12.

② 张威：《环境新闻学的发展及其概念初探》，《新闻记者》2004 年第 9 期，第 13—15 页。

③ 〔英〕安东尼·吉登斯：《失控的世界——全球化如何重塑我们的生活》，周红云译，江西人民出版社 2001 年版，第 22 页。

④ 吴宜蓁：《危机沟通策略与媒体效能之模式建构——关于肠病毒风暴的个案研究》，《新闻学研究》2000 年第 62 期。

⑤ 〔美〕沃纳·赛佛林、小詹姆士·W.坦卡德：《传播理论：起源、方法与应用》，郭镇之译，华夏出版社 2000 年版，第 256 页。

保决策之中，在"发展与风险"的矛盾纠葛中承载着生态文明建设的媒体功能，并随着社会的转型不断呈现出新的传播特征。

　　在1949年后的相当一段时间内，环境风险未能被媒体建构为一个公共的社会问题。首先，在1949年后的几十年中，为适应发展经济、赶超英美等老牌资本主义国家的需要，大众传媒为盲目追求工业化舆论造势，无暇顾及环境问题。其次，在改革开放之前，环境问题被歪曲地建构为"资本主义生产畸形发展的结果"，"受到意识形态部门严格控制的媒介自然会成为遮蔽相关议题的制度性力量"[1]，使环境风险问题被遮蔽。最后，一些地方政府或媒体将"发展"片面理解为"经济发展"或"GDP增长"，使"先污染，后治理"成为发展地方经济的现实策略。这在改革的初期具有一定的历史意义，但经济发展一旦成为整个国家的主导性思维定势，必然遮蔽由此产生的环境风险问题。在近30年的发展中，中国的发展战略经历初期的"发展是硬道理"、后来的"可持续发展"与近年的"科学发展"三个阶段，这是依据中国的国情做出的战略选择。"生态文明"建设是对"经济至上主义"的纠偏，但仍然无法彻底消除"GDP崇拜"对地方官员政绩观根深蒂固的影响。片面追求经济增长的发展模式是以牺牲环境为代价，这必然导致生态危机与健康风险事件的频发，如松花江、太湖与淮河的水污染、沙尘暴、赤潮、西南干旱、矿工的矽肺病、民工的苯中毒、血铅超标、气候变化、人口膨胀等。

　　生态环境危机逐渐逼近人们的日常生活，这促使大众传媒，尤其是较少受地方保护主义制约的中央级媒体，自上而下地介入环境风险的新闻调查与舆论监督。传播学者将环境保护的宣传教育与风险沟通称为"风险传播"[2]。我国环境报道起步于20世纪80年代初，20世纪80年代末至90年代初有所发展，90年代以来，特别是自1993年"中华环保世纪行"以来，环境报道形成相对成熟与完整的报道领域以及前所未有的声势和规模。中央级媒体的示范效应在某种程度上促使地方媒体对"绿色议题"的适度关注。于是，传统的"外部风险"和现代"人造风险"都被纳入新闻报道的视域，环境问题不断被建构为社会性的公共议题。同时，主流意识形态对"和谐社会"、"科学发展"与"生态文明"的论

---

　　[1]　周晓虹：《国家、市场与社会：秦淮河污染治理的多维动因》，《社会学研究》2008年第1期，第148页。

　　[2]　Baruch Fischhoff, Risk Perception and Communication Unplugged: Twenty Years of Process, in Ragnar Löfstedt & Lynn Frewer (eds). (1998). *The Earthscan Reader in Risk and Modern Society*, London: Earthscan Publications Ltd. ,pp. 133.

述与倡导，为生态风险的新闻调查与舆论监督提供了话语支撑与足够的活动空间。传统发展观导致生态环境恶化、社会失衡等风险来临，可持续发展观则坚持人与自然协调发展，其核心要义是"生态文明"。政治与民意对"生态文明"的呼吁以及对全球环境治理的倡导，为媒体的风险报道提供了政治的合法性与传播的空间，因此，90 年代以来，生态环境风险议题较历史上任何时期更具有媒体议题的优先性，其社会"能见度"也越来越高。

同时，一些记者的环保 NGO 成员身份以及环保 NGO 的媒体动员，强化了环境风险议题的社会能见度。在我国，有许多新闻从业人员拥有记者与环保 NGO 成员的双重身份，这有助于提高环境风险的社会能见度。例如，52 岁的"淮河卫士"（环保 NGO）会长霍岱珊原来就是一名摄影记者，因揭开淮河治污达标的大谎言而全国闻名，后来他辞去公职，自费拍摄了 15000 多幅有关淮河流域水污染的作品。其中，《花朵拒绝污染》以及组照《污染造成肿瘤村》引起了媒体与公众的关注。在媒体的环境风险报道中，NGO 成为一个重要的媒体符号与消息来源。一些主流媒体频频报道 NGO 及其活动，提高了草根 NGO 的媒体能见度与合法性，也相应地获得一定的社会资本。《人民日报》就曾在头版头条对民间组织进行了报道。其中，在怒江水坝持续论争中，NGO 表现出了更大的影响力和动员力。《中国青年报》记者、绿岛负责人张可佳，以及中央人民广播电台记者、绿家园负责人汪永晨，最早获知怒江建坝工程上马的消息并将其公之于众。媒介既从科学和理性出发，在知识层面上揭露和传播环境风险，增进社会的风险认知；又从公共利益出发，其环境风险话语体现了媒介的民主政治潜能。

（四）环境风险报道的结构性制约

新闻媒体在在公众的环境议题的知识习得、环境风险论述、决策认知以及环境议题设置等方面都扮演着重要角色[1]。

一些记者受制于媒体的政治立场与广告商制约，不但无法向受众传达正确的科学知识和多元意见，还忽略了环境风险争议背后的政治、法律、经济等问题[2]。同时，一些利益集团又设法遮蔽环境不公与环境风

---

① Bendix, J., Liebler, C. M., 1999: Place, distance and environmental news: geographic variation in newspaper coverage of the spotted owl conflict, *Annals of the Association of American Geographers*, 89(4): 658 - 676.

② 王景平、廖学诚：《公共电视〈我们的岛〉节目中环境正义与媒体地方感之分析：以〈斯土安康〉影集为例》，《地理研究》2006 年第 44 期。

险。因此,受众无法获得充分的信息以建立自身对环境问题的价值判断。长期关注环境议题的地理学界,近年来也开始研究环境新闻,其焦点集中于权力的争议,包括谁被媒体再现,而谁又被媒体刻意忽视,尤其是谁有这个权力去建构这个议题,以及媒体对这个议题的言说结构是透过什么样的方式被置入于更大的意识形态框架之中①。环境风险报道受到复杂的、结构性因素的制约,因此,对于生态环境风险传播的研究应该拓展研究思路。

## 二、从环境风险到环境正义:外来物种入侵与 "癌症村"的媒介呈现

### (一) 外来物种入侵风险的媒介呈现

近年来,臭氧层问题、全球变暖、外来物种入侵等新型的环境风险议题,逐渐被纳入媒体的报道视域。以外来物种入侵的环境风险议题为例。因为经济、美学、偶然性事件、甚至是心理上的原因,人们大量引入外来物种,导致了更多外来物种对本土生态系统的入侵,并产生了灾难性的结果。尽管全球化和物种入侵途径之间的关系比较复杂,媒体对生物入侵风险的预警引发人们对此风险议题的关注,而且在未来几十年里,它还会对政策制定者产生影响。全球一体化带来了跨国公司的兴起、国际金融的兴盛以及多重媒介市场的壮大,而这些却削弱了多数政府的政治力量和规范经济行为的能力②。尽管人们是引发外来入侵物种的关键因素,但同时也是解决问题的关键。

人们的新闻传播行为,既可以倡导人与自然的和谐,促进全球的各种生物公约、协议和指南的制定,还可以普及生物风险知识并监督物种引进前的风险评估,减少甚至规避外来物种入侵所带来的风险。

事实上,大众传媒向公众提供外来物种入侵信息还是很少。同时,风险传播不畅,风险知识的匮乏,常常导致错误的风险论述在新闻中大量出现。

比如,动物总体分为可以放生、选择放生和不适合放生三种,盲目放生不仅难以避免动物被频繁捕捉,还有可能导致外来物种入侵。然而,

① McManus,P. A. ,2000: Beyond Kyoto? Media representation of an environmental issue,*Australian Geographical Studies*,38(3):306 - 319.

② Hattingh,Johan,2001:Human Dimensions of Invasive Alien Species in Philosophical Perspective:Towards an Ethics of Conceptual Responsibility. In McNeely. (eds.). *The Great Reshuffling:Human Dimensions of Alien Invasive Species.* IUCN,Gland,Switzerland.

媒体的报道常常忽略了这样的一种生物风险。《海南日报》（2005 年 5 月
22 日）对媒体盲目地报道动物放生与救助提出批评。以野生物种的"救
送"为例，报道指出①：

> 动物"放生"要放回原生地。如有不少是外来物种，却被
> 放生到自然环境，造成人为的外来物种入侵。
>
> 另外，媒体时常报道的野生物种被"救送"到动物园的行
> 为也是不太科学的，有不少物种是外来的人工养殖物种，如红
> 耳龟、环颈雉等，无须救护，更不能放生……救护动物，本意
> 是好的，但不能盲目行事。
>
> 史海涛呼吁媒体要科学宣传，引导人们科学放生。

　　类似《海南日报》的媒体论述却不多见；相反，都市生活类报纸的报
道模式大多属于以上所批评的行列。盲目的放生或救送成为媒体褒扬的善
举，却遮蔽了生态环境的风险后果。此外，在我国和东南亚一些国家，"放
生"捕获的动物，往往被作为善事而受到尊敬，新闻媒体也予以报道，然
而专家对这一善举提出了质疑，呼吁"请慎重放生"②。生物风险具有"知
识不确定性"与潜隐性，媒体的报道呈现了生态环境的潜在风险。世界自
然保护联盟成员之一、瑞士的学者 McNeely 认为，面对外来物种入侵，我
们要"阐述媒体、公众以及科学家/环境保护者间的互动关系"③。

　　一方面，在关于外来物种入侵的生物风险研究中，自然科学家已经
意识到媒体在风险沟通中的重要功能；另一方面，媒体也逐渐意识到其
风险传播的角色所在。例如，中国网 2005 年就创设"敲响生物入侵的警
钟"专题报道，并重点对"食人鱼"、"巴西龟"、"水葫芦"的引进风险
予以新闻预警。2004 年 12 月 13 日，中央电视台《焦点访谈》报道了浙
江宁波 3 万多亩"加拿大一枝黄花"泛滥，使得当地橘树大面积绝收、
减产。此后，全国各地农林部门纷纷下文清剿"加拿大一枝黄花"，以防
"黄花开处百花杀"。媒体对生态环境风险的多维论述，提高了风险的社
会能见度。2007 年 4 月 14 日，中央电视台《焦点访谈》播出《警惕外来

　　① 侯小健：《海南省专家献计献策科学保护生物多样性》，《海南日报》2005 年 5 月 22 日。
　　② 李斌：《采访札记：让头脑中多一根"生态弦"》，新华社 2002 年 11 月 21 日。
　　③ Jeffrey A. McNeely：《外来入侵物种问题的人类行为因素：环球普遍观点与中国现状的联
系》，原载于汪松、谢彼德、解焱主编：《保护中国的生物多样性》（二），中国环境科学出版社
2001 年版，第 139—151 页。

物种的入侵》，报道指出，那些被销售的另类宠物，"有的会损害人体健康，如果被遗弃或者放回自然界，会造成很大的影响"。媒体类似的风险论述，起到了风险预警、风险批评与风险沟通的功能。

在我国早期的环境报道中，"社会主义的优越性"、"人定胜天"等主题框架主导了媒体的论述。1901年被作为花卉引入中国的、原产南美洲的观赏植物"水葫芦"，2002年在我国南方的珠江、太湖等水系泛滥成灾。它在20世纪50—60年代作为猪饲料推广种植，后逸为野生，如今每年至少投入上亿元巨资打捞。据新华社报道："1978年的一则新闻，报道了浙江省桐乡县梧桐公社新南大队当年是怎样'从抓好饲料生产入手，使养猪事业不断发展'的：全大队一年收获水葫芦、水浮莲108万斤，冬季还贮存了水生饲料47万斤，大队集体生猪存栏数达1203头。"① 外来生物对经济、社会、文化和人类健康的巨大影响，是媒体和记者在早期报道中所无法预料的。然而，类似的现象依然存在：

"飞机草"的蔓延不仅占据草地，更使本地植物资源失去生存基础，而这些植物正是四川凉山少数民族构筑民族文化不可或缺的物质基础；豚草花粉是人类变态反应症的主要"祸首"之一，给全世界很多人带来危害；福寿螺是人畜共患的寄生虫病的中间宿主；麝鼠可以传播野兔热；疯牛病、口蹄疫、艾滋病更是对人类生存提出了巨大挑战。

如果说"论述"（discourse）指的是一系列意义、隐喻、再现与陈述，以特定方式与角度呈现事物的被描述图像，并与日常生活的社会结构与实践紧密结合②，那么，媒体关于生态环境的风险论述，是通过文字、影像以及声音等象征符号，呈现并揭露潜在的生态环境风险，并影响受众的日常生活与风险决策。媒体对生态环境风险的报道与论述具有重要的意义。

（二）"癌症村"报道中的"环境正义"诉求

关注环境风险的媒体沟通，必然关涉媒体的风险建构以及"环境正义"的倡导。所谓的"环境正义"是指"一个从社会正义的观点去表达环境诉求的社会政治运动，它关心的范畴包括世代间的福利及权利，对于种族、性别、阶级及国家的平等关怀，甚至这些正义的权利呼吁也扩

---

① 李斌、黄庭钧、徐清扬：《水葫芦警报频传　生物"引狼入室"还要引多久》，新华社2002年11月21日。

② 徐美苓、丁智音：《小病微恙的真实再现——以"感冒"的新闻论述为例》，《新闻学研究》2004年第79期，第197—242页。

展到对非人类的大自然物种。"① 因此，资源匮乏、环境破坏，少数族群与弱势群体的土地与资源被侵占并被迫承受主流社会的各种废弃物毒害等环境风险问题，也就成为风险传播的主要议题之一。

以"癌症村"的电视报道为例。2004 年 8 月 9 日，中央电视台《新闻调查》栏目播出了《河流·村庄》，对河南淮河流域癌症村进行深入的新闻调查。节目聚焦河南省沈丘县周营乡黄孟营村。黄孟营村坐落于淮河最大的支流——沙颍河畔，大约从十几年前开始，它就逐渐开始被癌症的阴影所笼罩。

《河流·村庄》以强烈的视觉冲击力与听觉的震撼力，呈现了环境风险的现实危害。镜头一开始就再现了村口的哀乐与出殡的场面；在节目的结尾报道"在采访结束的第二天，我们得知，黄孟营村又有一个村民死于癌症"，同时，节目以图表的形式提供了黄孟营村自 1990 年 3 月到 2004 年 7 月间肿瘤病患者死亡名单（共计 105 人）。"习惯了污水，习惯了癌症，习惯了死亡"成为电视报道中典型的民间话语和底层叙事。

中国淮河治污十年累计投入 193 亿人民币。民间环保人士关于"淮河十年治污一场梦"的评价，以及 20 世纪"50 年代淘米洗菜，60 年代洗衣灌溉，70 年代水质变坏，80 年代鱼虾绝代，90 年代拉稀生癌"的歌谣，是对工业化与城市化进程中环境风险的一种民间舆论回应。

在《新闻调查》十周年之际，该期节目的编导白云升撰文指出："尽管'可持续发展'和'科学的发展'已经提出，但'发展'仍然是第一位的，或许对于人与自然，我们人类还缺乏更为彻底的反思。"社会系统的良性运行需要平衡与和谐。尽管高度文明与发达的社会也有底层，但是一旦把"最底层"推到生存危机的边缘，与整个社会系统发生断裂，必然也会给整个社会系统带来无法估量的风险。《河流·村庄》凸显了现代工业文明中人与自然的矛盾。

正是立足于风险伦理以及对弱势群体的关怀，Low 和 Glesson 从政治生态学角度将环境正义理论区分为五大类②：（1）实用主义。透过社会经济及政治管理等手段寻求最大的利益。（2）赋权理论（entitlement theory）。重视财产获取及财产交易的公平正义。（3）契约主义。强调人人拥

---

　　① Johnston, R. J., Gregory, D., Pratt, G. & Watt, M., 2003: *The dictionary of human geography*, Malden: Blackwell Publishing.

　　② Low, N., Gleeson, B., 1998: Justice, society and nature: an exploration of political ecology, London: Routledge.

有与生俱来的公平权利与机会。（4）社群主义。关注社区的认同、自主与合作。（5）言说伦理（discourse ethics）。重视公开对话与表达意见的自由。环境正义理论对于提升风险报道以及风险传播研究具有重要的意义：媒体的风险监测，对于风险规避具有现实意义；无论是都市的"邻避政治"，还是乡村的"补偿政治"，媒体都为公众的环境抗争赋权；公民对环境生存权益的维护，社区居民的环保动员，形塑了公众的环保认同与自我认同；保障公民的言说自由，鼓励公众参与环境风险决策，倡导风险社会的协商式民主，是践行风险共同的责任伦理。

# 第六节　社会风险的媒体建构

## 一、社会风险的典型"实践性后果"——突发群体性事件

（一）界定"社会风险"的两种取向

社会风险的界定通常有两种取向[①]：一是取广义的"社会"含义，将政治、经济、文化都包含在内，除了个体的疾病、死亡、失业、意外事故和财产损失等以外，其他均属于社会风险；二是取狭义的"社会"含义，将社会看成与政治、经济、文化并列的系统，此时的社会风险则专指社会系统的风险。军事风险、政治风险、经济风险与文化风险等，都可以在一定条件下转为社会风险。

如果说"风险社会"是指因反思性现代化和全球化而可能给人类生存带来毁灭性损失的社会发展阶段，"社会风险"就是社会损失的不确定性。社会风险是潜在的危机，公共危机则是社会风险的实践性后果。社会风险伴随着人类社会的存在而存在，风险社会是人类进入高科技、全球化时代以后出现的一个新的发展阶段。在世界风险社会语境下，本文采用的是狭义的社会风险的界定。如果将社会风险看作是由个人或团体反叛社会行为所引起的社会失序和社会混乱的可能性，那它主要指涉社会冲突与集体行动。在这一研究领域，多拉德（J. Dollard）和米勒（N. Miller）等人的"挫折—攻击"理论、尼尔·斯梅尔塞（Neil J. Smelser）的规范定向运动理论、斯托夫（S. Stouffer）的相对剥夺理论、萨缪尔·

---

① 张海波：《社会风险研究的范式》，《南京大学学报（社会科学版）》2007 年第 2 期，第 137 页。

亨廷顿（Samuel P. Huntington）的现代化动乱论，是分析社会风险的主要
理论资源。

对于研究者而言，除了传统的社会冲突与集体行动之外，新社会风
险也不容忽视。"新社会风险"是指 20 世纪 70 年代以来，主要工业国家
进入后工业社会，社会结构变迁引发新的社会需要并由此产生社会风险，
包括劳动力市场变化带来的结构性失业、妇女地位上升带来的一系列的
变革、人口老龄化与福利改革政策等引起的新的社会风险。

（二）转型中国的风险震荡：突发群体性事件

从总体上来看，我国转型期的社会风险主要体现在三个方面：一是
社会极化加剧结构性风险；二是社会认同和信任弱化引发制度风险；三
是严重的利益失衡引发社会冲突，使社会风险不断积累。德国著名社会
学家乌尔里希·贝克认为，中国目前面临的最大风险和危险是社会转型
的巨大震荡①，这种震荡常常体现为转型期的群体性事件。群体性事件是
我国社会冲突的主要形式，往往以集体行动的形式表现出来，其载体通
常是聚合在一起、无组织、无计划、一哄而起、临时性、面对面的人群。

## 二、突发群体性事件的生成与发展逻辑：社会风险的媒介图景

近年来，随着改革开放的不断深入、市场经济的转型、社会利益格
局的调整，群体事件呈上升趋势。这既包括现实中的群体事件，如云南
孟连事件、甘肃陇南事件、成渝教师停课事件、重庆出租车罢运事件、
广东乌坎事件等，也包括"南京天价烟房产局长事件"、"官太太团出国
事件"、"贫困县县委书记戴 52 万元名表"、"躲猫猫事件"、"史上最牛
的中部地区处级官员别墅群"、邓玉娇案的网络意见风暴等网络群体事
件。在这些群体性事件中，人们总能发现网络动员与线下行为的互动、
互联网与手机等新媒体的社会动员、网络谣言与民间传言的传播等。

（一）群体性事件发生的社会条件：传播社会学的视角

20 世纪 60 年代正值美国社会群体行为频发之时，产生许多分析群体
性事件的社会学理论。其中，斯梅尔塞（Neil J. Semelser）借助经济学理
论分析了造成群体性事件发生所需的六个社会条件②。从传播社会学的视
角透视群体事件发生的社会条件，有助于更清晰地认识信息传播与舆论

　　①　薛晓源：《当代西方学术前沿研究报告》，华东师范大学出版社 2006 年版，第 3—4 页。
　　②　关凯：《社会学家怎样看待群体事件发生的原因——评斯梅尔塞的"价值累加理论"》，
《中国民族报》2009 年 3 月 9 日。

引导格局的变化，以更好地理解"官方舆论场"与"民间舆论场"如何利用组织化的传媒或新媒体进行有效的社会动员。

2009 年 6 月，石首市一个厨师的"非正常死亡"引起群众的围观起哄，最后酿成危机事件；7 月，河南杞县利民辐照厂钴 60 泄漏的传言引发民众大量外迁。历史不是简单的重复，却有惊人的相似。下文以"石首事件"为例，从传播社会学的角度探究群体事件形成的社会条件与传播逻辑。

从传播社会学的角度来看，斯梅尔塞所言的六个社会条件，与新闻信息传播诸多要素密切相关[①]：

（1）"结构性诱因"（Structural conduciveness），关涉政治法律与信息沟通渠道等社会结构性因素。一旦群体利益的表达机制不完善，政府对民间舆情的不了解或漠视，媒体的舆论引导没有遵循"反映舆论"的规律，极易诱发群体事件的发生。

（2）"结构性紧张"（Structural strain），包括群体性事件六大媒介议题：地方政府与民夺利、社会贫富差距拉大，社会心理及社会舆论对分配不公、不正当致富表现出的强烈不满，普通民众经济利益和民主权利受到侵犯，个人无法找到协商机制和利益维护机制，社会管理方式与社会主义市场经济及人民群众日益增长的民主意识不适应等，这种"相对剥夺"（relative deprivation）容易滋生社会仇恨[②]。石首市永隆大酒店曾经发生过服务员自杀事件并被传言酒店私下做涉毒生意，当地的治安也不是很好，毒品形势日益严重，甚至曾有公安局的一位领导在撞死了别人之后让人代包……从舆论传播的角度来看，这种潜在的矛盾和不信任为该群体事件的爆发积累了情绪。结构性的社会不满必须转化为某种一般性的社会意识才能起作用。

（3）"一般性信念"（Generalized belief），意指群体行为的参与者对社会问题达成的共识。产生共识的客观机制靠的往往不是深刻的理性分析，而是简单粗糙的舆论传播，包括媒体传播与民间口头传播（如"小道消息"或谣言）[③]。群体行动的"一般性信念"就需要这种非正式传播系统（网络 BBS、手机等新媒体传播与人际传播）的支持。当公众对某

---

① Neil J. Semelser, 1962: Theory of Collective Behavior, New York: Free Press.

② 李林主编：《法治蓝皮书：中国法治发展报告 No. 7（2009）》，社会科学文献出版社 2009 年版。

③ 赵鼎新：《社会与政治运动讲义》，社会科学文献出版社 2006 年版，第 65 页。

些事件的信息产生强烈的需求，而正式传播系统又无法满足时，非正式传播系统弥补正式传播渠道所提供的信息不足，形成"一般性信念"。

"结构性诱因"与"结构性紧张"导致群众的不信任心理与泄愤心理，促使公众舆论对"非正常死亡"质疑达成共识。石首事件中，地方政府所说的"通过多种途径迅速向社会公布事情真相"，主要是指一条发布在石首市政府网站上的简短消息、现场的高音大喇叭的广播和散发传单。官方网站的消息一味指责群众，更不用说信息透明和及时，现场广播和散发传单方式在特定的环境和气氛下容易让人产生联想。当地政府往往高估了自己对舆论的控制能力，却忽视了引导舆论与反映舆论的辩证统一，在严格控制正式、传统信息传播渠道的同时也漠视了新兴媒体与非正式传播渠道的社会影响力，反而助长了非正式信息的传播信度和效度。关于"永隆大酒店又挖出尸体"的网络谣言，又导致群众的再次聚集。

（4）"触发因素"（Precipitating factors），即引发群体性事件的导火索，往往具有偶然性与戏剧性，直接为群体性事件的发生提供一个真切而敏感的具体刺激。导火索的意义不在于其本身的显著性和重要性，而在于出现的时机。

（5）"行动动员"（Mobilization for action）。斯梅尔塞强调了领导、策略和信息传递的重要性，他认为领导的权威、有效的策略和快速的信息传递是社会运动动员的关键[①]。尽管石首市政府后来针对现场群众用大喇叭与传单来发布信息，还是局限于传统的社会动员模式，忽视了跨媒体、跨区域与跨层次的媒体动员效能。正因为政府在第一时间没有传递正确的信息，网民利用手机视频网络上传与手机短信传递、网络跟帖与图片发布等，自下而上地进行舆论动员，加速了群体事件的发生。

（6）"社会控制的疏忽或失效"（Failure of social control）。在斯梅尔塞看来，政府的反应对群体性行动的发生影响很大，以政治或暴力（如军队、警察）力量对社会实行严密有效的控制是遏制群体性行动的关键，只有当这种控制出现哪怕是暂时性的疏忽或失效时，群体性行动才能得以发生。政府在事前、事中和事后采取的一系列紧急措施都会对事件的强度、持续性和后果产生重要影响。在石首事件中，政府滥用警力、信息发布的缺失以及对新媒体舆情分析的不足，就是斯梅尔塞所言的"社会控制的疏忽或失效"。

---

① 赵鼎新：《社会与政治运动讲义》，社会科学文献出版社 2006 年版，第 65 页。

群体性事件常常被偶然的"火星"所诱发，但其背后都有一堆必然的"干柴"。在转型期的中国，各种经济型的直接冲突与社会型的间接冲突成为诱发群体性事件的主因①。

（二）群体性事件的发展逻辑

在斯梅尔塞看来，以上六个因素孤立出现的时候也许并不足以导致群体性事件的发生，但当它们按照一定的顺序出现时，群体性行为出现的可能性就大大增加，这就是所谓的"价值累加"（Value‒added theory）。

在传播社会学看来，群体性事件的传播与发展逻辑往往是：冲突源—导致主体利益受损—主体挫折感产生（主体心理不满意感产生）—否定性言语产生（牢骚、怪话、气话）—否定性行为产生（对其他个体、群体或政府的反抗）②。群体性事件的传播与发展逻辑与其社会诱因的依次出现，将问题放大并导致群体性事件。在这一过程中，"政府因知情而说谎，民众因不知情而造谣"是激化矛盾主要诱因③。

（三）群体性事件的传播规律

1. 新媒体传播的"群众书写"。新旧媒体不是壁垒森严的两个系统，而是同属一个"扩展了的媒介生态体系"（enlarged media ecology）。以网络为媒体的传播方式进一步打破了大众传媒与人际交流之间的界限，形成一种可称为"大众自传播"（mass self‒communication）④ 或称"共有媒体"⑤ 的新型传播形态。新媒体事件不是政经势力和媒介体系制造出的"成品"，它更是一个过程，或称"发展中的事件"（unfolding events）。这是公民新闻、"群众书写"的要点所在，是处于社会边缘的信息中下阶层加入创造历史事件的关键所在⑥，也是新媒体事件最根本的"新"特征。

新媒体不光是传播形式上的变化，更重要的是它与传统大众媒介在社会权力结构上有相当大的分别。它不再是昂贵、一对多的广播，而可

①　郭奔胜、季明、代群、黄豁：《网络内外群体性事件有交织放大之势》，《瞭望》2009 年第 22 期。

②　朱力：《中国社会风险解析——群体性事件的社会冲突性质》，《学海》2009 年第 1 期。

③　胡泳：《谣言作为一种社会抗议》，《传播与社会学刊》2009 年第 9 期，第 83 页。

④　Castells, M. , 2007: Communication, power, and counter‒power in the network society. International Journal of Communication, 1:238‒266.

⑤　胡泳：《众声喧哗：网络时代的个人表达与公共讨论》，广西师范大学出版社 2008 年版。

⑥　邱林川：《信息"社会"：理论、现实、模式、反思》，《传播与社会学刊》2008 年第 5 期；邱林川：《新媒体事件与网络社会之转型》，《传媒透视》2009 年第 1 期，第 10—11 页。

以是廉价、多对多的"群众书写"①。"新媒体事件"的背后，其实是一种新的"书写历史草稿"的传播机制：公民新闻（citizen journalism）与大众舆论。

"草根动员"成为这种新媒体事件的主要现象之一。"草根动员"是底层民众中对某些问题高度投入的积极分子自发地把周围具有同样利益、但却不如他们投入的人动员起来，加入群体利益表达行动的过程②。由传统实体政治向"媒体政治"（media politics）或曰"信息政治"（informational politics）③ 的转变过程，绝不是民主化这么简单。

2. 群体性事件中的"舆论场"："官方网络舆论场"和"民间网络舆论场"。在涉及公共权力的互联网舆论中，实际存在着"官方网络舆论场"与"民间网络舆论场"两个舆论场。前者是各级党和政府主导的、自上而下、通过网络传播载体传播的报纸、电视、广播等传统媒体的信息；后者以网民和论坛版主为传播主体、依靠网民自下而上的"发帖，灌水，加精，置顶"而形成。实践中，"官方网络舆论场"在涉及国家大政方针等重大题材上占据统治地位，而"民间网络舆论场"在贪污腐败、贫富差距、行业垄断、社会保障、城乡差距等民众关心的话题上，更容易被网民认可。

此外，群体性事件有两个主要心理特征：一是"闹大才重视"的心理；二是"热衷曝光"的心理④。比如，环境突发群体性事件的受害者与主动参与者，常常在这一心理驱使下激化矛盾、寻求媒介曝光以获得舆论支持并引起上级政府甚至中央高层的关注，以促进问题的解决。

中国的环境问题迎来"三个高峰"：一是环境污染最为严重的时期已经到来，未来 15 年将持续存在；二是突发性环境事件进入高发期，特别是污染严重时期与生产事故高发时期叠加，环境风险不断增大，国家环境安全受到挑战；三是群体性环境事件呈迅速上升趋势，污染问题成为影响社会稳定的"导火索"⑤。在我国，由生态破坏或环境污染引发的群

---

① 吴筱玫：《PageRank 下的信息批判：新二二八事件回顾》，《传播与社会学刊》2009 年第 9 期。

② 应星：《草根动员与农民群体利益的表达机制》，《社会学研究》2007 年第 2 期。

③ Castells, M. , 1996；The rise of network society. Oxford：Blackwell.

④ 郭奔胜、季明、代群、黄豁：《网络内外群体性事件有交织放大之势》，《瞭望》2009 年第 22 期。

⑤ 王冬梅、贺少成：《国家环保总局局长：三项制度应对"三个高峰"》，《工人日报》2006 年 2 月 15 日。

体性事件以年均29%的速度递增，且对抗程度明显高于其他群体事件①。如果说税费冲突主要集中在以农业为主要产业的区域，那么，环境冲突则主要集中在工业化程度较高的地区，但这并不意味着农业省区的环境冲突现象尚未演化成"社会问题"②。

环境群体事件的核心问题及其根本原因在于其背后的博弈格局，大众传媒是人类社会对抗环境风险的一个特殊的社会机制。"既然将传播应用于环境日程，那么传播就不应该仅仅认为是支持环境管理，还应该是环境管理整体中的一部分。缺少这一关键部分，整个环境事业就会受到危及。"③ 媒体在环境群体性事件中发挥了重要的风险沟通功能。在我国，公众的环境参与呈现出"污染驱动型"与"媒体驱动型"的鲜明特征。1998—2009年的12年间，每年至少有一则环境危机报道入选"中国十大环境新闻"。当前，公众的环境参与可视为"媒体驱动型公众参与"④。媒体不仅扮演环境信息沟通的角色，还成为公众参与的"驱动者"。缺少媒体介入（连续的报道和评论），环境议题难以呈现出较高的"社会能见度"，更难以成为公共议题。

消息来源的构成及其在社会权力结构中所处的位阶，必然影响环境议题的社会能见度。在环境风险中，那些"无权无势的消息来源只有在发生不同寻常的戏剧性事件时，才有可能获得接近媒体的通道"⑤。若寻求进入社会视野者的新闻价值含量较低，为提高"媒体能见度"，则需要借助风险奇观、环境抗争与群体事件等非常态方式接近媒体，如2007年厦门"PX事件"中的环境抗争。因此，恰当地发挥媒体的风险预警与风险沟通的功能，有助于政府应对群体性事件，也有利于风险治理与社会和谐稳定。

①　阳敏：《如何缓解环境群体事件高峰》，《南风窗》2008年第3期，第18页。
②　张玉林：《中国农村环境恶化与冲突加剧的动力机制》，《洪范评论：发展与创新》（第9辑），中国法制出版社2007年版。
③　〔菲律宾〕马德雷德·莫斯科索主编：《传播语境中的女性与环保》，中国传媒大学出版社2006年版，第30页。
④　展江：《舆论监督与媒体驱动型公众参与——一种公民社会的视角》，《自然之友通讯》2010年第1期；展江、吴麟：《社会转型与媒体驱动型公众参与》，原载于蔡定剑主编：《公众参与：风险社会的制度建设》，法律出版社2009年版。
⑤　〔美〕赫伯特·甘斯：《什么在决定新闻：对CBS晚间新闻、NBC夜间新闻、〈新闻周刊〉及〈时代〉周刊的研究》，石琳、李红涛译，北京大学出版社2009年版，第150页。

### 三、社会风险与媒体的功能定位

#### (一) 媒体的风险预警

塞缪尔·亨廷顿曾指出，"现代性孕育着稳定，而现代化过程却滋生着动乱"，"一个高度传统化的社会和一个已经实现了现代化的社会，其社会运行是稳定而有序的，而一个处在社会急剧变动、社会体制转轨的现代化之中的社会，往往充满着各种社会冲突和动荡"①。化解、驯服、控制风险的前提是获知相关的风险知识和信息。贝克认为，风险社会只能从"它同时也是知识、媒体与科学的社会"这个前提来认知，因为环境风险的灾难性、复杂性、不确定性与隐形性，使得我们需要新闻媒体的揭露、强调、浓缩与具象化（特别是电视新闻）的功能来使潜隐的风险变得可见或可认知②。

20 世纪 90 年代初期，经济的快速发展导致环境问题涌现。国家"自上而下"动员中央级媒体展开"中华环保世纪行"的报道活动，一些环保 NGO 也逐渐介入环保事件中。2007 年后，更多的环保议题由公众自发参与并推动媒体报道，如"北京居民反对六里屯垃圾焚烧发电项目"、"上海社区居民反对修建磁悬浮列车"、"厦门民众百万短信抵制 PX 项目"、"反对番禺垃圾焚烧发电厂项目"等。北京市计划在海淀区西北旺镇六里屯依托垃圾填埋场建立一座垃圾焚烧发电厂，但周边社区居民担心环境污染并连续上访，引起了社会与媒体的广泛关注。2007 年 6 月 12 日，国家环保总局建议地方政府对有关问题进一步论证，在完成论证之前，该项目应予缓建。正是大众传媒，尤其是小区物业论坛，向公众传播了生态环境知识，发挥了舆论动员的社会功能，吸引了更多的公众借助媒体参与环保抗争。

事实上，跟踪网络焦点事件和话题，搜集并分析关于生态环境风险的舆情，及时地发出环境风险预警，已成为媒体的重要社会责任之一。否则，一旦环境群体事件集中爆发或演变为现实的危机，必然影响社会稳定与国家形象。以厦门 PX 事件为例，早在 2004 年 10 月，PX 项目通过立项不久，厦门市环保局下属的一家杂志就曾刊文指出，当时民众反

---

① 〔美〕塞缪尔·亨廷顿：《变革社会中的政治秩序》，生活·读书·新知三联书店 1989 年版，第 40—41 页。

② 郭小平、秦志希：《风险传播的悖论——论"风险社会"视域下的新闻报道》，《江淮论坛》2006 年第 2 期。

映日盛的海沧区空气质量下降源于"海沧区石化工业区与处于其东面的海沧新城在规划上存在突出矛盾，今后 PX 项目以及大石化项目上马后这种矛盾会更加突出"①，并建议政府高度重视。当时 PX 项目正处于立项和筹建的关键阶段，政府并未及时告知公众。PX 项目最后酝酿成环境公共事件和群体性事件，为研究环境群体性事件中公众、媒体与政府的互动关系提供了可供反思的教训。

（二）媒体的舆论调控

改革开放 30 余年，中国经济经历了持续的高增长，但也为 GDP 的增长支付了昂贵的社会成本和生态成本。社会成本在于劳动力过度廉价，以至于贫富分化日益严重；生态成本在于世界工厂的"黑色"外部效应，环境污染愈演愈烈，农村和城市皆深受其害。在环境群体性事件中，公众有两个主要心理特征：一是"闹大才重视"的心理；二是"热衷曝光"的心理。媒体在环境风险沟通中充当了舆论组织者与引导者的角色。

1. 媒体要全面认知环境冲突中的公众心理。媒体对环境群体性事件的报道，应在把握公众心理的前提下发挥议程设置功能。

社会学家格尔（T. R. Gurr）认为："每个人都有某种价值期望，而社会则有某种价值能力。当社会变迁导致社会的价值能力小于个人的价值期望时，人们就会产生相对剥夺感。相对剥夺感越大，人们造反的可能性就越大，造反行为的破坏性也越强。"② 在环境生存权益的维护中，被剥夺感会转化成为复杂的社会心态，形成负面情绪，导致社会心理失衡，从而激发非理性的越轨行为。群体性事件开始作为"弱者的武器"被普遍地使用③。

中国绝大多数的环境冲突、环境抗争都不是以"环保"为取向的，多体现为城市的"邻避政治"（NIMBY Politics）与乡村的"补偿政治"（Compensation Politics）④。"邻避情结"，简称"不要在我家后院"（not in my back yard），即那些可能导致环境风险与健康风险的公共设施不要建在我家附近，否则我就要出来抗争。"补偿政治"的核心议题是污染补偿而非环境保护，即农民对污染通常有较高的容忍度，却不能容忍无视他们

---

① 转引自朱红军：《厦门果断叫停 PX 应对公共危机》，《南方周末》2007 年 5 月 31 日。
② 赵鼎新：《社会与政治运动讲义》，社会科学文献出版社 2006 年版，第 78 页。
③ 朱力：《中国社会风险解析——群体性事件的社会冲突性质》，《学海》2009 年第 1 期，第 76 页；〔美〕詹姆斯·C. 斯科特：《弱者的武器》，郑广怀、张敏、何江穗译，译林出版社 2007 年版。
④ 熊易寒：《环保教育、环境运动与国家战略》，《绿叶》2010 年第 3 期，第 67 页。

生存需要的经济霸权。无论是"邻避政治"还是"补偿政治",斗争的核心都不是生态环境本身,而是一种维权行动,维护自身的直接利益不受损害。大众传媒既要及时地搜集、表达公众的意见和需求,提高公众议程在媒介议程与政府议程中的社会能见度,又要及时准确地传达政府的行为,实现媒体有效的风险沟通与舆论调控功能。

值得注意的是,无论是"邻避政治"取向的环保抗争,还是"补偿政治"取向的环境抗争,都很难从根本上改善生态环境。因此,媒体在把握公众心理与促进风险沟通的基础上,应将议题导致全面的生态文明建设与可持续发展战略的高度。

2. 引导民众理性的言说并参与环境风险决策。如果媒体报道出现偏差,将会引起公众更大的误解以及过激行为。厦门 PX 项目、北京六里屯与广州番禺的垃圾焚烧发电厂项目,就是由于缺乏更大范围的区域环境影响评价、舆论监督与公众参与,从而引发环境群体性事件。

2009 年 2 月 4 日,广州市政府发了一份《关于番禺区生活垃圾焚烧发电厂项目工程建设的通告》。据《羊城晚报》报道,在垃圾焚烧厂在选址前,政府并未与当地居民充分沟通,只是与少数村民、村长等进行了交流。2009 年 9 月,广州番禺居民才从媒体、网络等民间渠道得知当地要建垃圾焚烧厂。10 月 25 日下午,番禺大石数百名业主发起签名反对建设垃圾焚烧发电厂的抗议活动。10 月 30 日,番禺区政府召开了解释垃圾焚烧疑问的新闻发布会,但在这次会上出现的四位专家后来广受网友诟病。此后,华南板块数万业主不断聚会、散发传单、"上街散步"或者集体上访。11 月 24 日,《广州日报》刊出《番禺垃圾处理问题将开展半年全民大讨论》,《南方都市报》以《若大多数人反对不会动工》为大标题在头版作为内容提示。12 月 10 日,番禺区政府就垃圾焚烧处理问题的计划和思路与市民和媒体进行座谈,表示暂缓"垃圾发电厂"项目选址及建设工作,并启动选址全民讨论。12 月 20 日,番禺区委书记应邀与反对垃圾焚烧的业主座谈,在官民对话中双方最终达成了垃圾分类的共识,当地公众的环保意识也被充分激发出来。2009 年的"番禺垃圾焚烧厂"事件,从最初的区域环境维权逐步演变为全国范围内对垃圾处理方案的讨论,显示了正在崛起的公众参与的力量,彰显了媒体的环境风险的沟通功能,体现了政府克制、理性、顺应民意、择善而从的执政观。2010 年 1 月 18 日,人民网舆情监测室发布《2009 年第四季度地方应对网络舆情能力排行榜》。其中,番禺垃圾焚烧事件在政府应对、处置能力的评估中,得到"橙色警报"的评价,政府响应能力排名倒数第三。

（三）群体性事件中的风险沟通

根据传播学研究，公共安全危机的社会建构来自三方面：个人面临危险的直接经验；经由他人转述个人经历而建构的知觉经验；通过新闻报道所获得的知识①。其中，大部分人的认知架构都是经由媒体报道所建立，即人们对公共安全的认知是一种媒体建构的过程。危机传播就是媒体针对社会的危机采取大众传播及其他手段，对社会加以有效控制的信息传播活动。

中国媒体与环境运动关系经历了官方宣传、NGO 动员与公民推动三个阶段②。环境运动进入公民推动阶段后，新媒体在社会动员中扮演着越来越重要的角色。在番禺垃圾焚烧事件中，番禺的一些业主利用新浪微博、Twitter、开心网、天涯社区以及 BBS 等网络渠道，在极短的时间内广泛传播了他们的意见，形成了网络舆论。马兰诺·塔斯卡诺（Toscano）认为，公共信息经由媒体以及新科技工具向社会传送的流动方向，远远超过传统沟通策略所能控制的程度③。媒体的风险沟通若以理性、合法的形式出现，必将有助于动员社会力量协助政府解决某些社会危机。媒体的风险沟通，既缓解了公众"信息饥渴"和抵制谣言传播，又对群体性事件发挥积极的引导和化解作用。

在"邻避政治"心理和"补偿政治"心理的驱动下，环境群体性事件极易形成所谓的"群体极化效应"。美国学者凯斯·桑斯坦（Cass Sunstein）指出：团体成员一开始即有某些偏向，在商议后，人们朝偏向的方向继续移动，最后形成极端的观点④。一旦负向的信息与情绪在环境冲突中膨胀并形成"极化效应"，而大众传媒又丧失其应有的风险沟通功能，缺乏相应的舆论调控能力，就可能引发危害社会稳定的环境群体性事件。

（四）环境群体性事件的舆论监督

随着环境危机日渐暴露，相关的群体性事件必然呈爆发性增长。相关数据表明，因环境问题引发的群体性事件以年均 29% 的速度递增，2005 年因环境污染上访的案件约 68.972 万起，是 1995 年的 11 倍，而

---

① 吴宜蓁：《危机沟通策略与媒体效能之模式建构》，《新闻学研究》第 62 期。

② 曾繁旭：《当代中国环境运动中的媒体角色：从中华环保世纪行到厦门 PX》，《现代广告》2009 年第 8X 期。

③ Toscano Moreno. ,1996;Tburulencia politica,Mexico;Oceano.

④ 〔美〕凯斯·桑斯坦：《网络共和国——网络社会中的民主问题》，黄维明译，上海人民出版社 2003 年版，第 47 页。

2006 年和 2007 年大约也是 70 万起左右①。大众传媒不仅要促进环境冲突中良性的风险沟通，还应发挥舆论监督的功能，起到社会"安全阀"与"减压器"的作用。环境群体性事件的背后，往往是地方政府"唯 GDP"的政绩观、环境信息不透明以及风险沟通不畅等因素所致。

　　2007 年的厦门 PX 事件，实际上就是一起环境群体性事件。互联网与手机等新媒介被广泛用于公众的环境动员与宣传中。首先，手机短信在动员群众"集体散步"中起到了决定性的作用。有的媒体转引网友的帖子"据称厦门百万市民疯传同一短信反对高污染项目"，新华网曾披露该短信的部分内容："这种剧毒化工品一旦生产，意味着在厦门全岛放了一颗原子弹，厦门人民以后的生活将在白血病、畸形儿中度过。我们要生活、我们要健康！"短信的后半部分直接号召厦门市民在六一儿童节上街游行，这是引发其后的群体性事件的直接导火索。其次，网络发挥了环境抗议的社会动员功能。2007 年"两会"期间，自中科院院士赵玉芬等 105 名全国政协委员联名签署提案建议厦门 PX 项目迁址开始，媒体和民众高度关注 PX 项目。由六位中科院院士和百位政协委员联署的"关于厦门海沧 PX 项目迁址建议的议案"的政协一号提案被新闻媒体披露后，激发了网络的"保卫厦门"、"还我蓝天"的讨论。其中，在厦门著名的网络社区小鱼社区、厦门大学的公共 BBS 上，对环境与健康的担忧、网民的情绪化表达及其"群体极化效应"等，不断地强化"抵制 PX"的信念，极易引发群体性事件。大众传媒的舆论监督，发挥了"文化之眼"的监测与批评功能。

## 四、大众传媒与公众维权的话语策略：以环境群体事件为例

### （一）溪坪村污染事件：媒介再现环境灾难与公众维权的范本

　　福建省屏南县榕屏化工厂，是亚洲最大的氯酸盐生产厂，由福州第一化工厂与屏南县政府联合于 1992 年兴建，位于溪坪村旁。央视《新闻调查·溪坪村旁的化工厂》（2003 年 4 月 12 日）报道："村里的小学距厂区不到 500 米，有的村民家甚至与榕屏化工厂仅一墙之隔。"化工厂是屏南县的主要财政支柱，承担着全县财政收入的 1/3，每年还为当地提供 500 万元的运输业务，解决当地 600 多人的就业问题。1999 年，该厂的二期工程投产后，对周围的污染也猛然增加。

　　从 2002 年 3 月起，当地村民开始通过法律的手段捍卫自己的生存环境，经市中院和省高院审理，村民们最终获得 684178.2 元赔偿。2002

---

① 阳敏：《如何缓解环境群体事件高峰？》，《南风窗》2008 年第 3 期，第 18 页。

年，最高人民检察院下属的《方正》杂志接到当地群众投诉后，派记者到屏南县采访。记者在报道中写道①：

> 　　一望无尽的几个山包上所有的林木和山草全部变的萎黄，踏上这些山包，你会看到到处都是枯枝败叶，没有昆虫，没有飞鸟，这死气沉沉、毫无生机的颜色与远处青翠欲滴的群山形成鲜明对比。
> 　　难道利润就是一切吗？

　　2002 年 3 月 11 日，收到当期《方正》杂志的村民很激动。第二天，他们打出"还我们青山绿水"的横幅，以宣传这本杂志的机会向社会寻求控告化工厂的募捐。3 月 15 日 11 点，县建委城管队制止了村民的行为并带走捐款箱。3 月 16 日，原地继续的宣传和募捐行动遭到制止并发生冲突，村民受伤后引发投诉与请愿行为。4 月 13 日，《中国环境报》报道了这一环境群体性事件。6 月，《方正》杂志又追踪报道了环保机构拒绝污水检测，《法制日报》、《光明日报》也做了跟进报道。7 月 11 日，由国家环保总局派检查组来调查，该厂被定为环境违法企业，《中国环境报》等媒体也继续跟进报道。

　　村民们的环境维权行动越来越多地被媒体所关注。化工厂与村民的冲突逐渐从一个村庄事件走向了一个社会事件，而最终促使这一转变的是中央电视台"新闻调查"的报道。央视"新闻调查"播出的《溪坪村旁的化工厂》，将村民们与化工厂的恩怨纠葛全方位的展现在了观众面前：受污染影响，山上林木全部枯死，地里庄稼几乎绝收，河里鱼虾完全绝迹，居民常常感到头晕、腹痛、恶心、鼻塞、胸闷、皮肤瘙痒，癌症发病率大幅度增加。报道援引村民的说法，"方圆数里，寸草不生"，"山上像火烧过一样"。但令人遗憾的是，"新闻调查"节目播出的当晚，全县停电。调查显示，化工厂是可以控制县电力公司的。村民们认为这一定是化工厂"封锁国家新闻信息，不让群众知情"。电力公司存有工厂厂长洪达开下达停电命令的原始记录，其原因是"因为当晚会有雷电雨，为安全起见洪厂长才来电要求停电"②。

---

　　①　杨建民：《还我们青山绿水》，《方圆》2002 年第 3 期。
　　②　黄家亮：《通过集团诉讼的环境维权：多重困境与行动逻辑——基于华南 P 县一起环境诉讼案件的分析》，原载于〔美〕黄宗智主编：《中国乡村研究》（第 6 辑），福建教育出版社 2008 年版。

村庄的命运迅速引起社会的广泛关注。《中国环境报》等媒体也继续跟进报道。"新闻调查"播出后，仅 2003 年就有 15 篇深度报道刊播。中央电视台《新闻联播》与《经济半小时》、新华社、《人民日报》、《中国环境报》等媒体，不断地跟进报道，曝光化工厂污染环境、影响健康的事实。媒体的深度报道，使得本属于化工厂和村民们之间内部冲突的事件变成了一个全社会关注的公共事件。

2004 年，《中国青年报》、《光明日报》、《南方农村报》、新华社、《公益时报》、《法治中国》、《财经杂志》、《环境》以及《日本经济新闻》、《朝日新闻》等海内外媒体继续聚焦村民维权的事件，并不约而同地批评化工厂的行为。

(二) 环境群体事件中媒介报道公众维权的话语策略

西方社会运动研究比较注重对动员技术的分析，如何把各种力量动员起来为自己所用是社会运动中的一门技术和艺术①。将污染企业和地方政府"问题化"、将弱势群体的环境维权与媒体参与"合法化"，是我国媒体的舆论监督与社会动员的主要话语策略和新闻架构。

1. 将污染企业和地方政府"问题化"的新闻框架。媒体将污染企业和地方政府"问题化"，在新闻的主题框架中主要体现为两种形式：

一是新闻报道借助消息来源（主要是环境 NGO 组织、受害群体与专家学者），反复诉诸这样的"话语"："当地政府与污染企业官商勾结"、"当地政府靠污染企业养活"、"当地环保局不作为"、"要经济增长不顾老百姓的安全"、"碧水青山毁坏殆尽"等。新闻报道采用一种二元的叙事策略，强化环境报道的内在叙事张力以及故事的冲突性。媒体常常将民间维权人士塑造为"环保斗士"或"环保英雄"，同时，也将制造环境污染或对环境破坏"有组织的不负责任"（organised irresponsibility）② 的

---

① 〔英〕帕米拉·E.奥利佛、吉拉尔德·马维尔：《集体行动的动员技术》；莫里斯等编：《社会运动理论的前沿领域》，刘能译，北京大学出版社 2002 年版。

② 〔德〕乌尔里希·贝克：《风险社会》，何博闻译，译林出版社 2004 年版；〔德〕乌尔里希·贝克：《世界风险社会》，吴英姿、孙淑敏译，南京大学出版社 2004 年版。乌尔里希·贝克（Ulrich Beck）认为，公司、政策制定者和专家结成的联盟制造了当代社会中的危险，然后又建立一套话语来推卸责任。这样一来，它们把自己制造的危险转化为某种"风险"。"有组织地不负责任"揭示了"现代社会的制度为什么和如何必须承认潜在的实际灾难，但同时否认它们的存在，掩盖其产生的原因，取消补偿或控制"。"有组织的不负责任"实际上反映了现代治理形态在风险社会中面临的困境：一是尽管现代社会的制度高度发达，但它们难以有效承担起风险的事前预防和事后解决的责任；二是环境风险的全球化导致环境破坏的责任主体模糊，如全球气候暖化。各种治理主体反而利用法律和科学为"有组织的不承担真正责任"辩解。

当地政府与企业塑造为"恶魔"。在环境维权的新闻报道中，媒体的"二元"叙事策略凸显了"环保与反环保"的对立与冲突，同时通过消息来源的集体记忆与电视现场画面或文字记者的描述进行对比呈现，凸显媒体的灾难叙事与悲情诉求，从而使媒介呈现的环境风险"问题化"，警示社会并引起社会对环境风险治理的关注。

二是通过消息来源的叙述或新闻叙事策略，将环境问题转化为政府不得不重视的"事件"[①]。新闻报道话语中，将环境污染与环境群体性事件勾连，将环境危机与地方政府治理能力关联，将弱势群体的环境维权与社会稳定、重塑对政府的信任感等并陈，"如果得不到公正的解决，必将激起更大的民愤，严重影响社会的稳定和人民群众对党和政府的信任"等话语将宏大的环境问题转化为地方政府必须解决的、具体的"事件"。

2. 使弱势群体的环境维权与媒体参与"合法化"。媒体将弱势群体的环境维权与媒体参与"合法化"，既包括环境新闻话语的悲情诉求，也包括追求媒介参与以及公众环境维权的"政治正确性"[②]。首先，大众传媒通过消息来源的讲述与记者的观察，呈现弱势群体在环境抗争和环境维权中的弱者的地位，通过"要活命"、"要安全"等生存诉求来实现弱者的话语抵抗，以悲情诉求赢得媒体与社会的关注，从而实现环境动员的功能。其次，在国家"环境保护"、"生态文明"、"科学发展"、"可持续发展"等政治话语中寻找话语资源，以保证新闻报道、环境维权的"政治合法性"和"政治正确性"。新闻报道直接或间接地反复强调"维护中央法律的严肃性"、"保证中央的政令畅通"等政治诉求来"挟中央以抗地方"，从而构建自己的合法性。在社会学家看来，我国的底层社会有一个普遍信任逻辑，即"中央都是好的，只是地方坏了"[③]，这为媒体的环境议题建构与舆论监督提供了一条独特的合法性构建路径。全球的生态传播实践表明，与环境有关的事件一般在政治意义上是无害的，因

---

[①]　应星、晋军：《集体上访中的"问题化"过程》，《清华社会学评论》特辑，鹭江出版社 2000 年版。

[②]　〔美〕詹姆斯·斯科特：《弱者的武器》，郑广怀等译，译林出版社 2007 年版。

[③]　Li Lianjiang. ,2004;Political Trust in Rural China. Modern China,30(2). 郭正林：《当代中国农民的集体维权行动》，《香港社会科学学报》2001 年春/夏季号；托马斯·海贝勒：《关于中国模式若干问题的研究》，《当代世界与社会主义》2005 年第 5 期。

此，世界各地的大众传媒都会去报道环境问题①。环境报道在中国同样具有政治意义上的安全性，因为"如果有了环境问题不去解决会构成对国家安全的更严重的威胁"②。

①　Russell Dalton,1994;The Green Rainbow;Environmental Groups in Western Europe. New Haven;Yale University Press.

②　杨国斌：《建立中国环境与健康的纽带：公共领域内的事件经营者》，http://www.forhead. org/blog/attachments/month_0905/nkcq_200952195548. pdf.

# 第五章　风险传播的制约机制：
## 媒体建构的视角

## 第一节　媒体风险建构的制约因素分析

一般来说，社会控制包括"硬控制"和"软控制"。所谓"硬控制"，就是通过政权、法律法规、纪律等手段，实现对社会成员价值观和行为方式的控制；所谓"软控制"，就是通过社会舆论、社会心理、社会习俗、伦理道德、信仰和信念等手段，实现对社会成员价值观和行为方式的控制。"软控制"是"硬控制"的有效补充。媒体的风险报道，受到"硬控制"和"软控制"的双重制约。

### 一、媒体风险建构的"硬控制"：经济与政治的视角

考察媒体的风险监测、预警和告知责任，不得不审视当下中国的媒介生态。20世纪80年代中期以来，强调大众媒介的信息传播功能和确立媒介的企业管理制度。20世纪90年代中期之后，在媒体"双重属性"的牵引与协商下，中国传媒继续扮演为党和政府向广大人民群众传情达意的"喉舌"角色，同时面向受众市场与广告市场开拓媒体产业。就风险沟通而言，大众传媒在与政府、广告商、受众的博弈互动中，发展出"重大时刻政治正确的优先性"（注：典型的地方保护主义思维）、"参与利益锁链中的危机公关"、"民粹主义话语策略"、"自我批评式的自反性策略"等潜规则，而媒体策略化生存所遵循的这些潜规则，"不但没有完成好现代社会中媒体应该具有的'风险告知'使命，反而使得原有的中国特色的'新闻专业主义'的空间日渐局促"①。

---

① 胡涵：《从结构性矛盾到制度化风险——对"三鹿毒奶粉"事件报道中的媒体立场转变的考察》，《新闻大学》2009年第2期，第104—105页。

　　在媒介议程、组织议程、公众议程与政府议程的复杂互动中，经济和政治因素成为制约媒体风险建构的重要控制力量。

（一）媒体风险建构的经济制约

　　风险并非独立于政治、经济与社会之外的客观实在，而是社会文化与历史过程的结果。现代公司、企业利用广告营销策略和大众传媒手段来降低风险的"社会能见度"甚至遮蔽风险，其背后的利润诉求与风险问题仍不容忽视。一系列与日常生活息息相关的消费品安全风险相继被传媒聚焦。

　　从风险报道来看，现代风险的"知识不确定性"与争议性是制约媒体风险建构的核心要素之一。从风险新闻生产的媒介场域来看，媒介自身的盈利诉求、广告商的利益也会制约风险报道。

　　以转基因为例。转基因技术解决了基因转移的效率、时间和物种限制问题，为农作物育种提供了无限的可能性。但是，转基因食品风险的高度不确定性、不可预测性以及显现时间的滞后性，挑战了科学认知、控制风险的能力。关于转基因作物对生态环境与人体健康的负面影响，科学界争议较大。同时，转基因技术与商业的结合，消解了专家知识的权威性，也引发转基因技术专家与生态学家、商业集团与消费者的社会争议。

　　媒体对转基因技术应用的论争，既源自转基因技术应用的"知识不确定性"与公众风险认知差异，又受制于商业利益的纷争。作为世界人口大国，中国社会面临农业资源匮乏与转基因风险的双重困境，转基因水稻商业化的争议性议题成为媒介关注的焦点。欧美媒体关于转基因的报道与争议，既关涉健康风险议题、转基因专利的商业冲突及其背后的国家利益，又涉及支撑媒体产业运营的广告商利益。

　　尽管如此，风险总是和责任相联系，风险社会需要人们在意识、制度和政策方面进行批判性的反思。《美国禁发新闻》一书的第五章《被禁记者的声音》中就有一个典型的被禁发的新闻个案：福克斯电视台解雇了两名报道缓慢增长激素（BCH）的记者[①]。简·阿克勒和史蒂夫·威尔森曾是 CNN 的主持人，为地方和国家电视台工作了 26 年，在同行中以敢于仗义执言而闻名。他们受雇于福克斯电视台后，花了一年的时间调查乳牛被喂食缓慢增长激素的事件。在此之前的 5 年，为了抗议美国政府

----

　　① 〔美〕彼德·菲利普斯、禁发新闻项目组：《美国禁发新闻》，张晓译，光明日报出版社2000 年版，第 166—183 页。

批准孟山都公司（Monsanto，是美国拥有全球最多转基因专利的跨国公司
之一）有权将合成缓慢增长激素卖给奶牛场，美国的消费者将牛奶倒在
大街上，人们担心这种激素可能会影响到牛奶及其他乳制品的质量。

简和史蒂夫制作的节目播出后，在当地引起强烈反响。为扩大影响，
福克斯电视台花数千美元买下了一些电视台的商业广告时间，以播发该
组系列报道。此时，既是新闻事件"主人公"之一，又是福克斯的电视
广告客户的孟山都公司出来干预，提出按他们的要求修改节目，但简和
史蒂夫坚持要客观、公正地报道，于是他们被解雇了。在他们要离开时，
对方拿出一张巨额支票，意在收买他们，但遭到这两名记者的拒绝。而
在此之前，对方曾向这两名记者表示，只要他们保持沉默，就聘他们担
任顾问，薪水照旧。

面对媒体对健康风险的调查报道，相关企业以及受其广告投资影响
的媒体常常对记者进行胁迫、利诱乃至解雇。在由索诺马州立大学"禁
发新闻项目组"主任彼得·菲利普斯等一批专家搜索编辑的诸多案例中，
这些新闻之所以遭美国主流媒体禁发，不是它们不真实，而是它们太真
实了。

在《美国禁发新闻》中，彼得·菲利普斯展示了许多在美国禁止发
布的风险报道，主要包括健康风险、生物与食品风险以及资源与环境风
险等。在由"禁发新闻项目组"认定的 1998 年美国最重要的 24 项禁发
新闻中，关于风险的报道就有 14 项，占 58.33%。其中主要表现在"美
国大资本集团为追逐利润而大肆污染环境，侵害国内外弱势群体的权
益"、"美国政府失职而对公众、社会和特定群体造成侵害"、"大资本侵
害全人类的权益"三个方面，这些报道受到了主流媒体的部分袒护。报
道援引亚伯拉罕·林肯的论述："世界上至今还未对自由一词有一个完好
的定义，而美国人民现在非常渴望有这样一个定义。我们都宣称自由，
但在使用这个词时，我们的目的却并不相同。"[1] 此文只能在《美国禁发
新闻》一书中看到，没有主流媒体刊登诸如此类文章。《美国新闻报道评
论》在反思"禁发新闻"中指出："《美国禁发新闻》是针对社会问题的
一种遥远的预警系统。"[2]

---

　　[1]〔美〕彼德·菲利普斯、禁发新闻项目组：《美国禁发新闻》，张晓译，光明日报出版社
2000 年版，第 216 页。

　　[2]〔美〕彼德·菲利普斯、禁发新闻项目组：《美国禁发新闻》，张晓译，光明日报出版社
2000 年版，第 216 页。

　　尽管记者个人的能动性可以通过一些微观的机制左右报社在某个议题上的偏向，但这主要还是受到媒体的定位、文化语境、政治与经济利益权衡的制约。2005 年的"啤酒甲醛风波"，后经媒体证实就存在相关企业操纵媒体风险报道的事实。"国产啤酒 95% 添加甲醛"这一耸人听闻的"揭秘报道"被多家媒体竞相转载，啤酒业的形象被极大损坏，啤酒股全线下挫，甚至日本、韩国对我国啤酒也紧急下达"检查令"。《环球时报·生命周刊》的记者最先以一封啤酒研究工作者的来信作为线索，采写了题为《啤酒业早该禁用甲醛》的报道（2005 年 7 月 5 日第 24 版），报道称，"就产量比例来看，95% 的国产啤酒都加了甲醛。有些企业宣称自己不用甲醛，其实往往只是部分产品不用而已"，"甲醛已经被国际癌症研究机构确定为可疑致癌物。"一些媒介批评者也认为，是媒体的"推波助澜"导致事件迅速扩大。

　　在报道中，新闻媒体发挥了风险预警的功能，但对于"事关啤酒行业发展和消费者身体健康的重大问题，并没有严格遵守科学真实这一新闻原则"①，仅凭一封动机和目的都不明确的读者来信，就发出"95% 的国产啤酒都加了甲醛"的消息。整篇报道倾向性与煽动性极强，容易引起广大消费者的共鸣。而且，媒体在转载这一消息时，将"95% 的国产啤酒加了甲醛"变成了"95% 的国产啤酒甲醛超标"。新闻议题的转换与风险报道的偏差由此产生。

　　甲醛风波与相关企业的操纵与媒体的炒作有关②，媒体的结构性利益制约了传媒的风险建构。相应的科学实验和日常检验数据的缺乏，政府权威部门反应迟钝都给谣言的蔓延和公众恐慌留下了生存的空间。媒体纷纷报道说，"啤酒甲醛风波"是以"啤酒研究人员"的名义给媒体写信，利用社会对食品安全的高度关注心理来制造风波。同时，一些企业也从风险争议中获得诸多发展的空间，比如，"通过媒体对啤酒'甲醛门'事件的炒作，'金威啤酒'的名字被迅速传遍大江南北"③。

　　就对危险信息的解释而言，记者个人立场与新闻价值判断，是产生风险报道偏向的主要原因之一。风险传播处理面对的都是高度感性和情绪化的议题。针对同一风险议题，不同媒体常常作出完全相反的阐释。

---

　　① 李克杰：《啤酒"甲醛门"，不仅是媒体要挨板子》，《人民日报·华南新闻》，2005 年 7 月 18 日第 2 版。

　　② 胡笑红：《幕后黑手制造"甲醛风波"》，《京华时报》，2005 年 7 月 17 日，第 A03 版。

　　③ 邹双舟：《金威啤酒的扩张梦想》，《二十一世纪经济报道》，2005 年 7 月 27 日。

记者通过新闻选择、重组、弱化或强化等机制来报道和捍卫自己的立场。因此，媒体常常基于经济利益考虑，包括拉动广告与吸引眼球的需要，弱化或放大对厂商不利的风险内容。

（二）媒体风险建构的政治制约

从社会建构论的观点来看，风险不是人类可以估计或计算的客观事物，参与风险论述的媒体或相关的风险沟通主体会影响到风险定义与风险决策。社会建构论视域的风险，是"虚拟的风险"，即人们在"不确定性"下所做的判断，必定涉及"价值判断"，因此，"科学事实"被置于文化与政治的背景之中并被解释。

Alexander Görke 等人的研究表明，长期以来，德国对现代基因科技的风险讨论，一直存在着强烈政治化的观点：一方面毫不保留支持科技发展，另一方面又毫不妥协地反对基因科技①。大众传媒也因此颇受批评，认为媒体不仅没对社会大众尽到"解释"的义务，甚至也没必要质疑基因科技"利益"何在；媒体最终使得基因科技失去信誉，也迫使德国工业迁移国外。1973—1996 年期间，德国主流报刊并未将基因科技塑造为极端争议性议题。

在转型期的中国，风险报道受政治因素，尤其是民族主义情绪的影响尤为明显。目前，风险争议主要集中在政府相关部门、科学家、媒体与 NGO 等几个方面。在我国，有些记者本身就是 NGO 的成员或领军人物。中国"环保人士"直接控制的媒体不多，但是中国媒体普遍支持"环保人士"却是个不争的事实。在转型中国，环保问题引起了公众的普遍关注，"环保"也在某种意义上成为"为民请命"的正义之举。对生命与安全的关注，使得环保 NGO 较一般的民众更容易获得媒体的"能见度"与话语权。对于环保 NGO 言行的质疑，经常被媒体尤其是网络媒体指责为"反环保"行为。相反，方舟子等人在人民网上撰文批评他们"利用中国公众对食品安全问题的关注和爱国主义、民族主义情绪，把矛头指向西方跨国公司，制造了一场对转基因食品的恐慌。"

在一定的舆论环境下，政治的内容可能具象化为一种民族的情绪，弥漫在风险报道之中。2006 年 9 月 14 日，新华社最先报道：来自日本宝洁株式会社的 SK－Ⅱ品牌入境化妆品，被查出含有违禁成分——致癌重

---

①　Alexander Görke, Matthias Kohring & Georg Ruhrmann, (2000). Genetic engineering in the press:An international long－term analysis from 1973 to 1996. *Publizistik－Vierteljahreshefte für Kommunikationsforschung.* 45(1):20－37.

金属物质铬和钕。可能致癌的风险是客观存在，此前媒体也多有报道，但相对于其他的报道而言，中日两国由历史产生的政治宿怨，使风险报道带有浓厚的民族情绪。

早期对SK-Ⅱ致癌风险的报道，SK-Ⅱ在内涵的层面上作为一个"能指"，被用来表达公司产品的健康风险。随着新闻报道的跟进以及网民激进民族主义情绪的蔓延，上述的内涵意义被彻底置换了。"SK-Ⅱ"这一符号原来的内涵意义的稳定性遭受了破坏：内涵意义处于许多不可预测的个别意义或具有竞争力的意识形态阐释的争夺之下。"SK-Ⅱ"危机恰逢九一八事变75周年，这使得媒体对化妆品的风险报道出现了几次微妙的话语"置换"（displacement），"产品安全性"的报道主题被置换为"日本公司态度"的报道主题，后又被置换为"民族产业"、"抵制日货"等报道主题。中日两国间的政治、贸易的矛盾以及民族主义情绪，转化为网络论坛上"将SK-Ⅱ赶出中国"、"将宝洁赶出中国"的言论。"榕树下"文学网跟帖说："只有认清日本的企业文化'内涵'所在，你才能真正明白抵制日货，绝不仅仅是什么经济上的问题，而是严重的民族生存问题……"一些女性社区网站贴出："今天是九一八事变75周年，JMS虽然身为女儿身，也要勿忘国耻。"网络上低成本或无成本的言论环境，导致BBS中盲目疾呼者多，理性分析者少。其中，愤世心态与民族情绪的体现十分明显，使报道偏离风险沟通的目标。

在报道中，媒体对某些消息来源的强调或忽略基本一致，报道的基调比较统一。2006年9月22日，《中国财经报》从"民族品牌"角度剖析日本的一系列"危机门"事件：

> 从日本食品到本田轿车，再到知名的SK-Ⅱ品牌化妆品，一连串享誉全球的日本名牌产品在中国接连"追尾"，这不能不让国人对昔日无比信任的"日本制造"大打折扣。
>
> 有专家认为，日本产品所暴露出的一系列质量问题，与近年来日本经济的衰退有关。
>
> 日本产品实行严格的分级制度，明确规定：一流产品在国内销售，二流产品销往欧美，三流产品销往中国等发展中国家。
>
> 这就难怪在中国的日本货成了"问题产品"。由日本人最先喊出来的"质量就是生命"，如今看来仅仅是一句口号而已，"日本产品世界一流"的神话已经破灭了，而这个掘墓人正是日本厂商自己。

这篇名为《神话破灭后的日本名牌》的财经报道，分"'神仙水'神奇的秘密"、"日货：让我怎敢再信你"、"双重标准导致'追尾'"三个部分。新民网于 2006 年 9 月 22 日独家报道《因 SK-Ⅱ 事件群众围堵 宝洁上海分公司被砸》。事实上，媒体揭露外国企业的产品问题避免了许多不必要的风险。"政治正确"与民族情绪的交织，使得 SK-Ⅱ 成为绝好的风险题材。只有部分与宝洁有过合作的媒体（如央视），基于商业考虑而在报道中有所克制。

记者及聘用他们的组织不可能在真空状态下运作，新闻报道受到结构性环境的影响。记者的价值观乃主流文化的产物，组织的价值观也可以直接追溯到商贸活动中政治、经济的紧急需求（exigencies）。结果，新闻报道形塑世界的框架与权力结构（power structure）、价值观一致①。这种报道框架不仅将社会现实定义为不可避免，而且将现实理想化。如果这些观点是对的，人们将认为社会结构性的力量强烈地影响媒介的风险报道，恰如它们对其他议题报道的影响。

1. 非典报道的风险政治。在"世界风险社会"，各种风险的传播越来越全球化。局部的风险论争可能上升为民族、国家、地区甚至国际层面的博弈。2003 年的非典就是一个典型个案，政治或意识形态的内容贯穿其中。非典在西方媒体中已经变成了一种政治报道的符号。

非典是《远东经济评论》封面文章标题所称的"中国病毒"吗？非典病毒会在中国变成英国《经济学家》封面文章标题所称"中国的切尔诺贝利"吗？人类是否处在美国《新闻周刊》封面文章标题所称的"瘟疫的新时代"？这种从政治角度和框架报道非典，"可以在公众中起到一种情绪化反应，额外增加其新闻价值，引起更多的关注。通过激怒公众对中国政府和中国政治体制的不满，人们把非典新闻当成政治新闻而不是科学新闻来阅读。"② 全球媒体将非典报道置于一个窄化的语境里，使对疾病的风险报道愈发政治化。相反，一些对比性报道尤为缺乏，如把非典与过去人们熟知的某个风险和事故（艾滋病、疯牛病、流感、埃博拉等）相比；也缺乏对风险与利益的比较，如非典防疫中大量使用消毒水，这种弥漫在空气中的消毒液对人体健康的保护与危害之比较。这既

---

① Dunwoody,S.,1994：Community structure and media risk coverage,*Risk*,*Health.*,*Safety & Environment*,5：193 – 202.

② 周庆安：《非典的政治传播与风险传播——访清华教授李希光》，《国际先驱导报》2003 年 5 月 26 日。

与西方某些媒体的意识形态以及对中国报道的新闻惯性有关，也与记者的专业背景有关联，即西方大部分从事该报道的记者和评论员都是政治记者，只有个别人有医学记者的背景。

2. "政治—权力结构"对风险报道的制约：以社区权力结构为例。那么，如何"看到"政治结构对媒体风险报道的影响？如何将文化的作用从个人的意识形态体系中抽离出来？明尼苏达州大学的 Tichenor、Donohue 与 Olien，花费大量精力考察新闻的内容与报纸所根植的社区结构之间的关系，来研究社会结构对新闻从业人员判断的影响。莎伦·邓武迪（Sharon Dunwoody）教授所组织的研究团队，成功地运用该理论来研究风险报道[①]。政治与经济环境，尤其是社区结构（community - structure），影响了记者风险报道的方式；反之，结合具体的报道个案，也能从风险报道与论述中看见社区的权力结构关系。

莎伦·邓武迪指出，社区结构影响媒介组织并暗含于新闻报道之中：大多数传媒（尤其是美国的媒体）深深地根植于社区，因此，这些社区权力分配决定了新闻报道的内容[②]。社区并非是空间上的限定，因此，地理不是它的定义因素。社区中权力的中心化是一个关键的因素，这种权威扮演了信息传播的媒介。莎伦·邓武迪将不同社区结构视为权力分配连续体（continuum）的两极，以说明了"权力—传播"的关系：（1）以权力中心化为基础的社区，即权力被掌控在少数人的手中，被控制在同质环境中。决策在幕后进行并根植于传统，冲突被面对面地解决。处在这种社区中的媒介，使社区规范合法化，宁可忽略危险的相关因素也不会挑战现状。（2）以多重权力竞逐为基础的社区。冲突是社区的惯例，也因此在公共领域（public arenas）中被争论。媒介的功能在于传播（convey）竞争性的行动与观点。这正如温森特·普莱斯（Vincent Price）所说："新闻对精英政治舞台上的表演提供了持续的解释……同时记录了受众是如何对此作出回应……"[③]

那么，不同的权力分配如何影响风险报道？

莎伦·邓武迪等研究者首先假设：多元社区中的媒介组织承认二噁英（Dioxin）的污染是一个有新闻价值的议题，造纸厂对可能存在威胁的

---

① Sharon Dunwoody,1994;Community Structure and Media Risk Coverage,*Risk;Health,Safety and Environment*,5(3):193 - 202.

② Sharon Dunwoody,1994;Community Structure and Media Risk Coverage,*Risk;Health,Safety and Environment*,5(3):194.

③ Vincent Price,1992;*Public Opinion*. CA:Sage Publications,pp. 81 - 82.

报道没有什么不安，并愿意媒体对此进行报道。当然，风险报道也会惹怒企业，但是，造纸厂仅仅是当地社区的多元权力之一。因此，这不可能导致报纸发行商或编辑因为承受太大的压力，以致撤销或者戏剧性地改变报道。

推测风险报道威胁了社区的现状，也就假定了社区结构将影响媒介的回应。事实上，社区中其他的利益团体可能会支持风险报道，褒扬报纸或电视台的"看门狗"功能。受此鼓励，媒介组织可能超越对听证会、新闻发布会以及其他结构性的新闻事件的报道，从事更具进取心的报道，花大量的时间从事长期的报道，以揭示问题的源头或者探究该风险对人们健康的长期影响。

相反的假设是：处于同质化社区的新闻组织，很难将污染问题当作"大新闻"、潜在风险的证据来处理。像媒体的所有者或出版商一样，造纸厂的所有者也是掌控社区权力"圈子"的一部分，类似的风险报道必然对他们的行为提出质疑。大众传媒在社区中的作用是强化他们的合法性，而不是质疑。媒体对二噁英（Dioxin）污染报道的"不予重视"（downplaying）可能意味着忽视污染，或者减少关于污染议题的对立观点，或者将该问题重构为阐释社区精英如何获得帮助，而不是威胁社区的风险。

莎伦·邓武迪教授曾经对近年来报纸风险报道的几个个案进行研究。她使用 Tichenor、Donohue 与 Olien 的"社区多元文化论"（community pluralism）的概念，在风险报道的背后透视媒介的意识形态特性，发现不同的社区权力结构是如何被反映、又是如何制约了媒体的风险报道。早在20世纪80年代中期，他与美国曼凯托大学（Mankato University）的 Marshel Rossow 一道，研究了威斯康星州的一些报纸报道联邦政府可能在威斯康星州北部建造一个核废料储藏装置的议题，发现异质社区的报纸，较那些服务于更小社区环境的媒体，更可能报道风险争议、传播对立的观点[①]。

当报纸报道环境污染的新闻时，它们所服务的社区类型会间接地影响风险报道的内容。格里芬（Griffin）与莎伦·邓武迪在《社区结构与当地环境风险报道的科学"架构"》一文中指出，多元社区（即通常比较大的社区）的报纸，比同质化社区（即通常比较小的社区）报纸更可能会

---

① Robert J. Griffin & Sharon Dunwoody, 1997; Community Structure and Science Framing of News About Local Environmental Risks. *Science Communication*. 18: 362 – 384.

将污染作为科学新闻来论述。将污染事件"架构"（Framing）为科学故事予以讲述，使得报道更容易将污染与健康影响相联系，这尤其体现在以下几种情形之下：（1）多元社区的报纸针对当地的污染者；（2）同质化社区的报纸在社区之外报道污染问题。研究的结论与美国传播学者蒂奇纳（Tichenor）、多诺霍（Donohue）和奥里恩（Olien）的冲突（共识）（conflict/consensus）模式相一致，后者的研究断定社区中权力的分配模式影响了当地大众传媒的新闻选择与新闻"架构"①。

最近，在蒂奇纳、多诺霍与奥里恩的冲突（共识）（conflict/consensus）模式基础上，格里芬、邓武迪与杰曼（Gehrmann）假设：关于当地企业污染了本地的环境、导致健康风险的媒介化信息，是一种制造冲突的新闻信息②。因此，这种信息必然受到维护社区稳定性的利益所控制。对美国中西部19家报纸9个月的报道内容的分析支持了如下假设：较多元的社区与那些不那么多元化的社区相比，其报纸更可能将来自当地企业的污染与对人们"健康危害"联系起来，并将污染"架构"（framing）为一个社会的公共问题。在不那么多元化的社区，报纸更可能力图避免将污染与健康风险联系在一起，也不想将其结构为一个问题，并在问题得以解决的新闻框架下报道当地的污染。只有当污染发生在其他社区时，报纸才会将污染与"健康风险"相联系。因此，对社区风险信息的控制是因社区结构变化而变化的。

大量的研究数据表明，社区的权力分配可能是媒体风险报道方式的一个重要决定因素。新闻生产的研究表明，新闻工作的确与文化、政治权力结构密切相关。在新闻生产中，"社区多元文化论"是社区权力分配的替身，蒂奇纳、多诺霍与奥里恩对该理论的深入，为我们思考权力与传播关系提供了新的路径。运用"社区多元文化论"的概念研究风险报道的构架，虽然迄今为止对权力与传播关系的研究没有新的发现，但这已经令我们明白了诸多关于媒介风险报道背后的"为什么"（why）。当然，社区中的权力分配，并不能解释新闻建构的所有差异，事实上，与

---

① Robert J. Griffin & Sharon Dunwoody,1997：Community Structure and Science Framing of News About Local Environmental Risks. *Science Communication*. 18：362 – 384.

② Robert J. Griffin, Sharon Dunwoody & Christine Gehrmann. ,1995：The Effects of Community Pluralism on Press Coverage of Health Risks from Local Environmental Contamination. *Risk Analysis*,15 (4)：449 – 458.

个体层面的变量一样，其他的社会结构变量也起到重要的作用①。

　　有趣的是，这与中国当下的风险报道有颇多类似之处。当风险议题只在地方媒体上被呈现时，风险很少被架构为社会问题。只有当风险议题被外地媒体、上一层级的媒体或全国媒体予以呈现，风险才会被架构为社会的公共问题。这种传播现象，既与中国媒体"纵向割裂、横向割据"的多头管理体制有关，也与官员的政绩考核机制以及地方保护主义思维有关。

　　风险沟通是一种开放性的社会建构。媒体的风险建构，既是一个文化建构的过程，也是一个开放性的政治建构过程。媒介在某种意义上已经成为社区的创造物，这给媒体风险报道的"准确性"、"客观性"带来新的困惑。在一个最终承认媒体报道是一种社会建构（social construction）的社会，回答"谁是正确"的问题也是相对的，而更有意义的问题是：谁的风险论述支配了大众传媒的风险报道？受众又是如何理解风险报道？

## 二、媒体风险建构的"软控制"：心理、文化、历史与地理的视角

### （一）媒体风险建构的心理制约

　　风险所衍生的问题不仅涉及客观事实的层面，更影响到主观的风险认知层面。媒体的风险建构，除了受制于政治、经济等因素之外，还受社会心理的影响。"风险认知"强调对风险事物的信息和符号的处理，并与个体的心理相联系。受众的个性、媒体对风险真相报道的多寡、人们对传播者的信赖以及社会、文化与政治形态，均影响受众对风险的认知。记者与公众的风险认知心理，直接影响媒体的风险呈现、灾变记录、风险评估以及风险论述。

　　在风险论争中，媒体的风险报道和专家的现身说法，都是在利用受众寻求安全的心理，加深了公众对风险的认知。社会在整体上的风险认知，也必然反映在媒体风险建构上。

　　在转基因报道中，一桩原本不太引人注目的科学事件，经媒体报道，都可能引起其他媒体的关注和受众的注意。除了议题本身的"公共性"

　　①　Dunwoody，Sharon，1992；The media and public perceptions of risk；how journalists frame risk stories，in Bromley，D. W. & Kathleen，Segerson（ed.）The Social Response to Environmental Risk；Policy Formulation in An Age of Uncertainty，Norwell，Massachusetts；Kluwer Academic Publishers，pp. 75 – 100.

之外，社会整体的风险认知是不容忽视的。对转基因作物安全性的争论，从表面看来是各国科学家对转基因作物及其安全性的学术之争，但实际并非如此简单。除科研机构外，卷入争论的还有政府、企业、公众、媒体和环保组织等。这场争论的本质并不是科学问题，而是比科学问题更为复杂的风险认知与接纳、贸易保护、企业利益、反垄断等各种社会问题的交织。

媒体对转基因报道框架建构还受公众"安全—风险"心理机制的制约。趋利避害，消除恐惧，是人类的本能。期待"绝对安全"是普遍的社会心理，但现实中只有"相对安全"。"剂量决定毒性"是从事风险报道的记者必须明白的事实。尽管转基因的风险具有高度的"不确定性"与"争议性"，但"疑罪从有"的心理依然主导了部分受众与记者的心理。

美国转基因作物登陆欧洲市场的早期，媒体与公众并没有怎么反对它们，科学家与媒体也没有充足的证据证明转基因作物是安全的还是危险的。但是，一系列食品危机事件，如 1996 年英国爆发了疯牛病，1998 年德国爆发了猪瘟病以及英国的"普斯陶（Pusztai）事件"（普斯陶在电视上公布转基因食品的可能危害），1999 年比利时养鸡饲料遭到二噁英污染等，令公众对新食品产生条件反射式的恐惧，从而使转基因作物成了一个飘荡在欧洲大陆的"幽灵"[1]。尽管英国的 Nuffield 生物技术委员会在向媒体公布的结论中指出："迄今为止这个国家市场上所有转基因食物对于消费都是安全无害的。然而这一专家的保证却因欧洲消费者的不信任而大打折扣，这部分缘于 1996 年的疯牛病恐慌。这一危机瓦解了消费者对于专家观点和官方观点的信任，这发生在英国公共卫生官员给消费者的错误保证——食用病畜的肉没有危险。"[2] 政府的相关机构对转基因食品的安全承诺，在面对科学界内部的风险争议时显得有些苍白无力。民众的恐惧心理、从众心理以及对生命的绝对保护意识，促使了该报道取向的形成。疯牛病、二噁英以及沙门氏菌引起流行病等风险记忆，常常作为记者风险报道与公众风险认知的"前置因素"（predisposition factors）[3]，再加上媒体的风险论争，强化了欧洲民众对转基因作物的抵制态度。受众对风险的认知又反过来影响媒体的报道取向。

---

[1]　阎维毅等：《基因经济：分割绿色黄金》，中国广播电视出版社 2001 年版。

[2]　郭于华：《天使还是魔鬼——转基因大豆在中国的社会文化考察》，《社会学研究》2005 年第 1 期，第 87 页。

[3]　臧国仁、钟蔚文：《灾难事件与媒体报导：相关研究简述》，《新闻学研究》第 62 期，第 143—151 页。

在风险报道中，受众的"邻避情结"与"追求绝对安全"的风险观念，受到相关风险记忆的刺激，极易将"可能的危害"等同于"即刻的危险"，这种社会心理反过来会影响媒体的风险建构。

（二）媒体风险建构的文化制约

风险是讨论科技争议时最常引用的概念。卢普顿（Lupton）认为，有关风险现象的讨论主要分为科技和社会文化视野，科技视野以认知科学为基础，希望以精确的科学知识预测并控制不利的风险；社会文化视野强调应将风险置于社会及文化的背景下去理解，风险成为理解社会规范的重要一环，甚至风险科技将特定的社会团体或人口识别为"高风险群体"进行监控与管理，风险论述成为道德科技[①]。

风险，是一个社会建构的过程。从文化分析的角度出发，风险涉及了对不确定事物（uncertainties）和社会价值（values）的整合过程[②]，对某科技和环境灾难风险的"认知"、"接受（程度）"或"拒绝"，基本上是人们在一定文化意义下所共同发展和决定的过程。英国人类学家道格拉斯（Mary Douglas）在对原始部族之"污染"（pollution）观进行研究时指出，在部落内，人们对某事物若知觉其"位置不当"（matter out of place），则常将之定义为"肮脏的"或"污染的"，其根据就是该社会中所延展出的文化价值[③]。道格拉斯在讨论社会边缘结构中的危险性力量时，引用了凡荷涅普（Arnold Van Gennep）将社会比喻成一间拥有许多房间的房子的概念，因为"走道"（corridors）具有"过渡的"性质，因此就成了具有危险力量的地点[④]。道格拉斯认为"社会生活中的边缘位置会制造出各式不同的心理脱序经验，在社会状态中大断裂"，这类似于可能性的风险与现实的危机的临界点。道格拉斯发现一个长久以来一直被忽略的古老定义：肮脏、危险或风险来自于"位置不当"。这个定义暗示着两种情况：一套井然有序的关系，以及违背这套秩序的状况。对文化构成侵犯的技术或决策，必然处于文化中的"不当位置"，也就成为道格拉斯所言的"风险"。

文化制约了媒体的风险报道，媒体对风险的不同建构与其所处的文化

---

① Lupton, Deborah, 1999: Risk, London: Routledge, pp. 17 – 35.

② Douglas, M. & Wildavsky, A., 1982: *Risk and Culture*, University of California Press, pp. 4.

③ Douglas, Mary, 1966: *Purity and Danger: an analysis of the concepts of pollution and taboo*. London: Routledge, pp. 36, 95.

④ Douglas, Mary., 1995: *Purity and danger: an analysis of the concepts of pollution and taboo*. London: Routledge, pp. 97.

背景有关。界定风险的文化基础以及由此衍生而出的风险文化，在高科技时代将充满挑战性。风险界定被视为一个开放的、多元的、具备公共性的政治与社会建构过程，甚至是由"隐藏"（risks as hidden）、"选择"（risks as selected）到"共识（歧义）建构"的发展，人们必须从原本社会未注意、重视的"外部"议题拉到社会"内部"的关注焦点，将之视为重要的公共风险问题①。这种隐匿的、建构的风险，经由大众传媒的呈现与多重建构，由外部议题转换为社会内部或公共领域的公共风险问题。

首先，风险具有跨文化传播的意义②。

现代"风险"决非单纯的技术性问题，它涉及了十分复杂的社会传播与决策过程。反过来，风险也改变我们的意识和行为。风险是一种"社会建构"的产物，每个社会都有它自己的"风险目录"，风险议题更时常反映出文化的偏见。同时，对风险和危机的"误传"、"误读"，也显示了这样的文化差异。

风险是一种文化的建构，媒体是文化的重要组成部分。对风险的跨文化传播研究尤为必要，这不仅体现在风险传播的全球化，还体现在风险议题蕴涵的文化差异。处于不同文化中的媒体有着不同的"风险目录"及判断风险的标准，即人类的风险观念及其衍生物，它们会随着时间、空间和族群（社会、文化）的不同而有所差异。同时，不同的风险观念会具体地表现在不同的文化和社会层面上（如饮食、宗教、道德等），并且会影响传播的内容，风险也就具有了跨文化传播的意义。

"风险"一旦简化为生态的、科技的、纯粹的、自在的状态，必然会忽略文化差异以及跨文化对话的意义，因为对同一风险在不同的文化语境中的理解有差异。以对原子能风险的评价为例。德国政府正在改变政策消除原子时代；在法国，核电站象征着现代性的巅峰，成年人在假日常常带着孩子，怀着敬畏的心情来参观。风险是一种社会建构，强调风险的"社会建构性"意味着承认风险文化的差异性，同时也强化风险社会跨文化传播的需求。

风险议题蕴涵的文化差异，跨文化沟通的匮乏，常常使潜隐的风险转化为现实的危机并扩大。忽视文化差异可能导致文化冲突、人际冲突乃至国际危机。2004年9月16日晚，在西班牙埃尔切市，当地一些不法分子捣毁并焚烧温州人的鞋店、仓库。对此，人们做出不同的解读：对

---

①　Douglas,M. & Wildavsky,A.,1982:*Risk and Culture*,University of California Press,pp.17-48.

②　秦志希、郭小平：《论"风险社会"危机的跨文化传播》，《国际新闻界》2006年第3期。

经济状况变化感到不安的非理性情绪酝酿并蔓延；廉价竞争优势的"中国制造"没有征服异邦；"保护地方工业"的极端之举；全球化市场仇恨；文化沟通与融合的匮乏等等。这一危机表明，"烧鞋事件"是市场竞争矛盾的极端表现，西班牙从业者的行为反应明显过激，但温州商人在跨国经营中的文化适应性也有待提高。

文化交流的缺失造成他人（外部世界）对我们的误解，"烧鞋事件"其实是两种商业文化冲突的后果。中国文化传统塑造的是变通性的商业文化，与成熟市场经济的偶发冲突不可避免。温州文化讲亲情、敢冒险、灵活、坦荡，但同时行为不规则，缺乏理性，不具兼容性，但要扭转一种生活习惯和传统文化的心理并非易事。西班牙事件发生后，埃尔切制鞋业协会总书记门德斯即表示，中国鞋商在埃尔切市的经营有四个问题：进口时偷漏海关关税；销售时不向消费者收取西班牙政府的增值税；不遵守西班牙政府和法律规定的营业时间，星期天和节假日也营业，每天的营业时间特别长；不遵守政府规定的卫生标准[①]。

温州人的勤劳美德在西班牙文化语境中却是"不守规矩"的表现，大部分欧洲媒体对中国人"非法经营"形象的建构激化了这种文化冲突与危机。危机促使我们去反思跨文化传播中的文化适应性问题。文化适应受到个人自身能力的影响，也随个人接触异国大众媒体的程度和方式而变化。在一个危机重重的世界，"善意地对待每一种文化，承认和接受他者，宽容他者的独特性是相当重要的。"[②]

风险的全球化、风险议题的文化差异、媒介对风险的建构等，凸显了对风险社会危机的跨文化传播研究的必要性和紧迫性。

其次，宗教、伦理与审美等文化传统影响了不同媒体的风险报道。

在宗教、伦理与审美等文化传统中，宗教在科技、食品等风险的媒体建构中起到尤为突出的作用，对转基因、克隆等生物科技风险的报道常常卷入宗教文化之争。

受新教伦理精神的影响，美国人在文化上追求开放、崇尚冒险、敢于创新、易于接受新事物。美国的媒体与政府大多提倡对转基因作物实行积极的商业化政策。近年来，受欧洲反转基因作物浪潮的影响，一小部分媒体才开始反对转基因作物。

---

① 曹海东、纪莉：《温州人与欧洲人纠纷背后的文化冲突》，《经济》2005年第3期。
② 徐小立、秦志希：《论自我诉求中的传媒跨文化传播》，武汉大学新闻与传播学院《跨文化传播国际学术交流会议论文集》（打印稿），2004年版，第170页。

与美国不同，欧洲是一个受基督教影响长达千年的社会，传统宗教观念深深根植于欧洲文化之中。他们将转基因技术的发展看作对自然界的不敬和侵犯，具有某种宗教文化的意义。圣经《创世记》告诫基督徒：生命创造是只有上帝才能完成的奇迹。在犹太——基督教传统中，上帝根据自己的意志创造了整个世界，基因的自然构成是由上帝设计的，他的智慧是唯一可以信赖的；未经上帝的同意，人类不可以篡改、增添、修饰神圣的基因。如同传统的环境风险议题一样，人与自然的关系是媒体报道转基因食品的一个重要视角。媒体对转基因食品的争论，常常围绕"自然"与"非自然"的区分而展开。

因此，在他们看来，跨越杂交屏障的基因转移是非自然的、不可预测的，是"反进化"、"破坏生物多样性"、"违背自然"，是在"扮演上帝"（Playing God）①。少数虔诚的基督教人士把对《圣经》的诠释应用于论争之中，"该不该扮演上帝"的论题因此由一个纯粹的宗教信仰问题世俗化为一个"该不该干预自然的遗传构成"这样一个哲学命题。受这种宗教文化的影响，欧洲民众与媒体认为没有必要冒危害环境和生命健康的风险，因而强烈反对转基因作物的研究、种植和上市。从1999—2000年，英国的查尔斯王子就几次通过英国的 BBC 宣传反转基因作物，表示自己理解基因技术会带来医药、农业和环境方面的巨大利益，但更多地表示了对健康和环境损害的担忧，更不愿触犯了"上帝的专属领域"。

与转基因食品报道相关的宗教、针对克隆技术应用而言的伦理道德，以及不同的审美文化，都会影响风险的媒体建构。文化既影响媒体对风险的社会建构，还透过媒体的风险报道与受众的风险解读，共同建构社会风险。在风险报道中，不同的审美文化，既影响媒体的风险报道，又影响受众的风险解读，而且传受双方在风险信息的传播、感知、理解或记忆方面常常存有差异，即相同的报道或画面常常会在不同的受众中产生不同的传播效果。这种理解差异，主要是由构成新闻的文字、图像等符号的外延和内涵造成的，体现了新闻报道的审美文化特征。

以西方平面媒体在非典报道中对颜色的选择为例。比如，"红"这个字的本义指色谱仪上的某段，有别于其他的颜色。但是"红"字的内涵与受众的联想有关，包含了受众的价值观、生活体悟、教育经历、文化背景等。在西方文化中，红色常常与暴力、凶残、血腥、恐怖相联系；中国人则更多地把红色与喜庆、热闹、奔放等联系起来。再如，天安门、

---

①　转引自贾士荣：《转基因作物的安全性争论及其对策》，《生物技术通报》1999 年第 6 期。

五星红旗和毛泽东等，已经成为世界观察中国以及媒体呈现中国的重要象征符号。这些传播符号已经成为西方媒体表达转型期中国的复杂状态的重要传播资源。美国的新闻类周刊，将非典病毒置于红色的新闻封面之中，绝不是中国文化意义上的解读，而是对风险的一种恐怖文化建构。《新闻周刊》封面选择特定的新闻图片（白色口罩、黑色的肺以及鲜红的底色），通过电脑技术的夸张性编辑合成，将这些具有文化/政治意义的象征符号置于一个阴暗、负面、压抑的语境中，表达的是非典的恐怖与政治的隐喻。

从全球传播角度看，受众对风险和危机具有多元的解读，如果象征符号本身的意义是模糊的，那么，风险传播必然会导致意义的逸散。传受双方对风险符号的不同解读，取决于他们的社会与文化背景。因此，在风险建构中，为了防止这种逸散现象的产生，媒体需要在图片旁加文字说明以限定画面的意义。例如，英国《经济学家》为封面戴口罩的毛泽东图像配上标题《非典病毒：会成为中国的切尔诺贝利吗》，美国《时代》周刊在鲜艳的五星红旗下配上标题《非典国家：这个传染病正在改变中国》。当然，媒体为了凸显风险的存在，还要借助于不同文化中的共通理解。比如，显微镜下病毒侵袭细胞的画面，令全世界大多数读者感受到一种腐朽、颓废、堕落、肮脏、死亡和厌恶的气息。2003 年 4 月 10日《远东经济评论》的封面是一张非典病毒侵蚀人体细胞的黑白大照片，看上去肮脏、恶心，封面标题是《中国病毒》。以美国媒体为代表的西方主流媒体对非典的报道，影响了公众议程与政府议程，设置了全球的新闻议程，促进了国际传播中"沉默的螺旋"现象的形成。

再次，不同饮食文化也制约了媒体的风险报道。

如果将食品作为一种文化现象来考虑，食品的生产和消费不仅仅是一种"经济的"或功利性的实践，它植根于文化和社会伦理之中。于是，我们将看到另外的一番媒介图景：转基因科学在北美和欧洲的遭遇就大不相同，北美人对食品的价值更多的考虑是它的工具意义，而不是伦理和文化的意义。欧洲媒体在回应美国的指责时说，欧洲农业不仅是一种经济行为，更是一种生活方式①。因此，很多的媒体都强调不要违背消费者的知情权与选择权，应将转基因食品与相应的非转基因食品区分开来。

这种饮食文化一旦与宗教文化结合，使得风险报道更为复杂。媒体

---

① 祝瑞丽：《英国围绕转基因食品问题的争论及其对工党的影响》，《国外社会科学》2002年第 5 期。

对转基因食品的报道，往往还掺杂对种族、文化、信仰和审美的考虑，其中包括基于伦理和文化的饮食禁忌。比如，犹太人和穆斯林人可能会厌恶有猪基因的谷物，而佛教教徒一般都是素食主义者，他们同样会反对含有动物基因的蔬菜和水果，一些人会害怕食用含有人基因的植物食品①。在一个有着素食传统的宗教里面，如果类似猪、牛等动物的基因被移植入植物的体内，这种宗教文化中的"位置不当"（out of place）必然影响到不同文化中的媒体报道。一些以牛为敬仰对象的宗教教徒甚至认为，如果将来源于牛的某一基因转至植物中，就可能使他们在不知不觉中因食用这种转基因植物而侵犯其宗教信仰②。信仰的力量是巨大的，它表现出一种对"超经济利益"的追求，也正是这种情感基础，使得媒体的风险报道影响巨大。再如，印度民众特别忌讳一种叫"雄性不育"的转基因作物。种子公司为了控制农民每年都购买他们的种子，特意为这种转基因作物转入一种"终结者基因"，使它不能作为来年耕种的种子。民众担心如果沾染上了这种作物，也会将"不育基因"传染给人，让人患上"不育症"，断了香火③。受此影响，1998 年 11 月，印度民众焚烧了美国孟山都公司在印度的两个转基因作物试验田，印度媒体呼应了抗议转基因的运动，对此予以大量报道。

最后，不同的风险文化观也制约了媒体的风险建构。

挪威学者 Vettenranta 从"接受研究"的角度探究了媒体对辐射风险的报道，侧重研究了观众如何从电视新闻中建构意义。通过问卷调查，让在 1986 年经历切尔诺贝利核灾难的人，在灾难爆发 9 年后回忆和解释电视新闻报道，旨在探究新闻是如何影响受众对灾难的解释，以及何种观念、反应及相关的风险信息在回顾中被引发。以前的研究表明，切尔诺贝利的电视新闻主要建立在科技理性的基础上，然而，观众主要是在符号、文化的基础上建构意义。灾难新闻的转变不仅仅是对公众所需要的信息的回应。风险信息的外延同时包括风险内涵与符号的共鸣④。该研究表明，对风险的阐释融合了文化的因子。除了受众以外，作为再现风

---

① Losey J. E. ,Rayor L. S. ,Carter M. E. ,1999:Transgenic Pollen Harms Monarch larvae,*Nature*,399:224.

② Nuffield Council on Bioethics. ,1999: Genetically Modified Crops:The Ethical and Social Issues,Oxford:Nuffield Foundation.

③ 张田勘:《基因时代与基因经济》,民主与建设出版社 2001 年版。

④ S. Vettenranta. ,1996:The Media's Reception of the risk associated with radioactive disasters. *Radiation Protection Dosimetry*,68(3/4):287 - 291.

险与呈现风险观点的传播者，记者的新闻建构必然也受制于其所处的文化传统。

　　事实上，对风险感知和认知的分析，不能只停留在技术层面，还应深入到人文层面，了解风险的主观结构，把传者与受众的风险认知视为一种心理现象。在一个全球传播的时代，记者的风险认知与受众对风险报道的解读，又常常制约媒体的后续报道。

　　普遍性的风险一旦进入本土后，就成为必须从本土情境出发诠释与建构的风险。比如，媒体对美国生产的基因豆芽及其粉末的报道，在美国国内没有引起较大的反应，一旦进入欧洲共同体市场就引起欧洲媒体与民众的恐慌。相反，在中国大陆，2002 年年底到 2003 年年初，经由海外相关组织提供信息，国内部分媒体试图引发公众对转基因食品风险的关注和讨论，但并没有得到良好的反响。这是因为中国公众较少关注高科技产品"可能的风险"，更多地关注眼前的、直接危及生命危险的危害，如非典病毒、毒奶粉等①。研究者认为，这种状况既跟中国公众关注眼前的直接危害甚于关注高科技产品"可能的风险"有关，也同中国消费者的"知情"范围和知识领域有限以及农业大国的现实境遇有关。中国与欧洲媒体对转基因风险报道的差异，体现的正是这样的一种风险文化观的差异。

　　值得注意的是，强调文化对媒体风险建构的制约，并非意味着风险的"文化决定论"。在风险研究中，文化主要被当作未知的"黑匣子"（black box）。社会人类学想当然地认为"风险"的确认完全依赖于文化环境与文化假定，风险是一种文化的定义与选择。文化在认知理论视域被理解，也因此被作为定义分类、关系与环境的"共享的图式"（shared schemata）被理解，这一切使意义加工与信息编码成为可能。瑞典学者ÅBoholm 则提出，有必要对假定的、过于简化的"风险的文化本性"提出问题（problematize）②。但是，最后还必须意识到风险的现代性特征。德国社会学家尼克拉斯·卢曼（Niklas Luhmann）认为，风险是一种认知或理解的形式，但他同时也强调，风险并非始终伴随着各种文化，它是在具有崭新特征的 20 世纪晚期，因为全球问题的出现而产生的③。虽然如此，对于风险社会跨文化传播的研究还是应该从研究"误传"、"误

---

　　①　郭于华：《天使还是魔鬼——转基因大豆在中国的社会文化考察》，《社会学研究》2005年第 1 期。

　　②　Åsa Boholm. , 2003：The cultural nature of risk: Can there be an anthropology of uncertainty? Ethnos, 68（2）：159 – 178.

　　③　N. Luhmann, 1993；Risk：A Sociological Theory, Berlin：de Gruyter, pp. 62 – 65.

读"，转向研究如何协调合作与建构意义。

（三）媒体风险建构的历史制约

在媒体的风险建构中，历史记忆或集体记忆常常作为风险报道的"前置因素"出现，制约记者的风险报道与受众的风险认知。

集体记忆是集体认同的前提，历史记忆是构成集体记忆的重要基础。媒体的风险建构受制于风险的集体记忆，并借助它塑造风险认同。美国社会学家科瑟（Lewis A. Coser）指出："在历史记忆里，个人并不是直接回忆事件；只有通过阅读或听人讲述，或者在纪念活动和节日的场合中，人们聚在一块儿，共同回忆长期分离的群体成员的事迹和成就时，这种记忆才能被间接地激发出来，所以说，过去是由社会机制存储和解释的。"① 在现代社会中，人们不只是通过集会，更多的是通过新闻媒体对过往历史的回顾、对集体节日的综合报道，从而形成共同的集体记忆。

舒德森（Shudson）发现，媒体再现的水门事件故事，可以作为分析以后发生的政府丑闻的工具②。吉尔（Jill）也指出，传播是集体记忆的重要元素③，记者以多种方式引用往事，包括对纪念日的报道（事件导向式报道、周年式报道与讣闻式报道）、历史模拟式报道（以历史事件为工具，去分析当前情境并预测结果）、历史脉络式报道（着重解释现况从何而来，追溯往事与现今情境相关的轨迹）。记者通过上述类型的报道，凸显往事的意义，增进今人对现状的理解。不过，记者往往只把集体记忆当作分析和夸大的工具，而忽略集体记忆的建构与维护。

2006 年，切尔诺贝利事件 20 周年。媒体的纪念报道、纪录片的解密以及对新时期核能开发的讨论，依托的就是关于核辐射风险的历史记忆。切尔诺贝利的许多细节，都通过媒体留在了世界各国的集体记忆中，正如《环球时报》（2006 年 4 月 26 日）所报道："核泄漏事故将深深刻在俄罗斯人记忆中，永远无法抹去。" 2006 年 4 月 14—24 日，美联社、法新社、路透社、《纽约时报》等，各自以自己独特的影响力向世界传递人们对安全开发利用核能的关注："对于世界上成百上千万人来说，切尔诺贝利象征着灾难与毁灭、疑云与争议。"而日本与德国媒体对核能的报道，深深地受到战争历史的影响。尤其是德国，在对待核能开发方面与

---

① 〔美〕刘易斯·科瑟：《导论》；〔法〕莫里斯·哈布瓦赫：《论集体记忆》，毕然、郭金华译，上海人民出版社 2002 年版。

② Shudson, Michael. , 1992: *Watergate in American memory*: *How we remember, forget and reconstruct the past*, New York: Basic Books.

③ Edy, Jill A. , 1999: Journalistic uses of collective memory. *Journal of Communicatio*, 49(2): 71 – 85.

同在欧洲的法国截然不同。当法国媒体以核电站来炫耀民族、经济与军事独立时，德国公众与媒体依然对核能持谨慎态度。同时，风险报道常常借助于历史记忆或集体记忆的风险符号，来激发受众的风险意识，达到有效风险沟通的目的。

在风险报道中，"记忆"（memory）经常被当作建构社会及政治论述场域的一个机制来看待。科瑟从社会建构论的角度来论述集体记忆，认为"集体记忆是一种社会性建构，不同的群体和制度，有不同的集体记忆"。① 媒体就是建构风险记忆的重要机制。与历史上发生的某个灾难事件的相似性，常常成为媒体风险建构的重要符号资源、话语资源与象征资源。

2006 年，中石油吉林化工厂爆炸，造成中国东北发生重大环境污染事件，继而成为欧洲媒体的头条新闻。其中，法国《世界报》在报道中指出："中国发生化学切尔诺贝利事件是预料之中的事，它触及的是中国最急功近利竞争激烈的能源和石油产业。"《世界报》报道中的"化学切尔诺贝利"，通过唤醒历史与集体记忆，强调了化学污染的灾难性。切尔诺贝利（Chernobyl）或"石棺"，已经成为风险的象征和媒体报道的重要符号资源，也成为高科技风险和核能风险的象征，激发了受众的风险构想与历史记忆。2003 年 4 月 26 日，英国《经济学家》杂志以《非典病毒：会成为中国的切尔诺贝利吗?》（*The SARS virus:could it become Chin a's Chernobyl*）为题报道中国的非典，封面为戴口罩的毛泽东像。报道将历史上的切尔诺贝利事件与中国的非典交织在一起，其疾病之外的含义十分明显：切尔诺贝利核电站事故，在某种程度上加速和预示了苏联的解体，非典是中国的切尔诺贝利吗？ 西方媒体更愿意把中国的非典与苏联的切尔诺贝利（Chernobyl）核泄漏相比。

在日本，关于麻风病的历史记忆，直接制约了日本媒体对霍乱病与艾滋病的风险建构。历史与集体的记忆，在霍乱病与艾滋病风险报道中呈现出风险叠加或累积的传播效应，最终凝聚成对"他者"的新闻再现与媒体歧视。

翟利泽（Zelizer）和舒德森（Shudson）都强调记者援用往事对公众记忆形塑的重要性②。历史不是简单的重复，却有惊人的相似。"新闻作

---

① 〔美〕刘易斯·科瑟：《阿伯瓦克与集体记忆》，邱澎生译，《当代》1993 年第 91 期，第 26—27 页。

② Zelizer,B.,1995;Reading the past against the grain:the shape of memory studies. *Critical Studies in Mass communication*,12:214 –239.

为一种产生震撼性的仪式，在节奏性循环下，历史议题不断浮现的事实，使得新闻成为处理集体记忆的关键机制。在当中，过去的经验被召唤出来，使得人们共同分享对历史的意象，且能在沟通的状态下，形成社会认同的基础。社会群体也可以透过大众传播的新闻论述，建立起一个被大家所同意的关于过去的说法，来建构他们自己对所生存世界的印象……"①从"仪式"的角度出发，新闻论述建构了集体记忆。如果说媒体通过新闻报道来建构我们头脑中的现实世界，那么新闻媒体的另一个功能则是建立社会共有的集体记忆。印度的 Bhopal 化工厂泄漏、苏联的切尔诺贝利与美国的三里岛的核泄漏，建构了受众对核能与化工污染的历史记忆与当下的风险认知。

集体记忆是种凝聚的策略，媒介是集体记忆的重要载体，媒体储存并分类了"风险历史"，使其成为人们的集体的风险记忆与历史记忆，成为风险定义的合理化的权力资源或话语资源，凝聚共识并加强风险认同。

在新闻实践中，这主要表现为搜索风险的历史记忆，并将其以"新闻背景"或"新闻链接"的方式予以呈现，就像同是宝洁公司产品的"高露洁牙膏致癌风险"与 SK-Ⅱ 化妆品风险，1998 年英国的"普斯泰事件"与 2010 年"湖北非法种植与销售转基因水稻"的风险报道。作为历史的新闻文本与当下的风险报道构成一种"互文性"文本。

社会群体通过大众传媒的新闻论述，建立起一个被大家所认同的关于风险历史的论述，来建构他们自己对现实世界的印象。风险事件之所以被记忆，是因为它们唤起人们对风险争议的回忆，而媒体提供一个重要的论坛，让受众去协商与分享意义。当个人记忆通过风险报道纳入集体记忆之中，风险记忆为我们反思当下的科技与文明提供了镜鉴。

（四）媒体风险建构的地理制约

在媒体的风险报道中，受众的"邻避情结"必然影响记者与编辑对风险的价值判断以及报道模式的选择。事实上，"邻避情结"是一种自利的、意识形态的或政治的一种倾向②，很难进行理性的说服。受众的"邻避情结"是人类趋利避害心理的反映，这在风险报道中体现为对"地理接近性"的新闻价值判断。而且，在风险报道中，媒体对"他者"的文

---

① 夏春祥：《媒介记忆与新闻仪式——二二八事件新闻的文本分析（1947—2000）》（政治大学新闻学系 2000 年博士论文），第 71 页。

② Hunter, S. , & Leyden, K. M. , 1995: Citizen Participation and the nimby syndrome: Public responses to radioactive waste disposal, *The Western Political Quarterly*, 44(2): 601 – 619.

化建构过程，也是对自我的地理边界与文化边界的界定，从而巩固自我的文化与身份认同。

随着"新文化地理学"的最新发展，"文化"被界定为"社会和物质过程，打上地域色彩的意义竞逐的结果"。杰弗里（Jeffrey）与特里萨（Theresa）在《地区、文化与风险的社会强化》一文中，考察了文化在风险的社会放大、城乡结合区域围绕工业发展的风险沟通中的作用。研究运用"风险的社会放大"框架（social amplification of risk framework，简称SARF），探究了文化、地域与被社会建构的风险之间的关系，并对33名当地居民（农民、地产拥有者）、记者、工业代表与政府官员进行了深度、半结构（semi - structured）访谈，发现风险传播与基于冲突性的、文化意义上的世界观、地域性的体验密切相关。因此，地域是风险的社会强化框架中一个有效的构成因素，对人们为何放大或者弱化当地的争议性环境议题提出了空间的解释（spatial explanation）[1]。

公众对风险的理解，可能源自媒介的告知，但媒介的风险报道常常受到地理因素的制约。吕（Rowe）、弗里沃（Frewer）与斯约伯格（Sjoberg）学者等，针对切尔诺贝利（Chernobyl）核泄漏事故十周年的两个月的报道，考察了瑞典、英国的报纸如何描述各种风险。瑞典媒体的风险报道数量大约是英国媒体报道的四倍，这可能反映了瑞典的安全文化。此时，疯牛病（Bovine Spongiform Encephalopathy，简称BSE）危机，主导了欧洲各国（尤其是英国）的新闻报道。对切尔诺贝利核泄漏事故十周年报道比例与报道模式，各国媒体大体一致。然而，在切尔诺贝利十周年之后，瑞典媒体对其他的核危险报道逐渐增加，整体而言，英国媒体对疯牛病予以更大篇幅的讨论，而瑞典媒体对切尔诺贝利用更多的篇幅予以描述、讨论[2]。

吕（Rowe）等人所论述的这种差异，深深打上了"媒介地理学"的烙印。所谓的"媒介地理学"（Geography of media）关注和重视特定地域产生的特定媒介形态，及其相同媒介形态中呈现出的不同地理样本，认同和理解生活在不同地理环境下人的不同传播特点，以及不同区域受众对媒介内容会有不同的地理"看法"[3]。在地理意义上，瑞典与英国报纸

---

[1]　Jeffrey R. M. & Theresa G. , 2006: Place, Culture and the Social Amplification of Risk, *Risk Analysis*, 26(2): 437 - 454.

[2]　Rowe G. , Frewer L. , Sjoberg L. , 2000: Newspaper reporting of hazards in the UK and Sweden. *Public Understand Science.* 9(1): 59 - 78.

[3]　邵培仁：《媒介地理学：行走和耕耘在媒介与地理之间》，《中国传媒报告》2005年第3期。

风险报道的差异性，既体现了不同地区的"风险—安全"文化观的差异，又体现出地理接近性的新闻价值判断。1986 年切尔诺贝利核泄漏对瑞典的影响较英国大，而英国疯牛病带给英国人的社会冲击当然比瑞典人深刻。这种地域差异，直观地反映在媒体报道相同风险议题的数量差异上。

记者的风险报道与媒体的目标受众也有很大的关系。例如，新闻的地缘中心性和民族中心性在诸多的风险报道中体现得尤为明显。风险传播常常关涉各方利益，新闻报道也因此打上民族和国家的烙印。消息来源（权力结构）与记者可以共同建构一个地方的图像，以强化特定的论述，经过大众传播媒体再现给受众，使观众对特定论述产生认同并建构了某种地方感。①

一方面，人文地理环境对媒介的风险建构具有形塑作用；另一方面，地理样本在媒体的风险建构中可以获得。实际上，媒体提供了一种共同阅读的"仪式"与过程，提供了受众进行"想象"的中介，建构了受众的"风险认同"甚至文化认同，甚至可能建构一种"想象的共同体"②。

"风险的社会放大框架"源于这样的意图：在技术意义上的风险观念、社会与文化，在个体反应结构之间，建构了沟通公众风险经验的桥梁。地域是这一文化纽带中的重要构成部分。在论及风险感知时，地理学家对本土的社会、文化地理尤为关注。通过个案研究表明，风险是一种社会建构。这种社会建构同独特的环境所拥有的一系列地方化的因素相一致。该研究是建立在早期的文化理论的基础之上。早期的文化理论，关注风险感知的差异性是如何影响了有效的风险传播。这些理论论证了 Covello 与 Johnson（1987）的观点："我们能够理解来自不同组织与制度环境的人可以相互谈论过去，是因为他们保持了对文化的知觉过滤。这些知觉过滤，接纳了与他们日常经验相关的内容，但阻碍了与日常经验无关的信息。揭示这种差异，我们就可能在风险转变成政治危机之前，就无法预见的问题向决策者发出预警，并寻求新的解决方案。"③ 媒介是维系它的社会与地理的反映，自然也是人类认识和掌握社会与地理的中

---

① 王景平、廖学诚：《公共电视〈我们的岛〉节目中环境正义与媒体地方感之分析：以〈斯土安康〉影集为例》，《地理研究》（台湾）2006 年第 44 期，第 5 页。

② 〔美〕本尼迪克特·安德森：《想象的共同体：民族主义的起源与散布》，上海世纪出版集团 2005 年版。

③ Covello，V. T. & Johnson，B. B.，1987；*The social and cultural construction of risk*；*Issues，methods，and case studies*. In V. T. Covello & B. B. Johnson（Eds.），The Social and Cultural Construction of Risk. Dordrecht；Reidel，pp. 21.

介。在风险建构中，地理因素成为制约媒体风险报道的"放大效应"或"弱化效应"的重要因素。

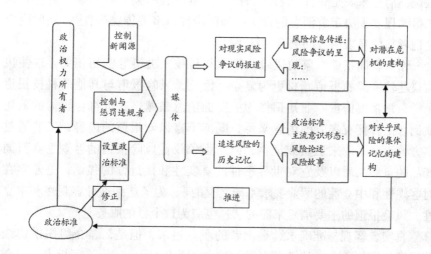

总之，媒体的风险建构与社会的风险沟通，是一个复杂的传播过程。

## 第二节　社会控制在风险报道中的主要体现

### 一、消息来源的控制

Gans（1979）指出，所谓的消息来源是"一群记者观察或谈话的对象，这些人的话被记者引述提供作为新闻的背景信息"[1]。通常，广义的消息来源泛指能作为新闻素材的任何资料，而这些资料是新闻工作者通过人物采访、资料搜集和观察所得，狭义的新闻来源仅指人物。对风险传播的研究表明，消息来源的选择直接制约了媒体对风险的建构。

（一）风险报道对消息来源的依赖性

尊重事实的本性仍然至关重要，它是建立信誉的正确基础[2]。新闻记

---

[1]　Gans,H.,1979；Conclusions：The News and the Journalists,*Deciding What's News*,278 - 334. New York：Vintage Books.

[2]　〔英〕约翰·埃尔德里奇主编：《获取信息——新闻、真相和权力》，张威、邓天颖译，新华出版社 2004 年版，第 7 页。

者采写新闻离不开消息来源。因为新闻记者不可能是每一新闻事件的目击者，他写作的大量素材都来自于消息源提供的信息资料。从这个意义上说，消息来源是新闻记者成功报道风险议题的关键与基础。消息来源在很大程度上决定着消息的真实性和准确性，事关传媒声誉①，新闻内容是记者与信息来源之间磨合的结果。

　　作为新闻报道对象的风险，常常与科技、决策等密切相关，这使风险议题较一般的报道题材更为复杂。因此，风险报道与其他的科技报道一样，常常要倚重专业知识作为主要的消息来源，这也符合媒体的采访惯例。记者拥有多方的消息来源，既能丰富风险报道的内容，又能通过多方的消息来源来证实或证伪，以增强争议性风险报道的客观性。新闻产品的自然品质以及它对世界事件的真实性和接近性的强调，是建立在对客观性和中立性的职业要求基础之上的②，为了达到这种客观性和中立性，风险报道的主要消息来源的选择也应为这个目的服务。

　　真实、客观与准确永远是记者的职业追求，但是，媒介组织采访线路设置的惯例也会导致消息来源的偏向。费什曼（Fishman）指出，媒介组织为了在截稿时间内采访到具有新闻价值的新闻，通常对依据地理或题材分配记者采访路线，导致记者往往无法事先知道涉及新闻的人与事而过分依赖消息来源，甚至被消息来源影响了价值观③。媒体的风险报道经常面对的是情绪化且富于争议性的议题，其报道领域涵盖了健康、环境、科技与决策等诸多采访线路且同"知识的不确定性"有关。分布在医药、食品、医疗、工程、环保、科技等领域的记者，受自身知识与视野的制约，不得不依赖于相关专家与学者的消息来源。

　　（二）消息来源反映"权力位阶"并建构风险报道框架

　　媒介的消息来源呈现了社会资源与权力的分配关系。由于媒介是社会的重要机构，也是社会的重要资源，媒介选择的消息来源可以考虑其多元性与公平性。新闻媒介具有赋予社会地位、议程设置以及社会合法化功能，因此，消息来源的媒介接近权是增加其社会权力与资源的渠道。新闻工作者与不同的消息各自动员组织资源，尝试定义或诠释社会事件

---

① 张宸：《外国传媒有关"消息来源"的使用规范》，《新闻记者》2005 年第 8 期，第 12 页。

② 〔英〕约翰·埃尔德里奇主编：《获取信息——新闻、真相和权力》，张威、邓天颖译，新华出版社 2004 年版，第 5 页。

③ 〔英〕麦奎尔：《麦奎尔大众传播学理论》，崔保国、李琨译，清华大学出版社 2006 年版。

与议题在情境中的特殊意义①。新闻是二者根据各自认定的社区利益，所共同建构的社会（符号）真实。

社会风险不仅关涉公共利益，还可能涉及相关的地区、国家或集团的利益。在风险报道中，一方面，媒体设法接近消息来源，获取相关的风险信息与风险论述；另一方面，相关的风险沟通主体，为了设定具体风险的定义边界以维护自身的利益，也常常会竭力接近媒体与记者，设法成为媒体报道的主要消息来源，从而影响风险报道的议程。同时，风险议题以及风险沟通主体，只有进入媒体的视野，才有可能提高风险的社会能见度。消息来源实际上成为透视媒介接近权的考虑因素。同时，考察媒体在风险报道中所援引的主要消息来源，可以审视媒体的价值判断与风险建构机制，透视风险建构中话语权的博弈。

美国社会科学家罗伯特·墨顿（Robert K. Merton）是最先将"能见度"与"观察能力"赋予不同意义的人②。此后，"能见度"逐渐被用以专门形容"被观察"的状况，而"观察能力"则被诠释为观察者因为其在社会结构中的地位而拥有一种能力。比如，记者因其社会功能的不同，拥有比一般人更高的观察能力，而借助记者的报道，许多社会事件具有了较高的社会能见度。社会能见度反映了社会学意义上的"社会分层"与"权力的位阶"。

以环境风险报道为例，加利福尼亚州立大学的学者鲁尔·瑞斯（Raul Reis），考察了巴西两家重要的报纸如何报道联合国环境与发展会议③。共有 649 个新闻段落被用作内容分析的对象，以研究何种消息来源被采纳、何种议题被报道。分析显示，政府官员经常成为消息源，而环境保护论者与科学家作为消息来源几乎被忽略；同时，经济议题在报道中尤为突出。这些结论同先前在其他国家所做的研究相同，并且表明环境新闻仍然非常依赖于"官方"的声音。研究强调，媒体报道的环境风险议题，反映了被感知到的公众议题。同样，Lacy 与 Coulson 在对六家报

① 臧国仁：《新闻媒体与消息来源——媒介框架与真实建构之论述》，台北：三民书局1999 年版。

② Bernard Roshco：《制作新闻》，台湾远流出版事业股份有限公司 1994 年版，第 96 页。另外参见〔美〕罗伯特·K.默顿：《社会理论和社会结构》，唐少杰、齐心等译，译林出版社 2006年版，第 503、第 526—552 页。注：默顿以"可见性"与"可观察性"来指涉群体中的规范与角色表现能够被他人（地位低的人、同等地位的人和地位高的人）观察的开放程度。

③ Raul Reis. ,1999：Environmental News：Coverage of the Earth Summit by Brazilian Newspapers. *Science Communication*,21(2)：137 – 155.

纸的环境议题的报道分析表明，政府和企业更多的成为消息来源，而消费者与环保主义者较少能够成为消息来源①。在环境风险报道中间，科技专家、官员、消费者、环保 NGO 等在媒体中的不同能见度，反映了他们在"风险社会"的媒介话语权，更反映了话语差异背后的"社会分层"与"权力的位阶"。

这种"社会分层"与"权力的位阶"直接影响了消息来源进入媒介空间的可能，消息来源的构成又直接影响了记者叙述一条新闻的观察点或视点，最终影响到新闻报道的框架。在早期的基因科技报道中，科学家主导了报道的消息来源，必然导致媒体将"基因"置于生物科技研究与医学突破的主题之中，迎合社会需要的"科技进步"的宏大主题也占据主导地位。但随着全球媒介报道的逐渐多元化，受众自身科技素养与媒介素养的提高，以及一系列相关风险事件的发生，转基因食品报道的框架也经历了从"进步"到"风险"再到"利益与风险的权衡"的变化，这反映媒体与公众对基因科技认知的发展与理性程度的提高。

新闻生产者通过选择、强调、重组事实来构建框架，受到新闻常规、新闻组织的符号机制及不同消息来源的政策立场的影响②，其个人认知框架也会发生作用。尤其值得注意的是，消息来源会不断从公共情景中选择事件、凸显事件、重组事件来形成公共议题，不同记者为了支持自己的说法也会寻找不同的消息来源。因此，消息来源的作用不仅在于提供客观报道的证据，更可能协助记者"架构"文本内容。

事实上，在风险报道中，新闻记者与消息源的关系十分复杂③。比如，在记者与官方信息来源的"交往"中，有些人把官方看作支配者，而另外一些人则认为记者才是主要角色④。在高科技风险报道中，科技专家几乎主宰了媒体报道的话语权。尽管消息来源会运用各种策略试图影响甚至控制新闻记者，期待使报道内容符合自身的组织框架，但新闻记者并非仅仅被动听命于消息来源，而是依照新闻常规考虑决定自我

　　① Lacy, S. & D. C. Coulson. ,2000；Comparative case study：Newspaper source use on the environmental beat, *Newspaper Research Journal* ,21(1)：13 - 25.

　　② 张克旭、臧海群等：《从媒介现实到受众现实——从框架理论看电视报道我驻南使馆被炸事件》，《新闻与传播研究》1999 年第 2 期，第 2 页。

　　③ 林岩：《美国新闻记者与匿名消息来源》，《国际新闻界》2000 年第 5 期，第 39 页。

　　④ 〔英〕约翰·埃尔德里奇主编：《获取信息——新闻、真相和权力》，张威、邓天颖译，新华出版社 2004 年版，第 157 页。

的框架①。

（三）消息来源挑战风险报道的客观性与准确性

过度依赖专家与官员作为消息来源影响报道的准确性。风险传播实践表明，过度依赖专家作为消息来源存在严重的危害，因为科学理性在"风险评估"层面常常显示出先天的局限性。例如，在非典的风险报道中，不同的媒体、同一媒体的不同版面所呈现的专家知识或风险论述常常莫衷一是。在英国坎布里亚羊遭受切尔诺贝利核辐射的事件中，作为风险报道的消息来源，牧羊人的风险论述对政府与科技专家的承诺提出了挑战。作为科学报道的次要消息来源的"外行知识"（lay knowledge，即非专家知识），实际上已经越过专家知识成为一种权威的、首要的消息源。

同时，广告商与政府的消息来源很有可能影响了风险报道的客观性。Shoemaher 和 Reese 选择了一个报道个案来说明经济的压力如何左右了地方媒体所引用的消息来源而对新闻的报道内容产生影响②。1999 年，美国环保署（EPA）发布了一项数据，指出美国一年有 3800 人因暴露在二手烟底下而致癌，因此委托相关机构进行研究，但香烟公司写信检举其中的一位研究者 David Burns 博士无法作出理性、公平的报告，致使该博士在一位国会议员反对这项指派之后被剔除在委托名单之外。这条关系到烟草商与吸烟的健康风险的新闻，在不同的地区有不尽相同的报道。香烟厂商所在地区的报纸，其头条新闻将此事直接归因于厂商的只占 40%，非香烟厂商所在地的报纸，75% 的报道直接点名是香烟公司换掉了该科学家。研究显示，香烟产地的报纸经常以烟商为消息来源，影响了新闻报道的公平性。

罗宾·顾德曼（Robyn Goodman）与布雷特·顾德曼（Brett Goodman）在《有益的还是有害的？媒体如何架构生物固体？》一文中也发现，环境风险报道所援引的消息来源，最常见的是当地政府官员，其出现的频率是其他消息来源的两倍；其次是公司（16%）与市民（14%）。研究发现，生物固体生产者、政府官员会主动形塑公众舆论、刺激公众的兴奋点，而不仅仅是回应媒体报道③。

不仅如此，地方报纸的报道主题也受到消息来源的左右，例如泰勒

①　朱娜、何达志：《消息来源与新闻真实》，《新闻界》2004 年第 6 期，第 67 页。

②　Shoemaher, Stephen D. Reese, 1996: *Mediating the Message: Theories of Influences on Mass Media Content*. N. Y. : Longman.

③　J. R. Goodman & B. P. Goodman. , 2006: Beneficial or biohazard? How the media frame biosolids. *Public Understanding of Science*, 15(3): 359 – 375.

（Taylor）、李（Lee）与戴维（Davie）对环境风险引发环境冲突的新闻报道进行研究，发现社区、地方工业与地方媒体之间的冲撞关系[1]。该研究选取了美国最近10年间有关地方报纸报道的600篇环境冲突新闻，分析了地方媒介的消息来源以及新闻选择，发现地方报纸偏爱采用政府与厂商的新闻来源，而不是社会运动者以及一般民众。这是因为地方媒介必须顾及它的广告利益、目标读者群甚至企业精英的看法，从而使经济的考虑直接左右地方媒介的内容。同时，广告商竭力追求目标市场的渗透率，使媒体触角越伸越广，在媒体广告的肉搏战中，广告商对媒体风险报道的影响越来越明显。

## 二、新闻框架的设定

近30年来，媒介效果研究独领风骚的局面已渐有改观，新兴学派中较有影响的一支即"建构主义"（constructivism），开始将研究的重点从可量化的媒介接触及态度行为变化上转移，集中力量分析塑造媒介信息这一过程本身的内在规律，研究的重点在于如何将各种符号、意义、政治议题及文化因素，通过小到遣词造句、大到选题及确定编辑方针等方式组合建造成一个有机的整体[2]。消息来源可能影响到风险报道的框架形成，而风险报道的主题框架又直接制约了媒体的风险建构。

（一）新闻框架影响媒体的风险议题建构

框架理论（frame theory）是建构流派中被关注较多的一支。戈夫曼（Goffman）在1974年出版的《框架分析》一书，将Bateson的"框架"概念引入文化社会学，后被引入大众传播研究的定性研究中。加姆森（Gamson）认为框架的定义大致可分为两类：一类指"界限"（boundary），包含了取舍的意思，代表选取材料的范围；另一类指人们用以诠释社会现象的"架构"（building frame），以此来解释、转述或评议外在世界的活动[3]。所以框架既是界限外部事实及心理再造真实的过程，也可以是形成了的框架。大众传媒报道风险的"新闻框架"，发挥了媒介框架的议程设置功能。

---

① Taylor, Claire E., Lee Jung – Sook & Davie, William R., 2000: Local Press Coverage of Environmental Content, *Journalism & Mass Communication Quarterly*, 77(1): 175 – 192.

② 邱林川：《多重现实：美国三大报对李文和的定型与争辩》，《新闻与传播研究》2002年第1期，第64页。

③ Gamson W. A., 1992: Media images and social construction of reality, Annual Review of sociology. 18: 373, 379.

玛拿辖（Menashe）与西格尔（Siegel）在分析媒介如何建构"烟草"议题框架时，引用夏洛蒂（Charlotte）论述框架的八项特征，包括：新闻标题；核心立场或框架的主要陈述；隐喻；框架特征的修辞手法；框架所唤起的形象；提出问题的消息来源；问题的解决办法；框架所诉求的核心价值等。他们在分析中发现，每一条新闻标题中都有一到几个核心立场或重要陈述，例如，烟草生产商形塑的框架，在"具有敌视眼光的道德狂热者要求全面禁止"这一框架中，便有包括道德崇高、抽烟歧视、禁烟规定过于苛刻、视追求健康为一种策略以便全面禁烟在内的四重核心立场；在"反烟集团"形塑的"欺骗与操纵"框架中，便有包括借助香烟广告洗脑、拒绝承认香烟会致人死亡在内的双重核心立场①。

德朗特（Durrant）发现澳大利亚的烟害报道以二手烟为主题的最多，而报道方式多以消息的告知方式呈现（73%），其次为读者投诉（13%）以及专栏（9%），其中经济议题新闻多以读者投诉的方式出现，有半数以上的社论是针对二手烟。另外有17%的报道（其中30%是经济议题）出现在前四个版次的新闻中②。由此可见，二手烟是目前澳大利亚烟害防治上的一个重点，并衍生出许多争议的论点，而报社多以社论对二手烟害做呼吁与建议。

玛拿辖（Menashe）与西格尔（Siegel）针对1985—1996年《华盛顿邮报》和《纽约时报》中反烟害政策以及吸烟问题的新闻报道做分析，发现新闻报道强调的吸烟问题是以青少年吸烟问题为主，关注吸烟行为造成的社会成本提高，对个人则强调吸烟者的风险与权力的问题。另外也有学者发现，不同的议题，其报道的呈现方式也不同③。

Lima 与 Siegel 研究了报纸对控烟政策的报道（1997—1998年），发现反烟政策中经济议题比较容易出现在头版，如提高烟税与烟价、新的国家税收。这可能会使受众倾向支持提高烟税与烟价，并使经济议题成为公众议题④。实际上，媒体巧妙地将风险议题置换为经济议题，回避了烟

①　Menashe,C. L. ,& Siegel. M. ,1998:The Power of a Frame:An Analysis of Newspaper Coverage of Tobacco Issues – United States,1985 – 1996,*Journal of Health Communication*,3(4):307 – 325.

②　Durrant,R. , Wakefield, M. , Mcleod, K. Clegg – Smith, K. , & Chapman, S. ,2003: Tobacco in the News:An Analysis of Newspaper Coverage of Tobacco Issues in Australia,2001,*Tobacco Control*,12:75 – 99.

③　Menashe,C. L. ,& Siegel. M. ,1998:The Power of a Frame:An Analysis of Newspaper Coverage of Tobacco Issues – United States,1985 – 1996,*Journal of Health Communication*,3(4):307 – 325.

④　Lima,J. ,C. ,& Siegel,M. ,1999:The Tobacco Settlement:An Analysis of Newspaper Coverage of a National Policy Debate,1997 – 1998,*Tobacco Control*,8(3):247 – 253.

害本身的风险问题。烟害新闻中所强调的主题和许多反烟团体所公认的重要议题常常有出入。新闻报道的主题多放在青少年烟品的消费金额上，反而忽视报道烟品本身导致伤害以及可能导致的健康风险①。德朗特（Durrant）也发现澳大利亚与香烟有关的报道有高度的"事件取向"，虽然大多偏向与公众有关的二手烟的风险议题，但对于如何防治烟害以及烟害对健康的影响等相关风险知识报道明显不足，这是因为报道者认为该议题已经毫无新意②。而温斯坦（Weinstein）与斯洛维斯（Slovic）等人的研究也显示吸烟者对于吸烟的风险认知并不高，因此，缺乏劝服意图的烟害新闻报道将会是烟害防治上的一大隐忧。

皮尔斯（Pierce）与吉尔平（Gilpin）发现，美国报纸中香烟与健康的新闻报道和受众对于"吸烟有害健康"认知之间有正面的关系，并可以有效地提高戒烟率、降低烟草销售量③。自从20世纪50年代证明吸烟会导致肺癌的研究问世以来，反烟运动开始萌芽。冯克豪斯（Funkhouser）指出"吸烟与健康"的报道是60年代美国卫生保健的典型议题，它有两个报道高峰期，一个是在1964年美国联邦政府首次发表"吸烟会导致肺癌"期间，另一个高峰期发生于1969年，是因为限制香烟广告刊登政策所引发的争议以及呼吁重视二手烟害的防治④。在这两个时期，香烟的销售量曾一度大跌，随后销量又扶摇直上。坎内尔（Cannell）与麦当娜（Macdonald）也发现有38%的戒烟者是因为看了吸烟致癌的报道而放弃吸烟。可见，新闻报道对于烟害防治有极其重要的影响。新闻媒体除了能够提供疾病治疗与预防的知识、改变受众的行为之外，对于公共论述、形塑民意、影响受众对于风险决策认知以及定义公共问题也有说服功能⑤。因此，在同一风险议题中，不同的新闻类型对于受众产生的影响也会不同。

媒体的风险报道与论述，对于受众的风险知识习得与风险认知有着

---

① Lima,J.,C.,& Siegel,M.,1999:The Tobacco Settlement:An Analysis of Newspaper Coverage of a National Policy Debate,1997 – 1998,*Tobacco Control*,8(3):247 – 253.

② Durrant,R.,Wakefield,M.,Mcleod,K.,Clegg – Smith,K.,& Chapman,S.,2003:Tobacco in the News:An Analysis of Newspaper Coverage of Tobacco Issues in Australia,2001,*Tobacco Control*,12:75 – 99.

③ Pierce,J.P.,& Gilpin,E.A.,2001:News media coverage of smoking and health is associated with changes in population rates of smoking cessation but not initiation,*Tobacco Control*,10(2):145 – 153.

④ Funkhouser,G.R.,& Maccoby,N.,1973:Tailoring Science Writing to the General Audience,*Journalism Quarterly*,50(1):220 – 226.

⑤ Magzmen,S.,Charlesworth,A.,& Glantz,S.A.,2001:Print Media Coverage of California's Smokefree Bar Law,*Tobacco Control*,10(2):154 – 160.

重要的作用。但是，大众传媒所传达的风险知识与论述，同传统的认识论对知识的界定相一致吗？传统的认识论认为知识与认识者自身的位置无关，知识是外在的、等待着被发现的事实（out there）。以此观之，风险知识必然是客观、中立的，风险情景、风险现象是能够被媒体或记者所发现并客观呈现的。然而，在"世界风险社会"中，幻想一种中性的观察、中性的新闻语言存在的可能性，把知识视为独立于社会进程和具体情境的、有关自在事实或世界的抽象理解，只是一种新闻幻象或社会想象而已①。实际上，风险传播中存在的这一问题，既与报道不精确有关，也与风险报道的"框架"有关。

吉特林（Gitlin）认为框架的形成是选择、强调和排除的过程，臧国仁认为是选择和重组②。新闻框架是一种客观现实的建构过程，具有转换和传达社会事件的公共功能。因而新闻报道是"框限"部分事实，"选择"部分事实以及主观地"重组"这些事实的过程③。恩特曼（Entman）认为框架一件事情就是把需要的部分挑选出来，在报道中特别处理，以体现意义解释、归因推论、道德评估以及处理方式的建议。伍（Woo）则认为框架是新闻工作人员、消息来源、受众、社会情境之间互动的结果。所以，对于大众传媒来说，框架就是一种意义的建构活动，是社会系统中消息来源、社会情境、新闻工作人员等因素互动的结果④。

尽管科技风险只是现代风险的一类，但是，现代风险不是源自外部的"外在的风险"（external risk），而是由于我们不断发展的知识对这个世界的影响所产生的"人造风险"（manufactured risk），是由人的发展，特别是由科学技术的进步所造成的。在这个意义上来说，研究基因科技风险的媒体建构，具有一定的典型意义。

耶鲁大学的 Alexander Görke、Matthias Kohring 以及 Georg Ruhrmann 在德国《新闻学》（Publizistik）杂志上，发表了《媒介中的基因工程：从 1973 年到 1996 年的国际长期分析》的研究报告。他们对德国平面媒体的基因科技应用报道进行系统分析，聚焦媒体对基因科技应用的公共讨

---

① 〔美〕罗伯特·K. 默顿：《社会理论和社会结构》，唐少杰、齐心等译，译林出版社 2006 年版，第 682—761 页。其中，墨顿对知识社会学与卡尔·曼海姆重点予以论述。

② 臧国仁：《新闻媒体与消息来源——媒介框架与真实建构之论述》，台北：三民书局 1999 年版。

③ 张克旭、臧海群等：《从媒介现实到受众现实——从框架理论看电视报道我驻南使馆被炸事件》，《新闻与传播研究》1999 年第 2 期，第 2、第 10 页。

④ 张洪忠：《大众传播学的议程设置理论与框架理论关系探讨》，《西南民族学院学报（哲学社会科学版）》2001 年第 10 期，第 88—91 页。

论并与其他国家进行比较。该研究的分析对象为具有"舆论领袖"地位的报纸及杂志，如《法兰克福汇报》（Frankfurter Allgemeine Zeitung, FAZ）和《明镜周刊》（Der Spiegel）。在研究的有效样本中，《法兰克福汇报》共计 418 篇报道，《明镜周刊》共 170 篇。同时，为了便于比较，还选取了大众化媒体《日报》（taz）自 1986—1996 年共 543 篇报道。

Alexander Görke 等人的研究发现，从基因新闻议题或议题范畴出发，德国平面媒体报道大致可以划分为三个时期[①]：

科学进步期（1973—1984）。新闻报道的主题集中于"科技进步"框架中，大约 60% 的报道将基因科技的改变视为科学的进步，只有 7% 论及技术发展可能导致的风险。"科技进步"的宏大主题契合了此时社会舆论的期盼：突破遗传性疾病和癌症（以及后来的艾滋病）研究，报道聚焦医学领域和基础研究，科学家是主要的消息来源。

调整期（1985—1991）。德国主流报刊扩大了基因科技的报道领域，报道焦点在延续了既有的"科技进步"主题框架外（45.5%），增加了"公共责任"（21.5%）、"伦理"（12.7%）框架，以及基因科技风险（13.9%）、政治（11.6%）的观点，报道频率比此前也要高得多。以利益为导向的报道仍然占多数（43.4%），但风险与利益权衡的报道（37.1%）有所增加。科学家（41.4%）绝对主导新闻的地位日渐式微，政治家（25.5%）、媒体/大众行为者（7.1%）与工业（13%）在媒体上的话语权有了显著提升。就媒体导向而言，主流报刊偏重科技利益导向，《日报》注重风险报道：风险主题占 36.7%，正面前景约 11%，风险与利益并存的占 28.8%；就报道结构而言，主流报刊一面倒向"进步"（45.5%）的同时，《日报》绝大部分却采用伦理（28.9%）、公共责任（20.7%）及危害（13.6%）的报道框架。

全球化期（1992—1996）。"科技进步"框架（48%）在主流报刊中仍占主导地位，而责任与道德主体相对较少，但"全球化"（10.8%）议题渐受瞩目。科学家（42.8%）仍是主要的消息来源，但明显弱于第一个时期。这不是媒体不再重视科学家，而是基因科技发展已超越科学的界限，深入社会各个层面。"工业"（17.8%）、NGO（5.8%）与"欧盟"（4.5%）不断地受到媒体及社会大众的注意。报道以国际或跨国为

---

① Alexander Görke, Matthias Kohring & Georg Ruhrmann 2000: Genetic engineering in the press: An international long – term analysis from 1973 to 1996. *Publizistik – Vierteljahreshefte für Kommunikationsforschung.* 45(1): 20 – 37.

导向（在主流报刊中欧洲占 26%，美国占 28.7%）十分明显。全球化时期，利益与风险争论的政治化报道比前期减少，主流媒体将基因科技视为复杂的国际或跨国社会议题。《日报》则在利益层面上依次关注经济、健康和研究，风险层面上依次关注道德、健康和环境，并开始重视基因科技的消费风险与法律风险。

可见，德国主流媒体的报道主要以"科技进步"为框架，并成功地将风险议题结构化为"全球化议题"。相反，德国一些市民化的报纸对转基因食品的风险与责任伦理的强调相对较多。不同国家或地区的报纸，同一国家的不同报纸以及同一报纸在不同的历史时期对相同基因科技风险的报道，在主题框架、消息来源、注意周期与风险论述等方面，既存在着共同的地方，也存在着巨大的差异。

作为一个公共性话题，基因科技常常成为"新闻场"中的争议焦点。目前，风险报道仍然集中在与"经济—科技"进步相关的领域。然而，在不同的媒体或不同的时期，媒体对基因报道的"新闻框架"又有一定的差异。在基因科技的报道中，媒体的报道框架主要有"科技进步"（正面）、"风险与利益权衡"（中立）以及"潘多拉魔盒"（负面）三种框架①。其中，"潘多拉魔盒"框架是一种"大灾难话语"（风险话语），主要论述的是科学发展可能带来无法预计与掌控的灾难：（1）可能造成生态灾难；（2）可能引发难以治愈的流行疾病；（3）可能对有益生物产生直接或间接的影响；（4）可能导致一些共生类生物和寄生类生物的不适应或消亡；（5）许多公司为了商业利益，只宣扬进步，而回避风险②。"科技进步"的框架主要包含：（1）转基因的科学基础研究推动相关科学的发展；（2）医学领域的遗传性疾病、癌症以及艾滋病的研究有望突破；（3）减少生产成本并提高产量，缓解资源短缺、人口膨胀、饥荒以及由此引发的社会问题。"风险与利益权衡"的框架主要包括科技进步与公共责任、经济与道德、科技与环境、科技与健康等的平衡。此外，还有政治框架（欧盟、NGO、公民参与、国际争端）、伦理与道德框架、基因立法（法律规制的漏洞）框架等。

"框架"的概念，与新闻学研究中的建构论取向息息相关，而建构论

① Alexander Görke,Matthias Kohring & Georg Ruhrmann,2000:Genetic engineering in the press:An international long-term analysis from 1973 to 1996,*Publizistik*,45(1):20-21.
② 卢家兴：《转基因食品：几家欢喜几家愁》，《科学时报》2002年12月17日。

取向又与现象学、知识社会学密切关系①。风险知识的传递需要媒体作为载体。然而，大众传媒在传播相关的风险知识与报道相关的风险论述时，并不一定能精确地还原它所表达的科学或风险本身。"自从 15 世纪以来，印刷技术使各种各样图片的精确复制和传播成为可能。无论哲学家怎么说，科学家们都不能否认这种有效的交流模式。随便翻一翻各种学科的科学文献，也会发现里面有数不胜数的图表、图片、地图等等，这些都远远超出了'图解'文字内容的需要。"② 约翰·齐曼肯定了印刷媒体在科学传播中的作用，但不容忽视的是，科学传播（尤其是风险报道）常常无法还原科学本身。

事件材料经过选择和凸显成为新闻。在某种意义上来说，媒体中的任何信息都是带有偏见的。而且这种偏见由媒体而非事件本身决定。当风险知识或风险论争经由大众媒体传播到社会公众之中，这种偏见是不可避免的，风险景观实际上只是风险在媒体中的形象③。

对于一般科学报道的分析与研究，主要呈现在假定的"客观事实"和"媒介真实"之间的相似性或相异性问题。这种研究的前提是：新闻报道的主要任务，在于对假定有"解释需求"的社会阐释相关的科学知识。不同领域争论现代生物及基因科技所产生的社会影响，常常会造成不适当、负面并大肆渲染的报道。新闻学中新近的功能分析主要立场反对将新闻报道作为社会中独立的功能范畴，即新闻报道不能完全描摹事实，而是按照自己的选择和合理化准则建构事实。因此，基因科技报道，不能一开始就根据其他社会次体系的部分兴趣来评价。对新闻报道而言，较重要的是提出相关的社会问题，而社会经常将这些问题的处理及解决转移到媒体这个功能体系上④。

（二）风险报道的框架制约媒体的意义建构

风险报道的共通之处，既反映了记者、媒体以及社会对风险的认知规律，也反映了风险报道的相同操作规范。一方面，只有契合新闻价值观的科学知识和事件，才有可能进入媒体的传播渠道与报道框架；另一

---

① 杜玟玲：《灾难新闻之新闻处理研究——以"南亚大海啸"报道为例》，世新大学传播研究所 2005 年硕士论文。

② 〔英〕约翰·齐曼：《真科学》，曾国屏等译，上海科技教育出版社 2002 年版，第 134 页。

③ Robert A. Stallings,1990:Media Discourse and the Social Construction of Risk. *Social Problem*. 37(1):80 – 95.

④ Alexander Görke, Matthias Kohring & Georg Ruhrmann 2000:Genetic engineering in the press: An international long – term analysis from 1973 to 1996. *Publizistik*,45(1):20 – 21.

方面，对科学猜想、事实、论述、现象的报道，经过媒体的"把关"与"议程设置"，虽然会更加符合新闻报道的需要，却不一定能呈现科学以及科技风险的面貌。于是，不同国家的媒体、同一国家的不同媒体、不同历史时期的同一媒体，对同一风险的报道必然呈现出不同的媒介图景，体现了媒体的风险建构特征。

媒体的风险建构的特征，首先反映在对风险的新闻价值判断方面。传媒对风险的新闻选择、建构与表述，是一个符码化的过程，这一过程融合了新闻从业人员的经验、专业实践与价值判断，以及媒介组织的新闻生产标准。编辑方针、新闻选择、广告的影响等都可能影响到媒体的风险建构。尽管对新闻价值的界定难以完全一致，但仍有一些重要的范畴：（1）新闻价值优先考虑的是最近的、突发的、确凿的、难以预料的、相关的与接近的事件；（2）某类事件随时都在发生就不具有新闻价值；（3）新闻价值应优先考虑有关精英国家与精英人群的人情化、冲突化、暴力化、负面化的新闻；（4）难以得到赞同的新闻价值常常能在实践中显示出来，包括都市中心主义、种族主义、父权制（新闻由男人提供、为男人服务、与男人有关）、自然化（将"文化的"、"历史的"作为自然的予以表述）、共识；（5）新闻报道不得不诉诸读者（观众）的假定兴趣，所以必须像小说那样是常识性的、娱乐性的、刺激性的、可视性的、同娱乐圈和电视相关的；（6）报道必须与制度性的日常事务相一致，所以事件必须是日志式的事件（政党大会、周年纪念日、年度报告等），或已在其他的新闻广播、报刊发布或在通讯社报道中得到的报道①。基因科技风险的争议性以及显著人物的介入（如科学家、英国的查尔斯王子、国际著名的环保 NGO 人士），科技应用关系到公众的日常生活以及社会的不信任机制等，这既关系到媒体的新闻价值判断，也关系到目标受众的需求，所有的这一切驱动媒体的新闻选择与新闻架构。

美国环境学者罗宾·顾德曼（Robyn Goodman）与布雷特·顾德曼（Brett Goodman）在《有益的还是有害的？媒体如何架构生物固体?》一文中，以 1994—2004 年为时间界限，对来自佛罗里达、弗吉尼亚、加利福尼亚的报纸上与污水污泥有关的文章予以分析，概括出 13 种媒介框

---

① 〔美〕约翰·费克斯德：《关键概念：传播与文化研究辞典》，李彬译，新华出版社 2004 年版，第 185 页。

架，考察了媒介如何架构生物固体或者已处理过的污水污泥①。研究者发现，报道更多的是将生物固体建构为调整的或合法的议题，这些报道框架的语气是中立的（1958 条）。然而，充满负面语气（507 条）的报道是积极语气（149 条）的 3 倍多。环境、管理与公害（public nuisance）的框架比其他的新闻框架更显消极。在过去的几十年中，新闻框架自身与报道语气并没有发生重大变化。

英国学者桃乐丝·聂尔金（Dorothy Nelkin）在研究报纸、杂志的报道后指出，当科学理论能强化主流的社会价值观时，就能在媒体中畅通无阻，反之则被忽略，而丑闻妨碍科学的社会系统。从本质上讲，这是不想令受众失去社会安全感②。媒体对于科学报道的选择和凸显更多的是迎合受众的口味并符合媒体自身的价值观。聂尔金指出，媒体在科学报道中出现了诸多问题：（1）想象代替科学内容，报道很少涉及科学研究的本质；（2）科学活动成了带有情节的戏剧事件，各种夸张和激情的手法不可避免地导致了草率、盲目乐观或走向另一个极端；（3）报道的焦点集中在研究竞争上，而忽视了科学自身的规律；（4）科学家在媒体中不是中立者，而像是要通过媒体取得公众支持，等等③。可见，记者的新闻价值的判断标准，有别于科学的真理性原则。在聂尔金看来，媒体的风险报道塑造了公众的科学观念，然而，媒体为了迎合受众市场所做的议题设定与风险建构，公众经由新闻报道的风险认知，完全偏离了科学本身的形象④。因此，新华社的记者在反思英国的转基因报道中指出："普斯陶伊小小的转基因土豆之所以产生如此大能量，与英国媒体对科技成果的简单理解、追求轰动效应不无关系。"⑤

同样，沃威克·布拉德（Warwick Blood）与凯特·荷兰（Kate Holland）在《风险报道、疯狂与公共危机》一文中，采用个案研究的方法考察了新闻框架在建构报纸读者的风险知识方面的重要作用⑥。在澳大利

①　J. R. Goodman & B. P. Goodman. ,2006；Beneficial or biohazard? How the media frame biosolids. *Public Understanding of Science*,15(3)：359 – 375.

②　Dorothy Nelkin,1987：*Selling science；how the press covers science and technology*,New York：W. H. Freeman and Company,pp.71.

③　Dorothy Nelkin,1987：*Selling science；how the press covers science and technology*,New York：W. H. Freeman and Company,pp.6 – 7.

④　刘兵、侯强载：《科学传播中的议程设置》，《科技导报》2005 年第 10 期，第76—78 页。

⑤　毛磊：《转基因土豆带来的启迪》，《新华每日电讯》1999 年 5 月 24 日。

⑥　Warwick Blood & Kate Holland. ,2004：Risky News,Madness and Public Crisis：A Case Study of the Reporting and Portrayal of Mental Health and Illness in the Australian Press. *Journalism*,5(3)：323 – 342.

亚昆士兰州首府布里斯班（Brisbane），在 2001—2002 年间，先是一个精神病人从该市的精神病康复中心逃跑了，一个月内，另一名精神病人又从另外一家精神病康复中心逃跑。新闻报道在抱怨澳大利亚新闻委员会（通过协调解决问题）的声音中达到了高潮，研究最后推论，澳大利亚以及西方新闻媒介结构化了被诊断为精神病的病人。媒体这种"结构化"的报道框架，引发社会的恐慌，也导致社会对媒体风险报道谴责。

### 三、风险报道"议题——注意周期"的形成

关于议题报道"周期模式"（cyclical patterns）的理论，解释的不仅仅是议题自身固有的特性，还必须考虑到媒体叙述的因素。麦库姆斯（McCombs）等人曾用当斯（Downs）的"议题——注意周期"（issue - attention cycle）来说明争议性议题的演化过程①：第一阶段，形成问题前期（the preproblem stage），即问题已存在但未受到大众注意；第二阶段，警告发现及激起热情（alarmed discovery and euphoric enthusiasm），即议题被赋予高度关注，从原来不被视为问题转变为问题；第三阶段，了解意义的过程（realizing the cost of significant progress），即了解到问题相当复杂且不易解决；第四阶段，大众的兴趣降低（gradual decline of intense public interest），即大众对于该议题的关心程度大不如从前，对于问题会被解决的可能性，也不像前几个时期一样抱有很大希望；第五阶段，问题后期（the postproblem period），大众对此问题失去注意力，尽管有可能此问题尚未被解决，实际情况也没有改善，而大众已将焦点转向等待另一新议题出现。

2005 年的"啤酒甲醛风波"就是一个典型的关于健康风险的媒介事件。据报道，啤酒含甲醛已经被媒体报道了 3 年，但这些健康风险的报道存在一个非常明显的议题周期。2003 年媒体第一次披露该风险议题，被非典这一新发传染病风险议题转移；2004 年，被阜阳奶粉和禽流感转移；而 2005 年的集中报道直接冲击了受众对市场的信心，如《啤酒风波幕后"黑手"被揪出　2 亿流通市值蒸发》（《东方早报》2005 年 7 月 19 日）。其结果是 7 月 13 日，内地啤酒股价在这一事件的打击下全线下挫，一天内几只主要的啤酒股为"甲醛门"付出的代价就是 2.3753 亿元的流通市值。风险议题对市场的强劲冲击引发媒体报道热情，此后随着相关

---

① Chyi,H. I. & McCombs,M. ,2004:Media Salience and The Process of Framing:Coverage of the columbine school shooting. *Journalism and Mass Communication Quarterly*,81(1),22 – 35.

事实的澄清，报道又逐渐回落，议题开始转移。因此说，"议题——注意周期"是研究风险报道制约机制的重要理论工具。

（一）西方"全球气候变暖"风险报道的"议题——注意周期"

凯瑟琳·麦考马斯（Katharine McComas）和詹姆斯·沙楠（James Shanahan）对《纽约时报》与《华盛顿邮报》自1980—1995年的内容分析，显示了媒体如何建构全球气候变暖的新闻叙述，以及这些叙述又是如何影响到所谓的新闻价值标准或"媒体注意周期"（media attention cycles）[1]。从常识意义上讲，报纸报道的频率表明了媒体对全球变暖的周期性注意。内容分析进一步揭示，报道暗指全球变暖的危险与后果，在报纸注意周期的上升期尤为突出，而科学家之间的争议在报道的维持期受到更多的关注。处理全球气候变暖的经济学，在报道的维持期与"媒体注意周期"（media attention cycles）的下滑期，也受到越来越多的关注。研究提供了一个对风险报道或风险建构的叙述性阐释，同时还表明，对全球气候变化的"主流报道"（master story）可能有损对全球气候变暖趋势的关注。

克雷格·特朗博（Craig Trumbo）针对美国五家全国性报纸对气候变化的10年报道的定量分析，是建立在来自社会理论的透视法的基础上[2]。新闻论述/话语（news discourse）可以根据宣称和架构予以理解。气候变化可以根据学者Downs的"议题——注意周期"（issue - attention cycle）阶段来说明议题演化过程[3]，五阶段模式描述了社会对重要议题注意力的波动。气候变化是与被援引的消息来源、新闻报道的框架并列的三个部分。研究的结果显示，科学家倾向于强调问题与原因的框架，而政治家、特殊利益团体倾向于强调评价与法律补救办法的框架。同时，随着气候议题越来越政治化，科学家作为新闻来源的机率越来越少。

（二）我国"怒江建坝"风险争议的"议题——注意周期"

近年来，随着我国经济的发展与能源短缺，一批大工程陆续上马或正在审批。对都江堰杨柳湖、木格措水坝、怒江、金沙江虎跳峡电站的质疑，以及对圆明园湖底铺设防渗膜、北京动物园搬迁等决策争议，其

① Katherine McComas & James Shanahan. ,1999:Telling Stories About Global Climate Change: Measuring the Impact of Narratives on Issue Cycles. *Communication Research*,26(1):30 – 57.

② Craig Trumbo,1996:Constructing climate change:Claims and frames in US news coverage of an environmental issue. Public Understanding of Science,5(3):269 – 283.

③ Downs,Anthony. ,1972:Up and down with ecology:the issue – attention cycle,*The Public Interest*. 28:38 – 50.

关注的焦点是政府公共政策和商业利益集团。NGO 既是公众参与圆明园防渗膜工程决策的主要推动力量，也是质疑和批评西南水电无序开发的主要力量。大众传媒不仅报道了环保 NGO 的环保活动与风险争议，而且积极参与环境风险论争。因此，环保 NGO 的媒体报道成为考察我国环境风险报道"议题——注意周期"的重要符号。

2004 年，"绿色和平组织"揭发 APP（Asia Pulp & Paper，印度尼西亚纸浆造纸公司）破坏中国天然林；2005 年，对于中国的学界和环保NGO 来说具有重要的符号意义：从年初由印度洋大海啸引发"敬畏自然"的媒体之争，到由此再度引发"怒江水电是否兴建"之争，之后是"真伪环保"之争以及湖北转基因水稻非法种植与流通的调查。其中，怒江电站引发的风险争议持续多年，涵盖了环保、利益与决策之争。

1. 风险议题的缘起。环境风险议题不只是一个"公众"话题，更是一个"公共"话题，凸显了人类的理论反思潜能。在西方，环境风险议题具有亚政治或环境政治的特征，主要集中在生态政治、环境运动团体和绿色政党的三个层面。西方民间自发的生态政治运动产生了一系列深远影响："生态环境保护"已经成为各国选举和施政的竞争性话语；公众舆论影响环境治理或政府治理；给予个人、团体、利益群体自我表达的机会，使政府的调控以及整合能力受到挑战。环境议题在大众传媒和公众意识中获得了很高的优先性，绿色论点在公共领域中获得了一个更好的形象。

同样，环境议题在转型期中国的媒体议程中占据重要的地位，从长江三峡、黄河三门峡到云南怒江水电开发，媒体积极参与论争。近半个世纪以来，从 20 世纪下半叶木材生产、薪柴樵采到今天的怒江水电之争，怒江流域面临着经济发展与生态保护之间的尖锐矛盾。关于怒江水电资源开发是否应该上马的争论已持续数年。2003 年 7 月 3 日，"三江并流"被联合国教科文组织正式批准为世界自然遗产。2003 年 8 月 12 日至14 日，国家发展与改革委员会在北京主持召开《怒江中下游水电规划报告》审查会，会议通过了怒江中下游两库十三级梯级开发方案。这不仅唤醒了中国的环保意识，引发了学界和政府内部罕见的公开分歧，也引起了海外媒体的关注。在激烈的论争中，主张派倾向于经济效益，反对派着眼于环境保护——怒江成为媒介争议的焦点并被推进公众的视野之中。

2. 环境议题报道的演进。怒江水电开发的争论，引起了媒体、政府、专家、公众与相关民间组织的广泛关注，并引起持续了将近 3 年的风险争议。该风险议题的演进大致可以分为两个阶段：

第一阶段始于 2003 年 10 月，怒江水电开发逐渐浮出水面，北京绿家园、云南大众流域、自然之友、绿岛、地球村等环保 NGO 通过讲座、论坛（记者沙龙、水之声论坛等）、媒体报道等形式，发起了一场声势浩大的反对活动。2003 年 11 月底，中国民间环保组织参加在泰国举行的世界河流与人民反坝会议，经在众多场合游说后，60 多个国家的 NGO 以大会的名义联合签名保护怒江并递交给了联合国教科文组织，联合国教科文组织回信称其"关注怒江"。随后，泰国的 80 多个民间 NGO 也就流经泰国的怒江问题联合写信并递交给了中国驻泰国使馆。我国的多家媒体（包括绿家园"记者沙龙"的记者）开始报道怒江问题，受舆论的影响，温家宝总理在 2004 年 2 月 18 日对怒江开发计划作出暂时搁置的批示。纯粹的民间组织质疑并最终改变了政府的公共决策，这被媒体称为中国环保 NGO 史上"值得浓墨重彩地写一笔"[①]。工程的暂时搁置，激发了媒体对怒江水电开发以及环境 NGO 的高度关注，提高了环境 NGO 的社会能见度，也使得怒江建坝之争的报道又显高潮。

2004 年 2 月 16—24 日，来自北京和云南的 20 名新闻工作者、环保志愿者和专家学者，进行了为期九天的怒江采风和考察。考察路线由 NGO "云南大众流域"负责设置，记者们以"旅游者"的身份进行采访以保证报道的播出、刊载。"情系怒江"的中英文网站也于 3 月 14 日的"世界江河日"开通，21 日"情系怒江"摄影展在北京开幕。怒江争议中环境 NGO 的声音，透过网络、报纸、电视扩散，与社会形成良性的互动。

第二个阶段始于 2005 年年初，印度洋海啸在中国媒体上引发了一场关于人类是否应该敬畏大自然的争论。以"环保人士"为主的"敬畏派"在争论中援引怒江搁置开发作为例子，引起了以"反伪科学人士"为主的"反敬畏派"对此事的关注。新浪网、人民网与"新语丝"等网站介入论争。2005 年 4 月，方舟子等"反敬畏派"人士为此到怒江考察，在此后的演讲中严厉地批评"环保人士"在怒江问题上误导公众并称之为"伪环保"。演讲记录《直击伪环保反坝人士》在网上公布后，再度引发社会对怒江是否应该开发水电的争议。此外，中科院院士何祚庥与中国工程院院士陆佑楣，联合向高层建议在开发怒江水电中实现生态保护并改变怒江地区的贫穷落后局面。[②] 此论一出，怒江电站再起波澜，持续多年的风险争议又被媒体与公众聚焦。

3. 媒体对怒江争议中 NGO 报道的概况。一些学者认为："当代中国

---

① 曹海东、张朋：《怒江大坝突然搁置幕后的民间力量》，《经济》2004 年 5 月。
② 《两位院士上书建议开发云南怒江水电》，《新京报》2005 年 10 月 23 日。

社会因巨大的社会变迁正步入风险社会，甚至将可能进入高风险社会。"①一旦风险沟通不畅，必然导致社会焦虑与信任危机。因此，在 2004 年的政府工作报告中，温家宝总理提出"要进一步完善公众参与、专家论证和政府决策相结合的决策机制"。各种紧急状况的出现，使危机传播领域出现衍生的职能区域，如风险传播、反恐活动和声誉管理。"在风险传播中，信息流动的重点是向公众发出警告，这包括不仅限于警报器、金属探测仪、座椅安全带、臭氧层破坏、全球变暖或有毒废弃物的范畴。这个专门区域在环境事物、医疗、技术和法规程序等领域中作用最为明显。风险传播所做的是向人们通报危险的存在、性质、严重程度或可接受程度。它还力求使威胁量化，并提供事件背景作为连接群体和企业之间的桥梁。"②在怒江大坝之争中，媒体对环境 NGO 的大众宣传、环境动员的报道，促进了风险沟通并影响风险决策。

就环境 NGO 的媒体呈现而言，风险的不确定性使得新闻报道更具议题框架特征，而非事件框架特征，这必然影响媒体的关注度、报道的样式、报道的持续性等。本研究对媒体的相关报道做了初步的统计。

首先，本研究选取 14 家媒体（《人民日报》、《中国青年报》、《经济日报》、《法制日报》、《21 世纪经济报道》、《第一财经日报》、《中国经济时报》、《经济观察报》、《南方周末》、《科学时报》、《云南日报》、《新京报》、《中国电力报》、《科技日报》）自 2003—2005 年关于怒江的报道（新闻与评论）。在众多纸质媒体中，这 14 家媒体对怒江的报道相对集中，并且涵盖不同层次的风险报道。怒江建坝涉及风险决策与民主程序，因而选取中央三大党报之一的《人民日报》与关注法治程序的《法制日报》；能源危机与水电开发吸引媒体的财经触角，现代风险更多地同科技文明、风险决策等相关联，争议关涉各方的利益博弈，因而《21 世纪经济报道》等财经媒体、专业报《科学时报》、地方党报《云南日报》以及行业报《中国电力报》的报道不容忽视；《新京报》在研究中也成为都市报的代表。

然后，从中统计出涉及怒江水电开发的共计 144 篇，排除重复或者与风险争议无关的新闻，共获得怒江大坝风险争议的报道 116 篇。

---

①　薛晓源、刘国良：《全球风险世界：现在与未来——德国著名社会学家、风险社会理论创始人乌尔里希·贝克教授访谈录》，《马克思主义与现实》2005 年第 1 期，第 48 页。

②　〔美〕弗兰·R.迈特拉、雷·J.阿尔提格：《公关造势与技巧：通向 21 世纪的桥梁》，欧阳旭东译，中国人民大学出版社 2005 年版，第 277 页。

最后，在 116 篇报道中间选出集中报道环保 NGO 的报道，共计 37 篇。

（1）对环境 NGO 的关注度。在对怒江风险争议的报道中，直接针对民间环保组织的报道占据 32%（不包括报道中部分涉及环保 NGO 的）。在整个怒江风险议题报道中，环境 NGO 占据了较大的比例，这主要源于以下几个因素：两大民间环保组织是怒江水电开发论争的主要发起者之一；中国的环境 NGO 有别于西方的民间环保组织，其主要成员有许多本身就是媒体记者；环境 NGO 充分地运用大众传媒进行大众宣传与环境动员；环境 NGO 的努力、国家环保总局以及国际力量的支持直接导致怒江工程搁置，民间组织直接影响了政府的风险决策；怒江水电开发的风险议题一波三折，本身就具有戏剧性，契合了媒体的新闻价值追求。

从以下的历时性的对比图中可以看出：环境 NGO 的活动以及对环境 NGO 的媒体呈现与媒体对怒江风险争议的报道量成正相关。换言之，对 NGO 的报道量直接影响媒体对怒江开发争议的呈现。

直接报道NGO占整体稿件的比例

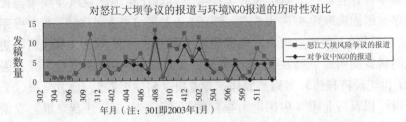

对怒江大坝争议的报道与环境NGO报道的历时性对比

（注：环境 NGO 对怒江建坝的关注集中在 2003 年 8 月国家发改委审查通过了怒江开发方案之后，因此，媒体对 NGO 活动的呈现也与此对应。）

（2）对环保 NGO 的历时性报道。从报道的统计来看，报道的峰值主要集中在几个时段：2004/05，2004/09，2004/10，2004/11，2005/01，2005/10，2005/12，共有 24 篇报道，占直接报道环境 NGO 新闻的 64.86%。此间，由于一些财经媒体对怒江水电工程决策的反思（新闻评论、人物访谈）、民间组织的环保活动（比如"空调 26℃"倡导活动）、风险议题叠加或融合（民间环保力量再战虎跳峡、松花江水污染、能源危机、印度洋海啸引发的争议）、"真伪环保之争"、国际研讨会等，使对环境 NGO 的报道相对集中。具体来说，财经类报纸，如《二十一世纪经济报道》、《经济观察报》、《中国经济时报》等从能源开发、民主参与和风险决策等政经、财经的视角切入报道；一些与水电、环保相关的行业或专业报，如《中国电力报》、《科学时报》从水电开发的可行性论争以及环保角度予以报道；《中国青年报》、《新京报》等则从公民参与、科学决策、环境正义的角度集中报道。

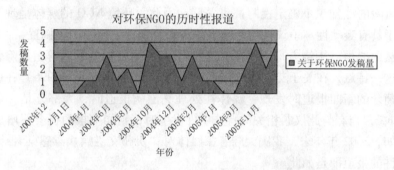

（3）新闻报道的样式。在 37 篇关于怒江风险争议中的 NGO 的直接报道中，新闻评论有 18 篇，占整个报道的 49%，消息与评论的比例相当。怒江的风险争议，涉及环境正义、西部扶贫与开发、原住居民的权益、生态灾难、各方利益的博弈等宏大话题，更关系到重大风险决策的公民参与权，因而具有"风险亚政治"的特征；风险不同于现实的灾难、危机，具有"潜隐性"与"可能性"，其议题的特征甚于事件特征；风险的不确定性加剧了知识界、公众、政府的风险争议与媒介论争，因此，各方都透过媒体争夺风险的定义权与阐释权，旨在争取风险争议的终极话语权。因此，新闻评论成为大众宣传、环保动员的重要新闻形式。

（4）新闻形式框架。在本研究中，将新闻形式框架分为两种：①事件框架，即该新闻是属于个案探讨或事件导向的报道；②议题框架，即

针对一般结果或状况解释、观察或背景的报道。

报道的新闻形式框架

事件框架
议题框架

　　在 19 篇消息中间，议题框架六篇，占据 32% 比例，如果将评论内容记入，则占整个报道的 64.86%。议题框架的大量出现，事件框架的弱化与风险的"知识不确定性"高度关联。因此，环境 NGO 的媒体呈现，有赖于具有轰动性、争议性的新闻事件和媒介事件，比如工程搁置、"敬畏自然"之争、围绕方舟子博客的论战、《纽约时报》的介入等。风险传播的这一特点，在关于艾滋病的报道中早有体现。Traquina（1996）在研究葡萄牙的新闻报道时发现：媒体在处理艾滋病报道时，大部分是"事件导向"，当有与此议题相关的特殊事件发生时，新闻上报的机会便增加[1]。例如，2002 年年末，我国大陆各家媒体对"贵州艾滋病病毒感染者结婚"事件的报道即是如此。

　　就对 NGO 的媒体关注度而言，对环保 NGO 的报道占据整个报道近 1/3 的比例；从历时性的报道看，对环保 NGO 的报道量与整个风险争议报道量的变化呈正相关关系；从具体的新闻报道变化来看，风险的议题特征强于事件特征，环境 NGO 对于决策风险的媒体传播，有赖于冲突性、议题叠加、争议的戏剧性等契合新闻价值的因素；议题特征又带来风险呈现的新闻文体样式的特征，即风险报道的议题框架占据 1/3 的比例，新闻评论、深度分析比重较大。

　　总之，类似怒江建坝的风险论争，环保 NGO 的媒介能见度既源于议题自身的社会影响力与媒体的关注度，又源自政府的态度、作为前置因素（predisposition factors）[2] 的风险事件以及环保 NGO 的话语策略。诸多因素的变动，影响了记者的新闻价值判断，并在报道议题上呈现出一定

---

① Tranquina, N. , 1996: Portuguese Journalism and HIV/AIDS: A Case Study in News. A paper presented to the 1996 AEJMC Convention in Anaheim, CA.

② 臧国仁、钟蔚文：《灾难事件与媒体报导：相关研究简述》，《新闻学研究》第 62 期，第 143—151 页。注：风险报道的"前置因素"（predisposition factors），在这里主要是指在小区或地区过去是否曾有类似的风险议题、风险争议、风险报道、处理经验，以及社会预警系统之完善程度与民众教育训练推广活动普及与否。

的波动或注意周期。

（三）跨文化传播中风险的"议题——注意周期"

多米尼克·布罗萨（Dominique Brossard）等研究者对法国与美国报纸对全球变暖的报道（1987—1997）做了一个跨文化的比较，并以此为个案分析了受文化制约的媒体实践对媒体注意周期（media attention cycles）的影响①。在内容分析的基础上，他们指出，法国的报道更多地基于新闻事实，更多地聚焦国际关系；与美国媒体相比，其视域受到更多的限制，因为美国的报道强调科学家与政治家的冲突。媒体注意周期波动，这在美国媒体的报道中很明显，但并未表明在法国媒体的报道中也是清晰可见的。该研究表明，对媒体报道全球环境议题的研究，需要超越国家层面的研究；跨文化比较对于理解不同的新闻体制（news regimes）如何影响公众舆论（public opinion）十分必要。

需要指出的是，在研究环境风险所引发的社会运动时，尽管"媒体注意周期"理论对于理解媒体的风险建构有着重要的意义，但我们也应看到，运用该理论研究跨文化的风险传播也存在一定的局限性②：

一是由于媒体报道篇幅的局限性，研究所得到的结果并不是有关国家环境运动或抗议活动的全部情况，而只是这些国家中其中一家媒体（即便是最主要媒体）的相关报道。

二是由于媒体不仅受所谓新闻价值标准或"媒体注意周期"的影响，还受到其自身意识形态取向、编辑政策等因素的影响，研究的结果不仅是不完整的，还是经过媒体的"有色眼镜"挑选过的，结果很可能是某些环境抗议事件报道过多，而另一些环境抗议事件却报道过少。

三是由于各个国家实际情况和研究者把握共同研究框架的差异，在不同国家取得的环境运动数据也存在某种不可比性。

---

① Dominique Brossard, James Shanahan, Katherine McComas. ,2004; Are Issue – Cycles Culturally Constructed? A Comparison of French and American Coverage of Global Climate Change. *Mass Communication & Society*, 7(3):359 –377.

② 郇庆治:《80 年代末以来的西欧环境运动：一种定量分析》,《欧洲研究》2002 年 6 期,第 77—78 页。

# 第六章　媒体建构的风险修辞：
## 环境议题的视角

　　美国传播学者埃弗里特. M. 罗杰斯(Everett M. Rogers)在《传播学史》中说："如果人们以亚里士多德的《修辞学》和昆提利安的《样式》开始来计算传播学历史的话，那么这个领域在时间上先于其他的社会科学。"① 在罗杰斯看来，尽管大部分美国大学在1950年以后才有传播学系或传播学院，但传播学有着悠久的历史，并与修辞学有着深远的渊源。虽然传播学涵盖的范围较修辞学更广，但修辞学所关注的"说服的艺术"也是传播学研究的重点。

　　风险传播中修辞学研究的焦点有两个：一是个人与团体用传播来沟通风险的说服来源与模式研究；二是批判修辞学或挑战发展与风险关系框架的传播研究。有别于功能主义视角的话语，社会意义上的话语不仅反映社会现实，而且折射社会现实，是一种意识形态力量。

## 第一节　风险传播修辞的批判性解读：
### 委婉语的意识形态分析

#### 一、解构"环境传播"的委婉修辞：作为理论资源的话语批评

　　（一）环境传播的"委婉语"修辞：从"说服"到"规训"

　　汉尼根认为，现代社会中的两个重要的社会设置——科学和大众媒体，在建构环境风险、环境意识、环境危机以及对于环境问题的解决办

---

　　① 〔美〕E. M. 罗杰斯：《传播学史——一种传记式的方法》，殷晓蓉译，上海译文出版社2002年版，第6页。

法方面，发挥着极其重要的作用①。"委婉语"（Euphemism）的运用就是修辞学与媒介话语研究中有趣的现象。"委婉语"一词源于希腊语"Euphemismos"，意思是"好听的话"或"讨人喜欢的话"，即"用好听的话进行语言交际"②。"委婉语"相当于"修辞"中的"辞"。而修辞是对某一初始言辞进行调整，以便"同所欲传达的情意充分切当"③。修辞成了"用令人愉悦的语言形式代替具有贬义、令人不快的词语"的方式④。修辞涉及两种或两种以上语言表达形式之间的选择，即在同一语言或同一语言变体的范围之内的语码转换。在"令人愉悦的语码"与"令人不快的语码"之间，委婉修辞选择了前者。委婉语因具有避讳、礼貌、求雅、掩饰与美化功能，也越来越成为复杂议题的报道策略并体现"话语政治"的特征。

　　"委婉语"在环境传播中的最初运用，是借助话语策略实现环保说服与环境风险告知功能的体现。对环境报道中委婉修辞的研究，也多集中于其正面功能，即基于宗教、等级观念、道德伦理等考虑的礼貌、幽默与避讳功能，旨在通过人性化的传播方式达到对公众生态意识与环保行为的形塑。但是，越来越多的研究发现：环境传播不仅仅是一个传递环境信息的线性过程，也是一个透过语言与符号生产意义、建构人们的环境认知与理解的过程⑤。在环境风险的媒体建构中，环境传播中"委婉语"的负面功能日益凸显。环境传播中"委婉语"常常遮蔽了新闻背后复杂的话语与权力关系，并对受众发挥"规训"与"宰制"作用。

　　生态话语批评对于环境传播中的"生态话语"研究有着重要的理论意义。所谓的"话语"，就是"一种理解世界的共享方式。借助语言，它能够使那些赞同它的人来解释某些信息，并把这些信息联结成连贯的情节或阐释"⑥。主流媒体的话语致力于使现状合法化，既把人类建构成主体，同时又消解人的主体性，进而又使人类"屈服"于主导性环境话语

　　① John A. Hannigan, 1995：Environmental Sociology：A Social Construction Perspective. London：Routledge, pp. 5 - 57.

　　② Chilton, P. , 1987：Metaphor, Euphemism and the Militarization of Language. Current Research on Peace and Violence, 10：7 - 19.

　　③ 陈望道：《修辞学发凡》，上海教育出版社 1976 年版，第 3 页。

　　④ Bussmann, H. , 1996：Routledge Dictionary of Language and Linguistics. London：Routledge, pp. 157.

　　⑤ Robert Cox, 2006：Environmental Communication and Public Sphere, London：Sage Publications, pp. 20.

　　⑥ 〔澳〕德赖泽克：《地球政治学：环境话语》，蔺雪春、郭晨星译，山东大学出版社 2008 年版，第 9 页。

的"规训"。

（二）生态批评视域的委婉修辞

目前，对于生态报道中委婉语的负面功能仍未引起新闻传播学研究的重视。与环境传播修辞的"说服"效果的追求不同，生态批评沿着不同的向度对环境传播的委婉修辞予以解构与批判。

一是从传播符号分析延伸出来的生态话语批评。早在 1990 年的国际应用语言学大会（AILA）上，英国语言学家迈克尔·韩礼德（Michael Halliday）教授就提出语言建构论，认为"语言具有塑造我们的意识的力量"，并断言"生态问题的解决不仅属于生物学家和物理学家，也属于应用语言学界"[1]。近年来，一个新兴的跨学科语言研究范式"生态批评语言学"（Critical Ecolinguistics）或"语言的生态批评"（Ecocriticism/Ecological Criticism of Language）引起研究者的关注。"生态批评语言学"有两个研究方向：语言系统的生态批评性分析和生态话语批评性分析（Ecocritical discourse analysis）。其中，生态话语批评的任务主要是话语伦理性质的（discourse – ethical），即"揭示有关环境和生态问题的语言中所包含的意识形态和伦理概念"[2]，旨在培养和提高人们对环境话语的生态解读能力，引导人类活动朝着有利于环境健康的方向发展。

在生态话语批评性分析中，隐喻、明喻、暗喻或委婉语等修辞成为新闻话语批判性分析的重要路径之一[3]。与生态话语批评类似，批判学派为环境传播的委婉语修辞的批判研究提供了理论资源与探究路径。哈贝马斯（Habermas）与福柯（Faucoult）都主张话语分析要举起批判的武器。法兰克福学派（Frankfurt School）所倡导的"批评性社会理论"认为，电视、报刊甚至广告等是帮助社会对大众进行统治和操纵的意识形态国家机器。环境话语中的意识形态成分往往以非意识形态的常识出现并获得主体的接受，即主体将意识形态自然化（naturalize）。批判学派通过新闻文本的多维解读，揭示了文本中隐含的意识形态。因此，透过环境报道的话语分析，可以再现媒介的话语（内文本）同资本、权力及政治（外文本）的复杂勾连。社会结构决定话语特性，话语又反过来影响

---

① Halliday,M. A. K.,1996:New ways of meaning:The challenge to applied linguistics. Journal of Applied Linguistics,6:7 – 36.

② Fill,Alwin,2000:Language and Ecology:ecolinguistic perspectives for 2000 and Beyond,in:Proceedings of AILA'99,Tokyo,pp. 162 – 176.

③ Chilton,P.,1987:Metaphor,euphemism and the militarization of language. Current Research on Peace and Violence,10:7 – 19.

社会结构。在梵·迪克（Tean A. Van Dijk）看来，立足于解构主义哲学基础，批判性话语分析，从"批判"、"揭露"、"否定"的立场揭示话语和权力以及意识形态的联系，旨在研究社会权力滥用、支配与不平等在一定的社会与政治语境中通过文本与对话被再生产或被抵制的方式，目的在于消除不平等现象与解构现存的社会体制[1]。类似旅游开发中"田园牧歌式"的审美憧憬、资源开发中的科技赞美、全球气候变化中"碳排放"的商品化、水电开发中的"西部扶贫"等，这些都是委婉语在环境报道中的典型体现。环境报道借助委婉语修辞，实现多重的生态话语置换，使环保议题经济化、科技化甚至政治化。其中，唯一缺失的环保本身。生态话语构造了环境话题，控制着一个个环境话题能被有意义地谈论和追问。

二是批判政治经济学的视角。戴维森和弗里克指出，考察媒介的环境风险话语需要注意：（1）特定的媒介话语（如"可持续发展"）演变为话语霸权并由此抑制争论的功能；（2）产业和国家行动者是如何发展其环境"修辞策略"，尤其是在环境论争时期[2]。从批判政治经济学的角度剖析生态报道中的委婉修辞，透视新闻语言的建构性特征，有助于揭示生态话语背后的符号、权力与政治的复杂勾连关系。批判性的政治经济学在四个维度上与主流经济学不同：首先，它是一种全观（holistic）的研究；其次，它具有历史性；再次，它十分关注资本主义企业与公共介入（intervention）之间的平衡关系；最后，它超越"效率"等技术性议题，关心一些基本的道德问题，如正义、平等和公益[3]。环境问题不仅是专业技术问题，也是社会问题、经济问题、文化问题甚至政治问题。西方"生态殖民主义"在大众传媒中以"全球化"、"世界产业链"正面形象出现。在一些全球化的媒介事件中，如跨国石油公司资助的英国电视纪录片《全球变暖的大骗局》（*The Great Global Warming Swindle*）暗斗奥斯卡获奖纪录片《难以忽视的真相》（*An Inconvenient Truth*），哥本哈根会议期间中美媒体关于"生存排放"与"富裕排放"的环境论争，媒介修辞及其论争背后是国家立场、市场利益与全球治理的博弈。从批判政

---

① 〔荷〕梵·迪克：《作为话语的新闻》，曾庆香译，华夏出版社 2003 年版。Van Dijk (1993). Principles of Critical Discourse Analysis. Discourse and Society，4（2）：249 - 283.

② Davidson & Frickel. ，2004；Understanding environmental governance：a critical review. Organization & Environment，17(4)：477 - 479.

③ Peter Golding & Graham Murdock，1991：Culture，Communications and Politicaleconomy. In J. Curran and M. Gurevitch( eds. )Mass Media and Society. London：Arnold.

治经济学的视角揭示媒介论争的委婉修辞策略及其诉求，促进了社会对媒介图景中的"环境政治"的深刻认知。

## 二、环境风险传播中委婉修辞的功能

环境话语中委婉语的使用可以起到掩盖环境问题的严重性、规避环境问题的责任、宣扬对环境进行剥削或商业利用等效果[1]。

### (一) 掩饰消费主义后果

环境传播中委婉修辞有美化与掩饰功能。传播学者马克·麦斯特（Mark Meister）和菲利斯·詹普（Phyllis M. Japp）在《环境修辞与流行文化研究的理论基础》一文中指出，诸如广告、摄影、音乐、游戏、广播电视与报刊的新闻、贺卡、电影、动漫等流行文化模式，引导受众强化"自然"的"使用价值"。受众在有意或无意间从流行文化中模仿消费"自然"的观念与行为[2]。资本主义意识形态嵌入流行文化中并借助商业主义或消费主义逻辑，在欲望修辞的自我修复中，建构公众的环境认知，实现"新自由主义"和"后福特主义"社会关系的再生产。

消费产生的废弃物对生态环境造成压力，从而使消费与生态环境直接相联系。1962 年，R. 卡逊（Rachel Carson）的《寂静的春天》（*Silent Spring*）出版后，引发社会对"杀虫剂"造成的环境危机、健康风险及其背后科技理性的反思。美国的《纽约客》（*The New Yorker*）与哥伦比亚广播公司（CBS）报道了由《寂静的春天》开启的现代环境主义的思潮。如果说 CBS 的电视新闻在商业主义之外提供了生态科学的知识[3]，那么，《纽约客》报道所意指的"自然"，并非是卡逊在生态意义上的"自然"。针对受众不适应科学传播的解读习惯，《纽约客》更多的是论述受众所熟悉的、与"人类消费"有关的、更具委婉修辞特色的"自然"。媒介消费主义的"欲望修辞"所指引的"掠夺性"生产方式与"炫耀性"生活方式，不仅意味着社会财富占有的不公，而且还严重地威胁着人类赖以生

① Wilhelm Trampe, 2001: Language and ecological crisis: Extracts from a dictionary of industrial agriculture, in: Alwin Fill & Peter Muhlhausler(eds). The Ecolinguistics Reader: Language, Ecology and Environment, London, pp. 232 – 240.

② Mark Meister & Phyllis M. Japp, 2002: Introduction: A Rationale for Studying Environmental Rhetoric and Popular Culture, in Mark Meister & Phyllis M. Japp (eds). Enviropop: Studies in environmental rhetoric and popular culture. Westport: Greenwood, pp. 1 – 13.

③ Gary Kroll, 2001: The "Silent Springs" of Rachel Carson: mass media and the origins of modern environmentalism, Public Understand. Science, 10:403 – 420.

存的根基①。

"环境问题不仅仅是发展的问题，也是一个我们该如何生活的问题"②。联合国环境规划署将 2008 年的"世界环境日"的主题确定为"剔除旧习，迈向低碳经济"（Kick the habit! Towards a low carbon economy）。然而，在消费社会的资本逻辑与媒介逻辑驱动与指引下，以美国为代表的西方媒介，将全球气候变化风险的治理简化为"碳交易"议题。从"气候变化"到"碳交易"的话语置换，正是气候报道的主要的"环境修辞"策略。气候议题的科学化（减排技术）与商品化（绿色产业与"碳交易"市场）背后，是"减排"给美国资本主义的物质消费主义文化以及基于汽车文化的生活方式带来的风险。媒体呈现了一国内部对某些与气候暖化相关问题也产生分歧，例如，是工业、家庭还是交通领域对风险主要负责？在气候风险的媒介论争中，汽车文明与物质消费主义，被视为自由、权利、速度、个性的象征，是"资产阶级意识形态在日常生活中的胜利"③。"有关气候变化的种种争论反映出人们对汽车工业和环境政治学的广泛关注"，包括如下几个方面：汽车的自然化（naturalisation），即乘坐汽车让人舒服、自然；汽车是 20 世纪进步的象征，即社会的流动象征着进步；反汽车言论及团体遭受到了反击，汽车重新被视为进步、自由的象征；居民的购车消费力强。由此看来，美国政府与媒体对气候暖化风险的构建表明，环境政治学以及美国媒体的全球暖化的环境话语建构面临的风险，恰恰是来自对生活方式的威胁。"气候变化"的环保议题被西方媒介策略性地转换为"碳交易"的经济议题，迎合了西方消费主义的商业逻辑。

大众传媒在节能减排的报道中，将环保议题置换为"低碳经济"（Low Carbon Economy）议题，从而将节能减排的观念商品化为可消费性质的行为，造福于特定的阶层④。节能减排本是针对全球气候变暖或生态文明建设的问题提出的，然而，大众传媒更愿意将其建构为一种经济与消费议题。是环境议题必须通过经济议题才能提高其社会能见度？还是传媒消费主义逻辑影响了环保议题的扩散？西蒙·科特（Simon Cottle）

①　王赳：《消费主义的现实反思》，《中共浙江省委党校学报》2005 年第 5 期。

②　〔美〕戴斯·贾丁斯：《环境伦理学》，林官明、杨爱民译，北京大学出版社 2002 年版，第 7 页。

③　Andre Gorz,1980:Ecology as Politics,Boston:South End Press.

④　胡育堃：《谁的全球暖化？节能减碳议题商品化的省思》，中华传播学会 2009 年年会论文，第 1 页，http://ccs.nccu.edu.tw/UPLOAD_FILES/HISTORY_PAPER_FILES/1183_1.pdf.

认为，媒体削弱了环保公共领域。新闻报道将诸如生态殖民、全球变暖等带有政治责任的环境议题转化为眼前的、世俗的家庭生活或休闲生活议题，如全球暖化是否会影响夏天在海滩的度假①。环境报道呈现出传媒消费主义的倾向。与经济学的"稀缺"、"欲望"相对应，媒介的"欲望叙事"逻辑与传媒消费主义所主张的"炫耀性消费"倡导人类任意索取与无限排放，这必然引发资源环境危机。

消费社会加剧了人自身的异化、人与人之间的矛盾以及人对自然的掠夺和统治。环境话语经由大众传媒所创造的大众文化发挥了"委婉修辞"的规训力量。在 2009 年哥本哈根气候会议前后，美国媒体聒噪的"碳交易"议题，其背后驱动力量是国家利益与广告商的资本逻辑。新闻背后的政治与经济利益造就了媒体脱离环保实质的"环境话语"的言说规则。尽管"碳交易"在一定程度上可以减少一些发达国家的碳排放量，并给一些落后的国家以资助，但也可能会限制落后国家的经济发展、减少发达国家对碳排放的重视，导致新的资源掠夺或生态殖民主义。我国坚持"共同但有区别的责任"原则，而发达国家要求中国设定与它们类似的减排目标。西方媒体在倡导各国应尽平等义务的背后，隐藏的是他们为了保持其政治、经济、社会竞争力而试图控制"游戏规则"的话语权的目的。从 20 世纪 40 年代"布雷顿森林"体系确立的国际货币基金组织和世界银行到关贸总协定到 WTO，从现在所谓的"总量管制和排放交易"制度到将来的全球"碳交易"市场，无不极大地体现发达国家的政治意志和经济利益②。美国政府与媒体在证券化产品遭受金融危机重创之后，力推气候的"证券化"。虽然这在某种程度上体现了人类社会对环境变化的忧虑，但"全球平等"话语背后的重新分配世界财富的意图以及遮蔽"西方工业化国家要为碳排放负历史责任"的话语阴谋，值得媒体警惕。

（二）遮蔽"风险责任"

环境报道中委婉语的使用，不仅可以掩盖问题严重性，有时还可以起到"遮蔽责任"的作用。委婉修辞中经常使用的"doublespeak"，即"模糊言说"（夸张、复杂、故意含糊其辞的用语）③，融合了"double-

---

① Simon Cottle, 1994: Mediating the environment: modalities of TV news'. in A. Hansen (ed.) The Mass Media and Environmental Issue. Leicester: Leicester University Press, pp. 107 – 133.

② 俞铮：《气候变化国际议题背后的舆论争夺》，《中国记者》2010 年第 2 期。

③ Hugh Rawson, 1995: A Dictionary of Euphemisms and Other Doublespeak, New York: Crown Publishers. 王亿同：《英汉新难词词典》，机械工业出版社 1985 年版，第 367 页。

think"（双重思想）和"newspeak"（双重言说）的含义。"模糊言说"频繁地见于当今美国政治、经济、大众传播和社会日常生活等各个领域。环境传播的"模糊言说"可以通过三重转化钝化"环境公共领域"的批评性反思：一是使负面行为正面化；二是使不悦的内容愉悦化；三是使不道德的合道德化。如果说"模糊言说"通过语言修辞达到指东说西或假言掩真、转移责任、误导或欺骗他人，那么，研究环境传播中的"模糊言说"旨在揭示新闻语言与事实相悖的现象，即审视媒体如何借助"模糊言说"达到遮蔽、规避或转移环境责任的目的①。例如，对于生物试验的报道，将受试动物"被关进笼子"（caged）、"被施毒"（poisoned）甚至有可能"被杀死"（killed）说成是"给住进房子"（housed）、"给喂药"（dosed）、"对其进行处理"（processed）等；将"物种选杀"（decimation of species）转化为"数量控制"（population control）；将动物被"驱逐"（banished）说成是"重新安置"（relocated）②。报道消解了动物作为"受害者"的形象，淡化了人与自然"二元对立"的新闻叙事，弱化了"人类中心主义"可能招致的生态批判。生态报道通过消息来源与新闻框架来实现模糊修辞的效果，并将环保话语转换为科学话语或经济话语。

　　除了这种模糊言说，媒介对风险责任的归因也是其委婉修辞的策略之一。面对国际最有影响力的两个生态激进主义组织——"绿色和平"和"地球第一！"，美国CBS晚间新闻在"冷战"语境下颂扬"绿色和平"的激进行为，又在工业语境下将"地球第一！"建构为"生态恐怖主义"（Eco–terrorism）③。单因架构成为生态风险报道委婉修辞的一种重要话语策略。传播学者斯宾塞（Spencer）和特里谢（Triche），在考察美国媒体对1988年新奥尔良饮用水供应有毒污染物增长的归因时，发现媒体将水污染归因于干旱导致的密西西比河水位下降，而不是低水位与城市上游化工厂的排污共同导致的结果④。新闻记者化约式的归因，避免与

---

①　Wilhelm Trampe,2001:Language and ecological crisis:Extracts from a dictionary of industrial agriculture,in:Alwin Fill & Peter Muhlhausler(eds). The Ecolinguistics Reader:Language,Ecology and Environment,London,pp.232–240.

②　朱长河：《环境话语中委婉修辞法的生态批评》，《安徽教育学院学报》2006年第5期，第96页。

③　刘涛：《环境传播的九大研究领域（1938—2007）：话语、权力与政治的解读视角》，《新闻大学》2009年第4期，第100页。

④　Spencer & Triche,1994:Media constructions of risk and safety:differential framings of hazard events',Sociological Inquiry,64(2):199–213.

环境风险的责任主体（军队、政府以及化学工业）或制度角色的纠缠。事件导向型的环境报道，通过关注分散的事件而非事件发生的背景，给受众造成这样的一种印象：是个体或者难以确定的公司法人而非制度上的政治和社会发展应对环境风险负责①。透过环境修辞学与媒介话语的研究，探究环境报道框架背后的权力运作机制，可以呈现环境传播与"生态政治"的复杂勾连。

（三）"洗绿"商业企图

环境话语中委婉语可以起到"宣扬对环境进行剥削或商业利用"的效果②。一些跨国公司或企业的公共关系部门很善于运用媒体传播以及环境营销策略，"洗绿"（greenwashing）其环境破坏行为，以防止风险责任归因影响公司形象与产业经营。传统的危机传播理论，如企业辩护理论、形象修复理论、阶段分析理论、焦点事件理论、卓越理论等，被用于商业行为与商业目的的"绿化"包装。2007 年 11 月 6 日，英国广告标准局批评英荷壳牌石油公司的广告《不要丢弃任何东西》误导读者，并禁止英国报纸刊登这条广告。在广告画面中，壳牌公司炼油厂烟囱上长出鲜花。图下还附有文字说明："我们用二氧化碳废气种花，用废硫磺制作'超级'混凝土。真正的世界，真正的能源解决方案。"这条广告刊登在英国、荷兰、比利时和德国的多家报纸上。壳牌公司希望通过大众传媒宣传公司坚持"可持续发展"理念，但他们实际上仅将 0.325% 的排放物用来种花。因此，媒介广告修辞掩盖了壳牌公司炼油厂对环境的真实影响。2005 年 11 月，绿色和平国际气候变化与可再生能源首席政策顾问、中国制定可再生能源法的顾问 Steve Sawyer，在接受《南方周末》"观察·可持续发展"专版的采访时指出，煤炭是污染最严重的化石燃料，其排放的二氧化碳会加剧"温室效应"，从而导致地球生态系统的灾难性变化③。然而，《南方周末》就在同一版刊登了壳牌公司的广告："煤，源于绿色，也应归于绿色，溶进洁净的天空。"文案中还说："数百年来，煤的简单化利用导致了人们对媒的诸多成见……人类对煤的认识还很粗浅，但已经有了革命性的进步：煤其实也可以是一种绿色能源，不对环

---

① 〔加〕约翰·汉尼根：《环境社会学》，洪大用等译，中国人民大学出版社 2009 年版，第 85 页。

② Wilhelm Trampe,2001；Language and ecological crisis：Extracts from a dictionary of industrial agriculture，in：Alwin Fill & Peter Mühlhäusler( eds) . The Ecolinguistics Reader：Language，Ecology and Environment，London，pp. 232 – 240.

③ 刘鉴强：《应对全球变暖　风力发电现在开始》，《南方周末》2005 年 11 月 3 日。

境造成污染。"广告的"洗绿"意图与新闻的批判锋芒的"混搭"，凸显了新闻专业主义与传媒消费主义的张力。

斯坦伯（Stauber）和拉姆普顿（Rampton）在《剧毒废渣大有裨益：谎言、鬼话以及公关业》一书中，借助案例阐释了美国联邦政府与商业组织如何借助媒介公关策略达到环境营销的目的，比如成功劝服农民高价购买剧毒工业废渣用作农田肥料①。20世纪90年代，作为全球最大的针叶板材和商品木浆的生产商，惠好（Weyerhauser）公司以促进"树木生长的公司"为题在媒体上做广告，并在1999年将广告词改为"未来在生长"。于是，惠好公司的毁林行为不仅不是"掠夺自然"的行为，反而成了"改善自然"（improving on nature）或"增加价值"（value – adding）的活动。"伐木"（logging）被冠以"收获森林"（harvest the forest）之名，借助"收获"的丰富内涵（基于努力或辛勤劳动所得）赋予林木砍伐的合道德权力。同时，将"砍伐"与"植树"并存，传递可持续发展与生态平衡的理念。但事实上，惠好公司砍伐的都是古树森林，种植的都是单一品种的植物，而且用除草剂与杀虫剂来管理林木。委婉修辞将公司、企业的生态环境商业化或资源开发行为，架构为"友好的"、"仁慈的"甚至"环保"的行为。

在此，环境报道或广告以产品为导向，企业精神与生态价值并行不悖并相得益彰，而关于环境"可持续发展"的故事被无限放大。环境新闻被作为"绿色商业"、"绿色消费"置于经济报道之中。随着工厂化饲养业（factory farming industry）的到来，各种公司策略被用来建构一个仁慈而有益的产业图景，美化对动物的圈养、繁殖、增肥与屠杀行为。尽管工厂化饲养业从诞生之初就应对严重的环境危害负责，但反对者的行动收效甚微。其中一个重要的原因是：一些环境话语的建构力量有利于支持工厂化饲养业。从环境传播学的视角来看，其话语策略包括两个层面：一是大量使用"暧昧混淆的言说"（doublespeak）描述产业内在的特殊流程；二是在广告中创造"会说话"的动物来推销其产品②。对于产业界的消息来源而言，"将自然视为商品"是其主要的话语策略。关于工厂化饲养业的报道，常常用"animal agriculture"而不是"livestock industry"

---

① Stauber,J.,& Rampton,S.,2002：Toxic sludge is good for you：Lies,damn lies and the public relations industry. Monroe ME：Common Courage Press.

② Cathy B. Glenn.,2004：Constructing Consumables and Consent：A Critical Analysis of Factory Farm Industry Discourse. Journal of Communication Inquiry,28（1）：63 – 68.

来指称"畜牧业",因为"industry"常常会敲响环境污染的警钟,而"agriculture"是自然、安全的。虐待动物的行为,在经济报道与商业广告中被建构为"自然的"、"与人方便的"、"舒适的",遮蔽了环境主义者所言的"虐待与屠杀行为"。媒体报道或宣传体现为"环境即商机"的商业话语。

（四）弱化生态危害

在复杂的话语竞技场中,专家、媒体、公司企业与政府,共同建构了媒介的环境话语。2000—2001年,美国媒体再现了二噁英（Doxin）论争。在美国媒介的报道中,环保组织关于"埃姆斯电厂是公众健康的威胁"的话语型构,无法有效地与官方关于"埃姆斯电厂是安全的,是社区的骄傲"话语型构相抗衡[1]。事实上,环境话语权常常被科技、政治与经济精英所掌控,生态风险也因此被弱化。戴利与奥尼尔研究媒体对埃克森瓦尔迪兹石油泄漏事件的报道,经历灾难叙述（作为无助的受害者的公众、危机在人类掌控之中）、犯罪叙述（船长应被指责）到环境叙述（环境主义者与政府、工业的抗争）的变化,却忽视了生存叙述（石油泄漏给阿拉斯加人生活方式带来的威胁）[2]。

Schultz的研究发现,环境话语中委婉语的使用可以起到"削弱或掩盖"环境问题的作用[3]。以气候暖化中的"greenhouse effect"（温室效应）为例。在英语传播环境下,"greenhouse"一词有着令人愉悦的含义,如受到精心呵护。汉语中的"温室"也是如此。西方传播学者认为,使用"greenhouse effect"（温室效应）或"全球变暖"（global warming）指称气候风险,犹如将战争称作"游戏"（game）或将"种族灭绝"（genocide）称作"人种净化"（ethnic cleansing）,最终误导受众的风险认知并消解了全球气候变化风险的严重性。因此,Schultz建议用"climatic dislocation"（气候错位）来指称这一"人造风险"（Manufactured Risk）。同样,Trampe也认为,在环境话语中,掩盖问题严重的委婉语极为普遍,如"农药"（poison）成了"pesticide"（除虫剂）,"environmental pollution"（环境污染）以"弄脏"（making dirty）本义排除了毒物排放而仅

① 〔加〕约翰·汉尼根:《环境社会学》,洪大用等译,中国人民大学出版社2009年版,第54页。

② Daley & O'Neill. ,1991;Sad is too mild a word:Press coverage of the Exxon Valdez oil spill. Journal of Communication. 41:42 –57.

③ Beth Schultz, 2001: Language and The Natural Environment. in: Alwin Fill & Peter Peter Mühlhäusler(eds). The Ecolinguistics Reader:Language,Ecology and Environment. London,pp.111 –112.

指排放污物。环境报道借助于"委婉修辞"，设置或转换环境风险议题，弱化了生态环境风险，遮蔽了"风险制造者"的治理责任。

### 三、环境风险传播中委婉话语的意识形态

回顾环境在历史中扮演的角色可以发现：环境恶化是文明悲剧的重要原因之一①。乌尔里希·贝克也将人类的境遇描述为"生活在文明的火山上"②。人类曾经用科技、理性以及计算的态度来安排国际秩序的方式失效了。英国社会学家安东尼·吉登斯针对气候变化问题提出"风险政治学"的概念。气候变化不是一个"思前"议题，而是一个"想后"的风险议题。不仅要将气候议题纳入政治议程，更要将其深植于"我们的制度和公民的日常关切之中"③。全球环境的恶化与环境风险的加剧，促使媒体与社会对生态环境议题的认知度逐渐提高，也使环境主义从一个地方性的、草根行为转变为全球认同的思潮。

环境传播关注人与自然的矛盾、发展与风险的冲突以及由此衍生的社会问题。媒体的生态报道围绕污染、环境公害、自然保护、清洁生产、绿色消费、环境正义等环境议题，开展强大的话语实践并正在形成其言说规则。在约翰·汉尼根（John Hannigan）看来，"环境问题及其解决办法是某种定义、协商和合法化的动态社会过程的最后产物"④。一方面，潜在的环境风险必须以非常醒目的符号和形象词汇加以修饰才能引起社会的关注；另一方面，媒体只有参与环境风险论述的竞逐才能确保环境问题建构的合法性和连续性。换言之，生态环境风险的呈现日益依赖大众传媒，而政治与经济对环境话语的建构也产生越来越大的社会影响。

罗伯特·考克斯（Robert Cox）认为"环境传播是一套构建公众对环境信息的接受与认知，以及揭示人与自然之间内在关系的实用主义驱动模式（Pragmatic Vehicle）和建构主义驱动模式（Constitutive Vehicle）"，并将"主流媒介对环境议题的符号化传播行为所引发或建构的公共参与

---

① 〔美〕贾雷德·戴蒙德：《崩溃：社会如何选择成败兴亡》，江滢、叶臻译，上海译文出版社2008年版。

② 〔德〕乌尔里希·贝克：《风险社会》，何博闻译，译林出版社2004年版，第20页。

③ 〔英〕安东尼·吉登斯：《气候变化的政治》，曹荣湘译，社会科学文献出版社2009年版，第4页。

④ 〔加〕约翰·汉尼根：《环境社会学》，洪大用等译，中国人民大学出版社2009年版，第33页。

和公共辩论称为环境传播的公共领域"①。环境传播可以教育、提醒、说服并帮助我们解决环境问题与争议，形塑我们对自然的看法：自然是"可供开发"的，还是"重要的生态支持系统"？是"可以被征服的"的，还是"要去珍惜的"？是"人定胜天"，还是"与自然和平共处"？就实用主义维度而言，环境传播旨在探索种种涉及环境议题和公共辩论的信息封装、传递、接受与反馈；就建构主义维度而言，环境传播强调借助特定的叙述、话语和修辞等表达方式，进一步表征或者建构环境问题背后所涉及的政治命题、文化命题和哲学命题②。环境传播的委婉修辞就是通过话语建构的方式达到一种实用主义的效果。因此，分析媒介文本的语言及其修辞，可以解释环境报道中的意识形态或风险政治。

环境话语的委婉修辞实际上反映了媒体议程设置的政治性。迄今为止，环境政治的话语"仍然是专家和精英的话语，平民、社团、公民、工人、选民以及他们的兴趣、观点和声音都被完全忽视了"③。西方媒体凭借发达国家强大经济实力与环保科技优势，将生态议题置换为经济议题与科技议题，在"保护地球"的全球话语中制造共同、平等命运的新闻幻象，通过委婉修辞复制和再生产了资本主义意识形态，在环保话语中深深地嵌入商业主义或消费主义逻辑。媒体形塑了诸多关于节能减排的想象与环保手段，其意义何在？是塑造积极的生态公民，还是消费"自然"的市民？以"绿色政治"来观照环境公民的传播实践就会发现，如果将环境公民权局限于"环境"议题，将可能忽视可持续性和可持续发展的经济、政治和文化方面④。社会个体也会借助甚至挪用"绿色公民权"的话语，描述作为政府与企业的受雇者的个人行为和举动，却忽视了工作以外的"环境公民"的道德或政治行为。环境传播的委婉修辞，生态保护与"可持续发展"原本的意义被掏空，精英联盟下的环境论述及其意识形态被再次强化。

① Robert Cox, 2006: Environmental Communication and Public Sphere, London: Sage Publications, pp. 12; pp. 14.

② 刘涛：《环境传播的九大研究领域（1938—2007）：话语、权力与政治的解读视角》，《新闻大学》2009年第4期，第98页。

③ 〔德〕乌尔里希·贝克：《气候变化：如何创造一种绿色现代性》，温敏译，《马克思主义与现实》2009年第5期，第191页。

④ 〔英〕约翰·巴里：《抗拒的效力：从环境公民权到可持续公民权》，张淑兰译，《文史哲》2007年第1期，第140页。

## 第二节　西方媒体对中国的环境形象建构：
### 气候变化的风险框架分析

联合国政府间气候变化专门委员会（IPCC）的评估报告指出，人类活动在总体上影响全球气候变暖①。《联合国气候变化框架公约》也规定，发达国家和发展中国家在温室气体减排上应承担"共同但有区别的责任"。基于历史与现实的温室气体排放量，《京都议定书》（Kyoto Protocol）第一承诺期（2008—2012）只给发达国家而没有给发展中国家规定数量化的减排目标。因此，美国与欧盟诸国一致迫使发展中国家承担减排、限排温室气体义务。我国坚持"共同但有区别的责任"原则，而发达国家包括一些发展中国家要求全球二氧化碳排放领先的中国设定与发达国家类似的减排目标。这一结构性冲突在 2009 年哥本哈根会议上成为争论的主要焦点。从风险政治学来看，资本按照其利益对气候变化的政治现实的影响正持续增强②，中国与印度等发展中国家被置于国际新闻舆论的焦点。气候变化已从 20 世纪 80 年代发端的一个较为纯粹的科学议题，转变为当今世界重大的政治、外交与媒介议题。

全球气候变化报道大体经历两个阶段：一是关注以北极熊为代表的北极动物生存环境恶化，单纯地对自然界进行描述，警示气候变化的威胁；二是气候变化成为媒介的切实、直接、重要的议题，其报道也从自然生态报道转变为复杂的风险沟通，媒体开始从经济、政治、技术、国际关系等方面来审视气候变化议题，报道越来越多元化和国际化。

20 世纪 70 年代以来的环保思潮与媒体传播息息相关，而大部分民众是通过大众传媒获得环保信息。Wakefield 与 Elliott 认为，大众传媒是民众获取环境信息的主要渠道；Kwamena（2001）认为传媒不仅在民众形成环境意识的初期有显著影响，对于拓展民众环境意识以及环境教育也有重要作用；Brosius 和 Kepplinger（1990）更是发现，在能源与环境议题

---

① International Panel on Climate Change（IPCC）.，2007：Summary for policy makers，in：Climate change 2007：The physical science basis. IPCC Secretariat：Geneva. http://www.ipcc.ch/sp.

② 〔英〕马修·帕特森：《气候变化和全球风险社会政治学》，周长银编译，《马克思主义与现实》2005 年第 6 期，第 44 页。

上，传媒具有强烈的议程设置功能，引领大众关注环保议题①。研究者多认为，媒介在形塑环境意识与建构环境形象方面十分重要。

## 一、气候变化：中美外交中的重要议题

一些西方媒体认为：中国因《京都议定书》占便宜；中国经济的高速发展全是牺牲环境、大肆污染所取得；中国应对全球气候变化承担主要责任。这些论调导致国际舆论对中国环保责任的误解，中国的环境问题成为"中国威胁论"的主要构成部分②。事实上，中国政府早就把保护环境、节能减排行动作为国策，制定《中国 21 世纪议程——中国 21 世纪人口、环境与发展白皮书》，推进可持续发展与生态文明建设，积极参与全球环境保护，为减缓气候变化作出显著贡献。

"全球气候变化"已成为中美两国的环境保护、科技交流、政治外交的重要的、紧迫的议题。20 世纪 90 年代后期，以《纽约时报》为代表的西方主流媒体的涉华报道，大都与政治议题相关，主要包括"武器出售"、"窃取高科技情报与技术"、"持不同政见者"、"西藏问题"、"台湾问题"等，进入 21 世纪以来，西方传媒对中国的关注角度从政治议题扩展到经济、社会、文教等各方面，如"能源需求与消耗大"、"社会贫富差别巨大"、"社会保障体制与公共卫生发展状况差"、"群体性事件频发"、"环境严重污染"③。2009 年 1 月，美国的亚洲协会美中关系中心与皮尤全球气候变化中心发表了《共同的挑战，协作应对：美中能源与气候变化合作路线图》的研究报告。7 月，美国政府能源部长朱棣文与商务部长骆家辉访华，其共同的、核心的议题是"呼吁关注气候变化，推进清洁能源技术"。在奥巴马任内，金融危机、反恐合作、全球环境成为观察中美关系的三个基本的议题。生态环境议题以及与此相关的能源议题、公共卫生安全议题、风险决策议题，成为西方主流媒体关注中国的焦点之一。

中国政府与大众传媒一直致力于实践"传播与可持续发展"战略，塑造环境友好、资源节约、可持续发展的国家环境形象。然而，国际舆

---

① 转引自王景平、廖学诚：《公共电视〈我们的岛〉节目中环境议题的时空分布特性》，《地理学报》2006 年第 43 期，第 40—41 期。

② 付敬：《占领国际环境和气候变化舆论高地——〈中国日报〉"节能减排中国行动"栏目简介》，《对外传播》2009 年第 8 期，第 30—31 页。

③ 司国安、苏金远：《2006 中国国家形象——基于〈纽约时报〉涉华报道的文本分析》，《新闻知识》2007 年第 5 期，第 51—53 页。

论中我国"环保话语"严重缺乏，国家环保形象面临被媒体扭曲的风险。

在很多国外舆论印象中，崛起的中国龙"就像从下水道里腾空而起的，身上流淌着污水，散发着难闻的恶臭"。针对中国的陕西凤翔、湖南武冈的"儿童铅中毒"事件，英国《每日电讯报》以《中国在接管世界之前是否会被自己排放的废水淹死？》为题进行报道。日本、韩国的媒体极力把中国塑造成一个"肮脏的邻居"。在2009年哥本哈根气候会议期间，西方媒体又将中、印两国卷入全球环保舆论的旋涡中。"如今，能阻碍中国崛起的问题之一或许就是环境问题。"① 全球气候变化舆论的复杂化，反映了气候变化、环境政策和媒体风险报道三者相互融合的技术化世界，也掩饰了全球化社会结构中潜隐风险的根源。针对国际舆论，中国媒体既要坦诚面对质疑，又要表达中国的视角与观点。

在中美交往中环境议题不断被凸显的背景下，历时性地考察西方主流媒体如何建构作为"他者"中国的"环境形象"，可以为我国在气候变化信息传播、政治外交与国家生态形象建构提供理论支撑与借鉴意义。

中国大陆的气候变化研究多偏向科技、法律、经济等领域，对新兴媒介议题"全球气候变化"的媒介研究则少之甚少。相关的研究发现主要有：在中国大陆，缺少制度化的科学传播途径导致了媒体对气候变化报道能力不足；在传播技术上，缺乏对科学争议、细节和与读者相关的报道，这使新闻的影响力相当有限②；"全球暖化"议题的报道存在着一定的"说服"方式和逻辑，且"全球暖化"已经或正在形成一道"产业链"，使得各个利益相关群体趋之若鹜③；发达国家环境意识水平比发展中国家要高，中国等发展中国家尤其要加强环境传播④。媒体对2009年哥本哈根会议的报道，"在全球范围内实现了一次关注气候变化的议程设置，而这一功能的实现借助了现代传媒技术的传播力量。"⑤ 此外，更多的研究主要从新闻业务的角度总结气候变化报道或科学传播的经验⑥。

---

① 漆菲：《环境问题影响国家形象　中国崛起需跨"环保门"》，《国际先驱导报》2009年8月27日，第3版。

② 贾鹤鹏、莫扬：《全球化时代有效的科学传播》，科学普及出版社2007年版。

③ 《"全球暖化"迷思：媒体如何让全球更暖？》，http://inthemiddleofnowhere.blogbus.com/logs/7632263.html,2008-03-28.

④ 欧训民、张希良、王若水：《全球气候变化信息传播扩散模型及实证分析》，《科学决策》2009年第6期。

⑤ 邓瑜：《从发展传播学视角看气候变化报道》，《中国记者》2010年第2期。

⑥ 陈锐：《日本媒体：气候变化报道的民生视角》，《中国记者》2007年第8期，第25—26页。

## 二、气候变化中的国家形象传播

西方对全球气候暖化报道的研究，主要集中于环境传播或科学传播领域，关注媒体的功能研究。新闻报道在呈现气候变暖风险的同时，也放大或弱化特定发现的重要性[①]。《纽约时报》、《华盛顿邮报》和《洛杉矶时报》等主流媒体，在呈现全球变暖的事实时，总是援引反对气候变化的消息来源，中和了关于气候变化具有紧迫性的科学发现——信息来源的均衡恰恰体现了风险报道的偏见[②]。媒体对气候变化的报道总是集中于追求轰动效应，热衷议题的争议却忽视辩论的背景，这令公众更加困惑[③]。IPCC 的全球气候变化第四次评估报告于 2007 年 11 月 17 日发布，媒体对气候变化的报道也发生变化：此前，只有少量的科技报道[④]与媒体能见度高的消息来源对暖化议题的质疑[⑤]；此后，也从此前的忽视、质疑转变为全球风险共识与全方位介入。媒体的风险沟通创造了共时性、共同的参与、共同的苦难，并由此为全球公众创造了相关性。这集中体现为媒体对气候变化的视觉化、戏剧性与象征性地呈现[⑥]。

尽管气候变化问题的关注程度、关注的现状及趋势、驱动政策制定与实施等研究的理论基础就是其信息传播规律[⑦]，但是，研究对于国际传播或跨文化传播中气候变化报道的风险建构关注较少，尤其缺少对国家环保形象建构的媒体研究。

---

① Zehr S. C. ,2000：Public representations of scientific uncertainty about global climate change. Public Understanding of Science,9（2）:85 – 103.

② Boykoffa M. ,Boykoffb J. ,2004：Balance as bias：global warming and the US prestige press. Global Environmental Change,14:125 – 136.

③ Corbett J. , Durfee J. ,2004：Testing public（un）certainty of science：media representations of global warming. Science Communication,26（2）:129 – 151.

④ Anabela Carvalho. ,2007：Ideological cultures and media discourse on scientific knowledge：Re – reading news on climate change. Public Understanding of Science16;223 – 243.

⑤ Antilla,L. ,2005：Climate of scepticism：U. S. newspaper coverage of the science of climate change. Global Environmental Change,15:338 – 352. Boykoff,J. ,& Boykoff,M.（2004）. Balance as bias：Global warming and the U. S. prestige press. Global Environmental Change,14:125 – 136. Boykoff,J. ,& Boykoff,M.（2007）. Climate change and journalistic norms：A case – study of U. S. mass media coverage. Geoforum,38:1190 – 1204. Monbiot, G.（2007）. Heat：How to stop the planet from burning. Cambridge, MA：South End Press.

⑥ Simon Cottle. ,2009：Global Crises in the News：Staging New Wars, Disasters, and Climate Change,International Journal of Communication,3:494 – 516.

⑦ 欧训民、张希良、王若水：《全球气候变化信息传播扩散模型及实证分析》，《科学决策》2009 年第 6 期，第 81 页。

传播学视域的国家形象，是"国际社会公众对一国相对稳定的总体评价或国家通过国际信息传播在国际社会、公众中形成的普遍的印象沉淀"①，由一国的地理环境、文化传统、经济状况、军事实力、政治制度、外交地位等要素构成，包括"自我形象"与"他我形象"。自我形象是本国媒介、民众对国家的综合认识与评价，他我形象是他国媒介与民众对此国家的总体印象。国家形象建构是一个自我塑造与自我塑造被他者认可的过程，认知主体的文化背景、价值体系、利益动机的差异，常常导致国家的自我形象与他我形象的不统一或存在较大的认知分歧②。

由国家的"生态形象"或"环境形象"所形成的文化"软实力"直接影响国际舆论、政治与经济交往。本文所指国家的环境形象，主要意指一国的地理环境、自然生态及其环境治理在他国新闻媒介的新闻和言论中所呈现的形象，是国际社会对一国的生态环境整体认识和综合评价。

国家形象首先是整体性和多维性，其次是动态性和相对稳定性，再是对内对外的差异性③。近代以来西方大国崛起史表明，"大国社会性成长"是大国的物质性成长（强大的军事、经济与科技实力）与社会性成长（秩序性发展、形象塑造以及对战争的合法性限制）的统一④。在经历改革开放 30 年物质性成长的同时，中国正越来越多地经历社会性成长。随着中国从"政治大国"向"经济大国"的国家形象转变，西方媒体关于中国"经济威胁论"与"军事威胁论"甚嚣尘上，并由此衍生出"贸易威胁论"、"资源能源威胁论"、"生态环境威胁论"、"人民币汇率操纵论"、"中国资本威胁论"等⑤。其中，《纽约时报》的环境报道在涉华报道中所占比例还不足 1%；环境报道倾向性明显，表示中国环境比较糟糕的均在 50% 以上⑥。《纽约时报》集中体现了西方媒体或主流舆论对中国环境形象的建构。2005 年，中国政府明确提出"负责任大国"的身份诉求与定位，但是，西方对中国政治和经济发展的偏见、我国传统文化过度传播以及现代中国生态形象输出不足，共同铸成了海外中国国家生态

①　杨伟芬主编：《渗透与互动——广播电视与国际关系》，北京广播学院出版社 2000 年版，第 25 页。

②　李格琴：《大国成长与中国的国家形象塑造》，《现代国际关系》2008 年第 10 期，第 42 页。

③　张昆：《国家形象传播》，复旦大学出版社 2005 年版，第 187—189 页。

④　郭树勇：《大国成长的逻辑：西方大国崛起的国际政治社会学分析》，北京大学出版社 2006 年版，第 215—217 页。

⑤　冯惠玲、胡百精：《北京奥运会与文化中国国家形象构建》，《中国人民大学学报》2008 年第 4 期。

⑥　王艳丽：《国际传媒视野中的中国环境形象》，《青年记者》2007 年第 14 期，第 19 页。

形象传播的三重困境。

总体而言，西方对全球暖化报道的研究多立足于西方工业国家，关注西方媒体对于全球气候暖化风险的媒介呈现以及对本国受众的环境意识建构，极少关注风险争议中的中国环保形象问题。我国新闻传播学界对于全球气候暖化报道的研究较少，已有的研究多从气候报道技巧、科学传播或环境报道的效果层面展开，对我国环境新闻报道实践与环保传播的理论研究有重要的启发意义，但忽视了西方媒体对于我国环境形象建构的紧迫问题。对于全球气候暖化报道的研究，亟待结合风险社会学、风险传播、国家形象传播以及媒介话语等理论，以全球视野与理论思维，重新审视气候报道与风险政治的勾连。

以美国《纽约时报》为例，探讨西方媒体建构的中国国家生态形象如何，以及建构这一环境形象的传播动因与媒介策略，最后反思我国政府与媒体如何来改善与提升国家生态形象传播。

### 三、《纽约时报》建构中国的环境形象研究的方法设计

本研究所采取的内容分析法，结合定性和定量两种方法，同时借助半自动内容分析和计算机辅助内容分析，目的在于力求使研究结果更为客观、全面和准确。

（一）目标媒体的选定

本研究以报纸为目标媒体，选取《纽约时报》为研究对象。《纽约时报》是"美国三大报"之一，是获得普利策奖项最多、拥有一个半世纪悠久历史的、具有精英品质的大报，在美国众多报刊媒体中处于领袖地位，一直享有"档案记录报"的美誉。"媒体之间议程设置的影响力一般是从《纽约时报》流向其他媒体。"① 《纽约时报》被公认为有能力"影响有能力的人"②。而且，《纽约时报》从 1981 年起就大量关注生态环境议题，建构公众环境风险认知，引发民众对环境保护的关注③。进入 21世纪，全球气候变化成为《纽约时报》的重要新闻议题，涵盖科技、环境、经济、政治外交与能源等诸多报道领域。《纽约时报》的涉华气候报道映射出当今美国主流媒体的涉华报道策略。

---

① 〔美〕沃纳·赛佛林、小詹姆斯·坦卡德：《传播理论：起源、方法与应用》，郭镇之等译，华夏出版社 1999 年版，第 264 页。

② 刘勇：《大追寻：美国媒体前沿报告》，上海远东出版社 2002 年版，第 145 页。

③ Spencer R. Weart. ,2003;The Discovery of Global Warming,Harvard University Press.

（二）时间范围的选定

本研究借助 NewsBank 报纸数据库检索，获得《纽约时报》（2000 年 7 月到 2009 年 12 月）涉华的全球气候变化报道有效样本共 218 份。

（三）分析单位的选定

以《纽约时报》涉华气候变化报道为分析单位。报道界定为有自己标题的、署名的或有来源的消息、特写、评论、图片（包括照片、漫画和图表）等，不包括有关美国公司或产品的广告。

（四）类目建构

研究采用文本分析法，对 218 篇报道进行报道类别、消息来源、报道态度、风险责任归属、议题的内容框架、议题的主题框架、新闻的形式框架、风险呈现形式等进行分析。

（五）编码与数据分析

本研究设计采用内容分析法。首先，对从《纽约时报》中抽取的样本先做事实层面的描述；其次，综合探讨 10 年间《纽约时报》反映出的中国的环境形象；再次，从建构主义视角分析《纽约时报》对中国生态形象建构的内在传播机制与媒介叙事策略；最后，结合"生态政治"与风险传播，探讨如何提高中国的生态形象传播能力。本研究数据分析运用 SPSS for Windows 13.0 进行，采用的分析方法主要是频数分析（frequency analysis），并用 excel 软件对分析结果作图。

## 四、《纽约时报》涉华气候变化的风险报道（2000—2009）研究发现

本次研究得到《纽约时报》10 年间共 218 篇涉华气候变化报道，足够的新闻报道量可以减少模式化的国家形象勾勒。

（一）涉华气候报道数量急剧增长：中国议题与环保议题的双重关注

从整体上看，《纽约时报》在气候变化的报道中越来越关注中国议题，涉华气候报道从 2005 年开始急剧增长。2007 年 2 月 2 日，IPCC 第一工作组发布了有关气候变化的第四次评估报告，认为全球变暖 90% 的可能性是由于人类活动引起的，到 21 世纪末，海平面将上升 28—43 厘米。IPCC 此后又相继发布了两个评估报告，这引起国际媒体对气候变化的关注。2007—2008 年，《纽约时报》对气候议题与中国议题的双重关注，使得报道量达到顶峰。

研究显示，《纽约时报》涉华气候报道数量在整体上呈现上升趋势，但在 2008 年下半年至 2009 年 7 月之间，《纽约时报》涉华气候暖化报道

数量出现明显的波动。这主要源于中美两国外交与政治博弈。美国的年度优先审议议题影响涉华气候变化报道的消长。2008—2009 年是西方媒体"政治中国"报道的集中爆发期，2009 年 1 月 28 日，美国众议院外交事务委员会一致通过的年度优先审议议题，聚焦中国的"3T 政治议题"，即"天安门事件 20 周年"、"藏人反抗中国统治而发起暴动的 50 周年"与"国会通过《与台湾关系法》30 周年"①。台湾议题（如陈云林访台、两岸"三通"、台湾地区领导人选举）、西藏议题（如"3·14"拉萨事件、西藏民主改革与达赖叛逃 50 年等）、新疆乌鲁木齐骚乱成为西方媒体关注焦点。因此，在哥本哈根会议之前，政治议题或事件性议题的优先权导致美国媒体其间的涉华气候报道有些下滑。

　　然而，其后的哥本哈根气候会议（2009 年 12 月 7—18 日）促使《纽约时报》涉华气候报道数量急剧增长并达到历年来的最高值，因为哥本哈根会议集中体现了中美两国围绕"全球气候变化"所产生的经济、环保与政治外交的冲突与妥协。具体而言，2009 年《纽约时报》共有 70 篇涉华气候报道，其中，1—8 月份涉华气候报道仅 17 篇，此后的报道则由 9 月份的 11 篇、10 月份的 9 篇、11 月份的 14 篇上升到 12 月份的 19 篇。气候议题将与经济议题一样，愈发成为美国媒体关注中国的重要视角。

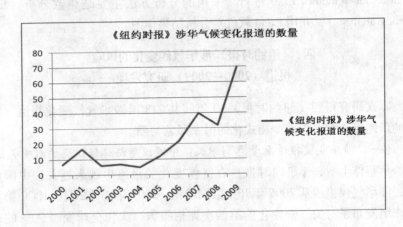

　　（二）报道类别与形式框架：非事件性的风险议题框架凸显评论与特写比重

　　在 218 篇报道中，消息占 42.7%，评论占将近 20.6%。

---

① 李童：《海外中国形象面临三重困境》，《国际先驱导报》，2009 年 2 月 2 日第 2 版。

**报道类别**

| | Frequency | Percent | Valid Percent | Cumulative Percent |
|---|---|---|---|---|
| Valid 消息 | 93 | 42.7 | 42.7 | 42.7 |
| 评论 | 45 | 20.6 | 20.6 | 63.3 |
| 特写 | 73 | 33.5 | 33.5 | 96.8 |
| 书评影评 | 5 | 2.3 | 2.3 | 99.1 |
| 编读互动等 | 2 | 0.9 | 0.9 | 100.0 |
| Total | 218 | 100.0 | 100.0 | |

　　报道的类别与新闻的形式框架吻合。本研究将新闻形式框架分为两种：一是事件框架，即该新闻是属于个案探讨或事件导向的报道；二是议题框架，即针对一般结果或状况解释、观察或背景的报道①。气候变化属于新型风险议题，具有"知识的不确定性"与"争议性"。媒体通常将气候议题置于环境与能源、科技与文化教育等采访线路。气候变化报道多以"议题框架"出现，因而新闻评论、深度报道较为适合常规报道。风险的潜隐性与知识性，使得气候变化的新闻形式框架更多的是以"议题框架"出现，只要当环境灾难爆发、会议冲突或其他戏剧性的事件出现时，报道形式才以"事件框架"出现，如2006年重庆的持续高温干旱天气、2008年中国的暴风雪灾害天气、2009年长江枯水期提前等。《纽约时报》经由重庆持续高温干旱、长江枯水期提前等事件导向三峡议题，使全球气候暖化下的媒介议题框架偏离，最终导向工程决策议题。气候报道的议题框架，使得新闻评论、深度报道等在涉华气候变化报道中占据主导地位，占全部报道的93.9%。

**新闻形式框架**

| | Frequency | Percent | Valid Percent | Cumulative Percent |
|---|---|---|---|---|
| Valid 事件框架 | 17 | 7.8 | 7.8 | 7.8 |
| 议题框架 | 201 | 92.2 | 92.2 | 100.0 |
| Total | 218 | 100.0 | 100.0 | |

---

①　郭小平：《风险沟通中环境NGO的媒介呈现及其民主意涵》，《武汉理工大学学报（社会科学版）》2008年第5期；郭小平《"怒江事件"中的风险传播与决策民主》，《国际新闻界》2007年第2期。

（三）消息来源的分布：西方视角下的"他者"环保形象

从整体上来看，《纽约时报》的消息来源比较权威，引用西方政府机构的消息源 895 次，引用专家学者的消息源 474 次。尤其值得注意的是，作为一份面向全球的美国大报，尽管其涉华气候报道的消息来源比较权威，但中国的消息源处于严重失语的状态。在所有涉华气候报道文本中，来自中国的消息来源仅占 5.4%，来自西方主流媒体、政府机构与专家学者等的消息占 94.6%。美国媒体对中国消息来源的遮蔽，契合了美国的国家主义环境立场，在建构中国环境形象的同时将"东方的想象"（Edward W. Said，1979）纳入美国的权力结构之中。从消息来源来看，近年来，政府机构、专家学者、公司企业家与环境 NGO 对《纽约时报》涉华气候议题的建构力量越来越大。

值得注意的是，2006—2009 年以来，《纽约时报》对中国政府与专家的采访正逐渐增多。2000 年 1 月至 2009 年 8 月，《纽约时报》共引用中国消息来源 69 次，而仅在 2009 年 9—12 月份就有 32 次，增长了 39.13%。其中，《纽约时报》援引中国政府官员（总书记胡锦涛、总理温家宝与原国家环保总局局长解振华等）的话较多，但较少引用中国专家学者的言论。这既与"中国崛起"的政治影响力有关，也与西方媒体"浪漫化"中国的"风险治理"责任、金融危机中西方社会对中国的想象与期待相关。

其中，媒体与普通公众作为消息来源较少。就前者而言，这表明媒体间的议程设置对《纽约时报》的舆论影响并不是十分明显。

**消息来源的分布**

| 国别 | 消息来源 | 引用数量 | 所占比例（%） |
|---|---|---|---|
| 西方 | 政府机构 | 895 | 49.9 |
|  | 专家学者 | 474 | 26.4 |
|  | 公司企业家 | 144 | 8.0 |
|  | NGO | 122 | 6.8 |
|  | 普通公众 | 32 | 1.8 |
|  | 媒体 | 30 | 1.7 |
| 中国 |  | 96 | 5.4 |
|  |  | 1793 | 100 |

（四）报道态度：涉华气候报道以负面态度为主

整体而言，在全球气候暖化的风险争议中，《纽约时报》对中国的正面报道有十篇，占 4.6%；中性报道 82 篇，占 37.6%；负面报道 126 篇，占 57.8%。

**报道态度**

| | Frequency | Percent | Valid Percent | Cumulative Percent |
|---|---|---|---|---|
| Valid 正面 | 10 | 4.6 | 4.6 | 4.6 |
| 中性 | 82 | 37.6 | 37.6 | 42.2 |
| 负面 | 126 | 57.8 | 57.8 | 100.0 |
| Total | 218 | 100.0 | 100.0 | |

自 2008 年以来，负面报道的比例有上升的趋势。这与我国政府以及主流媒体所塑造的"资源节约型、环境友好型社会"、"和谐社会"、"可持续发展"或"科学发展"的中国环境形象存在较大的偏差。《纽约时报》的报道态度忽略或弱化了"责任大国"的环保形象，集中建构了"要钱不要环保"、"要经济高速发展、不顾生态环境风险"的发展中国家形象，这与《纽约时报》、《华盛顿邮报》、《洛杉矶时报》等媒体将"全球暖化"风险责任归因为中国、印度的主流论调相一致。即使报道印度环境问题，也会将批评矛头指向中国，如报道援引印度环境部长的话讽刺中国，中印在碳排放议题形成外交"联盟"，虽然中国是一个更大的污染源（对全球碳排放贡献了 35%，印度只有 5%），却成功地"赢得公关战"——虚假的环保努力（《印度因应气候变化的新蓝图》2009 年 10 月4 日第 A12 版）。值得关注的是，《纽约时报》的非负面报道占据 42.2%，这与《纽约时报》对其他涉华议题报道相比已经是较大的变化。类似"尽管中国在 2007 年超过美国成为全球碳排放超级大国，但政府对核能、风能的投资以及能源利用率的强调，减缓了温室气体排放的增长速度"（《经济衰退有望减少温室气体排放》2009 年 10 月 6 日第 A30 版）的报道也开始出现。

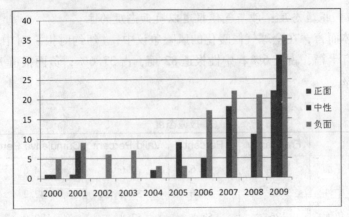

《纽约时报》涉华气候报道的态度变化

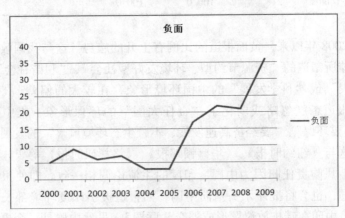

《纽约时报》涉华气候报道的负面态度变化

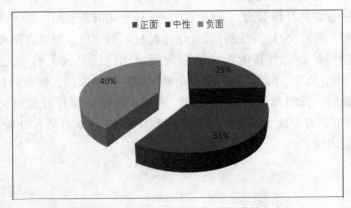

《纽约时报》2009 年涉华气候报道的态度

（五）全球暖化风险的责任归属：中、印与欧美并列

**责任归属**

| | Frequency | Percent | Valid Percent | Cumulative Percent |
|---|---|---|---|---|
| Valid 地球的历史演化 | 2 | 0.9 | 0.9 | 0.9 |
| 西方发达国家的工业化与城市化的后果 | 32 | 14.7 | 14.7 | 15.6 |
| 以中印为代表的发展中国家的经济发展负效应 | 37 | 17.0 | 17.0 | 32.6 |
| 全球化 | 44 | 20.2 | 20.2 | 52.8 |
| 其他 | 103 | 47.2 | 47.2 | 100.0 |
| Total | 218 | 100.0 | 100.0 | |

在《纽约时报》对于全球暖化的主导性的风险归因中，西方发达国家工业化与城市化等后果占14.7%，以中国和印度为代表的发展中国家经济发展、人口膨胀等方面的负效应占17.0%，共时性的全球化后果占20.2%，历时性的人类演化及其他原因占58.1%。

无论是针对发达国家的风险归因还是发展中国家的风险归因，《纽约时报》一般都会关注到中国的环境责任问题。在批评发达国家以及全球化时，中国一般是作为次要责任方被提及，在批评发展中国家时，中国是作为主要责任方被提及。在218篇报道中，认为中国应该对全球气候暖化风险负主要责任的有37篇，占16.9%；负次要责任的44篇，占20.3%；没有谈及中国责任的有137篇，占62.8%。就没有论及中国风险责任归属的报道而言，其风险报道框架并未指涉"风险归因"，因而中美两国均未卷入媒体的风险批评之中。

《纽约时报》对全球暖化风险归因与报道态度也有某种关联。唯一的一篇报道将全球暖化风险归为地球的历史演化，但报道中还是对中国提出批评。在将气候暖化风险归因为西方发达国家的32篇稿件中，也论及中国的环境问题与风险责任，包括两篇正面论述中国政府对环境治理的贡献，10篇客观报道中国的环境问题及其环境治理成效，20篇批评了中国政府与企业不负责任的高能耗与废气排放。在将"气候暖化风险"归因于发展中国家的37篇报道中，有33篇报道对中国环境问题提出严厉的批评。即使是将责任归因为经济全球化、人类活动及其演化等的149篇报道中，批评中国环境问题的也有70余篇。

（六）内容框架：环境议题政治化与经济化

尽管全球气候变化是一个生态环境议题与科学议题，但《纽约时报》更多地将其置于政治与经济框架之下。

**新闻的内容框架**

| | Frequency | Percent | Valid Percent | Cumulative Percent |
|---|---|---|---|---|
| Valid 政治 | 126 | 57.8 | 57.8 | 57.8 |
| 经济 | 49 | 22.5 | 22.5 | 80.3 |
| 文化教育 | 13 | 6.0 | 6.0 | 86.2 |
| 科技 | 19 | 8.7 | 8.7 | 95.0 |
| 事件影响 | 11 | 0.5 | 0.5 | 100.0 |
| Total | 218 | 100.0 | 100.0 | |

《纽约时报》将气候议题"商品化"的同时，也将其"政治化"。媒体报道所影响的社会舆论，又影响中美两国之间的经济贸易与外交政治。《纽约时报》涉华气候报道的议题框架，与中国所主张的"环境风险与社会发展"的内容框架可能构成一种冲突，即"富裕排放"与"生存排放"的冲突。事实上，与文化教育、科技以及事件影响的内容框架相比，《纽约时报》在"政治"与"经济"框架下的涉华气候报道，更多地呈现出对中国的负面报道。即使在经济框架下，《纽约时报》也强化"绿色"经济与"碳交易"的报道，凸显中国的环保责任，为奥巴马政府对中国产品征收高"碳交易税"进行舆论造势。

（七）主题框架：全球风险治理的期待

从报道主题框架来看，《纽约时报》最为强调气候变化的"风险治理"（63.6%）、"风险沟通"（15.8%）及其影响（9.7%），体现了西方社会对全球气候变化的整体关注、焦虑与责任意识。《纽约时报》对"风险归因"与"风险冲突"关注度较低。《纽约时报》在强化中国要同美国一样担当节能减排重任的同时，遮蔽了国际舆论旋涡中美国的风险责任归属，并弱化了对美国的风险伦理诉求。《纽约时报》涉华气候变化报道，忽视了"共同但有差别的责任"原则，在风险影响、风险治理与风险沟通的媒介议程中将中国的责任凸显并放大。

**议题的主题框架**

| | | Frequency | Percent | Valid Percent | Cumulative Percent |
|---|---|---|---|---|---|
| Valid | 全球暖化的归因 | 9 | 4.1 | 4.1 | 4.1 |
| | 全球暖化的影响 | 17 | 7.8 | 7.8 | 11.9 |
| | 风险的治理 | 135 | 61.9 | 61.9 | 73.9 |
| | 冲突 | 6 | 2.8 | 2.8 | 76.6 |
| | 沟通 | 27 | 12.4 | 12.4 | 89.0 |
| | 其他 | 24 | 11.0 | 11.0 | 100.0 |
| | Total | 218 | 100.0 | 100.0 | |

《纽约时报》涉华气候报道，其主题框架多为"全球气候风险治理"。一方面，人类对全球气候暖化风险的集体焦虑较多反映在《纽约时报》、《华盛顿邮报》等国际媒体上，媒体报道也反映了社会对环境风险治理的迫切需求。因此，与此相关的"沟通"、"全球暖化影响"的主题框架也逐渐凸显。另一方面，《纽约时报》的涉华气候报道更多的指向"中印等发展中国家更应该承担全球暖化的大国责任"，集中体现了媒体在气候问题上的"国家主义"立场。

（八）风险的呈现形式：文字主宰下气候风险的视觉化呈现

**风险的呈现形式**

| | | Frequency | Percent | Valid Percent | Cumulative Percent |
|---|---|---|---|---|---|
| Valid | 文学 | 156 | 71.6 | 71.6 | 71.6 |
| | 图片 | 2 | 0.9 | 0.9 | 72.5 |
| | 兼有 | 60 | 27.5 | 27.5 | 100.0 |
| | Total | 218 | 100.0 | 100.0 | |

在媒介的风险呈现形式中，纯文字报道占71.6%，纯图片报道或包含新闻图片的报道占38.4%。图片报道多以中国的环境污染或由环境导致的群体性事件为主题，以视觉化的形式凸显潜在的"气候变化风险"的媒介议题，同时也设置了报道的新闻框架。《纽约时报》的报道经常会采用中国工厂高炉的废气排放的图片，甚至是在以西方国家为主体的批评报道中。环境风险的潜隐性与气候变化的争议性弱化受众的风险认知，但媒体的新闻照片或资料图片放大了中国的环境危机，甚至扭曲了中国"环境形象"。风险的视觉化呈现与放大，成为《纽约时报》建构中国环境形象的重要新闻形式与版面语言。

## 五、《纽约时报》建构的中国的环境形象及其策略

作为 20 世纪 90 年代以来的一种全球化话语，气候暖化报道是国际视野与国家、民族立场共同形塑的结果。从整体而言，在关涉全球风险治理的媒介争议中，国家、民族立场常常跃居国际视野之上并主导了主流媒介话语。于是，《纽约时报》涉华气候报道对于中国生态形象的建构，呈现出"要经济不要环保"、"不负责任"的形象。"不负责任"、"不环保"成为《纽约时报》报道的媒介框架与主流话语。媒介框架是认知、解释和表达的连贯模式，是"筛选"、"强调"和"排除"新闻报道的过程，框架保证记者们能快速、常规地处理大量信息：对信息识别、纳入认知类别、包装后有效地呈献给大众①。框架成为新闻工作者使用语言或其他符号再现"全球气候暖化"的过程，也是媒体对"气候暖化"所建立的思想结构——对事件定性。这一形象建构的实现有赖于媒体的弱化、强化与话语置换等叙事策略的运用。

（一）《纽约时报》建构了中国负面环境形象

"要经济不要环保"成为美国主流媒体建构的中国形象。近年来，西方媒体不仅热炒中国"第一碳排放大国"的论调，并继续推动不符合中国国情的减排措施和指标。自 1997 年到现在，大多数发达国家不仅自己未能完成《京都议定书》中的承诺，还通过转嫁责任来限制发展中国家。西方国家既要吸引发展中国家参与气候变化治理，又要对发展中国家的能源消费和环境容量进行约束。在整体上，《纽约时报》涉华气候报道量呈上升趋势且越来越集中；从报道态度来看，《纽约时报》涉华气候报道以负面报道为主（57.8%），正面报道非常少（4.6%）。《纽约时报》建构了中国"要发展不要环保"的负面环境形象。例如，《中国的煤炭污染给全球投下阴影》（2006 年 6 月 11 日）指责中国"怎能保持飞速增长，不顾环境进入深渊？"《日本督促中国减少污染》（2007 年 12 月 29 日）也在中日对比中批评中国环保不力。

在"环保"与"污染"的二元叙事模式中，媒体建构了中国的负面生态形象。德国"全球绿色网络"（Global Green Network）在界定"绿色人士"时，阐述了"生态智慧"原则：生态和谐或平衡；社会公正；参

---

① 〔美〕托德·吉特林：《新左派运动的媒介镜像》，胡正荣、张锐译，华夏出版社 2007 年版，第 14 页。

与式民主；非暴力；可持续性；尊重多样性①。在论及"可持续发展"时，吉登斯认为，"可持续性"与"发展"在某种意义上有着矛盾的内涵②。"如果气候变化的保护是一项奥林匹克规则，世界上就没有一个国家有资格登上获胜者的颁奖台。"③ 环保主义者取"可持续"之义，政府和企业在实践中则聚焦"发展"，通常用 GDP（国内生产总值）增长来表示其含义。事实上，就媒体报道而言，发展具有双重含义，既包括全球各国用 GDP 来测度的经济增长，也包括摆脱贫困的经济过程。《纽约时报》注意到中国的经济增长，却忽视人口大国解决生存与发展问题的长期努力，因而不能体现"共同但有区别的责任"这一风险伦理。

与"要经济不要环保"的生态形象对应，"中国环境污染是全球气候暖化的主要原因"，是《纽约时报》建构我国生态形象的主要内容。在论及国家发展对全球气候变化的责任时，《纽约时报》45.7% 的报道认为，中国应对全球气候暖化负责；54.3% 的报道认为，包括美国在内的整个工业化社会应对此负责。例如，《2009 年中国的碳排放超过美国》（2006年 5 月 24 日）批评说："中国正以一种难以想象的速度成为全球暖化的主要原因，然而对中国及其他发展中国家的气体排放进行限制方面，中国还是持反对态度。"由于气候新闻的议题性质高于事件性质，图片、评论、特写或深度分析等新闻样式成为美国媒体"风险归因"与形象建构的便捷形式。

（二）《纽约时报》的报道策略：弱化、强化与话语置换

作为美国主流媒体或舆论的"风向标"，《纽约时报》的议程设置极大地影响了西方主流舆论中的中国生态形象的认知。《纽约时报》所建构的"要经济不要环保"的中国形象，遮蔽了中国"生态文明建设"与"科学发展"的实践行为。弱化中国声音、强化美国话语与环境风险话语的置换，是西方媒体建构中国生态形象的主要叙事策略。

弱化中国声音。中国话语权的隐匿与缺失，严重制约了中国环境形象的媒体建构。中国政府与专家难以成为《纽约时报》气候报道的消息来源，我国"生态文明"建设在《纽约时报》上低"能见度"（Visibility），遮蔽了中国政府对全球气候变化风险治理的贡献。

---

① 〔英〕安东尼·吉登斯：《气候变化的政治》，曹荣湘译，社会科学文献出版社 2009 年版，第 59 页。

② Simon Dresner. ,2002；The Principles of Sustainability. London；Earthscan，pp. 164.

③ Germanwatch，2008；Climate Change Performance Index. Bonn，pp. 4 – 5.

　　强化美国话语。美国与中国都是碳排放大国，处于国际舆论的旋涡之中。对于不涉及美国利益的气候议题，《纽约时报》基本上能够客观报道；而对于涉及美国利益的议题，《纽约时报》的报道往往从其本位利益出发，报道存在曲解，容易导致误读。在风险论述中，媒体通过强势消息来源（美国的政府与专家学者）形塑气候话语，强化中国的风险责任，凸显了《纽约时报》国家主义立场。一旦国家立场凌驾于全球风险治理之上，气候变化议题极易科技化、经济化与政治化，从而强化美国的风险治理的技术优势与产业优势；相反，则凸显发展中国家在经济发展中衍生的高能耗与高污染。媒介逻辑与资本逻辑在国际气候话语中达成某种默契，遮蔽了西方工业化国家 200 年来的碳排放，反倒要求中国加入其主导的"碳交易"市场并承担大国责任。

　　环境风险话语的置换。全球暖化的风险传播涉及多方利益主体的博弈。媒体不仅要争夺媒介的话语权，而且在话语置换中设定媒体的风险议程。气候变化风险，不可能是一个独立、封闭、单一的叙事文本，而是一个融合了各种意识形态话语交锋的场域，尤其是主流意识形态进行话语置换的象征资源。话语置换（discourse displacement）是媒体风险建构的重要传播机制。从话语修辞来看，传播学中话语置换类似于一种"替换式修辞"。在拉康（Lacan）看来，在无意识里，置换遮盖着主体的欲望①。在涉华气候变化报道中，《纽约时报》常常有意或无意地承袭了这样的一种话语修辞功能。《纽约时报》每当提及美国时，一般都会提及"中国将超过美国成为第一排放国，中国在京都会议框架下无须治理温室气体的排放"。媒体的话题转换，成功的将中国变成质疑美国话语的"挡箭牌"。典型的报道如"而中国，一个主要的污染者，虽然也签了条约，但是由于被认为是发展中国家而没有收到应有的限制"（2004 年 10 月 1 日）、"中国和印度等发展中国家排放了大量的 HCFC－22，这严重延缓了臭氧层的自愈"（2007 年 3 月 15 日）、"中国已经超过了美国，成为最大的全球温室气体排放国"（2007 年 12 月 29 日）等。在话题转化的同时，通过强调中国是"主要的温室气体排放国"、"将超过美国成为第一温室气体排放国"，给中国"贴标签"。

　　气候暖化议题昭示了媒体对风险"责任归属"多重话语置换。《纽约时报》将媒体对西方 200 年工业化发展导致环境污染的批评，置换为对

---

　　① 方汉文：《后现代主义文化心理：拉康的理论》，《国外社会科学》1998 年第 6 期，第 39—44 页。

中、印等发展中国家经济高速发展产生环境后果的指责；将环境议题置换为经济与政治议题，在环境报道中渲染中国经济威胁论，尤其是隐含其中的"生态威胁论"；将环境议题置换为科技议题，即在对美国清洁生产与中国落后的生产方式的二元叙事中，完成气候风险议题向科技议题的转换。在这种叙事策略的主导下，中国成为全球暖化的符号象征，媒介的风险叙事完成了对中国"要经济不要环保"负面形象的建构。

## 六、转型期中国环境形象建构的反思

不同的新闻报道方针与技巧、不同的新闻价值观与新闻体制以及文化差异等因素，影响美国媒体对中国环保形象的建构。美国传播学者爱德华·法尔姆认为，美国媒体也面临真实塑造中国形象的难题：难以理解中国；难以报道中国；中国的巨大变化增加了真实报道中国的难度①。就全球气候变化议题而言，这既与西方媒体"刻板印象"式的媒体建构、中国主流媒体的环境传播力不足相关，也与我国政府与媒体对西方的生态环境报道的认识不足有关。

（一）"他者"的想象：美国价值及其国家立场投射下的中国环保形象建构

法国学者埃里克·伊兹拉莱维奇（Erik Izraelewicz）在《当中国改变世界》一书结尾写道："20 世纪，闯进世界经济瓷器店的只有几只老鼠（日本、韩国等），他们不会造成多大的损失。而今天，则是一头可能造成惨重损失的大象进入了商店。"② 中国在西方社会始终是一个"他者"（Other）的形象③。一方面，中国传媒力量与中国国力不相吻合；另一方面，新闻价值诉求下的负面报道取向以及政治与文化的利益诉求，驱使美国传媒多年来持续批评中国环境污染、人权、贸易逆差、质量与安全、意识形态、政治体制等问题，难以真实地再现转型中国复杂、多样、多元全景，形成中国国际形象中的负面刻板印象或脸谱化的议程设置④。中国崛起引发西方社会的焦虑以及全球对"可持续发展"想象，并混合了经济、政治与外交的矛盾与冲突，经由媒体建构了中国负面的环境形象。

① Edward L. Farmer. ,1990;Sifting Truth From Fact;The Reporter as Interpreter of China. in Chin－Chuan Lee(ed. )Voices of China;The Interplay of Politics and Journalism,New York;Guilford,pp. 240－260.

② 〔法〕埃里克·伊兹拉莱维奇：《当中国改变世界》，姚海星、斐晓亮译，中信出版社 2005 年版。

③ 周宁：《天朝遥远——西方的中国形象研究》（上下卷），北京大学出版社 2006 年版。

④ 刘康：《如何打造丰富多彩的中国国家形象?》，《新闻大学》2008 年第 3 期，第 5 页。

媒体对于"他者"的文化想象，遮蔽了中国政府"科学发展观"的实践与全球风险治理的责任。杰弗里·N.瓦萨斯特罗姆教授注意到，美国对中国的看法长期以来妖魔化和浪漫化两极并存①。美国媒体对中国环境形象的塑造总是隐含着美国价值的投射，《纽约时报》上的中国环境形象也更多地表现为一种美国社会总体想象物。"中国崛起"被"浪漫化"、媒介化为"责任中国"的全球期待，高速的经济增长又被媒介架构为"要经济不要环保"，最终被"妖魔化"为新"中国威胁论"。媒介建构的这种社会整体想象物具有认同作用和颠覆作用。无论是"妖魔化"还是"浪漫化"的新闻报道，都将中国置于"风险制造者"或"风险治理者（责任者）"的角色中。

（二）"自我"的反思：提升环保传播能力与建构"责任大国"的环保形象

中国国家环保形象的建构涉及自我认知与他者认知两个层面。与此对应，中国媒介的对内传播，以及中国媒介的对外传播与西方媒体的国际传播，分别从两个不同的维度建构了我国的国家环境形象。

首先，我国政府与媒体要提高对内的生态传播能力，形塑公众的风险意识与生态意识，倡导生态公民的责任行为，维护个人与国家的环境权益。

在英国社会学家安东尼·吉登斯看来，气候变化不是一个"思前"议题，而是一个"想后"的风险议题。不仅要将气候议题纳入政治议程，更要将其深植于"我们的制度和公民的日常关切之中"②。但是，英国的PANOS研究所调查显示，发展中国家的记者在全球变暖等气候变化问题上的知识相当贫乏③。因此，加深我国政府与媒体对于全球气候变化这一政治、经济、外交、科学议题的深刻理解，提高我国的生态传播能力，已显得尤为重要和紧迫。媒介的环境信息沟通与舆论监督有助于生态中国的国家形象建构。随着气候变化成为国内和国际关切的议题，国家、媒体、公司、NGO与公民都在重构自身的角色和责任。他们的行动和反应往往是在国内的新闻透镜（news prisms）和指涉框架（frames of refer-

---

① 俞新天等：《强大的无形力量：文化对当代国际关系的作用》，上海人民出版社 2007 年版，第 165 页。

② 〔英〕安东尼·吉登斯：《气候变化的政治》，曹荣湘译，社会科学文献出版社 2009 年版，第 4 页。

③ Panos. ,2006：Whatever the weather：Media attitudes to reporting climate change，London：Panos Institute.

ence）中并通过它而得到报道①。环境信息公开也可以给破坏环境者以舆论压力。媒体的环境预警与舆论监督有助于中国逐渐摆脱低成本经济模式，走向"可持续发展"与"生态文明"，向世界传播"生态中国"的国家形象。

其次，提高对外的生态传播能力，建构"生态中国"的国家形象，提高国家的文化"软实力"。

议程设置在环境传播中具有重要的功能。丹·加德纳（Dan Gardner）指出，一个人的风险感知力受到多种因素的影响，尤其是信息被建构的方式②。就全球气候变化议题而言，塑造良好的国家形象，既要遵循新闻传播规律，同时还要有一个普适性的媒介议题。环境议题，既是符合"和谐社会"与"科学发展"政治诉求的媒介议题，也是西方舆论普遍关注的全球性议题。

"气候变化事关中国重大核心利益和国际形象，报道要把握好正确方向，确保舆论导向不出差错。"③ 针对国际新闻舆论，中国媒体既要坦诚面对质疑，又要表达中国的视角与观点。具体而言，我国媒体要及时、准确地表达中国政府的官方立场，准确报道环境事件以及重要立法、决策程序，有效地将科研机构、智库、大学等思想源的研究成果和时事评论纳入新闻报道中，强化我国发展"绿色"经济的媒介议程设置，通过多语种、全媒体的环保传播增强"生态中国"的传播效果。

（三）气候的政治：科学议题背后的国际舆论战与生态殖民主义的资本主义逻辑

生态议题的全球性并不能掩盖其复杂的经济、外交与政治内涵。"气候变化问题目前已由当初的纯科学问题，演变为全球性的重大政治、经济、外交问题。"④ 气候问题与节能减排、清洁能源、技术壁垒、大国外交等息息相关，"政府、企业、公民都是气候变化问题中的利益攸关方，都有决策权、话语权、表达权、参与权"⑤。

气候变化的经济与政治的先决条件是"社会的绿化"。从传播社会学

① Simon Cottle. , 2009：Global Crises in the News：Staging New Wars, Disasters, and Climate Change,International Journal of Communication,3：509.

② Dan Gardner,2008：Risk：The Science and Politics of Fear. London：Virgin, pp. 3.

③ 邓瑜：《从发展传播学视角看气候变化报道》，《中国记者》2010 年第 2 期。

④ 任海军：《在气候问题报道中维护国家利益》，《中国记者》2008 年第 4 期，第 66 页。

⑤ 任海军：《在气候问题报道中维护国家利益》，《中国记者》2008 年第 4 期，第 67 页；邓瑜：《从发展传播学视角看气候变化报道》，《中国记者》2010 年第 2 期。

的视角来看，全球气候变化的风险报道，应深入探讨"气候变化带来的不平等问题"、气候政治中的"有组织不负责任"，为实现一种绿色的、反身性的、世界主义的、第三代的"现代性"传播作出应有的贡献。但迄今为止，气候政治的话语"仍然是专家和精英的话语，平民、社团、公民、工人、选民以及他们的兴趣、观点和声音都被完全忽视了"①。在全球暖化的风险传播中，我国政府与媒体要通过跨文化交流或国际传播，提倡"共同但有区别的责任"，提高中国"生态文明"建设的媒体能见度，传播"生态中国"的环境形象。

气候风险是各方力量斗争与冲突的产物，即不是源于风险决策的共识，而是源于由决定所造成的分歧。相比世界上许多国家，我国的碳排放的确偏高，但其中的 1/4 来自发达国家从中国进口产品的生产过程，即发达国家的"转移排放"；同时，气候变化是发达国家长期历史排放和当前高人均排放造成的。以《纽约时报》为代表的西方主流媒体仅仅关注中国高排放总量，却忽视了中国人均碳排放不到发达国家 1/3 的基本事实。这是有悖于新闻报道中的"环境正义"原则。气候变化议题的媒体能见度与"媒体政治"（mediapolis）图景②，对于全球公共风险话语具有重要的社会建构力量。西方的主流环境报道，通过话语修辞将气候暖化议题置换为经济议题与科技议题，遮蔽了发达国家"转移环境风险"的新殖民主义逻辑。我国媒体也应针对污染转移揭露西方国家的"生态殖民"③ 倾向，在"共同而有区别的责任"基础上，揭示"富裕排放"与"生存排放"差别，争夺全球气候议题的媒介话语权，传播我国的生态文明。

---

① 〔德〕乌尔里希·贝克：《气候变化：如何创造一种绿色现代性》，温敏译，《马克思主义与现实》2009 年第 5 期，第 191 页。

② 西尔弗斯通（Silverstone）称其为"媒体政治"（mediapolis），参见 Roger Silverstone.，2006；Media and Morality：On the Rise of the Mediapolis，MA：Polity Press，2007.

③ 注："生态殖民主义"是指当代发达资本主义国家将生态危机转嫁给第三世界发展中国家，对这些国家进行生态掠夺。

# 第七章　媒介议题建构中的风险政治：
# 话语与权力分析

传统新闻学认为，新闻生产是经由一系列的"把关"过程而形成的，新闻媒体必须客观地呈现新闻事件的原貌。但事实上，新闻"把关"中的新闻选择、新闻价值、组织因素及消息来源等，都会影响事实或真相的呈现。任何语言的再现，既不是客观中立，即"宛如透明的再现"，也非只是不同观点的选择和编辑而已。

大众传媒对风险的语言再现，包括传媒对风险的视觉建构和话语建构，总是在特定历史和社会条件下，在不同人群的互动中不断转化，发挥塑造我们对现实和自我认识的效果，同时卷入了人类社会的权力运作和冲突之中。

## 第一节　媒体风险建构中的政治

### 一、媒体风险建构中的话语政治

媒体的风险建构不只是一个语言过程，也是一个文化过程，语言提供一组符号，文化提供一系列意义，风险作为"他者"被符号化的同时，也被赋予特定意义。在涉及争议性风险的报道中，语言是个政治场域，启动了复杂的再现政治（politics of representation）。新闻再现的政治，常常体现为一种新闻选择与话语政治（discouse politics），更是一个涉及权力关系与资源分配的政治议题，即再现的权力。媒体的风险再现是一种社会建构，是一种符号象征与再现的政治学。

当代话语理论强调，话语并非产生于一个权力和意识形态的真空中，而是由一个社会体系的经济和政治结构产生的物质条件所形成并再现这一物质条件，建立、维护和改变权力关系及权力关系实体，成为权力与等级制度的再生产机制。话语由社会所构成并受到社会结构的限制，同时又有助于社会身份、社会关系、知识和信仰体系的建构。论述的实践体现了这样的一种话语政治。汤普森指出："意识形态，就其试图通过把统治关系宣称为'合法的'来维护这种关系这一方面而言时，往往采用叙述的形式。故事的讲述为权力掌权者对权力的运用辩护，将这些个体置于既简要概括了过去又对未来进行预测的一组故事中。"① 可见，话语即权力。

媒体的风险报道或话语实践，可以把一种封闭意识施加在它所建立的现实之上，突出对世界的某些体验而隐匿其他的体验过程；可以把"确定性"或"不确定性"意识强加于社会行动者的世界，同时遮蔽现实中的另外一些"不确定性"风险等。因此，研究媒体的风险建构，如果不研究其力量关系特别是权力结构，观念、文化和历史这类东西就不可能得到真正的理解。

在信息传播活动中，话语权的产生一般有三种情况：一是信息传播主体的话语权，如媒介帝国主义，即一个国家通过信息传播的不平等而向另一个或几个国家传播本国的意识形态；二是媒介（广播、电视、报纸、杂志、网络）之间的话语权控制；三是政府、利益团体、专家学者等消息来源、广告商或媒介控制者的话语控制。"强势者力图把经济资源占有权转化为舆论话语权、社会管理主导权"②。在第三个层面上，各相关的风险沟通主体往往通过文化资本、政治资本与经济资本的置换，来争取风险的话语权。

风险话语权的争夺实际上体现的是权力争夺。在世界风险社会，现代风险同"经济—科技"发展、人为决策相关，其中的利益纠葛纷繁复杂，而且风险本身就具有"不确定性"、争议性与隐匿性。因此，围绕风险的媒介话语权的争夺尤为激烈。风险话语权作为一种潜在的现实权力，更大程度上体现为一种社会关系。对于权力的理解，以科尔曼为代表的"信任—权威"模式认为，权力只能存在于群体中，是个体出于自身利益的考虑，出让自身的一部分利益由他人掌控的一种社会行为③。媒体的话语权就是受众出于对个体自己或整个社会发展的形势考虑，将自身的一

---

① 〔美〕丹尼斯·K. 姆贝：《组织中的传播和权力：话语、意识形态和统治》，陈德民等译，中国社会科学出版社 2000 年版，第 114 页。

② 毕舸：《风险社会的愈理性愈焦虑》，《中国青年报》2005 年 6 月 29 日。

③ 刘斌：《大众媒介：权力的眼睛》，《现代传播》2000 年第 2 期。

部分利益由媒体来间接控制（尽管有时候是非自愿的），而这种控制是潜在的，它通过社会的职能部门来完成最终的行为，因为人们并没有给予媒体直接的权力，他只是通过媒介价值和形成的社会舆论影响了社会行为。

（一）媒体的风险建构：谁在说？

风险的社会建构是一种由各方势力与利益彼此竞争角力的过程，是一种"开放性的政治过程"。风险被视为一种社会建构，即危险形成有赖于"谁对谁说"（who is talking to whom）。但是，"谁说"（who talks）常常由政治化的过程来决定。

媒体的风险建构，既是一个文化建构的过程，也是一个开放性的政治建构过程。贝克（Beck）认为这种开放的政治建构过程，基本上是人为组成的，结合并包括了政治、伦理、文化、科技、数学、大众传媒等系统来发展"风险"内涵，而其关键在于"定义风险"（definition of risk）的论述过程。换句话说，风险论述以及由其形成的风险认知（risk perception）将决定人们的思想和行动[1]，它产生动能和推力，界定、形塑风险的事实（risk reality），进一步创造风险社会实践的内涵。因此，风险不但是事实的陈述，也是价值上的应然要求，因为它同时产生于社会中人们自我揭发、认识、行动与实践要求的过程[2]。

现代科技世界的特色在于对"知识"的运用，而风险的斗争关键就在于对"知识"范畴的掌握，以及社会对"风险冲击"（risk impact）的反应程度。因此，任何风险的界定、认知和社会的集体建构，一定是本土的形式，依循不同社会背景发展而出。文化分析也指出，本土社会的文化关系形式，将决定风险的隐匿和人们"如何"选择风险、看待风险[3]。

爱汉斯达克·克里西等学者在《西欧新社会运动——比较分析》一书中，以瑞士、德国、荷兰、法国主要报刊的新闻报道为基础，比较分析了四国的新社会运动的社会、民族、文化背景和现实动因，其中特别关注的是反核、同性恋等运动的新闻报道。简·威廉·杜温达克与鲁德·库普曼斯两位学者，在《核能源问题的政治建构》一章中，以1986年4月26日苏联切尔诺贝利核灾难为例，通过媒体报道比较分析了西欧四国对核风险的反应。研究发现，在被破坏的核反应堆周围相对小的区

---

① Beck, Ulrich, 1999: *World Risk Society*, Polity, pp. 135.
② Beck, Ulrich, 1999: *World Risk Society*, Polity, pp. 139.
③ Douglas, M. & Wildavsky, A., 1982: *Risk and Culture*, University of California Press, pp. 8.

域之外，"没有权力当局和新闻媒体的传达，人们无法注意到什么事情。辐射是看不到的和触摸不到的，它的后果在于未来，只在统计上是可觉察的。"① 类似核辐射等诸多当代风险问题，没有一个是工业化国家的人能直接感觉到的，它们全部是靠媒体传播而后成为"可见的"，必须依靠大众传媒、政治家、科学家与社会运动来定义、解释和表达。关于核辐射风险的呈现与论述中，政府机构与媒体的"在场"，事实上起到了关键性的风险"定义"的作用。

然而，即使是媒体的风险再现也并非是纯客观的。20 世纪以后，随着西方知识界"向语言学的转向"，语言更成为了解新闻如何"再现"或建构真实的关键。媒体所报道的事实或者对事实的呈现，掺杂着社会互动过程、传播者自身等复杂影响。因而，"真实"不再只是媒体对于自然现象或社会事件的单纯查证和描述，而是对于构成新闻报道诸因素（如"5W1H"）的选择和排除。正是在这个意义上，塔奇曼（Tuckman）等学者认为"新闻是建构出来的"②。就风险报道而言，不同媒体会从完全不同的角度去报道同一事件，而且作为重要的消息来源的政治家、科学家与社会运动，也会设法以不同的方式来控制媒介话语，体现了风险建构的话语政治。

切尔诺贝利核泄漏事件经媒体报道，在德国引发对核能激进的社会抗议活动，在瑞士的影响微弱，在法国、荷兰反应平淡。而权力当局对此也反应各异："克尔莱茵桥的西德一边，禁止儿童们在草地上玩耍，无人吃的莴苣在地上放着。在这座桥的法国一边，在斯特拉斯堡，同样的莴苣却被说是无害的。"③ 新闻报道呈现不同的风险论述，体现了东德与西德的不同政治体制与意识形态。切尔诺贝利灾难的政治影响不能完全被理解为对"突如其来的不满"的简单反应。它"不仅表明了政治机会的重要性，而且也表明，对同样事件的主导定义和解释因背景的不同而大为不同"。④

---

① 〔瑞士〕汉斯达克·克里西、〔德〕鲁德·库普曼斯、〔荷〕简·威廉·杜温达克、〔美〕马可·G. 朱格尼：《西欧新社会运动——比较分析》，张枫译，重庆出版社 2006 年版，第171 页。

② Tuckman, G. ,1978: *Making News: A Study in the Construction of Reality.* New York: Free Press.

③ Hawkes, N. ,G. Lean, D. Leigh, R. McKie, P. Pringle & A. Wilson, 1986: *The Worst Accident in the World. Cherobyl: The End of the Nuclear Dream.* London: Pan Books/William Heinemann, pp. 154.

④ 〔瑞士〕汉斯达克·克里西、〔德〕鲁德·库普曼斯、〔荷〕简·威廉·杜温达克、〔美〕马可·G. 朱格尼：《西欧新社会运动——比较分析》，张枫译，重庆出版社 2006 年版，第176 页。

除了在切尔诺贝利灾难之外，关于使用核电力的冲突已经引起了歧异的、居支配地位的解释。"在某些国家，如荷兰或丹麦，反核运动的观点是认为核能源既是危险的，也是不必要的，这一观点已经在民众、媒体和大多数政党中成为一种居支配地位的观点；在其他一些国家，争取领导权的斗争在继续着；在另外一些国家，法国是最为知名的例子，反核力量已经明显在论说的战斗中失败了，已经因为强调国家核工业的安全性和对核电力的需要是经济独立的保障和民族尊严的源泉的言论而被边缘化了。"[①] 媒体的报道，既呈现了这样的一种政党政治，也受制于或自觉维护了这样的风险论述。在当代西方，特别是近二三十年来，媒体与政治关系的一个极端形态正在形成——政治媒体化现象[②]。"政治媒体化"并没有解构"媒体政治化"，二者的竞逐是一个此消彼长的过程。媒体的风险报道就裹挟在西方政治竞选与政党政治之中。

对于那些自然能源来源有限的国家而言，拥有核力量更加容易影响新闻舆论。相反的则是另外的一些媒体符号的传播，如把笑脸的太阳想象为反核的象征，或者典型的新闻漫画或口号，比如"有核能源吗？没有，谢谢！"事实上，对核能源风险的态度，只是在那些核能源已经成为政治决策和公众争论的国家里，才是有意义的。因此，对于同一风险的媒体建构，不同的国家存在差异。

同一风险，在有的媒体或国家中，也许成为重大的媒介事件与政治事件，而在另一些国家较少引起争论。在特定的风险报道中，不仅要集中注意言论与意义，而且要关注使特定的风险论述成为可想象的政治条件。例如，在切尔诺贝利灾难中，法国政府透过新闻媒体，成功地否认核问题的存在。在国家政治精英中缺乏竞争性的观点时，这能够说服人们相信核辐射已经被阻止在法国的边界，俄罗斯核反应堆的不安全性质同法国优秀的核技术根本不沾边。"对问题的这种解释也许是不真实的，但它在后果上却是完全真实的。"[③] 尽管法国政府事实上无法保障核辐射的隔绝，但法国媒体的报道与政府的论调迎合了国内的舆论需要——核

---

① 〔瑞士〕汉斯达克·克里西、〔德〕鲁德·库普曼斯、〔荷〕简·威廉·杜温达克、〔美〕马可·G.朱格尼：《西欧新社会运动——比较分析》，张枫译，重庆出版社 2006 年版，第179 页。

② 唐海江、吴高福：《西方政治媒体化评析》，《国际新闻界》2003 年第 2 期，第 17 页。

③ 〔瑞士〕汉斯达克·克里西、〔德〕鲁德·库普曼斯、〔荷〕简·威廉·杜温达克、〔美〕马可·G.朱格尼：《西欧新社会运动——比较分析》，张枫译，重庆出版社 2006 年版，第188 页。

是军事强大与经济独立的象征。媒体的核能风险建构体现并迎合了法国的政治诉求。

媒体或社会运动组织，在努力把风险议题建构成社会问题时是成功的，但前提是其存在的政治环境能为它们提供政治集会。在媒介的风险论述中，"谁在说"乃界定风险的关键，论述风险的主体位置同前文对"消息来源"与"新闻框架"的探究其实是一脉相承的。

（二）媒体的风险建构：说什么？

风险的新闻再现，就是一种社会建构。媒介作为文化、社会再生产机制，其风险再现或风险建构必然受制于媒介的运作逻辑、再现逻辑与权力逻辑。风险如何被呈现？风险如何被定义？特定的呈现方式与风险论述的背后隐藏的是复杂的意识形态。传播学的研究发现，意识形态等经常会影响新闻事件以什么面貌被呈现出来①。在风险建构中，所谓意识形态就是将原初的风险事件或议题"符号化"的过程。在这一过程中，意识形态是一种"框架"（frame），框架所具有的自然化（naturalization）的效果有利于某一特定的政治权力团体②。意识形态具有"自然化"、"合理化"及"合法化"的功能，也能将特定的权力分配转化成自然与公平的假象。因此，可以借助意识形态建立社会共识，维护既存体制。

贝克认为，进入"世界风险社会"以后，风险的分配逻辑取代了财富的分配逻辑。贝克的观点有时也有失偏颇。这种"取代"关系延续了他的"风险全球化"的论点，但否认了风险分配中的阶级逻辑。因此，研究媒体风险建构中的意识形态，指向的应该是"文本、过程和它们所产生的社会条件之间的关系，既包括其直接的情境上下文的关系，也包括与更为间接的形势和社会结构的关系"③。霍尔认为："某一解释之所以是意识形态，并非由于在表面上，新闻报道有明显的偏袒或扭曲，而是由于其产自于一套既定的意识形态之中，这是一套理解世界的观念法则，但这套法则由于受到历史社会情境的影响，而有系统性的限制。"④ 新闻媒体其实是社会主流意识形态的再生产，呈现出社会文化的普遍印象与

---

① Hall,S. ,1997:The work of representation. In S. Hall. (Ed. )*Representation：Cultural Representations and Signifying Practices.* London：Sage.

② 张锦华：《媒介文化、意识形态与女性——理论与实例》，台北：正中书局1994年版，第37—48页。

③ Fairclough,N. L. ,1989:*Language and Power*,London：Longman,pp. 26.

④ Hall,Stuart,1982:The Rediscovery of Ideology：Return of the Repressed in Media Studies. *Culture,Society and the Media*,London：Methuen,pp. 55 - 90.

价值。意识形态就是隐含于各种社会文化所赋予的符号意义之后的整体性、规范性及指导性的权力结构。

媒体的风险再现，常常复制或再生产了霍尔所言的"社会主流意识形态"。媒体建构了风险景观，定义了风险，提供一套风险话语，成为我们认知风险现实的重要框架之一，影响我们如何观看、思考、诠释和处理所接收的各种风险信息。媒体风险报道的不足或者偏颇，带来受众个体风险知识的严重不足，往往会形成风险认知的盲点，更复制了社会不平等，并有可能沦为风险分配不平等的牺牲品。

由此引出这样的一些问题：谁掌握风险传递来源？谁支配中间的转介机制？并在何种状况下传送给多元的社会群体？而又产生了何种的社会建构效应？在这种特定本土社会，全球化的风险是如何被"沟通"、"强化"或"隐匿"而建构出何种风险文化？

例如，前文已经讨论过的媒体的视觉再现，就是一种典型的"再现政治"。传媒对风险的视觉化或影像呈现，往往成为意识形态建构与权力操纵的场域。波拉·莱宾诺维兹（Paula Rabinowitz）针对纪录片的"再现政治"指出："再现与写实主义都是纪录片鼓吹的效应，政治纪录片曾为了达到改革的目的，而指出国家的社会脉络中的'问题'；有时纪录片作品还为某个危机的特定'解决之道'，汇集了支持力量；不过越来越多政治纪录片带有另一种再现功能——自我定义。激进报导和纪录片电影往往提供左翼或其所属次文化自我了解的机会，它再现自己给较广大的社群看时，同时也再现给自己人看——这是一种认同行为……这是一种高度个人的形式，将公共事务视为其主题；但它又是一种自私人观点出发的政治应用。"① 因此，在风险报道中，谁在说？对谁说？说什么？谁在看谁？这些都是探讨风险报道修辞的核心，也是透视风险报道的"再现政治"的重要层面。

下面就以对新发传染病的风险报道为例予以解析。

美国知名评论家及作家苏珊·桑塔格（Susan Sontag），在两篇重要论文《作为隐喻的疾病》与《艾滋病及其隐喻》中，延续了福柯将"词"与"物"重新链接的努力，以其"反对阐释"的立场，对人们社会生活中一个未被注意到的角落——对疾病的阐释以及借用疾病对世界的阐释过程——进行了细致入微又鞭辟入里的解剖，企图层层剥除笼罩在这些

---

① Paula Rabinowitz：《谁在诠释谁：纪录片的政治学》，游惠贞译，台北远流出版公司2000年版，第28—29页。

疾病及患病者之上的各种隐喻，为人们在还原疾病的本来面目与反思真实的疾病对人们真正的意义之间搭起桥梁。在语言学上，把由于两个事物的特征上所存在的某种类似之处，而用指一个事物的词来指代另一个事物的演变方式叫作隐喻（Metaphor）。"隐喻"一词来自希腊语 metaphora，其字源 meta 意思是"超越"、"在……之后"，而 pherein 的意思则是"传送"或"转换"。合起来表达就是"转换之后的含义"。隐喻是以"相似"（likeness）和"联想"（association）为基础的，也即两个事物的特征上所存在的某种类似之处。

桑塔格反思并批判了诸如结核病、淋病、梅毒、霍乱、麻风、艾滋病、癌症等如何在社会的演绎中一步步隐喻化，从"仅仅是身体的一种病"转换成了一种道德批判，并进而转换成一种政治压迫的过程[①]。这些疾病都是由于其传染性而被附着上各种危险、不名誉或不合社会规范的隐喻色彩——各种与疾病本身无关的想象和象征意义。在疾病中附着与其症状相独立的隐喻，它会传递对该疾病的恐惧心理，即在疾病中附着污秽、恐惧、惩罚等各种各样的负面故事或报道，从一个个有血有肉的具体患者身上脱离出来被社会所共有。

然而，桑塔格很难从文本研究中发现大众传播或社会舆论层面"隐喻"的形成过程，而媒体风险报道中的"疾病的隐喻"更需要被纳入我们对疾病与人、疾病与社会、疾病文化之关系的研究视野。例如，2003年，全球媒体对非典的报道就充满了各种疾病与政治的隐喻。谣言的人际传播与媒体的大众传播，使新发传染病的风险染上各种隐喻色彩并被过度、过分地阐释。

疾病与媒体歧视相联，而媒体对某一风险的误现（misrepresentation）与歧视（discrimination），又回应着某种主流的道德伦理或意识形态。比如，在日本，人们很早就将麻风病视为"业病"，即佛教中"前世行恶的报应"。从中世纪到 1951 年期间，政府对麻风病所采取的强制性措施，以及媒体对疾病的建构，强化了受众对麻风病以及麻风病人的偏见与歧视。同时，日本媒体与社会对霍乱的恐惧，加剧了人们对麻风病的恐惧。日本相关机构对被认为是城市"不洁之处"的城市贫民窟（多为被歧视

---

① 〔美〕苏珊·桑塔格：《疾病的隐喻》，程巍译，上海译文出版社 2003 年版；〔美〕苏珊·桑塔格：《反对阐释》，程巍译，上海译文出版社 2003 年版。

的部落）进行了彻底的消毒。报纸还对发生霍乱的被歧视部落讥讽道①：

> 称为仲町的，约200户左右人家的地区都是平民。眼下，该町有发生霍乱的征兆……该村户长、御影（注：地名）的警察署长、巡查和其他人员在现场对该村每户家庭实施了彻底的消毒。
>
> （《神沪又新日报》，1886年8月11日）

> 所谓仲町是新平民的一个部落。可能是平常处理兽皮的报应，霍乱肆虐比早先更凶，每天都有三四人倒下，因此，人人脸色蜡黄铁青。
>
> （《神沪又新日报》，1886年8月26日）

日本媒体将仲町报道成"发生霍乱的征兆"或霍乱的发源地，即将霍乱定义为"仲町人的病"。媒体认为"不洁之处"的城市贫民窟有"发生霍乱的征兆"，这是一种"报应"。这种报道在当时的各家报纸上都有刊载，与霍乱流行相呼应，强化了对被歧视部落的歧视，同时煽起了对新发传染病的恐惧。可见，处于一定的经济与政治生态的大众传媒，其风险报道可能复制了由"风险社会"带来了新的不平等与社会不公。在"疾病的隐喻"中可以搜索到人们认知这一"文化"的表述，从中剖析人们对这一"文化"的心理及推动其变迁的动力，并从中总结出人们阐释疾病的规则，即"把那些特别可怕的疾病看作是外来的'他者'，像现代战争中的敌人一样；把疾病妖魔化，就不可避免地发生这样的转变，即把错误归咎于患者，而不管患者本人是否被认为是疾病的牺牲品。牺牲品意味着无知。而无知，以支配一切人际关系词汇的那种无情逻辑来看，意味着犯罪。"② 媒体对风险的"他者"建构，就是这样的一种文化的隐喻机制。

作为一种文化的隐喻机制，媒体对风险的报道通过"他者"的形象建构，赋予风险以道德与政治的含义。

媒体对麻风、霍乱病的风险建构，赋予风险的叠加性或累积性，这些集中反映在后来对艾滋病的报道上。日本媒体对艾滋病的恐惧，凝聚

---

① 转引自〔日〕伊藤公雄、桥本满编：《你好，社会学——社会学是文化学习》，社会科学文献出版社2006年版，第120页。

② 〔美〕苏珊·桑塔格：《反对阐释》，上海译文出版社2003年版，第88页。

成对"他者"的新闻再现与媒体歧视。大众传媒将诸如新发传染病及其患者建构为"外来的疾病"或"他者"的形象。艾滋病被建构成媒介形象中的"外来者"系列，在美国传媒视域中，它源自非洲；在日本传媒眼中，它来自美国。媒体将它们建构为来自异质群体或外部，就会产生各种疾病的隐喻，而这种疾病的隐喻巩固了社会主流意识形态。作为"他者"的风险被新闻再现的同时，事实上也再现了风险再现与风险论述背后权力关系的实践。

因此，研究媒体的风险建构或风险再现，就要透视传媒在风险沟通中的角色与功能：媒体如何建构相关论述？如何传递这些论述？又从这中间获取什么样的利益？产生什么样的副产品？诸多的问题都指向了媒体风险建构的意识形态。

风险建构议题，其实是一种"建构的政治"的议题，风险在媒介文本中被建构，同时也再现了自我与他者的支配关系，而解读风险在媒介文本中如何、为何被建构，是促进风险传播与风险决策走向民主的重要一环。

(三) 媒体的风险建构：怎么说？

弗兰克·富里迪（Frank Furedi）考察了传播与受众"风险观"形成的关系，认为媒体报道风险方式的差异，影响了受众对风险的不同认知。弗兰克·富里迪从媒介社会影响的视角肯定了风险报道的作用并彰显了媒体风险建构的特征。他在新闻表述的不同方式中看到媒体风险建构的差异。这些表述方式的差异主要体现在如下几个方面："媒体掩盖的程度；提供的信息量；表述危险的方式；对危险信息的解释；用于描述和形容危险的符号、比喻和话语。"① 遗憾的是，弗兰克·富里迪主要论述的是作为"恐惧"的文化现象，没有结合现代风险议题对媒体建构进行具体阐释与拓展。在富里迪所说的五种表述方式的基础上，本研究增加了"媒体风险话语置换"的内容并对此予以探究。

1. 媒体掩盖的程度。吉茨格（Kitzinger）与莱理（Reilly）在文献疏理中回顾了媒体在风险议题上所扮演的角色。有的研究发现，媒体已经关注科学的"不确定性"特质，引起受众对于某些危机的关注；但也有研究发现媒体刻意回避风险，转而提供"肯定现状"的信息。有些媒体不加批判地将科技发展定义为"进步"，甚至对重大的威胁只字不提，只

---

① 〔美〕弗兰克·富里迪：《恐惧》，方军、张淑文、吕静莲译，江苏人民出版社 2004 年版，第 40 页。

是它们从其他渠道进入"公共领域"时，才会去追逐与报道①。公众对某些风险因素的过度反应背离了风险本身的事实，与媒体对科学技术正反两方面信息的沟通和传播的文化语境有较大的关联。

吉茨格（Kitzinger）与莱理（Reilly）追踪英国报纸和电视新闻对疯牛病议题的报道，发现疯牛病议题在 1990 年被大量报道，但在 1991—1995 年期间，科学界对于"疯牛病对人体到底有没有影响"一直没有肯定的答案，媒体缺少"新"的新闻素材，此时官方消息来源主导了媒体的报道并以"信息钳制"策略成功地压制媒体的风险报道，报道渐趋平静。1996 年，疯牛病导致几个人死亡，该议题再度成为媒体焦点。于是，有记者感叹"我们需要有人死"来帮助凸显此类风险议题。媒体对风险信息的掩盖程度，直接关系到风险的"增殖"问题。"对风险信息的忽视有助于风险的增长和传播。"② 风险愈少为公众所认知，愈多的风险就会被制造出来——风险具有叠加性。

2. 提供的信息量。大众传媒是公众风险信息的主要来源，只有少数人对风险有直接经验③。新闻传播的累积效应形塑了社会的风险文化，培育了公众的风险意识并促使人们自省与反思风险社会。有关受众对风险的认知，常常就如欧文·莱尔赤（Irving Lerch）所言："我们不怕危险的可能……害怕的是一种个人的、非理性的恐惧。"④ 媒体的关注程度与发布的信息量，无疑影响了受众的风险文化观，因此，让人们产生恐惧感以及对信息进行宣传性操作常常被认为是合理的，因为它是以较小的代价来使有益的教训家喻户晓。受众对于风险信息来源、认知与价值接受有着高度的脆弱性，对于风险信息的获取与信任是相当敏感的，媒体传播不完整的风险信息或信息匮乏，以及事实被遮蔽与沟通渠道不畅，往往造成受众的疑虑、忧虑与恐惧，加大社会风险；反之，适度的风险信息传播，使受众对一些潜在的风险保持警觉，提高了公众的风险认知力与承受力，减轻了社会恐慌与危害。

① Kitzinger,J.,Reilly,J.,1997:The rise and fall of risk reporting:Media coverage of Human Genetics Research,"False Memory Syndrome" and "Mad Cow Disease". *European Journal of Communication*,12(3):319 – 350.

② 〔德〕乌尔里希·贝克：《世界风险社会》，吴英姿、孙淑敏译，南京大学出版社 2004 年版，第 186 页。

③ McCallum,D. B.,Hammond,S. L.,Covello,V. T.,1991:Communicating about health risk:How the public uses and perceives information sources. *Health Education Quarterly*,18(3):349 – 361.

④ Irving Lerch,1980:Risk and Fear:A Guide to Effective Communication. *New Scientist*,85:8 – 11.

3．对危险信息的解释。弗里德曼（Friedman）就以"科学的不确定性"概念来考察美国媒体对二噁英（Dioxin）毒性争议的再现。研究发现记者个人立场是影响媒体对风险议题再现偏向的主要原因。记者的立场反映在报道上，使报道呈现出两面倒（支持/质疑）的局面，针对同一风险议题在不同报纸上常常出现相反的阐释。记者通过新闻选择、重组、弱化或强化等机制来报道和捍卫自己的立场。例如，《纽约时报》强调环保署"二噁英（Dioxin）不比抽烟危险"的说法，把"可能使人致癌"的声明放在报道的第五段。而持对立立场的报纸，强调环保署"可能使人致癌"、"致癌以外还引发其他伤害"、"二噁英（Dioxin）在食物链中不断累积"的说法，淡化环保署"和抽烟比较"的说法①。在一个专家知识遭受挑战的风险社会与媒体时代，媒体对风险的定义、阐释以及解释方式，塑造了社会对风险文化的认知。

4．用于描述和形容危险的符号、比喻和话语。媒体运用不同的话语、符号以及传播修辞策略，赋予同一风险议题以不同的"框架"，从而影响风险认知。汉森（Hansen）分析了英国三家不同经营形态的报纸对于"绿色和平组织"（Greenpeace）阻挡油品企业壳牌（Shell）公司将退役的原油运转站"布伦斯帕特"（Brent Spar）沉入海底活动的报道。研究发现，《每日电讯报》（Daily Telegraph）以"不民主、反商业、误导民众、不成熟"等指责来批评绿色和平组织，将其刻画成一个财大气粗、可与壳牌公司抗衡的跨国组织。《每日镜报》（Daily Mirror）则不但称呼Greenpeace为"绿色战士""英雄"、"斗士"，更强调自己是第一个揭穿壳牌公司丑闻的报纸，要和读者一起参与这场光荣战役。《每日邮报》（Daily Mail）则比较中立，但仍把"绿色和平组织"刻画成勇敢、奉献的、坚定、足智多谋的和平示威者②。媒体不同的描述方式，从各自层面建构了风险。

5．风险话语的置换。话语置换（displacement），也是媒体风险建构的重要传播机制。"置换"（又译为"移置"）本是弗洛伊德（Sigmund Freud）解析梦的重要术语，梦的置换作用有两种方式：一个隐意（注：与"显梦"

---

① Friedman, S. M. , 1999 : The never – ending story of Dioxin. In S. M. Friedman , S. Dunwoody , C. L. Rogers. (1999). *Communication uncertainty : media coverage of new and controversial science*, Mahwah, N. J. : L. Erlbaum Associates.

② Hansen, A. , 2000 : Claims – making and Framing in British Newspaper Coverage of the Brent Spar Controversy. In S. Allan, B. Adam, C. Cater（Eds. ）, *Environmental Risks And the Media*. London : Routledge , pp. 55 – 72.

相对应）的元素不以自己的一部分为代表，而以较无关系的他事相替代，性质略近于暗喻；其重点由一重要的元素，转置于另一个不重要的元素之上，梦的重心既被推移，于是梦就似乎呈现了一种异样的形态①。在心理学上，作为心灵机制的"置换"是指对某人或某事的、能引起焦虑的情感无意识地转移到另外的人或事上，即焦虑和欲望可以凝缩在复杂的象征里，或是透过联想而置换和表达。从话语修辞来看，传播学中话语置换类似于一种"隐喻"。隐喻着重于"比喻"，转喻着重于"置换"。在拉康（Lacan）看来，在无意识里，置换遮盖着主体的欲望②。

在一些冲突性或危机报道中，媒体常常有意或无意地承袭了这样的一种话语修辞功能。因此，话语或话题置换，在风险报道与危机沟通中尤为突出。风险传播所涉及多方利益主体，不仅要争夺媒介的话语权，而且设法在话语置换中设定媒体的风险议程。风险，尤其是现代风险，不可能是一个独立、封闭、单一的叙事文本，而是一个融合了各种意识形态话语交锋的场域，尤其是主流意识形态进行话语置换的象征资源。以英国疯牛病的报道为例，对于疯牛病的风险"责任归属"，媒体就存在多重话语置：

首先是风险责任的话语置换。政府官员欲通过媒体表明责任在公众，如消费者、农场主等，而公众与媒体意识到全球化社会风险的危害，将风险责任归于英国政府③，这在英国主流媒体的报道中体现得尤为明显。

其次是政治话语与道德话语的置换。为了提出这样的一个论断，即政府没有严肃地对待疯牛病危机，媒体社论有必要首先建构问题的严重性。于是，科技话语就进入媒体的风险报道之中。道德话语规则使用了科技的话语规则，这反映了前工业社会意义上对风险的理性理解④。

当然，从另外一个层面来讲，在观念层面，需要一系列的话语置换和在此基础上的观念竞争。没有话语置换，走不出原来的"风险话语"陷阱。

---

① 〔奥〕弗洛伊德：《梦的解析》，赖其万、符传孝译，作家出版社 1996 年版；〔奥〕弗洛伊德：《精神分析引论新编》，高觉敷译，商务印书馆 2002 年版，第 5 页、第 13—14 页。

② 方汉文：《后现代主义文化心理：拉康的理论》，《国外社会科学》1998 年第 6 期，第 39—44 页。

③ Elisabeth Halskov Jensen，2004：*Risk，responsibility and political action：Media discourse on environmental crises in Spain*. http：//www. ep. lib. cbs. dk/download/ISBN/x65644446x. pdf.

④ Elisabeth Halskov Jensen，2004：*Risk，responsibility and political action：Media discourse on environmental crises in Spain*. pp. 21. http：//www. ep. lib. cbs. dk/download/ISBN/x65644446x. pdf.

在转型期的中国，传统的环境灾难与现代环境风险交织，经济发展与环境保护的冲突日益受到国内外媒体的关注。随着传媒市场化改革的深入，批评报道不仅成为迎合受众泻火、维权需要的工具，也是监督政府与市场的重要的手段。媒体对风险的调查性报道，借助媒体的权威和体制内的特权，成为批评与监督风险以及风险社会的重要武器。传媒市场化、受众的心理及情绪需要固然是风险报道（尤其是批评性报道）的助推器，然而真正为其创造了繁殖气候的，是媒介主管部门的默许乃至鼓励。

在转型期中国，"大国崛起"、"绿色GDP"、"可持续发展"与"和谐社会"的宏大叙事，包容了必要的风险报道或风险批评。或者说，这些风险批评契合了宏大政治叙事的需要。"现代化的转型是一个权力和意识形态不断分化的过程，地方权力越来越大，中央对地方的控制趋于弱化，党对干部的意识形态领导也遭到了市场逻辑的削弱，批评报道的正面建构作用开始受到重视，而不再被简单地视为对党的权威和国家政权合法性的挑衅。"① 在意识形态宣传主管部门的组织下，媒体开始积极稳妥地将批评报道作为监控、打击地方不法势力，加强干部管理及道德建设的有效手段，对批评报道的管理，也由过去数量、程序上的严格限制改为效能上的控制，即批评报道要"有利于化解矛盾、增进团结、维护稳定"，策略的重要性得以提升。

在这种的背景之下，伊丽莎白·伊科瑙米（Elizabeth C. Economy）针对中国的环境风险议题指出："中国的领导人也已经把环保的未来交到中国人民手中，为草根阶层的活动、非政府组织（NGOs）和媒体敞开了大门。"当然，"中国政府对下述可能性保持警惕：非政府组织和媒体超越地方执法问题转而批评中央政府的政策，或成为一股广泛社会变革的潜在力量。环保组织可能成为发泄广泛的政治不满的场所，并要求政治改革，正像在其他国家所发生的那样。"② 伊科瑙米论及的是风险置换可能的影响及其后果。

总之，风险报道一方面要走出原来的"风险话语"陷阱，另一方面，又要警惕风险话语权力竞逐中"话语置换"的乱象。

6. 表述危险的方式。加姆森（Gamson）与莫迪利亚尼（Modigliani）

---

① 凌燕：《中国电视新闻评论节目解读》，《二十一世纪》2002年第4期。

② Elizabeth C. Economy，China's Challenge：Beyond the Economy，http：//www. theglobalist. com/ DBWeb/StoryId. aspx？ StoryId＝3948.

分析了电视新闻、报纸、政论漫画和民意论坛中关于核能的论述，发现有的媒体只报道具体事件而不提及任何反核框架；有些媒体呈现"拥核"与"反核"的冲突，也给反核者说话的机会，但只选择了"我们誓死反对"这句话，而非反核能的理由①。媒体对风险的表述方式、对"文化盲点"的呈现方法以及风险传播的节奏等，都会影响风险建构以及受众风险观的形塑。

## 二、风险话语建构中的文化认同

（一）他者：媒体对风险的建构

1. 何谓"他者"的媒体建构。在探讨谁是他者，他者如何被定义，其负面意象又如何在媒介文本中被建构等议题之前，倪炎元首先确立"文本对语言与真实世界关系的基本假设，即是主张语言并非如同镜射般的反映真实世界，而是在建构真实世界；亦即当我们追问他者的意义时，我们认为他者之所以成为他者，其意义不是源自于他者的本身，而是我们透过语言的概念与符号所建构、所生产出来的"，这被称为"再现的建构途径"。从语言学的角度来看，记者、编辑在新闻文本中文字、照片、图像等语言使用形式，都是使用者根据不同社会条件与情境所做出的选择，因此，不同的选择与组合往往凸显出不同的意义。其中，对那些缺席或不在场的人、事、物的再现的分析，实质上是对新闻符码化的具体分析。此外，在媒体的新闻建构中，"文化提供了一系列的意义，他者被符号化的同时，也携带了特定的意义"。在后结构主义社会观中，"语言表述不再被视为一组携带意义系统的符号组合，而被视为由各种势力交锋争执之后的一种体现，这种体现被称为'论述'。""所谓他者之再现，即是透过他者论述所生产的知识与意义"②。这里的"论述"，意指新闻报道中的话语实践。

探究媒介的风险再现议题，其焦点在于新闻文本中掌握支配权的"自我"与被支配的"他者"之间的权力关系。只有拥有支配的权力，才能确立话语权或媒介的文本空间，从而巩固"自我"与"他者"的边界。在风险报道中，媒体将某些风险或危机界定为异己的"他者"，其传播的

---

① Gamson, W. , Modigliani, A. , 1989: Media Discourse and Public Opinion on Nuclear Power: A Constuctionist Approach. *American Journal of Sociology*, 95(1):1-37.

② 倪炎元：《再现的政治：解读媒介对他者负面建构的策略》，《新闻学研究》第 58 期，第 85—111 页。

意义不仅在于风险信息的传达，更在于隐晦地表达了对"他者"（风险）标签化的定义以及权力压迫，从而形塑风险认知与自我认同。

2. 媒体如何建构风险的"他者"形象。我国媒体对艾滋病风险报道的演变，从新闻实践的层面论证了媒体的风险建构特征。艾滋病的危害是客观的，然而，对艾滋病的报道渗透了记者与编辑等的文化与意识形态因素。艾滋病的报道，既是传媒对"不确定性"风险信息及其观念的传递，也是新闻从业人员以及其他社会主体通过媒体对风险的社会建构过程。我国早期对艾滋病患者、非典病人的一些报道，一方面传达了一些新发传染病的健康风险信息，同时又将患者标签化为异己的"他者"，以巩固健康群体的身份认同。

在中国，"高危人群"与艾滋病感染、道德败坏有一种说不清的密切关系。例如，《新安晚报》的《"高危人群"要查性病》（2001 年 4 月 19 日、4 月 21 日和 4 月 23 日）报道刊载后，引起了较激烈的公众反映。"高危人群"在英文中的对应语是"risk population"。这两者之间存在着三个大的区别①：

第一，"risk population"是指那些自己冒着被感染艾滋病风险的群体。也就是说，"主体"处于对他自己来说很危险的状态之中，而不是说他对于别人所具有的危险，更不是对他人的危害。然而，在中国传媒上的"高危人群"的意指"具有高度危险"。"高危人群"强调那些人首先是传染源，是危害别人的人，而且从字面上来看，根本不包括"他们自己首先是受害者"的含义。

第二，risk 的主要词义是"冒着……的风险"而不是"危险"。风险是一种可能性，并不是必然性。

第三，risk population 并不存在"高"这个意思。"高危人群"的指称，建构了"他者"的异质群体或边缘群体的形象。媒体传播错误的风险信息，也容易误导受众的风险认知。

在社会传播之中，"高危人群"已经被大众传媒赋予了我们所不愿意看到的、歧视的、宿命的含义，但实际上是指艾滋病的"先受害"人群、"冒风险"人群或"风险"人群。

当然，也有报道对"高危人群体"这个词语提出挑战：

---

① 潘绥铭：《修改"高危人群"的提法》，人大性社会学研究所《卫生部艾滋病咨询专家委员会工作通讯》，2006 年 1 月 10 日，http://www.genderwatchina.org/pages/shownews.asp? id = 1664.

现在我们不用高危人群这个词，它有误导作用。

其实，我们每个人都可能受到艾滋病的感染。

（林谷、孙红：《凭祥或灵山：谁在赌明天——关于艾滋病
预防宣传的一项对比调查》，《南方周末》2001 年 3 月 29 日）

报道指出，使用"高危人群"的负面作用在于：一是容易生硬地将
"我们"与"他们"进行道德上的区分；二是由于"我们"不是"高危人
群"，会因此放松对艾滋病的预防。其实，我们与"高危人群"是一体的。
《健康报》也报道说：

> 一块黑色的染料投入水里，浓浓的黑色，缓缓散发开
来……指着这幅自制的图画，中国预防医学科学院曾光教授一
脸严肃地说："这染料就好比是艾滋病，距离它最近的是高危人
群，再就是易感人群，然后是一般人群。但流动的水是一体的，
社会上各人群之间也并无分界。

（郑灵巧：《健康报》2001 年 3 月 16 日）

学者们指出：

> 艾滋病防治中，记者比医生的作用更大。因为媒体报道会
给公众留下对艾滋病人的总体印象，也会影响这一群体人的生
活甚至是命运。
> 媒体对艾滋病的报道会有不同的立场和观点，有时也会带
有偏见，而这些文章和报道会给公众留下印象，会影响他们的
认识和行动，也会给艾滋病人及感染者带来不公和痛苦，甚至
影响他们的命运。

（劳佳：《艾滋病防治：让传媒审视自己》，
《滇池晨报》2005 年 12 月 2 日）

《中国妇女报》驻云南记者梁苹也指出：

> 人性中美好的品质具有超凡的力量，她可以帮助人类战胜
自身弱点，消除对疾病和死亡的恐惧，而主动接纳比排斥更有
助于问题的解决。我在报道中着力挖掘这一主题，期待受众从

中得到积极的信息，消除对艾滋病的歧视。这一主题也是国际社会对防艾的最新思路。

新华社资深记者熊蕾指出：

> 作为记者，我们必须对过去那种对艾滋病符号化、污名化的报道态度进行反思，对我们潜意识中的歧视性思维定势进行反思，以科学和理性的态度报道艾滋病。

对艾滋病的认知与治疗仍然存在知识的盲点或"不确定性"，因而具有了风险的特征。在对艾滋病风险的报道中，多年来的歧视和道德评判，阻碍了记者以科学的态度报道艾滋病问题，而且使感染者和患者长期边缘化、隐形化，从而严重阻碍了对艾滋病的社会认知与防治。

此外，报刊对艾滋病报道的共性与多样性，以及随着时间推移出现的各种冲突与变化，还表明了市场、政治、专业主义的压力和优先权[1]。媒体生产过程是一个竞争和协商的舞台。消息来源之间的竞争，媒体组织对记者的压力以及媒体生产的政治经济环境，都影响媒体对艾滋病的建构。新闻报道的内容首先受到媒介所有者的策略、新闻记者的策略以及市场策略的关键性影响。过去的研究表明，媒体对传染病的描述具有局限性并有所歪曲：一是媒体对艾滋病毒（艾滋病）的描绘受到"官方"对艾滋病的定义和理解的支配；二是媒体工作方式造成了艾滋病毒（艾滋病）报道中的错误和哗众取宠[2]。新闻不是世界的外在反映，它是"那些有权力决定他人经验实践"的产物。

（二）媒体在建构"他者"中形塑风险的文化认同

在风险传播中，媒体不仅通过文字、影像与声音、新闻图片等象征符号再现复杂的现代风险，还呈现出复杂的风险认同。正如霍尔在《文化认同与离散》（*Cultural Identity and Diaspora*）一文指出，文化认同"绝非永远地固定于某个本质化的过去（essentialised past），而是受制于

---

① 彼得·博哈瑞尔：《艾滋病与英国报刊》，原载于格拉斯哥大学媒介研究小组、〔英〕约翰·埃尔德里奇主编：《获取信息：新闻、真相和权力》，张威、邓天颖主译，新华出版社2004年版，第312页。

② 大卫·米勒、凯文·威廉姆斯：《艾滋病毒与艾滋信息的磨合：议程、媒体策略和新闻》，新华出版社，第158页。

历史、文化、权力不断的'游戏'①。文化认同存在于再现之内，是一种建构。

大众传媒是传递风险信息与意义的重要论坛。戴博拉·卢普顿（Deborah Lupton）考察了澳大利亚主要大城市报纸在1986年下半年到1987年上半年对艾滋病风险的报道。选择这一时期，是因为它标志了媒体对艾滋病呈现的转变，即作为越轨（主要是同性恋）的、"他者"的疾病到异性恋自身的疾病转换。头条新闻、社论以及报道主体所使用的话语机制（discursive devices），将艾滋病描绘成对同性恋的威胁。制约媒体对艾滋病与同性恋报道的主导意识形态、叙述与话语，在媒介话语分析中得到呈现，包括受害者的责难、专制作风、风险话语、"犹太教—基督教"（Judeo – Christian Values）与性、疾病的道德隐喻等②。而"当我们发现存在好几种文化而且不仅是一种文化时，结果我们在承认一种文化垄断的终结的同时，不管是幻觉还是确实如此，我们都受到……来自自身发现的威胁。顷刻间情况变得可能是只存在他者，而我们自己则是诸他者中的'他者'。"③ 媒体将风险及其附着对象视为文化的"他者"，从而巩固了自我的边界与文化的认同。

2003年，在非典报道中，媒体对不明病毒以及非典病人的定义，体现的就是这样的一种"他者"的话语建构。一个偶然事件被定义为"风险"是在社会过程中形成的，即风险需要相关行动者对其"冠名"和"合法化"。一些群体认为极具风险的事件往往被其他群体漠然视之。所以，一个具有潜在危险的事件要取得"风险"的地位，取决于这个事件所涉及的群体的"话语权"。而无论是对"风险"的"冠名"还是"摘帽子"，新闻报道、流言或谣言都起着不可替代的作用④。

传媒的"话语权"使其成为"定义"风险和危机的重要力量。危机的跨文化传播一开始就与全球化密切关联，比如人员流动频繁、生产全球化、国际传播、国际组织等。以2003年的袭击中国的非典为例。广州

---

① Hall, S. , 1990: Cultural Identity and Diaspora. In J. Rutherford（Ed. ）, *Identity: Community, culture, difference*. London: Lawrence & Wishart, pp. 225.

② Deborah Lupton, 1993: AIDS Risk and Heterosexuality in the Australian Press, *Discourse and Society*, 4(3): 307 – 328.

③ 〔英〕戴维·莫利、凯文·罗宾斯：《认同的空间：全球媒介、电子世界景观与文化边界》，司艳译，南京大学出版社2001年版，第34页。

④ 〔英〕克劳迪亚·卡斯蒂娜达：《偷盗儿童器官的故事：风险、传闻和再生技术》，原载于〔英〕芭芭拉·亚当、〔德〕乌尔里希·贝克、〔英〕约斯特·房龙编著：《风险社会及其超越：社会理论的关键议题》，北京出版社2005年版，第209—210页。

的非典"风险"没有被合法化，而北京的非典风险被政府合法化了。北京的政治地位，全球性的社会流动，西方某些媒体对在我国发生的非典的报道及其政治化，大众通过电子媒介对非典风险的"冠名"等因素，使我国因非典的爆发而处于一种十分危险的风险中。诸种因素共同定义了非典风险并催生了全球对非典的风险共识。风险来自于定义和公众的注意，传媒预测、凸显"隐形"风险，对现实危机进行"定义"、"冠名"，提高了不同文化背景下的人群对同一事件的"在场感"以及经验、认识的相互交流①。媒体对风险的话语建构，影响公众议程与政府议程，风险议题也常常转换为公共政策议题并影响政府的风险决策。

除了全球媒体对我国非典的定义之外，国内媒体对非典病人的论述，也体现了对风险话语的媒体建构。搜狐网站于 2006 年 8 月 13 日转载《新京报》题为《非典基因疫苗即将临床试验　毒株来于 2003 年广州"毒王"》新闻：

据了解，其中非典疫苗的毒株就来源于 2003 年广州的"毒王"周某。

读者邓璟认为，"毒王"一说最早是在 2003 年 4 月《南方都市报》的两篇新闻报道中出现，实在是值得商榷②。早在 2003 年 4 月 25 日，中山大学教授艾晓明在《南方都市报》发表评论，反对媒体将非典患者周某称为"毒王"，认为"决不应把非典造成的灾难归咎到任何病人身上，决不应该歧视病人"、"作为主流媒体，尤其要承担责任，不要营造污名效应"③。2003 年 5 月 24 日，《广州日报》也发表《媒体请慎称"毒王"》一文，认为"虽然的确有非典患者一人传染了不少人，但也大可不必用'毒王'这一暗含指责性的词语"。大家一致认为，新闻报道要避免使用这些带有贬斥和歧视感情色彩的词语，更何况，非典患者周某也在三年后痊愈。"提倡什么，反对什么，关怀什么，任何时候媒体都有责任牢牢记住。"④《南方都市报》在随后的报道中，及时更正了"毒王"的说法，并在其纪念特刊《八年》中，相关编辑和记者也撰文主动承认"毒王"一说不妥，诚恳地接受了外界批评。

与媒体将非典或"他者"定义为"毒王"、"世界第一号毒王"一样，用来体现灾难性危险意识的"非我"，比如杀人犯、萨达姆等，是作

---

① 杨伯溆：《从 SARS 爆发期看互动类媒介与大众媒介之间的关系》，《华中科技大学学报（社会科学版）》2004 年第 2 期，第 15 页。

② 邓璟：《"毒王"一说请不要再用》，《新京报》2006 年 8 月 14 日。

③ 艾晓明：《提倡关爱，反对污名》，《南方都市报》2003 年 4 月 26 日。

④ 黄翠莲：《谨提"毒王"》，《南方都市报》2006 年 8 月 14 日。

为他者来界定我们的开化、文明的认同，这正如莫利与罗宾斯所言，危机时刻的文化认同有赖于对"他者"的界定，从而实现对自我的认同①。

在风险报道中，风险是相对于主流社会或常态社会的"他者"，是用新闻语言所塑造的一种"再现"与认同。霍尔曾指出，"认同"是一个片段与变动的过程，是使用历史、语言以及文化资源来变成（becoming）而非是（being）某一个特定主体的过程。认同同时是一个双向的过程，一方面，行动者被论述实践召唤；另一方面，行动者也实际涉入这一行动位置。因此，认同可以被视为是一种有效的接合过程，是一种勾连②，而这种勾连是有其政治效力的③。在风险报道中，媒体对"他者"的再现，塑造了"风险社会"的认同感。

在当代沟通性、对话性和反思性社会融合在一起的条件下，在风险话语中，参与者以及作为观察者、评估者和评判者的公众利用了文化中可用的各种自然模式，并且通过相互竞争或冲突的感情、概念和行为模式把它们表现出来④。

### 三、风险运动与媒介：一种新的政治形态

（一）风险社会中新的政治领域

在传统工业社会（或简单现代性）中，由于自然和社会在形式上的分离，不仅经济问题，而且作为处理自然对象领域的科学技术，都被认为是不属于政治的"独立"领域。在这种情况下，不仅存在着所谓"进步共识"，而且科学成为了合法化的根源。

事实上，越来越多的问题不再通过公共讨论而决定，公共领域不断萎缩，以及公共生活不断退化⑤。正如贝克所言，这个体制在20世纪70年代（两次石油危机）以来遭受到了前所未有的冲击，原先被排斥在政

---

① 〔英〕戴维·莫利、凯文·罗宾斯：《认同的空间：全球媒介、电子世界景观与文化边界》，司艳译，南京大学出版社2001年版，第183—192页。

② Hall,S.,1996：Introduction：Who needs 'identity'. In Hall,S. & du Gay,P.（Eds.）Questions of cultural identity. London：Sage.

③ Hall,S.,1996：Gramsci's relevance for the study of race and ethnicity. In Morley,D. & Chen, Kuan – Hsing（Eds.）. Stuart Hall – Critical dialogues in cultural studies. London and New York：Routledge,pp. 411 – 440.

④ 〔英〕帕特·斯崔德姆：《风险社会中的认同和冲突》，丁开杰编译，《马克思主义与现实》2004年第4期，第79页。

⑤ 〔德〕哈贝马斯：《公共领域的结构转型》，学林出版社1999年版；约翰·基恩：《晚期资本主义和公共生活》，社会科学文献出版社1999年版。

治、民主和公共讨论范围之外的许多领域被重新政治化了，出现了所谓
"亚政治"。贝克列举了医学、技术政策和工业自动化三个领域的例子，
并在其他著作中将生态环境领域作为例子①。他将希望寄托在绿色和平组
织这样的新社会运动身上。比如，他以壳牌石油公司北海钻井平台事件
为例，认为新社会运动能够在刚刚出现的"跨国空间"中通过成功的
"风险编排"达到自己的目的②。

环境议题的冲突解决是否一定要透过国会、政党等传统政治机制？
贝克指出，随着政治治理的复杂化与科技因素的介入，越来越多的争议
不再是沿着旧有的政治民主渠道获得解决。新浮现的议题，例如环境保
护、信息伦理、生命科技、性别政治等，已经出现自成一格的发展趋势，
形成所谓的"亚政治"（subpolitics）。类似食品健康、生态环境等风险议
题的讨论，也常常绕过政党政治的场域，风险冲突的解决在传统的政治
体制和议会民主政治渠道之外进行。

大众传媒在这种风险运动中的作用不可低估，生态政治中的媒介角
色就是一个极好的例子。"如果我们仍然把界定风险的知识当作是科技专
家的问题，那么，我们的民主制度、传播媒体、公民权利都将在天真中
死亡。"③一方面，媒体呈现了全球化的风险冲突与"有组织的不负责
任"；另一方面，媒体也活跃于"亚政治"领域成为风险沟通的主体与重
要媒介。

（二）风险运动与大众传媒的复杂关联

克里斯蒂安·约克（Christian Joppke）以"风险运动"（Risk Move-
ment）来指称生态运动、反核运动、和平运动等以风险为议题或论述纲
领的社会运动④。广义的"社会运动"，是指企图改变某些社会制度或创
造新秩序的各种集体努力。因此，那些围绕环境和健康风险而进行集体
抗议、劳工或消费者运动也视为风险运动。虽然这些地方性抗议运动的
诉求较为单纯，不像国际性的生态、反核、和平运动具有较为复杂的意
识形态，但是这些抗议运动，也有可能在发展的不同阶段，以不同的方
式融入大型的风险运动。

① 〔德〕贝克：《世界风险社会》第五章，南京大学出版社 2004 年版。
② 〔德〕贝克·威尔斯：《自由和资本主义》，浙江人民出版社 2001 年版，第150—151 页。
③ 朱元鸿：《风险知识与风险媒介的政治社会学分析》，《台湾社会研究季刊》1995 年总第19 期，第 195 页。
④ Joppke,Christian. ,1993:Mobilizing Against Nuclear Energy:A Comparison of Germany and the United States. Berkeley:University of California Press,pp.3.

　　风险运动与新闻媒体的关系，明显不同于政府、企业与新闻媒体的关系。作为重要"新闻来源"，风险运动的重要性远不及政府与企业；相反，新闻媒体是风险运动所仰赖的政治资源。媒体如何报道，足以为公众界定风险运动的意义、形象、重要性，甚至以牵连运动的自我形象乃至命运①。比如，发生在20世纪90年代中期的布伦特司帕（Brent Spar）运动和反对法国在南太平洋进行核试验的运动。在"绿色和平组织"阻止壳牌公司将布伦司帕钻井平台沉入海底的环保运动中，电视直播了双方的戏剧性冲突的场面，壳牌公司"以强凌弱"的电视形象激起了欧洲多国的抗议活动。再如，西方"反坝运动"兴起于20世纪70年代，"美国拆坝活动的发展动向关系到全球建坝和反坝的力量平衡与消长，特别是会通过传媒影响到公众乃至政府的看法"②。在犹他州和科罗拉多州界河上修建回声谷（Echo Park Canyon）水库的计划，因为要侵入国家公园的地界，众多媒体站在反坝组织那一边。在大理石谷（Marble Canyon）修建大型水库的建议，因影响自然景观，遭到"反坝联盟"的空前抗议，并在《纽约时报》、《华盛顿邮报》、《洛杉矶时报》连续刊登整版抗议广告，后来内务部撤销了该项目计划。

　　媒体的聚焦提高了西方风险运动的社会能见度，并通过选择、排除、强调、表达来"架构"（framing）社会运动。托德·吉特林（Todd Gitlin）将"架构"或"框架"定义为"筛选、强调和排除新闻报道的过程"③。Gitlin在研究CBS对美国20世纪60年代的学生运动报道时发现，媒介在报道学生运动时，会选择不同的框架机制来呈现该社会运动，例如琐碎化、极端化、强调内部分歧、边缘化、贬抑游行人数、贬抑运动的影响力，等等。其中，最不友善的方式是新闻"封锁"（blackout），其中，编辑或审查者有足够的新闻专业理由（新闻价值、受众的兴趣）来合理化这项决定。佩伦提（Parenti）在《虚构的真实：大众媒介政治学》一书中指出，媒体所呈现出贬损冲突事件中抗议者的"框架"有：削减

---

　　① 朱元鸿：《风险知识与风险媒介的政治社会学分析》，《台湾社会研究季刊》1995年总第19期，第196—197页。
　　② 林初学：《美国反坝运动及拆坝情况的考察和思考》，http://www.ctgpc.com.cn/fbsk/index.htm.
　　③〔美〕托德·吉特林：《新左派运动的媒介镜像》，张锐译，华夏出版社2007年版，第14页。

报道内容；琐碎化；边缘化；不平衡报道；低估化；忽视①。抗议运动或示威经常遭到媒体的各式"琐碎化"报道②，如画面上示威抗议的背景配上官员对事件的评论，或是报道中仅描述示威抗议者与环境，如晴朗的天气、头绑布条、散漫的行进、粗鲁的动作、喝可乐舔棒冰、唱歌呼口号、狂欢节的气氛，却没有深入报道抗议的诉求与主张，也不分析他们的处境、论点与证据，将整个事件呈现为毫无政治严肃性的"景观"，或者将参与者的诉求简化得浅薄琐细。在这样的新闻框架之下，任何抗议运动都会显得"不理性"、"情绪化"和"无聊"。

陈韬文将此扩充为 16 项框架机制，除了前述者还包括外在起因、行动之不合法性、非理性（暴力）行为、孤立领导者、诉诸更高社会理想等。值得注意的是，上述机制基本上蕴涵对社会运动的压抑。当然，媒体的架构机制可吸纳社会的反对声音，并将异议团体趋向社会边缘③。媒体在报道时也可能运用相对的框架机制去架构而达到正面的结果④。

在西方媒体的风险运动报道中，因为专业生涯的共生关系，主流媒体记者尽量避免深入质疑作为他们消息来源的政府或企业。其实，媒体机构本身就与政府或大企业可能有着千丝万缕的共生关系，因此不倾向于为了社区或市民的健康风险诉求而热衷于揭发企业或政府的过失。相反，经济上相对独立的另类小媒体却可能欢迎风险运动的声音，但其影响力仍然有限。

但是，某些风险事件也会改变主流新闻媒体报道风险运动的"框架"。例如，美国 20 世纪 70 年代末期的反对核电以及核武器运动，首先要面对的难题是跨过媒体报道的"高门槛"。三里岛（Three Mile Island）核泄漏之前，反核能群体的活动常常被主流媒体"忽视或遭到诋毁"，"内容越是接近国家政治精英们的核心利益，这种挑战就越有可能会遭到管制，也就越不容易公之于众"，但"如果问题在精英层中发生了争论，新闻准则更为惯用的手法是更多地处理来自社会上的反对意见，进而控

---

① Parenti, Michael, 1986: Inventing reality: The politics of the mass media, New York: St. Martin's Press, pp. 218.

② Parenti, Michael, 1986: Inventing Reality: The Politics of the Mass Media, New York: St. Martin's Press, pp. 99 – 102.

③ 参见〔美〕托德·吉特林:《新左派运动的媒介镜像》，张锐译，华夏出版社 2007 年版。

④ Joseph Chan, 1989: Mass communication and social conflicts: A theoretical review, paper presented at the annual conference of mass communication division, International Communication Association. San Francisco, USA.

制事件及其影响，并按照自己的意图进行传播，尽其所能将其纳入社会的主导结构中，将其余部分推向社会生活的边缘"①。然而，三里岛灾变之后，在核电厂经营公司与鲜为人知的"核能管理委员会"（NRC）之外，记者开始向反核能群体中的专家咨询反应炉的安全信息，使专家成为"准"新闻来源②。此后，反核运动又被裹挟进入对美苏军备竞赛、裁军、"有限核战"等报道之中。因此，风险运动的"主要困难之处还在于媒体"，因为媒体用排挤、驯服等方法来制定报道模式，强化了美国政治历史的主旋律。这样，"反文化运动得到凸显，而激进的因素不断弱化"③。

（三）风险运动中的媒介反思

风险运动质疑了关于风险的主控定义与支配的"框架"，而媒体自觉或不自觉地成为界定"客观真实"的信息传播手段之一。如何报道风险运动，其实包含了新闻媒介如何在更广的政治与社会环境中反思自身专业的问题④。美国反核运动的新闻报道历史表明，新闻业界与学界需要反思的问题是：新闻的"客观性"实际上如何依赖或受制于科技专家、政府与企业？

许多反对公害风险和抗议公害事故的民众运动主要依靠主观意义上的风险作为推动力。风险认知将客观的风险变为风险政治，而风险政治正是发达工业社会中社会生活形态的标志之一。类似环保、反核等风险运动，回应了社会结构的变迁。风险运动的组织、意识形态与策略也随着社会结构与政治环境的变化而变化，其成员则逐渐包括关注风险的新闻记者、持有异议的科学专家、地方或社区的公民以及全国性的环境非政府组织。

在风险冲突中，技术与决策的"合法性"与"必要性"成为媒体风险报道与公众舆论的焦点。桃乐茜·聂尔金（Dorothy Nelkin）认为，技术问题不仅涉及专家的风险评估以及公共安全与健康问题的界定，更是关涉政治权利、责任与合法性问题。因此，新闻专业能够与科技专家保

---

① 〔美〕托德·吉特林：《新左派运动的媒介镜像》，张锐译，华夏出版社2007年版，第12页。

② 〔美〕托德·吉特林：《新左派运动的媒介镜像》，张锐译，华夏出版社2007年版，第216—217页。

③ 〔美〕托德·吉特林：《新左派运动的媒介镜像》，张锐译，华夏出版社2007年版，第219页。

④ 朱元鸿：《风险知识与风险媒介的政治社会学分析》，《台湾社会研究季刊》1995年总第19期。

持一种紧张的关系是健康的征候①。

　　风险传播意味着民主对话，其中，专家、非专家、社会运动团体、一般民众、记者等主体的民主对话尤为关键。记者和专家都需要穿越专业知识和公共生活隔离的疆界，"成为伙伴，因为无论是教授还是记者都无法凭借单一的力量将（学术或新闻）事实变成公共真实。"记者只有公共知识分子化，才有可能真正成为"社会情况的早期预警系统。"② 公众对环境与健康的认知风险，离不开其自身的科技素养、媒介素养以及大众传媒对风险议题的呈现与评论。因此，媒体要为科学与民众对话提供信息的平台与意见的论坛。"记者的精神脊柱是人性。科学记者可以将科学与人性结合起来衡量事物，这是科学记者的特权。""科学记者不能仅仅充当科学信息的传播者和解说者，他们首先应当是人类根本利益的捍卫者。"③ 这样，新闻在努力实现公众性的时候，不只是要面对现有的公众，而且更是要造就未来的公众。

　　媒体对风险的界定，成为风险宣称的合法性的重要来源。如果说"风险社会"中媒体的主要角色是风险的预警者、建构者、批评者与沟通者，那么，记者的"新闻主业主义"理念就不仅仅在于对于风险或灾难"事件"的反映与报道，而应该有"能力"提供公众了解风险所必需的相关科技的、政治的、经济的、社会的背景知识。

## 第二节　权力竞逐的历时性透视：媒介主控风险话语的变迁

### 一、媒体建构中的风险论述

　　面对风险，普通消费者、受众或社会组织希望公共机构为此提供保障，消除危机，减少灾难；公共机构（政府与传媒）被期待能够支持公理与倡导风险伦理责任。然而，风险的不确定性与全球化，使得风险的

---

① Nelkin, Dorothy, 1987: Selling Science: How the Press Covers Science and Technology. New York: W. H. Freeman & Company, pp. 182.

② Jay Rosen, 1994: Making Things More Public: On the Political Responsibility of the Media, Intellectual. Critical Studies in Mass Communication, pp. 368. 转引自徐贲：《"公民新闻"和新闻的公共政治意义》，陶东风主编：《文化研究》第 5 期，广西师范大学出版社 2005 年版。

③ 〔日〕本田一二：《美日科技报道史话》，刘明华译，新华出版社 2004 年版，第 330 页。

责任归属尤为模糊，"有组织的不负责任"由此诞生，潜在的风险与威胁愈发增多。

（一）风险冲突

所谓的"有组织的不负责任"，是指"第一次现代化所提出的用以明确责任和分摊费用的一切方法手段，如今在风险全球化的情况将会导致完全相反的结果，即人们可以向一个又一个主管机构求助并要求它们负责，而这些机构则会为自己开脱，并说'我们与此毫无关系'；或者说'我们在这个过程中只是一个次要的参与者'。在这种过程中，是根本无法查明谁该负责的。"① "有组织的不负责任"极好地解释了这样的一种现象："现代社会制度怎样和为什么必须不可避免地承认灾难的真实存在，同时又否认其存在，掩藏其起源并排除补偿或控制。"② 在风险社会，那些必须承担责任的人可以"获准离职"以逃避责任，没有一个人或一个机构似乎明确地为全球风险负责。

风险是对未来可能性的认知，这种"有组织的不负责任"，加剧了风险的争议。当个人、组织、国家从不同的角度来认识和应对风险，分歧就产生。一旦公众通过媒体、风险运动等，与否认风险的制度相抗衡，风险冲突就产生了。这种冲突可以是因为对未来伤害的不同认知取向，也可以是因为对当下所受损害的判断和态度，因为风险既表达了一种可能性，同时也意味着现实的某种伤害状态。

（二）冲突中的媒介风险论述

"风险绝不是具体的物；它是一种'构想'，是一种社会定义，只有当人们相信它时，它才会因此而真实有效。各种不同的合理性要求共同促成了它的形成和实现。"③ 风险冲突的过程必然充满论述的纷争。所谓的"风险论述"，是指直接涉及风险议题的、有结构的、有影响的、不断变化的集体叙事④。风险冲突形塑了媒介的风险论述，也存在于媒介的风险论述之中；反过来，媒介的风险论述又反作用于社会的风险冲突。

大多数的新闻报道涉及的内容与一般的故事结构类似，大都是在讲述一系列的事件，这些事件处于相互关联的时间序列之中。梵·迪克也认为，我们用"新闻故事"（news story）这一术语，这意味着新闻可能

---

① 薛晓源、周战超主编：《全球化与风险社会》，社会科学文献出版社2005年版，第23页。

② 〔德〕乌尔里希·贝克：《风险社会》，何博闻译，译林出版社2004年版，第191页。

③ 薛晓源、周战超主编：《全球化与风险社会》，社会科学文献出版社2005年版，第12页。

④ 景军：《泰坦尼克定律：中国艾滋病风险分析》，《社会学研究》2006年第5期，第140页。

是一种特殊的叙事结构。作为叙事的新闻报道包含基本叙事模式的两个方面，即"故事"（story）和"论述"（discourse），前者是新闻报道所描绘的对象，后者则是新闻报道描绘系列性事件的方法。从故事和论述两个角度阐释新闻文本的内在条件，其重点在于从"故事"的角度讨论新闻要素的结构形式，从"论述"的角度，讨论新闻如何再现或如何传播、表达社会真实。

对于生态环境的变迁、高科技发展以及身体健康的文化想象的改变，牵涉到不同行动者在整个风险论述生产中所追求的政治与经济效用。在众多的风险论述中，大众传媒所提供的风险话语，无疑是定义当代风险的重要力量，因为媒体的大众传播特性，使得出现在媒体上的信息/知识能够广为人知、影响深远；同时，知识是建构当代风险的关键因素，风险的内涵也会随着主导知识的变迁而转变，而媒体正是传播知识、树立知识主导地位、界定风险的关键机制。于是，不仅风险定义成为各方的竞技场，甚至连媒体本身也成为各类权力集团、知识论述与意识形态的竞争角力场域。因此，要特别注意那些施压在媒体产权、内部组织、运作过程等层面、试图操纵知识生产的各种政治、经济及社会权力①。

媒体的风险建构具体地通过风险论述呈现出来，并直接影响了国家政策、社会发展、风险的社会分配状态，甚至是社会财富的分配，即涉及社会正义的存在形式②。风险建构是许多社会、经济、政治与文化因素相互作用的结果。于是，风险本身即充满政治性③。

在这种社会建构论的风险观中，由于风险的内涵复杂且不可知，所以各方势力及利益团体无不积极竞争，各自提出一套风险论述来竞逐风险定义，建构与维护自身的利益。从本质上讲，"风险冲突是一种政治冲突"④。复杂的风险冲突既提升了社会整体上的风险意识，也消解了公共机构的合法性，强化了风险社会中的不信任感。媒体就是居于"风险—信任"之间的一种传播机制。事实上，从大气污染、水污染、核污染、光污染、沙尘暴到流行病等各种环境与健康风险，新闻报道无不呈现特定的"风险冲突"，并可能复制风险社会的不平等。

---

①　Ulrich Beck,1992:Risk Society:Towards a New Modernity. London:Sage,pp. 46.

②　Mary Douglas,1992:Risk and danger. In Mary Douglas. *Risk and Blame:Essays in Cultural Theory*. London:Routledge,pp. 45.

③　Mary Douglas,1992:Risk and danger. In Mary Douglas. *Risk and Blame:Essays in Cultural Theory*,London:Routledge,pp. 44 – 45.

④　陈家刚:《风险社会与协商民主》,《马克思主义与现实》2006 年第 3 期，第 100 页。

风险冲突产生风险争议，风险争议就存在于风险论述之中，风险论述集中体现了媒体的风险建构特征。

当"风险"被作为"他者"被建构时，研究新闻语言如何再现风险以及如何建构意义通常有三条路径，即纯粹语言学（linguistics）立场、符号学（semiotics）立场以及后结构主义的社会学或历史学立场①。前两种立场针对"再现"的探讨基本上都定位于语言层面，最后一种则透过某种特定历史与权力支配下的论述（discourse），揭露历史脉络与权力主体的关系。换言之，它不拘泥于从语言的层面讨论意义的生产，而是更广泛地从历史或社会的背景中去搜寻意义如何被生产。本研究对媒体风险建构及其再现政治的探讨，基本上是在"风险论述"（risk discourse）的层面展开。

在风险传播中，风险利益攸关者各自提出一套风险论述来竞逐风险定义，以建构和维护自身的利益。风险论述与知识传播的权力通常操纵在政府、媒体与专家的手中，但隐藏在媒体风险建构背后的是特定的社会关系所支配的社会运作逻辑与风险的建构逻辑。在风险报道中，"谁在新闻中说"、"媒体如何说"以及"说什么"成为风险能见度的关键。因此，在这种社会关系中，谁支配风险论述、谁操控风险责任的归属与政治、谁从中牟取利益、谁制造风险、谁是潜在的受害者、媒体如何建构操纵政治经济关系、谁生产风险知识和制造无知等，都是透视风险报道的"再现政治"的重要观察视点②。

## 二、媒体定义风险的优先论述

谢尔顿·克里姆斯基（Sheldon Krimsky）等学者认为："谁能够掌握风险论述，谁也就最有可能掌握政治斗争。"③ 由此可见，谁最先掌握风险的优先论述，谁就有可能成为风险的首要定义者，从而主导媒介的风险话语权。

论述（discourse）是"一组陈述，这组陈述为谈论或再现有关某一

---

① 倪炎元：《再现的政治：解读媒介对他者负面建构的策略》，《新闻学研究》第 58 期，第 89 页。

② 周桂田：《普遍与特殊激荡：全球在地化研究与实践的进路思考》，2002 年台湾社会学年会论文。

③ 转引自朱元鸿：《风险知识与风险媒介的政治社会学分析》，《台湾社会研究季刊》1995 年第 19 期，第 195 页。

历史时刻的特有话题提供一种语言或方法。"① 福柯认为论述的机制是透过错综复杂的交锋与角逐，或被收编，或被推挤到边缘，在权力关系中造就出论述的实践。依此看来，媒介的风险论述在历史和社会中形成，并通过语言生产知识与意义，并"控制着一个话题能被有意义地谈论和追问的方法。它还影响着各种观念被投入实践和被用来规范他人行为的方式。"②

在风险论争中，大众传媒是议题操纵的竞技场。在一个媒介化的社会，虽然人人均可参与大众传播，但受制于版面与时段，关乎风险的新闻议题处于竞争的态势，新闻事件如果缺乏足够的新闻价值，往往无法进入版面或相关的时段。因此，在风险争议中，为了提高某一议题在大众传媒上的能见度，相关的风险沟通主体必须熟谙媒体运作模式与技巧，将大众传媒视为公关广告或游说团体的竞技场，争取获得定义风险的优先论述权力。

以全球气候变暖的风险议题为例。在气候变化的媒介争议中，素有"汽车的故乡"与"汽车的祖国"之称的德国，因汽车尾气排放的问题，被深深地卷入媒介关于气候变化的风险论争之中。全球舆论将德国置于风险论述的焦点，拥有众多汽车制造商的德国因而面临全球新闻舆论与外交的压力。

在德国，作为重要的利益团体与风险利益攸关者的汽车制造商，在经济利益的驱动之下，常常通过院外游说来影响政府的风险政策制定。同时，作为媒体的强势广告来源之一，汽车制造商也会运用广告的杠杆力量来制约媒体的风险论述。国家经济制约下的政府与市场驱动下的汽车制造商，它们作为重要的消息来源，或主动谋求媒体的风险话语权，或在媒介的新闻惯例中成为主要的消息来源。同时，收视率、发行量与广告市场的占有率也影响到媒体的风险定义。

在政治与经济的夹击之下，政府的经济政策、媒体广告的诱导等支配了气候变暖议题。德国媒体的主导的优先论述体现在两个层面：

一是回避德国的风险责任。比如，德国《科隆城市汇报》报道说：

> 联合国气候报告发表以后，即使那些尽人皆知的怀疑者也
> 不得不开始考虑这一问题。一系列数据表明，人类在地球这个

① 转引自〔英〕斯图尔特·霍尔编：《表征》，徐亮、陆兴华译，商务印书馆，第44页。
② 转引自〔英〕斯图尔特·霍尔编：《表征》，徐亮、陆兴华译，商务印书馆，第45页。

温室中起着破坏作用。19 世纪欧洲开始工业化时，这一灾难性的发展态势就已以小规模的形式开始了。今天，印度和中国这样的转型国家和发展中国家使温室气体的排放达到了顶峰。而工业大国美国所采用的置之不理的态度就更不用说了。

《西德意志汇报》强调：

> 人均二氧化碳排放量最多的美国至今仍然拒绝对气候保护做出承诺。正因为如此，中国和印度要求享有同等权利，它们渴望像工业国那样富裕起来，也就是不受二氧化碳排放量的限制，实现经济增长。

尽管一些德国媒体还是提出，西方工业国应反思自己对世界气候变化负有的责任和义务，但他们在泛化"德国"概念为"西方"的同时，集中批评美国拒签《京都协议书》的危害。

二是将德国汽车制造业的全球伦理责任转移到美国、中国与印度。

中国政府与媒体遭致德国媒体的风险批评。例如，德国媒体就尽量回避了作为最大的汽车制造国之一的德国的责任，而将风险批评的矛头指向中国与印度等发展中的国家。德国的《法兰克福汇报》报道了中国第一时间内对世界气候报告的态度：

> 在温室气体排放量仅次于美国、名列世界第二的中国，国家控制的媒体对气候报告发出地球暖化将带来严重后果的警告几乎不予理睬。周末的电视新闻不提此事，报纸则把这个题目排在后面的版面。只有自由的《北京新闻报》和英文版《中国日报》提到气候变化的严重后果。中国签署了《京都议定书》，作为发展中国家，中国无须减少二氧化碳排放量。

"环境污染"与"中国"同时成为德国媒体同期报道的关键词。德国《明镜》周刊称，中国是地球上最厉害的污染者之一，其污染的后果对世界影响越来越大。德国电视台在播放气候报告的新闻时，配发的是中国空气污染严重的画面。

2006 年 11 月 6 日出版的德国《图片报》报道，德国总理默克尔呼吁，国际社会加大环境保护的力度并加强在这一方面的投资，但美国不应该被排除在新的协定之外。美国官员辩解称"美国一直在气候研究方面起主导和重要的作用"，德国媒体则在"重要作用"这个词后面加了个问号。

这样的一种风险叙事策略，也被其他国家的媒体所复制。路透社2月5日报道称，中国将在2009年成为世界第一大温室气体排放国。日本《产经新闻》2月3日报道称，中国和印度是二氧化碳的排放大国，限制这些国家的排出量是当务之急。因此，《环球时报》指出："目前，欧洲正笼罩在'气候变暖威胁论'中，很多媒体甚至把矛头指向中国。"① 英国的《每日邮报》指出："如果欧洲延误了低碳技术的研发，将造成巨大的生态和经济损失……工业国说，中国和印度等国不应重复欧洲、美国和日本的错误。但是，如果工业国在气候保护方面推行目光短浅的政策，那么这一告诫就无法使人信服了。"新华社也于2007年2月2日转引英国《卫报》当天报道说，由美国能源巨头埃克森—美孚石油公司资助的美国企业研究所曾致函美国、英国和其他国家有关专家，请他们写文章，驳斥该报告，并表示将支付每人1万美元稿酬和差旅费。《卫报》援引绿色和平组织成员本·斯图尔特的话说，美国企业研究所不仅仅是个智库，它还是布什政府的"吹鼓手"。新华社下属的《经济参考报》撰文指出："于是，人类陷入了一种两难的处境：一方面深知破坏环境所带来的巨大危害，另一方面却由于收益与成本的不对称而不愿承担保护环境的责任，人人都害怕自己的付出被别人无偿地'搭便车'。"

在全球气候变暖的风险争议中，一方面，尽管西方大国的政府、企业与传媒互相指责，但大国的主流传媒主导了"全球变暖"的新闻报道与风险论述；另一方面，它们又通过话语置换或议题转移，将风险责任归属于中国、印度以及其他西方国家。

就外国媒体对德国的报道而言，批评了德国汽车制造业影响下的风险论述成为它们定义风险的优先论述之一；就德国媒体而言，受经济与政党政治的影响，有利于工业制造的论述占据德国新闻舆论的主导地位。这一方面来自政治、广告对媒体的制约，另一方面也来自媒体对风险话语的自觉"置换"。

大众传媒在世界风险社会的特殊地位，激发了各方支配与控制媒介话语权的热情。对风险的"第一定义"或"优先论述"，对各利益集团极具诱惑力。"全球风险社会各种灾难在政治层面上的爆发将取决于这样一

---

① 段聪聪等：《地球变暖谁是真凶》，《环球时报》2007年3月8日，第16版。

个事实，即全球风险社会的核心涵义取决于大众媒体，取决于政治决策，取决于官僚机构，而未必取决于事故和灾难所发生的地点。"① 但不同媒体的风险论述迥异：一方极力揭露或放大风险的存在，另一方很可能竭力遮蔽或弱化相关的风险：全球风险被宣称是如何不可能形成，或这种风险可以通过权威机构宣称某种危险可以被控制而得以合法化。社会能见度高的论述主体，总是将其政治、经济与文化等资本迅即转化为"媒体的能见度"，在风险论争中放大自己的声音，获取媒介的话语权，即定义风险的优先论述地位。

针对联合国全球气候变暖的报告以及科学家的预言，联合国秘书长潘基文于 2007 年 2 月 5 日在联合国环境署会议上公开警告说，气候变化使世界情况危急。气候危机成了全球共同造成、共同面对的风险议题。美国是全球温室气体排放量最大（二氧化碳排放量占全球 25% 以上）的国家，也是发达国家中受到批评最多的国家。联合国的气候评估报告摘要发布不到四个小时，白宫就急忙通过媒体发表声明称，美国仍不准备采取强制性的限制温室气体排放的措施。

媒体的优先论述，比如强调新闻或评论的首发与发挥新闻的时效性，通过政治与经济等的杠杆作用支配或控制媒体的论述等，淋漓尽致地演绎了"世界风险社会"的"有组织的不负责任"。换言之，在该议题的风险论述中，虽然风险的"知识不确定性"成为争论各方的话语策略依据，但经济与政治指引与支配了的媒体主控话语权的争夺。

这一政治化的过程，赋予一种"风险论述"（risk talk）对另一种"风险论述"以特权。不同的意义建构乃文化固有的特性，这恰如每一个团体都力图提倡某一种风险观并使其符合他们认识世界的方式。"澄清文化在风险传播中的作用，已经成为试图沟通风险感知研究与社会大环境（social context）的主要方面"②。结果表明，"文化在社会冲突中，通过竞争性的话语方式，如何恰当地扮演着影响社会风险构建的角色的"③。在风险建构中，大众传媒就是这样的一种重要的文化力量。

无论是"媒体德国"还是"德国媒体"，也无论是美国、德国还是中

---

① 〔德〕乌尔里希·贝克：《"9·11"事件后的全球风险社会》，王武龙编译，《马克思主义与现实》2004 年第 2 期，第 72 页。

② Jeffrey R. M. & Theresa G. ,2006:Place,Culture and the Social Amplification of Risk,*Risk Analysis*,26(2):437.

③ Jeffrey R. M. & Theresa G. ,2006:Place,Culture and the Social Amplification of Risk,*Risk Analysis*,26(2):438.

国与印度，风险的"优先论述"或"首要定义"都直接巩固了自己的风险论述的主控地位。即使暂时处于被边缘化或被支配地位的媒介，也力图在风险论述的流动中，强化自己对风险的界定，至少也要提高其风险论述在全球传播的能见度。

风险在政治层面上的爆发常常是同责任与理性的要求、通过现实检验而获得的合法性联系在一起的。其中，通过媒体的"宣称"是获得风险论述合法性的重要方式，同时，媒体传播的"议程设置"功能也是获取"首要定义权"的重要途径。

### 三、媒体风险论述的权力流变

媒介成为经济、文化、政治竞逐的场域，也成为一种再生产的机制，形成媒介化社会的景观。风险报道涉及了社会的诸多领域，包括国家、科学界、社会运动、消费者个体、生产厂商（工厂、公司、企业）、NGO、媒体与民众等。事实上，这些对象综合了风险文化与政治研究的内涵。在风险报道中，政府、专家等被诸多报道对象，既是风险沟通的相关利益主体，也是媒体呈现的重要卷入者，其中的一些风险沟通主体甚至以自己所拥有的力量（资本）对新闻媒体的社会位置和话语实践产生重要的影响。媒体用以陈述风险议题、风险事件以及风险争议的文字与影像，挟带幽微而庞大的权力无所不在。权力的消长影响风险论述的结构，而论述的机制也反映出风险论争中的话语权的流动。

在风险社会中，一些动态的力量，如政治的、经济的、法律的、社会的以及技术的力量，塑造着媒介组织的运作。公司对利润的追求，立法者和管理层被视为官僚、懒散的代表；媒体被普遍认为是通过对新闻进行大肆煽情处理设置自己的议题；曾被人们认为是建设性变化的代言人的消费者激进分子，也因夸大社会所面临的风险而饱受批评。[①] 传统上，公众习惯于跟随专家们对新产品程序的风险水平进行的判断，而今，在现代媒体的帮助下，他们自主意识增强并试图挑战专家、政府官员和商人援引科技事实而做出的种种保证。

决定人们思想和行动的风险论述和风险认知，更重要的是源自于社会环境下"定义（风险）的社会关系"（relations of definition）[②]，即在一

---

① 〔英〕雷吉斯特·拉尔金：《风险问题与危机管理》，谢新洲等译，北京大学出版社 2005 年版。

② Beck Ulrich, 1999: World Risk Society, Polity, pp. 149.

定社会发展结构中，不同的社会、政治和文化关系，将影响风险认知和行动的生成。并且，根据福柯（Foucault）的观点，谁掌握了政治和科学的权力，或者谁掌握了文化诠释批判的权力，谁就能主宰风险的论述，定义风险的内涵。当然，现代世界是一个如韦伯（Max Weber）所言的多元的、诸神斗争的年代①，所有论述权力的斗争经常呈现着高度分歧，似乎没有任何人可以垄断发言权。重要的是，这些关系背后所隐藏的利益位置和影响机制，往往主导社会的风险界定。

一方面，传媒是定义风险的主要力量之一；另一方面，所谓的"亚政治"力量、边缘群体、弱势群体以及非专家等，也谋求全球媒体的"社会能见度"，挑战在新闻中的主导性的风险论述。全球传播技术的发展、风险的高度不确定性、多元的利益格局以及环保 NGO 的兴盛等因素，促进了"高度不确定性"下的风险论述权力的溢散。

（一）从历时性来看，主导性的风险论述不断的演变

从风险话语的历史演变来看，所谓的主导性论述并非固定不变的。实际上，媒介上的风险论述处于一个不断演进的过程。媒体对基因科技的报道，就体现了这种论述的流变。

台湾媒体多将"转基因"议题置于科学报道之中，因此，对转基因风险报道的研究也大多是在科学传播的范畴之中。以基因科学为主要分析对象，如郑宇君的《从科学到新闻——由基因新闻看科学与新闻的差距》，分析 1991—1999 年科学新闻的生产过程，科学家与记者的共生结构、媒体的运作特性如何影响科学新闻的生产②。游任滨的《现代巴别塔？——生命科技论述中的身体图像及其伦理意涵》，分析 1991—2002 年主流报纸的生命科技论述，发现争议论述的出现，并非是科学社群之间的典范争辩，而是科学社群为了争取资源的手段与权力竞逐③。

下面，我们重点从"风险"的视角审视我国台湾转基因的报道历程。

郑宇君从"基因"观念传播史的角度出发，以《联合报》为例，分析 1951—2004 年的台湾媒体报道，探讨科学领域的"基因"观念何时进

---

① 刘宗坤：《诸神时代的智者：马克斯·韦伯》，河北大学出版社 1998 年版。
② 郑宇君：《从科学到新闻——由基因新闻看科学与新闻的差距》，政治大学新闻研究所 1999 年硕士论文。
③ 游任滨：《现代巴别塔？——生命科技论述中的身体图像及其伦理意涵》，辅仁大学大众传播研究所 2002 年硕士论文。

入本土社会，并如何与本土社会文化环境结合产生观念的转变①。

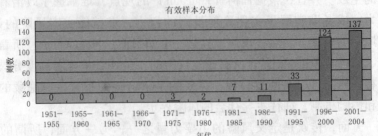

有效样本分布

**基因新闻历年的分布：1951—2004 年基因新闻样本分布表②**

研究发现，基因概念从 20 世纪 70 年代开始出现在媒体话语中，历经 30 多年的观念传播历程，成功融合本地社会既有话语、媒体特征以及人们对新科技的需求与想象，将基因观念扩展到社会、经济、娱乐等日常生活各个领域，创造一个本土社会独有的基因大众文化想象。他将"基因"观念的媒体传播划分为以下五个阶段③：

第一阶段（1971—1980 年）：基因概念最早出现在 20 世纪 70 年代，初期关注基因与疾病关系，用基因来解释特殊疾病的成因。内容大多来自国外通讯社或科学刊物的转译报道。

第二阶段（20 世纪 80 年代）：基因新闻篇幅增加，集中在医疗论述及未来展望。除转译外电之外，也出现一些本地的相关报道，论述主轴仍延续基因与疾病关系的主题，兼及基因科技进展为生物医学带来的美好前景。

第三阶段（1991—1994 年）：报道量快速增加，论述焦点在于基因如何决定个体差异，并开始触及动植物基因。报道主题除了延续先前探讨基因与疾病的关系外，媒体论述主轴也逐渐从医疗领域向外扩散。

第四阶段（1995—1999 年）：新闻报道量猛增，基因概念溢散到科学研究以外的应用领域，社会开始出现要求基因规范与基因伦理的声音。

第五阶段（2000—　）：基因论述多元化并逐渐进入人们的日常生活

①　郑宇君：《媒体报导中"基因"概念的出现与转变：一个本地观念传播史的初探》，中华传播学会 2005 年年会论文集（学生组），www.ccs.nccu.edu.tw/2005paper/2005S12.pdf.

②　郑宇君：《媒体报导中"基因"概念的出现与转变：一个本地观念传播史的初探》，中华传播学会 2005 年年会论文集（学生组），www.ccs.nccu.edu.tw/2005paper/2005S12.pdf.

③　郑宇君：《媒体报导中"基因"概念的出现与转变：一个本地观念传播史的初探》，中华传播学会 2005 年年会论文集（学生组），www.ccs.nccu.edu.tw/2005paper/2005S12.pdf.

之中，强调生物技术产业的经济价值或转基因食物的风险，大众也可以发表自己的基因观点。

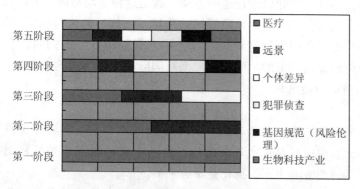

**基因概念报道议题分布及其报道取向的演进**

基因概念的报道取向随着时间变化而演进，逐渐进入不同领域的媒体论述，即由医学或科学领域，扩展到科技远景及其实用功能，最后进入日常生活领域。这既引发投资生物科技产业的热潮，也引发环保人士对转基因食物的抗议。

**基因观念传播的进程**

| 阶段 | 观念传播的进程 | 基因概念在报道中的展现层面 |
|---|---|---|
| 一 | 新观念出现 | 局限在医学、科学专业领域 |
| 二 | 新观念结合社会既有论述 | 基因科技带来美好的未来展望 |
| 三 | 新观念结合媒体特性 | 媒体强调基因科技的新奇、有趣 |
| 四 | 新观念能有效解决社会问题 | 基因科技有效解决犯罪侦查问题 |
| 五 | 新观念融入本地社会 | 人人都可使用基因概念表达 |

台湾地区受众对于转基因的风险认知，就来源于大众传媒的历时性报道与建构。关于基因以及转基因食品的观念，逐渐融入本土社会文化中。尽管"转基因"概念背后仍隐藏着某些科学意识形态，但已经成功地由科学词汇转变为文化象征。

从以上的分析可以看出，从主导的"科技—进步"的论述到"风险伦理"的强调，从专家主导媒介的风险论述到一般公众的介入，关于基因的风险论述随着人们风险认知的深入而变化。

（二）从共时性的角度来看，主导的媒介风险论述不断受到挑战

尽管风险报道一再复制与强化既有的权力关系，但是这种论述的权力并非静止不变。媒介风险论述的流动，就是这种互动与博弈的结果。

在一个全球化的时代，风险的扩散跨越了民族、地区与国家的界限。在西方发达的工业国家制造商忧虑联合国"气候报告"的同时，全球媒体还是对他们提出严厉的风险批评。面对国际舆论对中国的指责，《环球时报》在报道中指出①：

> 实际上，中国对全球温室气体排放的影响并没有西方说得那么大。中国科学院大气物理研究所的专家对《环球时报》记者表示，西方对中国的批评是不公平的。
>
> 从工业革命以来，西方发达国家一直都在排放二氧化碳等温室气体，这才是导致大气中二氧化碳浓度增加的主要原因。20 世纪 80 年代以来，中国的温室气体排放量才开始逐渐增加。从总体上来说，中国排放的二氧化碳气体在历史总量中所占比例很小。而且中国人均排放量还在世界平均水平之下。

面对这样一个全球性的问题，西方媒体互相指责，发展中国家的媒体回应、批评了发达国家媒体的风险报道，同时，媒体也不得不自我反省并对本国政府的风险政策提出批评。这种论述的权力在内、外不同向度上寻求突破，以谋求风险的话语权。德国的《明镜》周刊等媒体刊载评论文章，援引经济学家的报告警告说气候变暖将导致全球经济灾难。法国《世界报》发表社论，对西方国家一谈污染就指责和抱怨别人表示反感，认为全球环境恶化西方国家有很大责任，因为他们把污染环境的项目和生产基地都放到发展中国家。印度作为世界温室气体排放总量前十名的国家，也成为受媒体指责最多的国家之一，但这还没有引起印度政府的重视。《印度快报》发表了题为《气候报告说印度很脆弱，但政府在听吗？》的文章，批评印度政府还没有开始担心该风险议题。

媒体变成了风险冲突的旋涡。除了新闻报道之外，电影与电视媒体也以纪录片的方式再现了气候变暖的环境风险以及全球风险冲突。下面以纪录片为例，分析一下在主控风险论述下的论述权力如何溢散。

---

① 唐惠颖：《气候报告让各国压力增大　中国不应受到西方指责》，《环球时报》2007 年 2 月 6 日，第 3 版。

　　针对大多数科学家所主导的"二氧化碳排放增多带来的温室效应是全球迅速变暖的主要原因"的论述，英国电视四台（Channel4）却在2007年3月8日播出的纪录片《全球变暖大骗局》（*The Great Global Warming Swindle*）中，称"人造"的全球性变暖是"一个谎言"，是"现代社会的最大骗局"，太阳才是"真凶"："全球变暖是一个价值数十亿美元的全球产业，它由狂热的反工业化环境主义者制造，由科学家兜售的可怕故事来筹资，还获得了政治家和媒体的舆论支持。"①

　　电视纪录片《全球变暖大骗局》对全球主控性的风险论述提出严厉的批评。尽管电视四台的商业属性，纪录片的科学性与真实性引起学界的质疑与媒介的批评，但是，纪录片显然跟联合国公布的研究报告唱起了反调，并得到了一批专家的支持，因而还未播出就引起了西方媒体的关注。同时，媒体在报道中指出，复杂的风险论述背后隐藏着更深层次的问题。反对者批评那些鼓吹全球变暖的人是"受到了金钱的驱动"，而不是为了科学的健康发展；放大全球变暖的风险与灾难，是值得警惕的科学政治化和学术研究商业化的趋势。但是，也有西方媒体指出，一部分对主流意见持怀疑态度的科学家与媒体在某种程度上也受到了一些工业公司，如能源公司、汽车制造商的资金支持。

　　从以上分析可以看出，风险的"不确定性"，以及传媒背后的政治与经济利益的博弈，带来了风险论述话语权的流动，体现了媒介风险论述的政治化或意识形态特征。

　　风险论述的合法性来自权威机构的宣称与媒体的能见度。除了专家学者之外，一些明星与政治人物也借助大众传媒参与风险论争，挑战跨国公司、利益集团与政府官员（包括总统）所支配下的媒体的风险论述。这在美国媒介关于"气候变化"风险的论述中变得尤为突出。

　　2006年，好莱坞明星莱昂纳多·迪卡普里奥（Leonardo DiCaprio），在罗马电影节上呈现了他的两部环保电影短片《全球变暖》与《水之星球》。在《全球变暖》中，他又突出强调了天然燃料资源面临枯竭的危险，并一再批评当前的石油工业，与美国前副总统阿尔·戈尔（Al Gore）年度热门纪录片《难以忽视的真相》（*An Inconvenient Truth*）交相辉映。2007年年初，他又推出长篇环保纪录片《第十一小时》（*11th Hour*），强调了全球变暖的现状并提出了一些恢复地球生态系统的办法。2006年4月，美国的HBO（*Home Box Office*）也播出了一部关于"全球变暖"的

---

① 段聪聪等：《地球变暖谁是真凶》，《环球时报》2007年3月8日，第16版。

电影纪录片《全球变暖真相》(*Too Hot Not to Handle*)。在《难以忽视的真相》中，戈尔指出，人类，尤其是石油、煤炭等工业财团过度排放二氧化碳，对全球变暖不愿正视的心理，将导致灾难无法避免。"在这种被大众传媒聚焦的有关全球风险的震惊之中，这样的事情就不可避免地发生了，处于惊愕与恐惧状态下的整个世界刹那间变得寂静无声，或者按照戈亚蚀刻 (Goya' setchings) 上的文字所言，'理性如果酣睡，妖孽必将作祟。'"①

纪录片《难以忽视的真相》，既让我们看到了媒介对风险冲突的再现，也看到了由争议性风险所引发的媒介批评。媒体的风险论述隐藏着不平等的权力关系，研究媒体风险建构可以呈现不同位置上社会角色对风险的论述生产，以及他们是如何挑战既有的社会政治支配。

对于地球变暖，在科学家那里基本已经达到了共识，但是争论焦点在于人类活动是否会对地球产生灾难性的影响②。反对派指责纪录片缺少理论基础，令公众恐惧，体现了戈尔本人的某种政治诉求；美国总统布什干脆对《难以忽视的真相》完全不予理会；作为巨大的产业组织的大石油公司对纪录片尤为反感。在一个媒介化的社会中，全球变暖在美国成为一个政治性的问题。气候变暖的风险议题占据了美国媒体的重要位置，也使曾经支持布什的85%的保守神职人员、商业领袖（如通用电气的 CEO），公开宣布反对布什的环境政策。

此外，纪录片还引发一起"媒介事件"，即对《难以忽视的真相》恶搞。美国《侨报》(THE CHINA PRESS) 转载英国媒体的报道称：戈尔的电影纪录片《难以忽视的真相》上演后，一部针对它的"恶搞片"《不合时宜的真相》(*An Inconvenient Truth*) 也在网上流行。而恶作剧的作者被曝是跨国石油公司埃克森美孚公司③。《华尔街时报》对此予以深度调查与揭露。面对如此"恶搞"，戈尔也在网上展开反击。"在各自利益集团的支持下，网络'恶搞'短片已经不再仅仅是网民的自娱自乐了"④。

美国媒体对全球气候变化风险的报道，出现多层次的议题置换：从政客戈尔到环保主义者戈尔；从环境、工业到政治、风险决策；从全球

① 〔德〕乌尔里希·贝克：《"9·11"事件后的全球风险社会》，王武龙编译，《马克思主义与现实》2004 年 2 期，第 72 页。

② 冯郁青：《全球变暖真相》，《第一财经日报》2006 年 8 月 29 日，来源：东方网。

③ 《戈尔疑遭跨国石油公司丑化》，《侨报》2006 年 8 月 7 日。

④ 朱静远：《美网络遭恶搞"幕后黑手"竟是共和党公关公司》，《新闻晚报》2006 年 8 月 14 日。

变暖到总统大选。无论风险议题如何置换，我们都可以清晰地看到风险冲突与政治内容纠缠交织。

在媒体的风险论述的流动中，溢散的论述权力常常挑战主控的论述权威。例如，在我国云南怒江大坝建设的风险决策中，不同的消息来源的风险论述体现了风险话语的支配与反支配。从风险论争的历时性层面来看，赞成工程上马的专家、学者与政府相关人员，支配了第一阶段"赞成工程上马"的风险论述；随着环保 NGO 能见度的提高，"反对大坝上马"的论述主导了其后的媒介话语。从风险论争的共时性层面来看，不同的消息来源争夺着主控的风险话语权，例如，水利电力部门坚决主张大坝迅即上马，因为这有利于西部开发与缓解我国能源危机；环保NGO 坚决维护原住居民的权益，反对工程仓促上马，主张进行科学、民主的生态环境评价与风险论证；媒体反对工程上马、主张决策民主的居多。新闻报道与论述中的不同消息来源，通过风险论述占据不同的发言位置，在风险知识与权力间处于支配或被支配的位置。

风险事实的建构，因此超越了客体论和主体论的界限，因为通过人们在公共政治论述中的自我启发、认识、界定过程，行动者完成了对客观、具体风险的"暂时"定义，但同时又在反思、批判和行动中产生新的主观实践认知。这是一个动态的、辩证的社会建构过程，即贝克所言的行动的建构主义。

## 第三节　权力竞逐的共时性透视：媒体风险论述中博弈主体

在西方，风险社会的"亚政治"常常体现为一种"媒体政治"。在探讨电视台前幕后那些左右新闻工作者实践活动的隐形结构及其影响时，法国社会学家皮埃尔·布尔迪厄（Pierre Bourdieu）提出了"新闻场"的概念。布尔迪厄用"场"的概念指称那些社会生活领域，及其中通过各种策略与宝贵的物品或资源有关的斗争[①]。一个场就是一个有结构的社会空间与"实力场"，有统治者和被统治者，有在此空间起作用的恒定、持久的不平等关系，同时也是一个为改变或保存这一"实力场"而进行斗

---

① 〔英〕帕特里克·贝尔特：《二十世纪的社会理论》，瞿铁鹏译，上海译文出版社2002年版，第33页。

争的战场①。布尔迪厄指出："新闻界是一个场，但却是一个被经济场通过收视率加以控制的场"，牢牢受制于商业化这一处境，使"新闻场"难以自主。正因为此，"新闻场具有特殊的一点，那就是比其他的文化生产场，如数学场、文学场、法律场、科学场等，更受外部力量的箝制，它直接受需求的支配，也许比政治场还更加受市场、受公众的控制。"② 在风险报道的历史变迁中，政党、NGO、工商业团体以及新闻传媒的参与，对社会的风险沟通产生重要影响。

## 一、专家：风险的话语霸权与"不确定性"的挑战

美国社会学家墨顿（Robert K. Merton）在讨论参考团体（Reference Group）问题时指出，社会分层影响了社会团体中不同成员的能见度及观察能力，从而影响了团体之内的传播流程，再影响团体中领导人物权威的行使③。因此，当专家获得充分的媒介近用权，其风险议题或风险论述被大众传媒凸显，社会中不同阶层的受众以不同的参考团体为基准形塑风险认知。受众的不同参考"框架"，如对风险的不同认知与阐释，足以证明公众对同样的风险报道为何产生某些特定的反应方式。在社会层级中居于高位者，往往是团体中的舆论领袖。因此，新闻界也比较喜欢以某一组织中的高层人士而非低层人士作为其固定的消息来源。社会结构足以影响个人的传播效能，为新闻界依赖某些特定的新闻来源现象提供了理论基础。风险的"知识不确定性"、隐匿性与复杂性，更是强化了公众对专家"风险知识"的依赖性。

事实上，"消息来源是新闻媒体的一项功能性需求"④。因为媒体是现代信息传播系统的重要构成部分，新闻也是一种特殊类型的知识，媒体所报道的风险更是一种重要的知识。但是，追求"知晓"的记者与追求"理解"的科学家，它们搜集信息的方式不同，因为记者并不发明知性的问题，也无法为所需求的答案提供出自己的原始信息。就风险报道而言，在记者与专家保持密切的互动中，消息来源与记者之间不断地以新闻和曝光率彼此交换，关于风险的"理解性"知识不断地转化为"知晓性"知识。

---

① 〔法〕皮埃尔·布尔迪厄：《关于电视》，许钧译，辽宁教育出版社 2000 年版，第 46 页。
② 〔法〕皮埃尔·布尔迪厄：《关于电视》，许钧译，辽宁教育出版社 2000 年版，第 61—62 页。
③ 〔美〕罗伯特·K. 默顿：《社会理论和社会结构》，唐少杰，齐心等译，译林出版社 2006 年版，第 503 页、第 526—552 页。
④ Bernard Roshco：《制作新闻》，台湾远流出版事业股份有限公司 1994 年版，第 98 页。

当科学家或专家学者依靠自己特殊的地位持久掌握了风险传播中评判事物的权力，这种风险论述的"话语霸权"就形成了。所谓的"话语霸权"，是一个学术评论和学术批判中经常使用的词语，它是指在学术活动、舆论宣传、信息传播中主体与客体、个体与大众、同类与异己之间力量的严重不对称，是指某些个人和势力在前述过程中凭借自身的优势而占据的排他性的绝对权力和威严。从知识社会学的角度来看，在前现代社会，教士提供了在宗教、社会及精神层面疑问的解说与慰藉，并掌握权威、文化与秩序捍卫的职能。在现代社会，知识分子或专家所扮演如前现代教士作为文化守卫者的角色。因此，在不同的风险定义彼此竞争中，专家借助大众传媒建构风险的力量更是不容小觑。贝克、吉登斯等学者在论述"风险社会"或"风险"时都指出，现代社会的运行有赖于各种"专家系统"，专家的专业知识比一般的个人知识更容易成为公众安全感的主要来源。

然而，在面对现代风险的挑战时，专家也并非万能的，甚至和公众一样无知，这瓦解了社会的信任，也增加了现代风险的不确定性[①]。进入风险社会后，"知识的不确定性"挑战了专家的权威性，专家逐渐由"立法者"转变为"阐释者"[②]。"立法者"角色的隐喻，是对典型的现代型知识分子策略的最佳描述。立法者角色由对权威性话语的建构活动构成，被赋予了对争议从事仲裁的合法权威。"阐释者"角色的隐喻，是对典型的后现代型知识分子策略的最佳描述。阐释者角色由形成解释性话语的活动构成，这些解释性话语尽量避免意义的曲解，以促进自主性的共同参与者之间的交往。

从消息来源的角度来看，科技专家作为主控的消息来源的传统也遭到挑战。1986 年的切尔诺贝利核泄漏遗留沉积的辐射污染影响到英国坎布里亚的羊群。6 月，政府与专家基于对元素铯的活动性质的科学假设，颁布禁令限制对当地羊的销售，禁令有效期为三周，牧羊人的恐惧暂时得到缓解。"禁令只有三周的科学判断完全是个错误，但是经过多年研究和争议以后这个错误才凸显出来。"[③] 禁令实际上被无限期延长了。科学

———————————

①　Beck, 1986: Risikogese llschat, Frankfurt: Suhrkamp; Giddens, (1991). Modernity and Self - Identity, Stanford: Stanford University Press. Luhmann, (1991). Soziologie des Risikos, Berlin: de Gruyter.

②　〔英〕齐格蒙·鲍曼：《立法者与阐释者——论现代性、后现代性与知识分子》，上海人民出版社 2000 年版，第 5—7 页。

③　刘兵、李正伟：《布赖恩·温的公众理解科学理论研究：内省模型》，《科学学研究》2003 年第 6 期，第 581—585 页。

理性遭到社会理性的怀疑：科学的错误是无意发生的呢，还是为了故意掩盖一个长期性问题？在"坎布里亚羊事件"中，媒体对核辐射的报道如果仅仅以科技专家与政府作为消息来源，必然忽视了公众的"外行知识"（lay knowledge，即非专家知识）以及"地方性知识"（local knowledge）在风险报道中的意义。事实上，作为科技报道的次要消息来源的"外行知识"，牧羊人的风险论述已经越过专家知识成为一种权威的、首要的消息源，并对政府与科技专家的承诺提出了挑战。风险报道有别于一般的时政新闻与社会新闻，风险的"不确定性"挑战了传统的新闻报道模式，"外行知识"、"地方性知识"以及媒体都需要被引入风险建构中。

西方风险传播实践表明，过度依赖专家作为消息来源存在严重的危害，因为科学理性在"风险评估"层面常常显示出先天的局限性。1986年10月，英国东南部阿福德镇发现疯牛病（BSE）。在疯牛病肆虐期间，专家与政府在媒体上对"疯牛病不可能传染给人"的科学保证，并通过电视媒体直播官员与专家吃牛肉的场面，但是，这一切被风险的现实转化彻底击碎。1996年，英国青年史蒂芬惨死于疯牛病引起的"克雅氏症"（CJD），专家承诺的"疯牛病不会再传染给人"的媒介神话被粉碎。可见，在新闻生产的惯例中，科学家一直被当作最权威的消息源，但他们在风险传播中信誓旦旦的保证，有时也未必比外行可靠。

风险传播既要借助专家知识强化风险预警，还必须对现代知识与个体机制予以反思。以地震的科学预报为例，"地震预报有双重特性，一方面它是科学至今没有解决的事情，具有科学探索性；另一方面它有强烈的社会需求"①。云南昭通地震风波再次凸显灾难信息的发布与公众利益保护之间平衡的艰难，它也凸显了"知识不确定性"带来决策的困惑。2006年7月22日上午9时10分22秒，云南省昭通市盐津县发生5.1级的地震，15.3万人受灾，22人死亡，房屋倒塌689户，严重受损9306户，直接经济损失达3亿多元。灾难发生后，云南省地震局副局长胡永龙证实，7月初，云南省地震局就已经对这次地震的发生作出了准确预报。但为了避免社会恐慌，昭通市委、市政府没有将可能发生地震的预报传达下去。《南方周末》在报道中呈现了风险的"知识不确定性"导致对专家与政府信任的影响：

　　　　记者：有一种意见认为应该打通科学家和公众之间的信息

---

① 吕明合、徐彬、袁瑛：《地震后，市政府为何成众矢之的?》，《南方周末》2006年8月3日。

壁垒，科学家可以自由地把预测意见告诉公众，由公众自己去判断、选择。

专家：这也不是负责任的做法。中国地震局几乎每天都会接到一些个人的地震预测意见，称在某地会发生 8 级地震。在我们自己的会商会上，也经常有专家提出个人的预测意见。如果这样的消息不经过滤，全部告诉公众，那人们每天什么事也不能做，全部躲地震去了。

像这样的事例有很多。2005 年松花江水污染事件发生时，有个别专家认为哈尔滨有震情，很多民众听到消息，裹着棉衣在大街上过夜；2003 年非典肆虐的时候，河南安阳出现地震传闻，有几十万人住在大街上；2002 年西昌也有地震消息，当时很多人外逃，火车上爬满了人。最后这些地震都没有来，把老百姓折腾得够呛。

记者：但是公众担心，在决策时过于求稳，而一旦地震来了不报，在人口密集的城市会有更大的人员伤亡。

专家：这确实是一个问题，归根结底还是地震预报的准确性太低，十次决策可能只有一次成功。另外，如果政府正式发布预报疏散了公众，而地震没来，不仅会造成巨大的经济损失，还涉及赔偿的问题。

由于风险的"不确定性"，过度依赖专家作为消息来源影响报道的准确性。例如，在非典的风险报道中，不同的媒体、同一媒体的不同版面所呈现的专家知识或风险论述常常莫衷一是、自相矛盾。媒体对"不确定性"风险报道的混乱，常常削弱了社会在整体上的信任感。对风险的焦虑、对专家的不信任，刺激了一般民众过高估计了风险，直接或间接地助长了公众抢购口罩、板蓝根与消毒液却又不知如何正确使用的乱象。

在涉及利害冲突时，专家的论述还可能弱化或遮蔽风险，强化某种风险定义，以维护自身的利益。正如新华社的报道所指出："怒江：一场挑选专家的游戏"①。怒江工程似乎是中国专家学者分歧最大、争议最多的一次，争议各方都援引专家论述并借助媒体定义工程的风险，从而使

---

① 高桐：《怒江都江堰三门峡　中国水利工程 50 年的 3 次决策》，《国际先驱导报》2004 年 4 月 19 日。

公众丧失对知识的信任：

> 专家们"南北分明"，来自北京的专家都反对修建怒江大坝，而来自云南的专家则大部分都支持工程上马。以至于一些媒体认为，其中不乏学术界受到不同利益集团干扰和压力的影响。
>
> 据了解，这种"什么单位请什么人"的做法在整个怒江决策过程中屡见不鲜。比如在国家"发改委"组织的一次论证会上，请来的虽然都是北京专家，但几乎全部支持建坝，当时整个会上只有环保总局的牟广丰一个人持反对意见。
>
> 为了平衡社会各方利益，必须引入事前公示、听证会、独立专家、论证专家署名和决策官员问责制等一系列政策，尤其是相关部门应该建立专家库随机挑选专家，而不应带着自己的特殊目的去选择专家。否则，即使在程序上注重了科学性，最终结果还是会屈从于领导意志。
>
> 一位水电专家就曾经表示，他们使用的怒江环境评估结果都是专家做的，出的数据也都是专业部门的，因此不应该有问题。他唯一忽略了的是：这些结果和数据都一边倒地来自支持怒江大坝的专家们。
>
> （《国际先驱导报》2004 年 4 月 19 日）

当风险知识屈从于特定的经济与政治目的，风险预警与风险沟通无法实现，更妄谈决策民主：

> 50 年中，关于大型工程的论证和事前考评已经越来越仔细，但是唯一不变的是，这些大型水电站的建或不建、拆或不拆，几乎都取决于当时博弈各方的实力对比。决策民主一直被反复提及，但是既当运动员又当裁判员的现象仍然普遍存在。
>
> （《国际先驱导报》2004 年 4 月 19 日）

杰克·斯蒂尔格（Jack Stilgoe）将类似疯牛病（BSE）、转基因食品（GMF）、纳米技术、手机辐射等风险议题视为"后常规科学"（post-normal science）。"后常规科学"对应的是"常规科学"，即库恩用以表征科学家团体在范式的指导下不断积累知识的过程。"后常规科学"的特点是"事实不确定、价值有争议、政策影响大、决策时间紧"，或者说"软事实，硬价值"①。类似全球气候变化、基因工程、大规模环境污染等风险议题，具有高度的不确定性与决策的争议性。一项科学技术在应用之前，其可能产生的风险，已经远非这项技术的专家所能独自预测估算的。传统的科学认识论受到挑战，科技专家已无力垄断知识生产；"常规科学"中知识的质量标准和质量控制机制（同行评议）捉襟见肘。包含了价值、传统、政治、环境等因素的社会标准将成为新的质量标准；界定和解决问题都需要在一种更开放和更"广阔"的认识论框架下进行，因而需要一种"扩展的同行评议"，即引进外行知识，比如利益相关者（stakeholder）、媒体，甚至社会学家、哲学家，以促进知识的协同生产。"扩展的同行评议"体现了一种"大科学"（big science）视角的社会理论，它有助于分析、解决人类社会面临的风险问题。所谓的"大科学"，指向的是一种跨学科跨分工的社会参与模式，一项技术应用可能对未来造成的利弊影响，将不再由技术专家一方进行描述，而必须通过大众传媒，放大成公共参与的政治话题，从多学科、多社会层面的角度，去审视、监控技术的应用，从而最大限度地化解"风险社会"的问题。媒介将涉及社会公共利益的风险议题转换为"公共参与"的政治话题，既符合民主精神，又是效率的制度化作法。

　　风险争议，已不只是单纯的科学辩论，还无可避免地掺杂了双方对环境、社会、经济甚至政治问题的价值观，开放式的公民参与成为一种必然趋势。将风险视为纯客观、可计算的是无用的，也是不准确的。正是由于"确定性"的缺失，媒体的风险选择与建构功能尤为重要。因而，科学家一味地批评媒体歪曲风险是不准确的，事实上，媒体与科学家必须意识到，是社会的力量影响了从风险评估到风险选择的风险光谱②。始于 20 世纪 80 年代末期"风险传播"，由告知民众风险信息到重视如何与民众互动、让民众参与风险决策转换。

## 二、NGO：风险话语权争夺及其媒体策略

　　作为西方"风险政治"中坚力量之一，环境 NGO 跟一般的压力团体不一样，一般只关注和跟进有关污染和环保等议题。他们会利用官方的

---

① S. O. Funtowica, & J. R. Ravetz, 1992: Three Types of Risk Assessment and the Emergence of Post - Normal Science, in Krimsky, Sheldon & Golding, Dominic (eds.), Social Theories of Risk, Westport: Praeger, pp. 251 – 273.

② Jack Stilgoe. ,2001: The media and the construction of post – normal risk: the health effects of mobile phones. In: PREST Discussion Paper Series, University of Manchester. (June 2001).

沟通渠道、新闻传媒、科研机构等，引发新的环保议题，让政府和公众的注意力投放到预设的目标上去。另外，绿色团体跟政党一样，需要经常通过媒体向公众曝光，因而绿色组织也是新闻传媒的一个重要消息来源①。为了能够有效地吸引新闻传媒的注意力，西方的绿色组织在20世纪80年代出现环保运动专业化趋势，即开始运用专业公关顾问的意见，选择一些能够吸引媒体目光的议题，或把环保议题重新包装，突显其新闻卖点。

（一）风险运动中两大社会角色：NGO与媒体

在一个现代社会之中，包括消费者运动与环境运动等在内的新社会运动②，往往扮演了推动社会发展的重要角色。自20世纪90年代起，尤其是最近几年，环境风险运动尤为引人关注，比如反对怒江建坝事件，反对圆明园铺设防渗膜事件，以及反对金光集团云南毁林事件。类似的风险运动体现公民参与并表达民间声音，促进了风险的民主沟通。

在风险沟通中，NGO与媒体成为两个重要的社会角色。关于媒体对NGO发展的重要性，Van dijk、Harley、Gandy、Ericson、Baranek等学者认为：媒体促进了NGO的合法化程度，增强了NGO资源动员的能力，也成为NGO运作中的某种文化资本③。NGO在风险沟通中，需要双重的传播效果，一是社会舆论动员，使公共舆论兴起；二是通过公共舆论的兴起来引起上级或者相应的本级政府部门的关注。而政府部门的关注，使得职能部门必须对此风险问题有一个态度或有所行动。NGO的社会影响力不是依赖一种"悲情诉求"，因为如果仅仅把NGO人物塑造成一个非常悲情的角色，可能会赢得公众的尊敬和支持。但是，很难让其他的普通公众去加入，去行动，因为它的门槛太高了。相反，它必须发挥在公民社会、"风险社会"的重要影响力，促进社会的风险沟通与风险治理。事实上，媒体对NGO的关注，已经由对个人的关注转向对NGO所倡导的理念、所要影响的政策层面的关注。

在西方，环境议题经常成为媒体的头版重要新闻，但环境运动和环

①  Jon Cracknell,1993：Issue Arenas,Pressure Groups and Environmental Agendas,in Anders Hansen(ed.)The Mass Media and Environmental Issues,Leicester：Leicester University Press,pp.5 – 9.

②  新社会运动寻求建立一种全新的两性关系、人与自然的关系、工作伦理与消费观念，这些运动多关注社会问题，追求个人自治，而不是物质利益与政治权力。参见冯仕政：《西方社会运动研究：现状与范式》，《国外社会科学》2003年第5期。

③  Van Dijk, T. A., 1988：News as Discourse, Hillsdale, NJ：L. Erlbaum Associates. Gandy, O. (1982). Beyond agenda – setting,information subsidies and public policy,Norwood,NJ：Ablex.

境运动组织并没有在西方传媒中享受到这种显著的地位。"我们的环境抗议知识在很大程度上基于我们从大众媒体中阅读、看到和听到的东西，但环境抗议活动现在不再是新颖的现象，它已不再像过去那样有新闻价值。环境抗议活动很可能因此在最近几年中被较少报道，除非当一个议题或事件在较短时间内引起一个大规模抗议活动或大量抗议活动的时候。因此，大众媒体报道的只是事实上发生的环境抗议活动的一部分，而且可能是一个下降中的部分，因而对报道事件的统计只是对整个环境抗议频率计算的一个完善的指标。"① 然而，在转型期的中国，媒体与受众对风险沟通以及成长中的 NGO 寄寓了更多的期待。民主的风险决策是以广泛的社会共识为基础的，转型期的政治关注的焦点也转向了风险管理。基于对"增长的极限"和威胁性生态灾难的广泛讨论，激发了以地方草根团体为基础的环境运动的出现。

1998 年，重庆市"绿色志愿者联合会"通过中央电视台对川西森林砍伐进行报道，引起中央高层重视，最终使四川省紧急作出了全面禁伐天然林的决定。2001 年 3 月，"绿家园"等环保 NGO 针对 2000 年的北京昆玉河治理工程的环保争议，在北京组织了一次"听证会"。参加者包括一些 NGO 成员、环保专家以及昆玉河畔的居民以及北京市的一位副市长。最后，这次"听证会"被斥为"无组织的有组织活动"，要求媒体一个字都不能登②。于是，以"听证会"形式推动政府和民众间对话的这次尝试以媒体的沉默告终。2003 年，非典流行期间，《中国经济时报》和网络媒体一度突击报道了民间组织成立心理救助热线等活动，以及民间组织意义和作用。2003 年，几项水利工程遭遇了 NGO 的抵制：一是贡嘎山下的木格措水坝，二是与都江堰相邻的杨柳湖水库，三是怒江建水坝的论争。最后，怒江和杨柳湖工程分别被暂停和叫停，但木格措工程仍在继续。2004 年 7 月，在曼谷第 15 届世界艾滋病大会上，中国 NGO 群体在媒体上光彩亮相，因为"这是历届全球艾滋病大会中国派出人员最多、规模最大的代表团"（中新社 2004 年 7 月 10 日）。

在我国，NGO 要进行社会动员，最有效的还是媒体。学者往往把中国的 NGO 分为三类：官方背景的 NGO（GONGO），草根 NGO（Grassroot-

---

① 〔英〕克里斯托弗·卢茨主编：《西方环境运动：地方、国家和全球向度》，徐凯译，山东大学出版社 2005 年版，第 2—3 页。

② 冯媛：《小荷才露尖尖角——中国大陆新闻媒体中的 NGO》，《中国发展简报》2004 年 12 月，总第 21 期。

ed NGO）以及国际 NGO（INGO）。不同类别的 NGO 往往有不同的媒体互动方式：官方背景的环境 NGO，比如中国环境科学学会，通常缺乏与媒体互动的有效方式，主要依靠行政化的媒体动员。草根环境 NGO，如自然之友、绿家园和地球村，得到媒体较多的关注。在我国发展得比较成功的草根 NGO 当中，都有相当数量的参与者本身就是媒体从业人员，或者与媒体有着密切关联[1]，或者在会员中吸纳了一批对环境与健康议题有强烈兴趣的记者，这在全球 NGO 中是一个比较特殊的现象。因此，一旦 NGO 发起相关风险议题，往往有大量的媒体跟进，这主要还是一种"个人网络式（personal network）的媒体动员"[2]。国际 NGO 的媒体动员模式则非常专业化。例如，绿色和平通常会提前半年到一年进行项目设计，媒体策略成为其中非常重要的因素，往往包括具体的目标受众、目标媒体、媒体框架方式、故事版本等多项内容。

然而，值得注意的是，媒体关注的并不是 NGO 在做什么或者表现如何，而是该事件对中国的发展有何影响，或者相关的风险议题、风险争议是否具有足够的新闻价值。因此，NGO 如何设计传播策略，通过媒体建构一个风险议题，并将自己的"风险论述"或"风险框架"呈现于新闻报道之中，是它赢得风险的话语权的关键。

（二）环保 NGO 参与媒介风险论争的传播路径与话语策略

在怒江水坝论争中，NGO 表现出了更大的影响力和动员力。公众力量直接影响一个大工程的决策，这是中国有史以来的第一次[3]。最早获知工程上马的消息，并将其公之于众的，正是《中国青年报》记者、绿岛负责人张可佳，以及中央人民广播电台记者、绿家园负责人汪永晨。"大众流域"则动员了原住民发出了自己的声音。大大小小讨论会、论坛、讲座、图片巡展难以计数，并在重庆十所高校学生联名开展了"反对开发怒江"的签名活动。

在怒江建坝的风险争议中，云南省地方政府、水电部门、环保总局、环保 NGO、市民与媒体都卷入其中，并体现了一定的社会权力的运作逻辑：

---

① "绿家园"组织的创办人汪永晨就是原中央人民广播电台记者；"地球村"创办人廖晓义曾为中央电视台第七频道《环保时刻》栏目制作人；张可佳，《中国青年报》记者，《中国青年报》"绿网"主编，"绿岛"的负责人。

② 曾繁旭：《NGO 媒体策略与空间拓展——以绿色和平建构"金光集团云南毁林"议题为个案》，《开放时代》2006 年第 6 期，第 23 页。

③ 唐建光：《中国 NGO：我反对》，《新闻周刊》2004 年第 24 期，第 30—34 页。

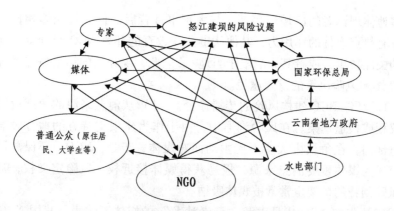

**怒江建坝风险议题背后的角色博弈**

（1）云南省地方政府。怒江建坝工程浩大，既带动地方经济发展，也提供了就业机会，所以，地方政府对于建坝积极论证并大力支持工程即刻上马。因此，环保 NGO 几乎不可能改变地方政府的立场，并且容易形成风险论述的对立立场。

（2）国家环保总局。环保总局的"环评报告"是怒江工程论证的关键一环，其职能要求与 NGO 的理念比较吻合，是 NGO 的坚强联盟。民意与新闻舆论的压力强化了它作为国家机构的"环境正义"立场，对水电部门要求工程上马的呼声和地方政府的利益诉求形成直接的压力。

（3）普通公众。尽管市民属于相对中立的阶层，但大学生的公民素养、原住居民的切身利益以及公众的知情权，都可能成为他们支持环保 NGO、捍卫公共利益以及正义的理由。因此，市民阶层是一个容易被动员并且支持风险运动的力量。

（4）水电部门。受行业利益的牵引，水电部门是怒江工程即刻上马的强有力支持者，也是环保 NGO 风险论述的坚决反对者。

（5）专家。专家在争议中成为各方争取的主要力量之一。无论是 NGO、环保部门反坝的风险论述，还是地方政府、水电部门的力主建坝的主张，都有赖于专家知识的支撑。各方都援引专家观点来支持自己的风险论述。

（6）媒体。传媒是环保 NGO 最为重要的支持力量，也是风险利益攸关者争相接近的社会力量。媒体的持续动员，才能使怒江建坝风险得到充分、多元的沟通。

风险的议题特征，使得环保 NGO 的常规行动较非常规行动具有较低的新闻价值，因而不可能得到充分的报道。此外，地方行动的报道将会更多地体现读者的区域性兴趣。与大坝事件背后的倡导性团体相比，由于没有热点事件的作用力，其他从事公众教育的环境 NGO 受到全国性媒体的关注较少，或者其影响限于当地①。因此，媒介上的话语争夺是环保 NGO 影响风险决策的重要途径。

1. 环保 NGO 建构风险的传播途径。（1）从消息来源的角度设置媒体议程或报道框架。在风险沟通中，由于作为建坝支持方的地方政府与水电部门，在争议中大多不愿主动面对媒体，于是，NGO、环保总局与专家成为媒体重要消息来源，极易获得媒体接近权、风险定义权，甚至其风险阐释的框架也常常被媒体吸纳。

（2）发挥 NGO 成员以及"记者沙龙"的媒体影响力。我国 NGO 的媒体背景成为一种特殊现象。成员的记者身份或新闻从业经历，有助于提供风险议题与风险运动的社会能见度。同时，"绿家园"、"绿岛"等 NGO，通过"记者沙龙"的专业培训，提高 NGO 在传媒中的影响力。甚至，记者沙龙本身就是一个 NGO②。

（3）通过"信息补贴"影响媒体框架。"信息补贴"的概念最早由传播学者奥斯卡·甘地（Gandy）提出。在甘地看来，新闻生产过程中消息源与新闻工作者实际上是一个价值交换的关系，一方要以低成本制作出新闻，另一方要以低成本扩散自己的信息，具体做法包括运用各种公关措施，向新闻单位提供信息，或者提供新闻采写的方便，这就是"信息补贴"③。在怒江建坝争议中，环保 NGO "绿家园"开通"情系怒江"网站（www. nujiang. ngo. cn）。网站内容主要包括新闻、网上怒江摄影展、专题报道、照片集与文档下载与论坛几个部分，使用中英文两种语言，为记者的采访提供了一个"新闻包"，大大降低了新闻采写的成本。

（4）召开新闻发布会、组织新闻采风并促成政府的听证会。环境 NGO 和大众传媒是风险沟通的重要主体。环境 NGO 的成员很多都接受过新闻、通信、科学或法律方面的教育或训练，环境运动组织的职业化更加适应媒介化社会。依托主流媒体并吸纳大量关心环境问题的记者加入志愿组织，成为我国 NGO 有别于西方的特色。中国的环保 NGO 广泛使用大众传媒开展环境教育，甚至有些记者就是环保 NGO 的成员或发起者，

---

① 付涛：《当代中国环境 NGO 图谱》，《南风窗》2005 年 2 月下半月，第 32 页。

② 唐建光：《中国 NGO：我反对》，《新闻周刊》2004 年第 24 期。

③ 转引自潘忠党：《"补偿网络"：作为传播社会学研究的概念》，《国际新闻界》1997 年第 3 期；曾繁旭：《NGO 媒体策略与空间拓展——以绿色和平建构"金光集团云南毁林"议题为个案》，《开放时代》2006 年第 6 期，第 23 页。

如中央人民广播电台的女记者汪永晨，就是"绿家园"的负责人，也是怒江之争的发起者。

2. NGO风险论述竞逐的话语策略。争取话语权，提高自身在媒体与公众中的"能见度"，是环境NGO进行风险沟通的首要策略。

环境议题在大众议程和政府议程中有着突出的地位。环境运动的强大力量来自于大众媒体、环境组织和一般公众，许多的环境NGO以追求媒体对破坏性行动与运动的高度关注为中心目标，媒体成为NGO的绿色同盟。"环境关切的合法性不再是争议性的，所争论的只是它们如何才能适当而有效地与经济和社会关注相结合。"① 在寻求关切的合法性、社会和经济的关联度、风险的能见度方面，环境NGO挖掘主导性的话语资源，关注媒介事件，活跃于媒介舞台，在环境风险沟通中起到中介组织的作用。环境NGO有着自己独立的见解和声音，具有表达民意的功能，同时它又不是营利性的，因而具有公正性，体现了对公共利益和弱势群体的关注。其民意表达以及公共参与常常要借助媒体的传播。

对于环境NGO而言，建构一个崭新及抗拒的形象与认同，争取传播的话语权，获得更多的传播资源是改变社会地位的重要条件。寻求媒介的接近权与使用权以提高其社会能见度是NGO的必然选择。媒体对轰动性、戏剧性的新闻价值追求，使得环境NGO在我国媒体上的社会能见度较低，但是，经济迅猛发展所引发的一系列风险问题，吸引了公众和媒体的注意力，这无疑提高了环保NGO的社会能见度。民间环保组织"云南大众流域"和北京的"绿家园"，是媒体上反对在怒江建坝的核心力量之一。2004年2月，在云南省政协九届二次会议上，发言质询怒江工程的戴抗则的态度"直接受到了反对怒江工程的民间环保人士的强烈影响"②。在NGO的呼吁和推动下，中央领导人"应慎重研究、科学决策"的批示暂时搁置怒江大坝工程。大众传媒具有议程设置的功能，环境NGO的活动影响了媒介议程和公众议程，从而影响政府的议程。

（1）在风险记忆中寻找话语资源或象征符号。在风险记忆中寻找话语资源或象征符号，并借助它们具象化潜隐的环境风险，是NGO的重要话语策略之一。

环保运动的规模与持续时间，"取决于通过社会网络和围绕从意义的

① 〔英〕克里斯托弗·卢茨主编：《西方环境运动：地方、国家和全球向度》，徐凯译，山东大学出版社2005年版，第49页。

② 曹海东、张朋：《怒江大坝突然搁置幕后的民间力量》，《经济》2004年5月。

文化框架中借取的可确认的符号来动员人们"①。NGO 通过不同的媒介渠道获取风险议题，促进议题融合或叠加，增加了其风险话语的竞争力。美国传播心理学家唐纳德·L.肖（Donald L. Shaw）等人在提出媒体"议题设置"理论后又提出了"议题融合"理论，在《个体、群体和议题融合：社会失调理论》一文中将大众传媒的议题设置变为一个更大的社会知晓过程的一部分。个人会运用多种媒介与他人保持联系，并且认为与社群议题的融合是一个永不间断的社会过程②。人们在使用和挑选传播媒介及其"议题"时是有意识、有目的的。个人首先有强烈加入团体的愿望，然后通过大众传播媒介和其他媒介，寻求与他们的需求、认知等一致的团体信息，避免与他们的需求、认知不一致的团体信息。人们选择和使用某一传播媒介是因为媒介内容或"议题"的接近性。"议题融合论"重视人际传播和其他传播媒介在人们寻求信息的过程中的作用，承认了受众的议题设置行为实际上是大众媒介与人际传播、团体传播的协同作用的结果。

那些可见的、具有破坏性的资本项目，对于环境抗议运动有重要的意义。大坝成为环境破坏的有力象征和对一个富有文化与自然价值地点的一种具体威胁。风险记忆与象征符号，提供一个运动的明确身份或反对者的情感化的信息。圆明园湖底防渗工程、虎跳峡大坝之争、保卫都江堰、印度洋海啸、黄河三门峡大坝、淮河治污，被纷纷纳入 NGO 的话语库以及媒介图景之中。风险后果甚至被 NGO 与媒体放大——"建坝就像往村子里扔原子弹"③。这激发了人们对大坝悲剧、苏联的切尔诺贝利核灾难的历史记忆，也强化了环境 NGO 对怒江建坝风险的严重警告。媒体在历史搜索与现实冲突中，在议题融合与叠加中，拼接出一幅幅现代风险的图景。

（2）在当下的主流意识形态或政治话语中寻求话语资源。"社会运动的成功或失败严重地依靠于它们是否能够找到公众对其论点、批判和理想的共鸣。这又依赖于大众媒体的调节性作用。只有当运动在符号政治领域取得成功时，它们才可能打破制度结构、权力、利益和控制网络，

---

① 〔英〕克里斯托弗·卢茨主编：《西方环境运动：地方、国家和全球向度》，徐凯译，山东大学出版社 2005 年版，第 38 页。

② D. Shaw, M. MaCombs, D. Weaver & B. Hamn, 1999: Individual, Groups and Agenda Melding: A Theory of Social Dissonance, *International Journal of Public Opinion Research*, 11(1): 21.

③ 王冲：《13 座水坝开发东方大峡谷　腰斩怒江是耶非耶》，《青年参考》2004 年 3 月 17 日。

并且采用新的、制度的问题解决方式。"① 这些符号斗争在一个不断变化的话语领域中演进，并不断推进环境正义的实现、丰富生态政治的内涵。

当环境议题与其他社会和政治议题相互交织，更为媒体关注。当"弱势群体"、"西部开发"、"扶贫"、"可持续发展"的概念进入环境问题的话语中，环境政治的争论持续地被这一"宏大框架"整体性观点重新组织，造就了新的公众动员机会。在媒介论争中间，作为"反坝"的代表，环境 NGO 将原住居民的权益融入弱势群体的权益保障之中，将生态环境风险融入"可持续发展"之中；赞成者则将环境议题融入"能源危机"、"西部开发"与"国家利益"的宏大主题之中，争议的双方都在环境风险议题之外寻求宏大主题与政治话语。对于社会和工业增长的批评，以及一种抽象的"生态乌托邦"理想，成就了大众传媒在环境争议中的风险话语。

环保 NGO 只有在符号斗争领域建构自己，只有在将它们定义的风险议程纳入公共议程才会被认可。"根据葛兰西的文化霸权理论，文化是一处斗争的场所，各个阶级和社会集团为取得文化的领导权进行着持续不断的谈判、斗争和调停，这些谈判和斗争不仅不同程度地涉及真理和谬误，正确再现和错误再现的问题，而且暗示我们，在一定的历史条件下，某些阶级、社会集团和个人可能做出比另一些阶级、社会集团和个人更正确、更公正、更直接的再现。"② 在这一过程中，对现实的社会感知被再定义，新的话语联盟开始形成，然后新的政治冲突的向度开始出现。

因此，对 NGO 环境运动的分析，不能忽视话语和符号层次以及组织方面的发展。通过话语与符号的运用，争议的各方争夺风险的定义权与诠释的权力，从而影响社会舆论与风险决策。

（3）"政治正确"的合法化策略。"政治正确"是当下中国环境 NGO 开展风险运动的"合法化"（legitimization）策略与前提。社会团体一般都要注意使用"能得到制度认可的方式来表达诉求或者不满，以避免被国家制度或媒体视为异端"③，因为一旦被贴上这样的标签，运动团体就

---

① 〔英〕克里斯托弗·卢茨主编：《西方环境运动：地方、国家和全球向度》，徐凯译，山东大学出版社 2005 年版，第 135 页。

② 罗刚、刘象愚主编：《文化研究读本》，中国社会科学出版社 2000 年版，第 21 页。

③ Gamson, W. & Modigliani, A., 1989: Media Discourse and Public Opinion on Nuclear Power: A constructionist Approach, *American Journal of Sociology*, 95(1): 1 - 37. 转引自曾繁旭：《NGO 媒体策略与空间拓展——以绿色和平建构"金光集团云南毁林"议题为个案》，《开放时代》2006 年第 6 期，第 37 页。

很难进入媒体空间。

中国正处在一种由"总体性（totalism）社会"向"后总体性（post - totalism）社会"的转型中，其中一个重要的标志就是资源在整个社会中分布结构的改变。这种资源配置方式的主要区别在于：在"总体性社会"，国家对稀缺资源和社会活动空间进行垄断性控制，所以国家有能力进行大规模的组织化动员；而在"后总体性社会"，国家对稀缺资源和活动空间的控制放松，国家进行组织化动员的能力就弱化了，NGO 逐渐发挥重要作用①。在一个缺乏利益表达机制的"后总体性社会"，NGO 要倡导公民社会理念，必须不断拓展自己的空间并促进自身的合法性。

在这种前提之下，环境 NGO 可以对相关的利益部门，如地方政府与水电部门提出风险批评。环境 NGO 的风险论述与风险报道是在强化国家权威的背景下展开的，同时它也高度赞扬环保总局认真执行国家的政策，以及相关部门大力推进中央政府的"可持续发展"的科学发展观，这样的论述赋予怒江风险争议"意识形态合法性"，也否认了其政治的挑战性。同时，对公众利益、决策民主以及"环境正义"的强调，赋予风险争议的"伦理的合法性"。这样的风险论述框架，减少了风险议题与政治格局的冲突可能，也就增加了议题的媒体能见度。

（4）在风险争议中把握权力结构的空隙。自 2003 年 6 月起，云南省和怒江傈僳族自治州决定在怒江上修建 13 座水坝。消息一经媒体报道，国内学者和政府内部不同部门展开了多次论战。2006 年，风险争议进入国务院视野，也引起了海外媒体的关注。"在中国国内，这个声称要'建 13 座大坝'的计划不仅唤醒了中国的环保意识，还引发了政府内部罕见的公开分歧，这是决策人始料未及的。"②　"政府内部罕见的公开分歧"，为 NGO 倡导"环境正义"与绿色理念赢得了一定的权力结构的空隙。NGO 可以通过维护国家"可持续发展"的权威叙事，动员中央部门做出回应，从而对地方政府与利益集团形成压力。而中央政府也可以借助 NGO 的动员力量，平衡经济发展和环境保护、中央政府与地方政府之间的关系，发挥风险批评与舆论监督的作用。政府内部的风险争议，为环境 NGO 形塑风险议题、深入开展风险批评提供了政治合法性与媒体空间。于是，中央与地方、公司企业、民众与社会团体，在"新闻场域"中就

---

① 孙立平、晋军等：《动员与参与——第三部门募捐机制个案研究》，浙江人民出版社 1999 年版。

② 王冲：《13 座水坝开发东方大峡谷　腰斩怒江是耶非耶》，《青年参考》2004 年 3 月 17 日。

风险议题进行互动与沟通，定义风险，沟通风险，协调利益，规避风险。

（三）风险变迁中 NGO 的媒介话语空间分析

1. NGO 拓展风险话语空间的障碍。首先，风险的议题特征，使得 NGO 的常规行动较非常规行动具有较低的新闻价值，因而不可能得到充分的报道，此外，地方行动的报道将会更多地体现读者的区域性兴趣。

其次，风险的潜隐性与可能性，赋予风险的议题特征与争议性，也限制了 NGO 的话语空间。在风险报道中，"我们常分不清观点事件和真实事件，有了话题，但信息来源却无"，"信息是能造成差异的差异"①。信息越多，不确定性就越大。当然，关于环境风险、食品危险、高科技风险、地球变暖等诸多争论，也许会使我们无法追根溯源，但我们的确知道了由各种风险议题引发的各种观点。

最后，新闻媒体对轰动性、戏剧性的追求，导致风险报道常常建构 NGO 与政府的冲突框架，同时也驱动 NGO 制造媒介奇观，最终丧失公共风险议题的争论价值。由于新奇感或者公众对一个议题兴趣的程度等因素，媒体很可能出现对某些事件报道不充分或者过度的现象。同时，新闻报道的偏见或选择性，体现了记者的报道风格，表达了记者的私人感情和政治立场，如将怒江风险争议简化为"反对建坝"与"赞成建坝"的观点对立，设定环境 NGO 与政府的对立的新闻主题框架等。"这些如此没有科学共识和较少大众理解的议题尤其易受媒体简化和误传的影响，并且，因此，要比一个能够被有效动员的明智的公共舆论更可能产生恐慌和警报"，"结果，问题从民主领域退到了精英决策领域，并且成为一个在科学家和政治家之间的平衡行为。"② 环境 NGO 参与具体政策领域的机会不完全依赖于它们拥有的资源，而是取决于政策议题的内容。

2. NGO 拓展风险话语空间的可能。媒体报道使草根 NGO 获得了一定的社会合法性，拓宽了组织生存与发展所需要的资源。同时，新闻报道也向社会公众普及了有关公民社会和 NGO 的知识，为中国 NGO 的成长营造了一个日趋正面和积极的社会环境。NGO 的表达渠道畅通与否，既与制度安排、NGO 自身的完善以及表达自由有关，也与大众传媒对 NGO 活动、生态环境风险的传播密切相关。那么，草根 NGO 风险话语的媒介

---

① Niklas Luhmann,2000;The Reality of the Mass Media. Cambridge:Polity Press,pp. 34,35.

② 〔英〕克里斯托弗·卢茨主编：《西方环境运动：地方、国家和全球向度》，徐凯译，山东大学出版社 2005 年版，第 338 页。

空间又何在？

首先，NGO 及其风险运动的媒体"能见度"与风险论述权力至少与三个因素密切相关：一是我国 NGO 的媒体渊源，使得媒体或记者既报道 NGO 的活动，也参加和关注相关 NGO 的动态；二是涵盖党报、商业性报刊等多种媒体类型，有利于 NGO 争取到更大的空间来反映多元的社会群体的诉求，而且互联网提高了 NGO 的发声质量；三是中国的媒体制度安排以及转型中国的社会现实。

在美国，传媒与公共舆论是相对保守的，媒体往往使用官方的消息源来源，往往会平庸化、弱化、边缘化社会运动，强调内部斗争，甚至歪曲报道①。以环境风险运动为例，在西方，环境议题经常成为媒体的头版重要新闻，但环境运动和环境运动组织总体上来说并没有在西方工业社会的大众媒体中享受到这种显著的地位。但是，在许多威权国家中，"运动、媒体与公共舆论之间的关系往往亲密，记者往往会以'打擦边球'的方式冒着风险扩大报道面"，同时，"由于中国目前还缺少既能被社会中坚力量认同又能为国家提供合法性基础的基本价值观，所以，媒体和公众舆论在社会议题发起时往往倾向于激进"②。在转型期的中国，媒体与受众对风险沟通以及成长中的 NGO 寄寓了更多的期待。当媒体对利益集团与地方政府的风险决策提出批评，常常获得受众的认可。

其次，从一个嬗变与分化的社会格局来看，"对企业与地方政府的质疑成为一种公众的需求，同时也是众多媒体的需求，非政府组织则被赋予了'天然正义'的形象"③。当前我国媒体倾向于"只报道 NGO 好的一面，而对于 NGO 的违规行为则很少报道"④，这也是 NGO 获得正面报道的重要原因。同时，类似环境 NGO 的议题，因为政治风险相对较小，并且包含一些争议性的风险话题与故事，不仅具有新闻价值，而且还承载了道德的意味，有时候还带有政策性的诉求，最为关键的是，对于环保 NGO 的报道是"政治安全"的，因为这正好符合"可持续发展"的国

---

① 〔美〕托德·吉特林：《新左派运动的媒介镜像》，胡正荣、张锐译，华夏出版社 2007 年版，第 8 页。

② 赵鼎新：《西方社会运动与革命理论发展之述评——站在中国的角度思考》，《社会学研究》2005 年第 1 期，第 195—196 页。

③ 汤蕴韶：《当非政府组织失灵》，《经济观察报》2006 年 1 月 9 日。

④ 邓国胜：《NGO 扶贫的行为准则与评估制度》，中国 NGO 扶贫国际研讨会（北京），2001 年 10 月 28—30 日，http://www.help-poverty.org.cn/helpweb2/ngo/n36-1.htm。

家政策①。因此，NGO 也必然会成为媒体的重要消息来源。

再次，我国 NGO 在风险沟通中的既有表现，为组织拓展媒体空间赢得了一定的社会资本。这种社会资本在某种条件下可以转化为 NGO 的媒介话语权。媒体构成风险沟通的重要领域，NGO 首先成为风险沟通中的重要民间力量。一个对人类与生态可能是好的选择，但对于与经济、政治牵连的相关的利益集团来说，不一定是最好的选择。因此，风险沟通与风险决策的过程常常充满了多重利益的角逐与博弈，更何况技术本身也会带来风险。通过对 NGO 风险论述的报道，人们不仅了解了多元的利益格局与多样的声音，更关注风险沟通与风险决策的科学与民主；通过对 NGO 活动的报道，人们了解到在强势的国家权力和膨胀的企业力量之外，现代社会的治理还需要公民社会的参与。

在媒体"能见度"的背后，是中国环境 NGO 在参与中成长的生态环境：环境议题的政治争议相对较小；环境 NGO 活动与中国政府关于环境的基本国策、可持续发展战略目标一致；环境问题关乎公共利益，容易获得各种社会资源，包括公众支持、利用媒体提高其社会能见度等。在市场与政治之间寻求平衡的媒体运作逻辑中，NGO 应该在风险传播中学会将相关的风险议题与媒介连接，从而赋予自身的合法性与影响力，也提高风险的"社会能见度"，促进社会的风险沟通与决策民主。

NGO 参与怒江水坝等风险争议，并不是简单地反对建坝与吸引媒体关注，而在于"推动并试图建立一个公民参与社会决策的机制，要让政府养成在各种压力下进行决策的习惯。"② 中国的 NGO 越来越频繁地出现在媒介的舞台上，对于事关公共利益的风险争议、风险决策，以公众参与的名义提出质疑。政府、传媒、公众与民间组织就风险议题展开的激烈辩论，促进了风险公共领域形成与发展。

### 三、政府与利益团体：市场与政治平衡中的风险论述

在"世界风险社会"中，双重媒体风险传播的这种不由自主，缘于它同时受到政治权力和商业逻辑的钳制。政治权力对传媒机构和传播内容都拥有相当的控制力，表现在控制、审查和指令三个层面。对传播内容的审查，包括事前的审查和事后的追惩。指令性的操作，包括宣传任

---

① Yang Guobin，2005：Environmental NGOs and institutional Dynamics in China，*The China Quarterly*，181：46－66.

② 欧阳斌：《NGO 与公民社会的艰难关系》，《凤凰周刊》2005 年第 22 期。

务的下达和禁止令的发布。通过人事安排和审批制度对媒体巨细无遗的控制，则使前两种控制得以顺利实现。商业逻辑的钳制表现在媒体将自己视为经济体，视经济利益的追逐为头等大事，而广告商将对媒体的内容生产形成最直接的制约与钳制①。例如，对哈尔滨水污染报道的新闻控制，主要受制于政治逻辑，主要体现为地方政府指令性新闻控制层面。

权力、资本等多重力量共同塑造"新闻场"的形态，切实地影响了媒体机构在社会中的位置和媒体的各种话语生产实践。这在媒体对公共风险的呈现中，就有着具体而细微的体现：

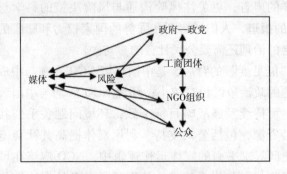

以环境风险传播为例。在西方，随着环境保护概念由保护私产，转变成为公权力的行使，政府在环境保护所扮演的角色，由私产权的保护者转成公权的讼裁者②。媒体的"看门狗"（watchdog）角色，有效地监督政府公权力在风险决策中运用是否合宜。同时，绿色组织亦会通过新闻传媒，聚焦风险事件，制造舆论压力，迫使政府关注和处理有关事件。面对持续的、自下而上所施加的风险压力，政府也会通过传媒，向公众传递各种风险信息，以增加政府的管治权威。同时，在风险争议性中以消息来源的方式"报料"，借此试放"民意气球"（trial balloons）。在政府—传媒—绿色组织关系之中，传媒扮演了中介桥梁，令政府、压力团体、绿色组织、公众能更有效沟通③。

在通过民主选举实行政党轮替的国家，无论是执政党还是在野党，

①　乔同舟、李红涛：《农民工社会处境的再现：一个弱势群体的媒体投影》，《新闻大学》2005 年第 4 期，第 33—34 页。

②　蔡启恩：《从传媒生态角度探讨西方的环保新闻报道》，《新闻大学》2005 年第 3 期。

③　Alison Anderson, 1993; Sources – Media Relations; The Production of the Environmental Agenda, in Anders Hansen（ed.）The Mass Media and Environmental Issues, Leicester: Leicester University Press, p.61.

在环境问题上，不得不考虑民意的取向。政党既通过媒体了解选民的风险认知，同时透过媒体阐述自己的风险观。加拿大英属哥伦比亚省的绿党领袖卡尔（Adriane Carr），在2001年8月向媒体放话，公开批评执政自由党的劳工部长布斯（Graham Bruce），一再推迟落实工作间全面禁止吸烟的措施，是不顾劳工的工作安全。绿党的另一成员进一步指出，执政自由党正听取英美烟草公司的游说，最终可能会令禁烟措施不会在工作间执行。1998年，当时英国工党政府全面禁止烟草商广告，却豁免了体育赛事的烟草赞助广告。后来，媒体发现工党曾经接受了烟草商100万英镑的政治捐献，并且安排工党党魁贝理雅亲自接见烟草公司负责人。虽然没有足够证据证明工党政府贪污，但亦造成了一定的政治地震，导致工党全数退还100万英镑的捐献以避嫌①。这两个例子说明，政党和传媒之间的利益关系，既是共生，亦是矛盾的。

　　在环境运动与风险争议中，工厂、企业以及公司等工商业团体受其商业利益的钳制，必须游说政府和公众接受某些不利于环保的发展计划，如通过公关与媒体宣传，以消除破坏自然环境、制造环境风险的恶劣形象。而对于新闻传媒而言，商业团体往往是风险报道的焦点：官商勾结，损害公共利益牟取企业私利；企业与媒体的冲突。1984年，美国的联合碳化物公司在印度博帕尔农药厂发生毒气泄漏事故，导致6400多人死亡。这起事件经全球媒体广泛报道，引起人们关注跨国企业在发展中国家设立污染工业生产线的风险问题。总之，工商业团体与新闻媒体常常是对立，但亦存在依赖媒体协助其宣传推广企业形象的时候。

　　政党与利益集团还利用风险议题，制造"道德恐慌"，强化自己的话语权或转移视线。查斯·克里彻（Chas Critcher）在《道德恐慌与媒介》一书中，运用了"风险社会"理论和"话语分析"理论剖析了"道德恐慌"（moral panic）与大众传媒的复杂关系②。所谓的"道德恐慌"，并非对实际现状的恐慌，而是有权者以及报纸、电视等媒体制造出来的一种虚假的恐慌，他们给予某人或某事的关注程度远远超过了其对社会所实际可能产生的威胁。这种异乎寻常的关注往往是为转移视线，借此为无法解决的社会问题寻找一个发泄口，在激起公愤后施以强力打击，一方面显示自己顺应民意的形象，另一方面也强化了自己的话语权。查斯·克里彻将"道德恐慌"的概念用来解释人们对社会问题的反应，分析和

①　蔡启恩：《从传媒生态角度探讨西方的环保新闻报道》，《新闻大学》2005年第3期。
②　〔英〕查斯·克里彻：《道德恐慌与媒介》（英文影印版），北京大学出版社2007年版。

理解政客、公众和压力集团如何面对社会秩序的新威胁（艾滋病、锐舞/迷幻药等风险）。同样，安吉拉·默克罗比（Angela McRobbie）也从新的社会风险中看到："宣传道德恐慌是取得民众支持的最有效策略之一。它已经和保守主义联系在一起，标志着大众媒体和社会控制之间的纽带。"[①]从根本上来说，"道德恐慌是要在人们心中灌注恐惧，并就此鼓励他们回避日常生活中遭遇到的复杂社会问题，躲进一种'城堡式心态'————种无望、无奈、在政治上无能为力的心态中；或者，采取一种'应该做点什么'的态度。"[②] 于是，风险以及道德恐慌成为政客、公众和压力集团的一种斗争的武器。

### 四、媒体：风险建构中争夺的焦点

由于不同风险沟通主体拥有的政治资本、文化资本与经济资本存在差异，这使它们在新闻场中占有不同的位置，因而对媒体议题的塑造也显示出极大的不平衡。

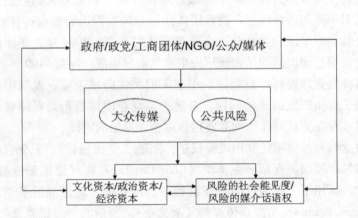

风险沟通主体自身的社会能见度的差异，直接影响了他们在媒体上的风险话语权，而且，这种风险话语权还受制于整体的社会互动因素。在媒介市场化程度较高的西方，出于对更高的收视率、发行量、广告收入的商业需要，媒体竞争十分激烈。在环境风险议题上，媒体需要轰动

① 〔英〕安吉拉·默克罗比：《后现代主义与大众文化》，田晓菲译，中央编译出版社2006年版，第233页。

② 〔英〕安吉拉·默克罗比：《后现代主义与大众文化》，田晓菲译，中央编译出版社2006年版，第234页。

性的新闻，又需要将风险议题故事化、戏剧化，以吸引受众的眼球。相反，那些成本较高的调查性报道，或历时性的风险问题，因对受众的震撼力不足，常常被媒体过滤掉，或者被忽略。

如果说民主社会造成的问题必须仍通过民主程序来解决，那么，大众传媒是呈现风险议题并促进风险沟通与社会交往的至关重要的渠道。媒体成为了 NGO 重要的政治资源，并改变了 NGO 与国家的互动方式。在西方的环境运动中，媒体既是政府、政党、非政府组织、工商团体风险抗争的"场域"与媒介，同时也积极介入"绿色政治"，倡导"环境正义"。

在风险定义力量的彼消此长之中，作为一种知识传播系统的大众传媒，也获得了一个风险"阐释者"竞争资格。媒体与机构透明、多元、双向的信息传播定义了风险，并直接影响受众的风险认知以及系统的风险管理。当然，在一个缺少民主传统的社会，传媒有可能获得一个风险"立法者"的资格，获得对风险独断的定义权。面对风险的"知识不确定性"，媒体无论是充当"立法者"还是"阐释者"的角色，都会深深地影响社会的风险定义与公众的风险认知，从而建构了风险。

### 五、公众：风险认知中的政治诉求

现代风险是一种公共的、社会的、人造的风险，而环境、健康、科技与决策的风险直接或间接地关系到公众的日常生活。公众参与风险传播在国外已经成为一种政治常态，公众参与不仅有助于提高风险决策质量，还可促进公众对风险的理解。

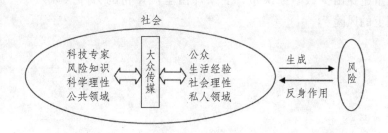

**风险沟通的互动过程**

在风险传播研究中，人们常常在关注媒体风险建构的时候忽略了这样的一个事实：大众传媒作为政治社会与公民社会之间的双向"沟通"角色，从而使得风险的定义成为一场权力掮客间的争斗，一般公众似乎只有被动接收风险信息的余地，仍然难以直接进入风险的"政治场域"

中发出自己的声音。比如，在怒江建坝争议中，新闻报道很少吸纳原住居民的话语。无论是反对者还是赞成者，都打着国家利益与公众利益的旗号：或者是为了西部开发、扶贫计划与拯救"能源危机"；或者是为了可持续发展与原住居民的权益。

　　媒体的风险建构影响了公众的行为与生活，那么，媒体又如何成为了公众在"风险社会"中行动的资源？① 尽管贝克在其理论中将"风险社会"的革新动能寄托在个人的"亚政治"（sub‑politics）行动以及公民运动团体的力量集结，但综观 Cottle 与 Beck 的讨论中，并未就一般公众是否可能通过大众传媒来达成风险政治参与、如何参与、媒体如何协助公民大众集结成为政治行动力量等问题做进一步探讨②。尽管风险社会学家揭示了一个更为民主的风险治理理念，却并未探究大众媒体是否可能及如何可能成为促成这个理念实现的催化剂。

　　公众通过参与 NGO、听证会与"公共新闻"实践，参与风险沟通的过程，拥有与科学专家与政府官员直接对话的机会，公民不仅得以更充分地获知风险相关信息，学习对风险的评估与应对，并且对风险决策提出质疑、批评与建言。风险决策过程的透明、开放与民主，使下层公众对上层专家系统及技术官僚的信任可以有所提升，强化社会内部的整体信任，降低风险对人们的心理冲击，从而减缓心理压力所引发的诸多非理性行为。2005 年，在圆明园湖底铺设防渗膜风波中，公众参与有关部门举行的听证会，风险责任也可分摊于公众之中，也赋予了公众担负风险的公共责任。公众参与，不仅可以集思广益来评估、应对风险；还可以尽量避免由少数专家决策、后果却由全民摊付的另一层风险——责任伦理上的风险③。

---

　　① 黄浩荣：《风险社会下的大众媒体：公共新闻学作为重构策略》，《国家发展研究》2003 年版，第 3 卷第 1 期，第 112 页。

　　② Cottle, Simon, 1998: Ulrich Beck, "risk society" and the media, *European Journal of Communication*, 13(1): 5 – 32.

　　③ 黄浩荣：《风险社会下的大众媒体：公共新闻学作为重构策略》，《国家发展研究》2003 年第 3 卷第 1 期，第 129 页。

# 第八章　风险报道与沟通中媒体的"责任伦理"

## 第一节　影响媒体风险沟通的因素

大众媒体作为风险沟通媒介与行动者，因为不同的因素而常常造成不一样的效果，最令技术官僚或科学界诟病的是其夸大或错误的报道；或者，他们通过对大众传媒的操纵，进行单向的政策宣传，试图操控公众对科技争议的看法[①]。

### 一、"不确定性"、"潜隐性"与风险信息的呈现

风险信息的复杂性，风险的"不确定性"与潜隐性以及传播所需的跨学科信息，都影响媒体对风险议题的报道。例如，全球气候变化及其后果并非"耸人听闻"，"虽然这一切还存在不确定性，但正如《科学》杂志所说，这一切，都是很有可能'真实发生的事件'（probable event），而不仅仅是'假想中的可能性'（hypothetical possibility）。"[②] 同时，风险信息在传播中还可能遭受严重扭曲并经过人际传播，最终产生负面的"刻板印象"并难以修正。

Jardine 和 Hrudey 通过对阿尔伯达省（Alberta）所做的健康风险调查表明：媒体常常专注于只会影响到部分人口的风险，也常常在复杂或有争议的观点之间增加错误沟通的机会，也可能传递不完整的信息，而忽略报道应该采取行动来抑制风险的信息[③]。

---

① Willis Jim. ,1997: *Reporting on Risks: The practice and ethics of health and safety communication*, London: Praeger.

② 王以超等：《气候危机》，《财经》2007 年第 178 期。

③ Jardine, C. G. ,& Hrudey, S. E. ,1999: Chapter 13: Promoting active public participation. In D. J. Briggs, R. Sten & T. L. Tinker( Eds. ), *Environmental Health for All*, Boston: Kluwer Academic Publishers.

公众对某些风险因素的过度反应背离了风险本身的事实，与媒体对科学技术正反两方面信息的沟通有较大的关联。虽然媒体是风险沟通的重要渠道，但是，媒体当下的风险沟通，仍然缺乏科技与社会理性对话的机制与民主程序：一是信息透明度不够，以及在利益驱动下风险被遮蔽；二是缺乏科技与社会沟通机制。就国内媒体对纳米、电磁波、核辐射、人口结构、转基因食品的报道而言，媒体对这些风险议题的报道并不重视，内容上又倾向国外风险论述，也无法充分提供关于科技沟通与批判的信息。受新闻追求"新"的制约，媒体常常在初期提供不少风险的讨论，但在议题风潮过后媒体就不再追踪报道，媒体对风险议题的炒作现象以及社会缺乏批判文化的理性基础由此可见。

## 二、"风险社会"中新闻从业人员的专业主义素养

从新闻从业人员来看，记者与编辑的对复杂风险认知、新闻价值判断影响媒体的风险建构与沟通。消息来源以及风险信息的选择，也会影响风险传播的过程与效果。风险报道之所以会发生扭曲，主要原因在于：媒体倾向于强调戏剧或例外的情况、意见不一致和冲突；科学信息太早被公开并遭到简化或扭曲；媒体只依赖单一信息来源。此外，风险报道还受到截稿时间与是否能接近专业知识的限制[1]，这可能导致对少数消息来源的依赖，而这些消息来源的论述有可能不正确或有偏见。韦克菲尔德（Wakefield）和艾利奥特（Elliott）在研究地方媒体如何建构环境风险时发现，风险信息的选择主要是以记者自己认为的重要性为基准。此外，尽管报纸是风险沟通的主要消息来源，它们的影响力仍会被居民的不信任感和其他消息来源（特别是他们个人的信息网络）所降低[2]。互联网、手机、人际交往以及谣言传播等，都可能成为这样的消息来源并影响风险传播的过程与结果。

经由媒体传播以影响受众认知的风险议题，经常被媒体夸大，也被公众误解。韦格曼（Weigman）指出："民众反对科技声浪高涨，显然与媒体扩大报导科技事件有关，媒体注意力可能引发了较为保守的公众成见。"[3] 1986 年，美国三里岛（Three Mile Island）核电厂发生辐射外泄

---

① Klaidman, S., 1990: How well the media report health risk. *Daedalus.* 119(4): 119 – 132.

② Wakefield, S. E. L. & Elliot, S. J., 2003: Constructing the news: the role of local newspapers in environmental risk communication. *The Professional Geographer.* 55(2): 216 – 226.

③ 臧国仁、钟蔚文：《灾难事件与媒体报导：相关研究简述》，《新闻学研究》2000 年第62 期。

后，美国联邦政府在哈佛肯尼迪学院召开的说明会上表示：记者不了解也无力调查微妙的科学辩论，径自夸大了放射线的危险性，并制造客观的假象以找出事情的两极看法，以支持特定政治或利益目的，完全不以客观的信息填补无知的鸿沟为职责；如此偏颇地将基础科学与应用科技划上等号而抑制科技结果，不仅是破坏了公共设备、强迫社会依赖较昂贵的非核能源，还会对人类今后的进展产生不可弥补的影响。三里岛核泄漏的报道表明，记者科技知识结构的欠缺、对风险的理解程度、媒体的利益结构、截稿时间的压力等，都会影响风险报道、风险沟通的效果。

### 三、风险传播的社会场域

从新闻传播的过程来看，风险信息的传播，不仅受制于信息、传者、媒介和受众，还受制于传播机制以及传播的政治、文化等社会语境。尽管记者个人的能动性可以通过一些微观的机制左右报社在某个议题上的偏向，但这还是会受到编辑和媒体的定位与报社政治立场、经济利益的制约。媒体常常基于经济利益考虑压制对厂商不利的风险报道，放弃媒体作为"看门狗"的角色。因此，在复杂的风险传播语境中，传播失衡的现象屡有发生。新闻事业越来越受到资本集中、广告制衡等结构性限制；在片面追求新闻价值与市场力量主导下，媒体对于风险议题出现短期狂热而忽视信息的完整性；媒体不断地复制与放大危险画面，遮蔽了其他社会事实；新闻业与风险产业的公关联手，操纵"依赖媒体"的社会大众；电视的标准化与疏离效果慢慢将人从自身的生活情境中抽离，电视取代"大街"成为政治的重要场域……媒体夸大或错误的报道，政府通过传媒试图操纵风险争议，以及风险沟通的悖谬效应都常常遭致社会大众的诟病。

### 四、受众的"邻避情结"

"邻避"是某些设施能够为广大地区居民带来利益，却由设施附近居民承受污染，导致不断的抗争的现象；是小区居民面对在他们的小区附近拟建不受欢迎的设施时所采取保护主义的策略和行动①。邻避现象是小区居民的一种情绪性的抵制行为，而邻避症候群主要是描述一种反对国家强制执行某些对社会整体而言是必要的政策，但是在地方上却强烈反

---

① O'Hare,1977:Not on My Block You Don't:Facility Siting and the Strategic Importance of Compensation. Public Policy,4:407－458; Michael. Dear(1992) Understanding and overcoming the NIMBY Syndrome. Journal of the American Planning Association,3:288－300.

对将当地作为政策目标的草根运动①。每个人都希望从公共服务设施中享受公共福利，却又不希望这些公共服务设施影响到自己的生活或者担负额外的成本，这是邻避设施的悖论。邻避设施的风险不确定性导致公众的担忧和恐惧，是邻避冲突的心理基础；经济成本、社会不公与不信任也是邻避冲突的重要社会基础。

当风险沟通主体无法准确把握受众时，受众的媒介素养、科技素养以及"邻避情结"成为我们反思风险沟通成效的重要因素。从政治传播学的角度来看，就某一项关涉风险的公共政策而言，风险沟通的障碍在于受众的"邻避情结"——"不要在我家后院"（Not In My Backyard，简称 NIMBY）的主张。事实上，"邻避情结"是一种自利的、意识形态的或政治的一种倾向②，很难进行理性的说服。因此，西方国家无不视"邻避现象"为风险传播或环境风险决策的一大障碍。

## 五、风险采纳的"文化迟滞效应"

美国社会学家威廉·奥格本（William Ogbum）的文化迟滞理论（theory of cultural lag）为我们思考风险、传媒、受众与文化的关系点燃了思想火花。文化迟滞是指文化里各部门发展速度不等所产生的差距，即一旦物质文化的变迁快于非物质文化（即观念、信仰、语言等）或适应文化的变迁，其间即有脱节或差距的存在。人们思索和相信的东西乃是与他们过去的生活而非现在的生活相一致的，因此，社会需要时间来适应主要的科技变迁③。受众对于突然接受到风险信息，通常无法立即适应，就像食物中包含致癌物，即使他们不会造成即时性的伤害，但情绪反弹是难以避免的。例如，中国消费者对媒体所报道的"苏丹红一号"、"啤酒甲醛"等的恐慌。

对于现代风险而言，绝对的安全意味着绝对的错误。科学传播中"剂量决定毒性"的原则与风险社会中公众"绝对安全"的期待会形成某种碰撞，而媒体的片面性报道则会加剧社会的恐慌。

可见，媒体风险沟通不仅受制于风险信息、传者、媒介与受众等传播的构成要素，而且受制于风险情境、政治与文化语境、传播机制等。

---

①　陈俊宏：《邻避症候群、专家政治与民主审议》，《东吴政治学报》1999 年第 10 期，第97—132 页。

②　Hunter, S. , & Leyden, K. M. , 1995: Citizen Participation and the nimby syndrome: Public responses to radioactive waste disposal, *The Western Political Quarterly*, 44(2):601 – 619.

③　William Fielding Ogburn, 1942: *Inventions, population and history*: American Council of Learned Societies, *Studies in the History of Culture*. Freeport, NY: Books for Libraries Press.

## 第二节 风险传播中的媒体责任伦理

各种风险沟通主体都需要媒体的聚光灯，以提高风险议题、风险运动及其组织的社会能见度与影响力。同时，媒体也需要环境运动及其组织在风险争议中提供各种瞩目的新闻素材。在这样的一种相互依存的媒介生态中，不容忽视的是，西方媒体的风险报道常常处于一个多方博弈的环境之中，不同的行动者对于风险新闻的立场和态度迥异甚至相互冲突。一方面，消息来源的丰富使得风险报道更加客观、公正；但另一方面，消息的提供者往往基于某种动机，利用媒体"爆料"，控制着风险信息与风险论述，谋求媒介的话语权。新闻工作者既要面对来自媒体外部的限制，又要应付新闻媒体内部的商业压力，并要及时将关乎公共利益的风险消息传递给受众。

商业主义与新闻专业主义双重焦虑构成媒体风险报道的困惑，也突显了新闻媒体的政治个性。新闻工作者需要小心运用不同信息渠道，评估和报道风险及其产生的后果。

### 一、媒体报道的风险伦理

风险社会中的伦理问题是基于对风险的考虑，即如何使风险沟通主体通过认知、学习、沟通等过程，加强对风险决策的责任感。这种责任感的指向不再是只为"自我"的实现，而是促进社会整体风险规避与互利共生。

媒体持续的风险报道与论述，正是一种指向未来的风险沟通。如果社会在整体上缺乏一种反思能力，媒体就没有活力或没有足够的动力将相关人员与相关信息集合起来论述，于是，人们也就看不到任何风险处理和风险预防的努力，危机与悲剧将不断地自我重复。

未来"风险社会"的文化特质，使得媒体可能更加集中关注"恐惧"、"焦虑"以及"不安全"的议题，而非只专注于 GDP 的成长数字。传播为社会提供了反省的机会，有利于"风险责任伦理"的确立。

（一）"布伦特司帕运动"：风险报道的教训

在 20 世纪 90 年代中期的布伦特司帕（Brent Spar）运动中，媒体对"绿色和平组织"以及环境风险的关注，为我们思考媒体风险报道的伦理责任提供了重要的经验与教训。

1995 年，一小群绿色和平组织人士，登上并占据位于北海的布伦特司帕（Brent Spar）海上储油平台。他们打算阻止壳牌（Shell）公司将其沉入海底的计划。这是他们反对"海洋倾倒"（Ocean dumping）运动的一部分。行动者遭到水枪的袭击、支援者被冲进海水的戏剧性的、视觉化的新闻镜头（footage），被直升飞机上的电视镜头传送给广大的受众。此后，群众自发支持"绿色和平组织"，反对壳牌公司的抗议活动也席卷欧洲。尽管英国政府拒绝放弃允许布伦特司帕不加处理地沉入海底的计划，但对于壳牌（Shell）公司而言，舆论的压力实在难以承受。在与"绿色和平组织"、公众声援保护海洋环境的博弈中，公司改变了先前的决定，同意在陆地上拆除并回收利用布伦特司帕。

"绿色和平组织"一直在为阻止放射性物质或工业废弃物的海洋废置而努力。至今为止，还没有类似的废弃物被倾倒进海洋。对于围绕布伦特司帕的所有争议而言，这是该运动的最重要结果。在环境风险争议中，一直缺少关于 Brent Spar 中残留石油的官方数据，"绿色和平组织"发布了自己的评估结果。但事实上，这一评估结果过高估计了残存的油量。不久，他们也就此主动致歉。尽管媒体没有予以报道，该评估结果还是声名狼藉，一个经久不衰的媒介迷思诞生了："绿色和平组织"在布伦特司帕的争议性风险议题中出错了。

然而，石油的残存量不是运动的中心议题。自始至终，主要议题都是海洋工业需要采取适宜的环境责任或风险伦理。这也受到英国"自然环境研究委员会"（NERC）的支持。即使保守的《每日电讯报》（Daily Telegraph）也注意到，NERC 的报告为被批评的"绿色和平组织"做辩解。

**绿色和平组织阻止将报废的钻井平台沉入北海①**
拍摄者：Greenpeace/David Sims

---

① 注：1995 年 6 月 16 日，绿色和平组织组织阻止壳牌（Shell）石油公司将报废的钻井平台"Brent Spar"沉入英国北海，并发起反对将海洋作为垃圾倾倒场的运动。http://www.greenpeace.org/international/about/history/the-brent-spar.

在布伦特司帕沉入北海的环境风险议题中，尽管人们无法否认大众传媒存在对公共风险的视觉化、戏剧化的传播偏向，但整体而言，电视直播与报纸的头版新闻对该风险议题的报道，体现了一定的风险传播的伦理责任。因此，媒体报道的不足被人们所忽略，相反，布伦特司帕环境运动成为环境 NGO 里程碑式的活动，电视直播的画面也激发了受众对海洋废弃物处置或者环境风险的高度关注。

在现代社会，媒体需要的就是这样一种激烈地批判公司、企业以及政府违背"风险伦理"的行为，即"有组织的不负责任"。现代风险的责任在"我们"，而不是"他者"，"责任"需要成为一种普遍性的伦理原则。台湾学者顾忠华在《风险、社会与伦理》中，以德国伦理学家乔纳斯（H. Jonas）的"责任伦理"概念，主张"责任伦理"乃是风险社会更迫切需要的伦理原则。责任就是自觉地意识到自己行动直接或间接导致的效果①。在风险报道中，媒体、记者与受众，作为科技、环境与决策风险的论述者或者承受者，也同样承担了或多或少的"风险责任"。

除了布伦特司帕运动之外，媒体对"水俣公害"的视觉建构，也为我们思考风险报道的伦理提供重要的借鉴。摄影作品《智子入浴》在环境运动中的巨大影响力毋庸置疑，然而，"孩子"的图像常常引发社会的争议或道义的责难。1998 年，照片《智子入浴》的拍摄者之一摄影家艾琳·史密斯，接到了已经去世多年的智子的父母上村夫妇的一封信，他们在信中请求艾琳·史密斯不要再对外使用这张照片。上村夫妇在信中说："这张照片虽然是为了使水俣的悲剧不要再次发生而拍摄……但我们希望让智子好好休息了。"② 遵从上村夫妇的要求并不是一件容易的事。就环境风险传播而言，《智子入浴》的道德诉求力与艺术感染力自不待言，但摄影家的照片著作权与被拍摄者的肖像权，引发社会的争议。

照片的存在关系到拍摄报道水俣公害问题的摄影家的利益。一旦媒体要报道水俣公害的风险议题，就会以《智子入浴》作为一种插图性质的说明，以代表水俣公害，甚至是各种公害问题。艾琳·史密斯担心，媒体过于依赖图像的冲击力，有可能忽略对风险事件整体、全面地把握与深入地分析，并以这样的习惯性手法来处理需要加以严肃对待的纪实摄影作品，最终导致公众对许多风险问题做出片面的判断。

正如英国评论家约翰·伯杰在《摄影的用途》中所指出的："与其他

---

① 顾忠华：《风险、社会与伦理》，《国立政治大学哲学学报》1999 年第 5 期，第 19—33 页。
② 顾铮：《〈入浴的智子〉：影像伦理的天平》，《南方周末》2001 年 6 月 8 日。

视觉形象不同，一张照片不是对其对象的描绘、模仿或阐释，那实际上是对象的印迹。无论那是多么自然主义的油画或素描，都无法像照片那样属于它的对象。"① 约翰·伯杰强调了摄影的逼真性，就像《智子入浴》如何属于水俣中的智子一样，但是，史密斯夫妇所拍摄的对象本应该是记者良知关照下的风险议题，而不仅仅是裸露、残障的智子。

当照片从新闻摄影集中被单独抽出使用时，来自社会各方的关注与热情往往就会过多地集中于"这一张"上。对于整体的社会风险的关注被对个体风险的关心所"置换"（displacement）。新闻纪实摄影要求以一定数量的照片来确保对于事态的整体把握，但是，传播媒介习惯于孤立使用其中某张照片的做法，显然违背了风险传播的本意，最后也导致智子的父母要求照片版权拥有者艾琳·史密斯停止使用这张照片②。当"智子入浴"成为关注视线最直接的对象，其所代表的公害风险的整体状况却被忽视了。而且，照片中暴露在众目睽睽之下的 15 岁的智子姑娘蜷曲僵硬的病体，牵动着上村夫妇的切肤之痛。

最后，艾琳·史密斯毅然决定："今后不再印放这张照片。这张照片也不再借给有关出版与广播电视电影机构。但是，在此之前已经被博物馆收藏的这张照片今后仍然可以展出，但前提是尊重这个决定。"③ 史密斯将该照片的版权还给了智子的父母亲。

人类的图像传播史表明，在不同的编辑意图与手法指导下，一张照片与整个报道中的其他各张照片之间的相互关系，其文字说明的写法，其画面裁剪等，都会使同一张照片以至整个报道产生截然不同的传播效果。任何一张新闻照片都必须通过媒介的传播才能产生其传播效应。而媒介对照片的使用方式则从根本上决定了这张照片的价值与意义。因此，为保卫对照片的意义解释权，照片的拍摄者与使用者发生意见冲突。

传播学者克里斯蒂安（Clifford G. Christians）等人指出："新闻摄影是展示人权与非人权的极为重要的窗口，在追求它的使命时，伦理上的争论典型地围绕着展示诚实图像信息的需要与尊重个人隐私权的需要。"④艾琳·史密斯的抉择使摄影伦理的天平明确地倾向于被摄者一方，这为

---

① Berger, John, 1980: *About Looking*. New York: Pantheon Books, pp. 50.

② 顾铮：《社会问题与报道伦理》，原载于《真实的背后没有真实——20 世纪现代摄影实践》，中国工人出版社 2002 年版，第 149—161 页。

③ 顾铮：《〈入浴的智子〉：影像伦理的天平》，《南方周末》2001 年 6 月 8 日。

④ 〔美〕克利福德·G. 克里斯蒂安等：《媒体伦理学：案例与道德论据》，张晓辉等译，华夏出版社 2000 年版，第 127 页。

反思摄影报道伦理甚至是整个影像文化伦理带来了契机。尽管如此，摄影记者们依然在拍摄、记录着关乎风险的孩童形象，因为记者们依然愿意相信"孩子受难图"有重要的新闻价值。

对于媒体而言，在"风险社会"中，媒体的责任不仅仅是反映现实、发挥新闻自由，因为在风险事件持续不断的社会，媒体还应该设法帮助社会大众获得生活上的安全感，燃起重建生命的勇气和希望。因此，如果媒体能够竭力报道正确、完整的风险信息，以取代制造社会恐慌的新闻，并倡导公众建立风险社会中的责任伦理，必然增加现代传播的反思性。

（二）对媒体多元化风险论述的期待

在风险论述的流动中，传播学者们赞成"风险乃社会建构的产物"的观点，但是，在风险话语实践上，他们也看到风险论述要走向民主参与，媒体的风险沟通依然任重而道远。

从全球气候变暖的议题，到我国的"苏丹红事件"、"多宝鱼风波"、"转基因水稻"等风险议题不断地侵入日常生活，媒体有可能仅仅呈现表面的风险争议，而忽视了实质性的风险沟通。对福柯而言，再现的问题不仅是意义的探索与诠释，还是通过论述所进行的一种知识生产。在风险论述的流动中，人们如何透过文化理解自我与他者，如何生产社会共同认定的意义，这与特定的历史与社会情境对新闻语言的作用有关[①]。

理想的公共领域依然难以实现，而当前媒体实践仍不断复制传统新闻价值标准并深化其运作机制，现实媒体的公共领域难以摆脱议题竞逐的特性，多元风险论述的局面还亟待发展。从公共论坛的要素来看，媒体要被视为公共领域，它必须是一个开放的，即人人均可参与的空间，参与者平等地在其中进行风险论辩。因此，如果媒体只允许少数人发声，或是报道论辩的内容完全无关公共领域的事务，就丧失公共论坛的特征。当然，有些公共性的风险议题，可以由私人话题逐渐转化过来。

整体而言，从现实媒体实践的现况来看，"现实的"公共领域往往难以和"理论的"公共领域完全契合。

在"现实的公共领域"中，擅长媒体公关的策略者、广告投放控制者在媒体拥有更多的话语权。而缺乏风险议题竞逐能力者被排除在议题之外，即弱势群体逐渐丧失风险论述的权力，除非以戏剧化或冲突性的

---

① Hall, Stuart, 1997: Representation: Cultural Representations and Signifying Practices, London: Sage, p. 43.

手法来迎合传统新闻价值，否则难以在媒体中现身。

同时，即使获得一些风险论述的话语权，弱势群体也并不能保证该论题在媒体中被持续讨论。风险"议题——注意周期"的存在，以及新闻场域中风险议题的竞逐，都可能使议题发生扭曲、变形和转移。媒体也可能对相关的风险议题实施"话语置换"。因此，在一个多元的文化中，社会对传媒多元化的风险论述是有所期待的。

赛义德在"东方主义"研究中强调了这样的一种话语伦理："把从前无代表或错误地被代表的人类团体的权利作为出发点，在政治和知识上过去将其排除在外、盗用其指意和再现功能、否认其历史真相的领域，为自身辩护并表现自身。"① 尽管这种话语政治的重要形式之一是"后殖民主义"，但对于我们思考风险政治与媒体传播不无启迪。在风险传播中，各风险沟通主体都意识到媒介风险话语权的重要性，都竭力运用各种传播策略（从话语修辞到媒体控制）来定义风险，主导风险话语权。在媒体的风险建构的背后，是各方权力的角逐。为了促进社会整体上的风险沟通，必须破除话语中心论，通过不同话语之间的协商、对话与交流，实现风险沟通民主。

（三）对风险社会中"生活政治"的媒体关注

在中国这样的后发现代性国家，现代化的过程不是渐次推进，而是在不同层面以各个向度爆发性展开。一方面，中国公众正在经历民主的政治化，逐步实现政治领域的现代化转型；另一方面，西方社会在后工业社会经历的政治领域变革也在中国社会显现踪迹②。吉登斯以"生活形态政治"、贝克以"亚政治"为这种他们称之为现代社会的新型政治形态命名，即日常生活的政治③。吉登斯所说的"生活政治"（life politics）是相对于解放政治（emancipatory politics）而言的，因为它并不主要关涉那些为了使我们作出选择而使我们获得自由的条件，它只是一种选择的政治。吉登斯说："关于解放的政治，我指的是激进地卷入到从不平等和奴役状态下解放出来的过程"④，即颠覆过去那种支配性的非法统治。与解

---

① 〔美〕爱德华·W.萨义德：《东方主义再思考》，罗钢、刘象愚主编：《后殖民主义文化理论》，中国社会科学出版社 1999 年版，第 5 页。

② 孙玮：《日常生活的政治——中国大陆通俗报纸的政治作为》，《新闻大学》2004 年冬季号，第 16 页。

③ 彼得·达尔格伦（Peter Dahlgren）：《媒介、公民权与公民文化》，原载于〔英〕詹姆斯·库兰、〔美〕米切尔·古尔维奇：《大众媒介和社会》，杨击译，华夏出版社 2006 年版，第 298 页。

④ 〔英〕安东尼·吉登斯：《现代性的后果》，田禾译，译林出版社 2000 年版，第 137 页。

放政治关心社会群体的剥削、压迫问题相比,"生活政治"主要回答社会中的个人应该怎样生活的问题,关心个体进行生活决策和作出选择的自主性以及由此对政治生活的影响,它是一种个人自我实现的政治,是由下到上产生出来的政治。贝克将发达资本主义国家的民众在经历政治冷漠之后的这种政治参与的变化称为自反性现代化的"再造政治"。

这也就是贝克所谓的"亚政治",即提倡积极对待自下而上的社会理性和社会运动。生活形态的政治在两个层面建立起政治与个人的关联。一是议题设置,"政治参与就被重新导向那些被认为具有更切近的个人意义的议题与主题。围绕着对人们的生活、生活规划、伦理或者身份这些具有更直接关系的问题,人们动员了起来"。二是个人归属感的获得,"以族群、性别与性偏好等因素为基础的、基于群体的认同政治,是生活形态的政治迅速发展的一个向度。人们逐渐倾向于建立临时性的联盟而非对于传统政治组织奉献长期的忠诚。"① 个人、日常生活与政治以这样的方式,针对生态环境、健康、渗入日常生活的高科技等风险,借助新媒体技术在自下而上的风险论争中联结起来。比如,媒体对日常饮食、吸烟、化妆品与美容、社区中小灵通发射塔等健康风险的关注,给政府相关部门以及大公司造成舆论压力,影响了政府的决策,也扩大了生活政治的影响力。

大众传媒是风险社会中日常生活政治的主要中介。尽管传媒消费主义倾向可能遮蔽、挤兑媒介应有的公共性、公益性的本质规定,但它实现了新闻重心从传统新闻领域向日常生活扩散②。媒体对公众日常消费风险的关注,强化了公众的知情权诉求以及消费选择的权利。

传媒消费主义倾向所包含的关注公众的物质生活,也许会令小报充满了庸俗新闻,夸大甚至扭曲日常生活的方方面面,但是由于目标受众群体较广泛,因此众多的风险议题得以在公共空间中被讨论,反映着日常生活中公众关切的公共利益。诸多风险议题也显示,尽管统一的共识不一定能在小报上体现,但民主争论导致理性。都市类报纸常常会引发一些风波,从日常消费品、家居装修到电站建设等大型工程决策,都纳入其报道的视野。伴随着激烈争论,都市类报纸的发展成为一种全球现象,成为人们追溯社会变迁和价值观念变化的依据。在一些关乎风险的

---

① 彼得·达尔格伦(Peter Dahlgren):《媒介、公民权与公民文化》,原载于〔英〕詹姆斯·库兰、〔美〕米切尔·古尔维奇:《大众媒介和社会》,杨击译,华夏出版社2006年版,第298页。

② 秦志希、刘敏:《新闻传媒的消费主义倾向》,《现代传播》2002年第1期,第43页。

报道之中，争议性风险议题蕴涵了民间的草根精神。于是，风险报道体现了一种"亚政治"特性①。

对气候、安全、生态、环境、技术等风险议题的关注，反映了现代城市文明对于环境、身体、健康与安全概念愈来愈重视，也反映了受众对现代化"反身性"的深刻认识。种种关于环境与健康风险或危机的文化建构，之所以能如此深入人心，离不开政府、企业、大众传媒以及NGO等行动者。

## 二、媒体风险沟通的责任伦理

从风险沟通的角度来看，究竟在政治经济结构、日常活动及个人与集体间的伦理关系上，媒体应该树立何种传播理念并修正其传播行为，才能从整体上提升社会的反省程度、降低现代风险的威胁？风险如何形成、评估、预防与善后等问题的知识，愈来愈成为影响现代生活的重要因素②。玛丽恩·内斯特尔从食品政治的角度解释了风险的责任伦理："食品伦理的概念是基于这样的假设：遵循饮食指导增进健康和幸福。如果伦理被看作好的举动对付坏的，那么，选择健康的饮食——并劝告人们这样做——将似乎是有道德的行为。"③

风险具有人为的、超技术的与民主的特征。所谓"人为"，意即风险的根源不是在"我们之外"的另一种力量，而是在我们的制度结构当中。所谓"超技术"，意思是所有的项目，特别是大型项目，不可能在实验室条件下一一证明其安全。而所谓"民主"，是说受害者人人平等。因此，应对风险的传播策略必须超越狭隘技术眼光以及推卸责任的官僚模式，将技术方案与风险沟通相结合，强化个体、媒体以及社会整体上的风险伦理与责任。

如果风险沟通丧失理性批判与"民主参与"的精神内核，淡化甚至省略媒体环节，事实上就忽略了大众的意见，更隐瞒了理性或批评的声音，从而产生以某种利益为导向的支配性话语。这样，公众变成被动的受众，风险沟通变成肤浅的风险感知，社会恐慌与不信任开始蔓延。一旦公众的疑虑与不信任态度长期被忽视，风险沟通过程中断并最终演变

---

①　孙玮：《日常生活的政治——中国大陆通俗报纸的政治作为》，《新闻大学》2004年第4期。

②　顾忠华：《第二现代：风险社会的出路》，台北：巨流2001年版，第18页。

③　〔美〕玛丽恩·内斯特尔：《食品政治：影响我们健康的食品行业》，刘文俊等译，社会科学文献出版社2004年版，第317—318页。

为隐匿的、失去信任的风险文化。① 吹捧宣传而少批判，或夸大危险徒增恐惧，都不是一个成熟的媒体社会的表征；相反，公众参与式的风险沟通，将增大社会信任，实现科技与社会、人类与环境的良性互动。"如何充分传播正确信息，并掌握'风险沟通'的各个环节，使得不必要的恐慌减到最低，应是'风险治理'的一个重要构成部分。"② 因此，风险沟通应当采取双向、多元的沟通模式，建立起信息流通、资源互补的传播平台，协同治理风险。

具体而言，我们可以从以下两个方面去思考媒体风险沟通的责任伦理：

1. 从韦伯（Max Weber）的"责任伦理"（ethic of responsibility）出发，新闻媒体的风险伦理在于坚守新闻职责与专业道德。"责任伦理"是与"信念伦理"相对的一种价值立场。"信念伦理"认为，伦理价值的根据在于行动者的意图、动机和信念，只要意图、动机和信念是崇高的，那么，行动者有理由拒绝对行动的后果负责。与此不同，"责任伦理"则强调伦理价值的根据在于个人行动的后果，它要求行动者为自己的行动后果义无反顾地承担起责任，前者注重的是行动者主观的"善良意志"，后者注重的是行动后果的价值和意义③。在韦伯看来，"责任伦理"要求的正是"无条件地"对自己的行为承担责任，一个能够担当"政治使命"的人，还必须将这两种伦理结合在一起。

政府应鼓励并保护媒体契合责任伦理的风险传播，即在追求经济效应过程中充当社会风险沟通的论坛。因此，现代媒体不应只报道风险信息，还应肩负重要的社会教育角色，即新闻从业人员必须拥有跨领域的专业知识，扮演风险的教育角色。传播媒体的风险伦理，重在从风险管理的经验中学习，引导社会大众正确认知风险治理，恪守媒体的社会责任，不是为抢独家新闻而哗众取宠，也不仅仅是报道风险或危害，更重要的是传达有助于风险规避或风险决策的信息与观念④。面对风险社会，政府必须整合社会力量与资源，发挥媒体的传播效应，引导民众关心并

① 周桂田：《争议性科技之风险沟通——以基因改造工程为思考点》，《生物科技与法律研究通讯》2005 年第 18 期，第 49 页。

② 顾忠华：《风险社会中的风险治理——非典事件的启示》，《当代》2003 年第 194 期，第 54—61 页。

③ 冯克利：《时代中的韦伯——代译序》，马克斯·韦伯：《学术与政治》，冯克利译，生活·读书·新知三联书店 1998 年版，第 8 页。

④ 郑美华：《灾害风险之主、客观评估与风险伦理之探讨》，http://www.aboutweb.org/canc/pub_2_6.html.

参与公共事务，培养其公民精神，共同分担风险。

2. 建立风险伦理观念：强调个人责任伦理、公共伦理以及社会的共同参与。风险沟通，是一个互动的过程，在此过程中不同的个人、群体或机构之间，基于某种目的而互相传递与交换任何关于环境与健康风险的信息与观点，即任何关于危险的信息之传递与交换[1]。这些相关的利益主体包括政府、公司、工业组织、协会、媒体、科学家、专业组织、公众利益团体以及公民[2]。他们可能发起该领域的活动并承担相应的社会责任。公共利益团体或 NGO 有责任向政府官员、企业和消费者就潜在的风险提出警告，向风险沟通主体传递他们对风险的评估以及实践。媒体与公共教育者有责任向目标受众传播他们通过积极的调查所获取的风险信息。消费者也有责任了解关于产品的风险沟通信息，并将所知晓的由产品的使用可能造成伤害的信息通报给相关的政府机构或媒体。同时，个人的选择也应遵循公共伦理。比如，在非典期间，媒体就倡导非典患者不应到处乱走，要接受医院的集中隔离治疗，而不应影响公共安全。

在我国，媒体对怒江建坝风险的报道就体现了这样的一种风险伦理观。央视《新闻调查》播出的《怒江的选择》（2004 年 3 月 1 日）与凤凰卫视《社会能见度》播出的《怒江水电波澜再起》，以及《中国青年报》、《南方周末》、《国际先驱导报》、《经济观察报》等媒体的介入，从"环境正义"、"媒体责任"、"公民社会"、"风险决策"、"对风险的知情权"等不同角度切入该议题，从个人到国家、从弱势群体到精英群体、从生态环境到风险政治等不同层面倡导了决策科学与决策民主。不仅如此，媒体还促使相关机构举行听证会，组织原住居民参与风险论争，怒江工程的缓建，从某种程度反映了媒体与公众舆论在大型工程决策中的沟通功能与传播伦理[3]。

## 三、全球风险话语中的媒体责任

对于风险传播而言，问题的关键已不仅仅是现实是如何在世界风险社会中被构建的，还有现实是如何被决策、行动和制度过程中的话语政

---

① Covello, V. T. , Slovic, P. , & von Winterfeldt, D. , 1987: *Risk. Communication*, *A Review of the Literature*, Washington DC.

② Kasperson, R. , Stallen J. , M. , 1991: Communicating Risks to the Public. International Perspectives, Kluwer Academic Publishers.

③ 郭小平:《"怒江事件"中的风险传播与决策民主》,《国际新闻界》2007 年第 2 期, 第 28—29 页。

治和话语联盟重新制造出来的问题。这就涉及了风险报道的现实议题和结构议题。事实上，在媒体的风险议程中，现实主义的危机报道一直是报道的重心所在，但随着对政治问题的跟踪和关注，结构性的风险议题也得到了更多的反映——风险报道随着事件本身的结构化而趋于明朗。

　　进入全球传播时代，全球化、区域化的话语联盟在风险治理中发挥更大的作用。风险议题已经成为全球性的问题。以非典、H7N9 流感等新发传染病的科学和政治影响是全球性的，它构建了一个新的公共领域——包括国际社会和国内社会的公共话语的形成和实践。因此，理解媒体的风险报道以及国家和政府的行为，必须将其置于全球化的背景下来理解和考虑。

# 第九章    在风险建构中实现媒体的
# 风险沟通

风险报道是一个公开的社会建构过程。媒介对风险的构建，是新闻生产者、媒介组织、消息来源、受众、社会文化等因素互动的结果，并表现为媒介产品——文本或话语。

探讨媒体对隐匿的、不确定性风险建构的传播机制以及社会影响，是为了更好地促进社会的风险沟通。中国政府与传媒要满足"世界风险社会"信息传播要求，必须客观地再现受众关于风险与利益的"认知图"（cognitive map），对于传统的经济发展方式进行批判性地反思。事实上，现代风险的争议性与建构性特征也表明，提倡"风险理性"或"风险伦理"就是在倡导一种开放的精神，即让科学知识/专家知识与社会不同阶层的行动者产生更多的交流与互动，并在互相检验与批判中促进风险认知、风险沟通、风险决策与风险治理。相关的利益主体通过大众传媒就争议性风险议题进行对话与协商，为风险决策寻求更广泛的民意基础与合法性，在本质上是为科学、民主的风险决策建构风险公共领域。

## 第一节    风险传播的目的：促进
## 社会良性的风险沟通

一个有效的风险沟通，首先要认识到争议解决是一个政治的过程，只有通过充分的沟通与公众的参与，才能降低风险议题的争议性。风险传播即"民主对话"。因此，Beck 主张科学理性必须接受社会理性的批判、监督和竞争，让一切具风险性的科学发展议题摊在阳光下，在公共领域中接受公开论辩与协调；而公民也在参与公共讨论的过程中自我学习与成长，并达成与科学理性的沟通与协调，这就是"风险理性"的作用结果①。

## 一、风险沟通的内涵及其主要功能

美国国家科学院（The NationalAcademy of Sciences）把风险沟通界定为个体、群体和机构之间任何关于危害信息和观点的交互活动，不仅传递风险信息、各方对风险的关注和反应，还包括发布官方在风险管理方面的政策和措施②。达格特（Daggett）认为风险沟通的目的在改善人民对争议性环境议题的看法以及相关议题的讨论方式，形成最正确的结论，做出最有效的风险决策；比莉（Billie）认为风险沟通的目的在于提供一种新的风险谈论方式，让原本不接受风险的人进而接受它；卡斯珀森（Kasperson）与帕德（Palmlund）加入政府的概念，认为风险沟通的目的在于：（1）决定可接受的风险范围以供依循；（2）利用政府适当和公平的做法来调解利益冲突；（3）引导大众做出个别或集体的行动来降低风险③。目前，风险沟通研究主要涵盖如下几个领域：风险认知研究，主要研究专家与受众的认知差异、风险认知的变化；传播者研究，主要研究专家、大众传媒、公众以及其他组织的风险信息传播；沟通过程研究，研究风险沟通主体者之间的复杂互动及其民主对话。

根据卡威罗（Covello）等学者的观点，风险沟通具有如下功能④：

（1）启蒙的功能：改善目标受众对风险的认识，促进利害关系人之间的了解，进而启发解决问题的智慧。

（2）知的权利：事前对潜在受害者带来危险事件的信息，筹谋适当对策。

（3）改变态度的功能：改变民众对风险的态度，或对决策提出挑战。或进一步改变风险制造者的态度，并接受风险水平。

---

①　周桂田：《科学风险：多元共识之风险建构》，原载于顾忠华编：《第二现代：风险社会的出路?》，2001 年，台北：巨流，第 69 页。

②　Cutter,S. L. ,1993;Living with risk;the geography of technological hazards,London;Edward Arnold.

③　Kasperson,Roger E. & Palmlund,Ingar,1989;Evaluating Risk Communication, in Covello, Vincent T. et. al. ( ed. ) Effective Risk Communication;The Role and Responsibility of Government and Nongovernment Organizations. Plenum Press,pp. 143 – 160.

④　Covello, V. T. ,Slovic,P. & Von Winterfeld,D,1986;Risk Communication;A Review of the Literature. Risk Abstracts,3(4);172 – 182. Renn, O. & Levine, D. (1988). Credibility and trust in risk communication. in Kaperson,R. E. ,Stallen,P. J. M. ( eds). ,(1999) Communicating Risk to the Public. Dordrecht;Kluwr Academic Publishers,pp. 175 – 518.

（4）合法性功能：建立风险管理的合法地位，加强管理过程的信任与公平。

（5）风险降低功能：透过降低风险的措施，以保障公共安全。

（6）行为转变的功能：加强自我防御机制，或增进对沟通者的支持。

（7）为紧急事故作准备的功能：指导紧急事件的处理方式。

（8）公共介入的功能：促使决策者了解大众关心的议题与民众的认知。

（9）民众参与的功能：经由各方互动，协调风险争议的冲突。

上述九大功能可以归结为四类：鼓励个人/群体自我防御的行为；试图教育目标受众对风险的理性认知；经由民众参与以及公共介入，协助风险冲突的解决；对风险管理机制产生信赖与信心。

## 二、大众传媒在风险沟通中的功能

大众传媒已经在风险沟通中扮演着核心角色。"大众媒体是风险沟通的关键核心，无论是国家技术官僚、科学群体、公众、社会运动团体等不同的风险见解，都将透过大众媒体而产生程度不一的风险宣传与沟通效果，因此，这些不同领域的风险沟通主体如何运用不同的沟通平台（例如设定开放性的论坛、信息机制）来衔接大众媒体，就变得相当重要。"[1] 无论是封闭式的还是开放式的风险知识与风险论述，都需要依赖大众传媒进行传播。

（一）呈现风险信息，形塑公众的风险认知

在美国，知情权构成了风险沟通的法律基础，媒体传播是保障公众"风险知情权"的主要力量。中国的调查也表明，民众的风险认知主要受个人的认知能力、媒介接触、城乡分割和社会阶层地位的影响[2]。

大众传媒既是风险传播的沟通媒介，其本身（记者与编辑等）也是风险沟通的主体之一。媒体对风险的报道与知识传播，建构了受众对风险的认知。因此，新闻从业人员对科技、环境或决策争议本身的风险认知，将通过新闻报道深刻地影响社会对科技的整体理解。媒体在风险沟通中的功能是无法被替代的，它既可能促进风险沟通的功效，也可能成为扰乱公众认知或心理状态的诱因[3]。

---

① 周桂田：《争议性科技之风险沟通——以基因改造工程为思考点》，《生物科技与法律研究通讯》2005年第18期，第48页。

② 王甫勤：《风险社会与当前中国民众的风险认知研究》，《上海行政学院学报》2010年第2期。

③ Slovic P,1986:Informing and Educating the Public About Risk. Risk Analysis,6(4):403–415.

（二）媒介构建交流的论坛以促进风险决策民主

双向、参与式的风险沟通可以促进决策的科学与民主，风险沟通民主则是对大众需求的政治回应。这里隐含了一个理论预设：社会越公开、越开放地面对风险议题，那么，不同领域专家、一般民众通过媒体进行风险沟通的门槛将会降低，社会借此进行学习与沟通，从而发展了民主参与的风险沟通能力。反之，若社会的风险批判、沟通不能公开化、制度化，而由某些部门主导风险的论述，则风险将"隐匿"地成为人们恐惧的"怪物"，在社会流传与扩散①。风险沟通研究强调，"公众的情绪并不是完全因为无知和非理性，而是体现了他们对自身利益的维护和对民主参与权利的要求"②。但是，"一旦恐惧成为普遍存在的心态，问题和困难就会被过分夸大，而可能的解决办法却被忽略。驱动惧怕和恐慌的机制是一种本身自会成为事实的语言。"③

在"反思现代性"的理论背景下，Bohman 结合"公共领域"的协商民主治理模式，强调协商民主可以使公众不同的声音，都能进入政策竞争场域，对可能涉及自身的公共事务能够表达意见，而不仅仅是粗略地集中所谓的公共意见，或是狭隘地通过投票来拥护某种意见而已④。受众在公共领域的讨论中更清楚地认识风险本质，将决策的基础扩散到社会形成共识的过程，以社会理性的风险容纳度作为政策依据，降低风险对社会的冲击。

（三）媒介的"公共参与"推动风险治理

传统上，风险传播的范式注重风险的"单向告知"功能，强化技术专家和政治权威对风险沟通的管理和控制能力；风险传播的新范式注重互动对话、公共参与功能，以"风险治理"框架重构了风险沟通的价值与目标⑤。对于媒体在风险治理中的作用，加拿大法律改革委员会在1998年就强调"媒体在治理中的作用至关重要，特别是在制定公共日程和影响重要参与者的行为方面"⑥。媒体不仅是公民社会参与的必要条件，还担负着"风险沟通"之外的功能，因为若没有媒体的风险呈现及其对环

---

① Douglas & Wildavsky,1982:Risk and Culture. University of California Press.

② 张洁、张涛甫：《美国风险沟通研究：学术革命、核心命题及其关键因素》，《国际新闻界》2009 年第 9 期，第 98 页。

③ 〔英〕弗兰克·富里迪：《恐惧》，方军等译，江苏人民出版社 2004 年版，第 46 页。

④ Bohman,J. F.,1996:Public Deliberation:Pluralism,Complexity,and Democracy. Cambridge.

⑤ 郭小平：《风险传播研究的范式转换》，《中国传媒报告》2006 年第 3 期。

⑥ 陈力川：《治理思想的生成与实践》，http://www. governance. cn/governance_ceshi/1226/browarticle. php? wz_id =173.

境议题的持续建构，风险话题也将难以成为地区性乃至全国性的公共议题或公共议程。大众传媒不仅为风险社会的公共参与提供重要的社会动员机制，而且直接参与风险治理的过程。

在健康的政治共同体中，政府、公众与社会团体或民间组织通过多元参与、协商与对话，诉诸公共利益并达成符合大多数人利益的风险决策共识，这种和谐治理形式体现为风险的"善治"。风险的善治依赖于理性的风险传播和有效的政治沟通。大众媒介科学、充分而公正的风险传播以及理性的公共讨论，是实现风险善治的民意基础。

## 第二节　大众传媒促进风险沟通民主

### 一、重构媒体的风险沟通模式：从风险告知到民主参与

事实上，对风险传播的研究始于 20 世纪 80 年代末期，当时重视的是政府或机构如何告知民众风险的研究；近年来的研究开始重视如何与民众互动、让民众参与决策。

（一）风险传播研究的传统取向：说服与告知模式

传统的风险传播研究的取向大致有两个：

第一，风险传播往往被视为一种机构、个人、团体的公关策略，因此传统风险传播研究关注的焦点在于如何运用媒体来达成自我宣传，即如何在媒体上使用适宜的修辞来说服大众、维护自身的形象，使用何种传播技巧才能有效达成宣传目的等①。这种公关模式的风险传播，是以传播者的利益为出发点，是一种建立在政治、权力基础上的公关手法。

第二，风险传播的重点在于"专家对非专家的传播"，即信息富有者（the information haves）对信息贫乏者（the information have – nots）自上而下的教育。并且，以往的研究往往将传播者（如政府机构、学术单位、企业公司）视为拥有信息的行动主体，将公众视为被动无知的行动客体，这种传播行为本质上是一种单向的公共教育传播。部分学者对此提出强

---

① Adams,William C. ,1993:The role of media relations in risk communication,*Public Relations Quarterly*,37(4):28 –32. Gordon,Judy A. (1991). Meeting the challenge of risk communication,Public Relations Quarterly,47(1):28 –29.

烈质疑与批评，认为它是一种"充满缺陷的模式"①。该模式将一般公众视为无知的客体，反映了传播者对公众的愚昧无知：当代风险的不确定性可能使专家体系本身也成为"门外汉"；相反，公众可能成为另类专家。这种自上而下、单向的风险传播模式，本质上是一种不民主的风险治理模式。它漠视了公众的风险体验与多元知识，可能影响社会的风险治理，也不符合风险伦理。

（二）风险传播模式的新取向：双向沟通民主

将风险传播视为搜集关于健康和环境灾难的科学数据并把它传递给公众，以及进行公众教育的传播活动，远远不能适应风险传播的现实需要。

随着科技的发展、全球化进程的加快以及新闻传播学研究的深入，风险传播研究的传统模式已经面临严峻的挑战。例如，联合国《生物安全议定书》第13条指出，缔约国应促进和鼓励对保护生物多样性的重要性及所需要的措施的理解，并通过大众传播工具进行宣传和将这些题目列入教育课程。该协议尽管是针对生物安全的，但仍具有普遍性。它指出了大众传播有利于风险沟通，但遵循的是一种对受众进行单向知识教育与宣传的模式，并不能保证对复杂风险争议的沟通效果。例如，1986年，三里岛核电厂发生辐射外泄后，人们对该风险议题有不少分歧，新闻报道只反映了部分专家和权威的意见，因而无法呈现风险的各种专门知识。积极的风险沟通，并非仅仅由国家或科学界定义的线性传播或宣传模式，因为受众在面对单一的宣传模式时，常常对该类风险信息充满高度的不信任，而宁可凭借其他渠道获得信息与判断。社会的变迁与传播实践的发展促使风险传播研究的变革。对媒体风险沟通的研究，也应由原来的公关宣传模式或教育模式逐渐转向双向沟通的参与模式。

Waddell认为，"风险传播中，价值、信仰和情感不只来自公众，技术信息也不只来自专家。相反地，这是一个信息的互动交换，在此，所有的参与者均沟通、诉求、参与价值信仰和情感。通过这个过程，公共政策决定被社会建构出来。"② Katz与Miller指出，该定义强调风险信息沟通网络的互动性，有助于培养"参与式民主"（participatory democracy）③。

①　Frewer,Lynn,2004:The public and effective risk communication,*Toxicology Letters*,149:392.

②　周桂田：《争议性科技之风险沟通——以基因改造工程为思考点》，《生物科技与法律研究通讯》2005年第18期，第49页、第44页。

③　Katz,S. & Miller,C.,1996:The low – level radioactive waste siting controversy in North Carolina:Toward a rhetorical model of risk communication. In C. Herndl & S. Brown, *Green Culture:Environmental Rhetoric in Contemporary America*. Madison:U. of Wisconsin. p. 111 – 140.

Grabill 和 Simmons 等学者直接将风险传播的模式归纳为科技主义取向、协商取向、批判取向三种范式。他们在指出科技主义范式（单向线性传播、专家与精英压迫受众）和协商范式（双向传播但权力不对称）的限制后，提出风险沟通的批判修辞模式，认为"风险是由许多利益与因素沟通建构出来的"①。风险传播的批判修辞模式，是建立在风险建构理论的基础上，将风险沟通置于政治、社会、文化的情境，将媒体传播融入"反身性"现代化进程中。

同样，Lerbinger 从风险决策的正当性角度提出，组织应为受众提供充足的风险情境信息与背景知识，以使他们能参与对话，参与风险决策过程，"制造一个参与的、有兴趣的、理性的、关切的、有解决问题趋势的合作群体"②。Lerbinger 所言的"参与对话"，是针对包括媒体在内的、所有对特定风险问题有兴趣或有关联的大众及相关机构。媒体不仅为受众提供充足的风险情境信息与背景知识，而且参与对话并促进有效的风险传播。

不同取向代表了风险传播的两种研究范式。传统的研究范式重视专家知识及专业权威以达到制定政策的目标；新近的研究范式则重视民众的参与以获得良好的沟通结果。风险传播研究发展，凸显了风险沟通多元、民主的"对话"精神。

（三）风险传播模式重构的意义

在复杂的风险传播语境中，传播失衡的现象屡有发生。传播的失衡迫使学界去思考风险传播研究范式的变革。如果说风险传播从单向传播向双向沟通、从公关宣传到民主参与转变，新近的研究则呈现了以"民主沟通"为主导的综合取向。

媒介发挥了如 Taig 所说的告知、倾听、言说和影响功能③，这也是一个受众自我或集体社会学习的建构过程，而这一过程发生在不同的风险情境中，将产生相对不同的"风险沟通"效果。在一个隐匿风险的社会，便产生片面、非民主的宣传与告知。因此，单一的"科技范式"本身值得商榷。

---

① Grabill,J. T. & Simmons,W. M. ,1998：Toward a critical rhetoric of risk communication：Producing citizens and the role of technical communicators. *Technical Communication Quarterly.* 7(4)：415–441.

② Lerbinger,Otto,1997：*The Crisis Manager：Facing Risk and Responsibility.* NJ：Lawarence Erlbaum Associates. p. 273.

③ Taig,Tony,1999：Risk communication in government and the private sector：wider observations，in Bennet,P & Calman S. K. (ed.) *Risk communication and public health* ,p. 226.

从传播学的角度来看，风险传播是一个以公众感知为基础的互动过程。风险传播所呈现的不只是如 Taig 所言的单向模式，而是一个相当复杂的过程。影响风险沟通的关键机制包括媒体、公众、政策决策、社会以及相关政治机构的行动。风险传播是一个多元信息互动的传播过程，所以常被称为"民主对话"。传播模式的转变，既符合民主精神，又是效率的制度化做法。在新闻传播的层面，这种转换体现了风险传播的重构策略，也建构了社会对于不同风险争议的容纳力。

## 二、风险传播的民主对话

当受众利用大众传媒获取风险信息并参与公共活动时，他们可以自认为是小区的成员、国家的公民，以及全球政治的能动者，即将个体置于公共文化与公民责任之中。李普曼（Lippmann）认为哈贝马斯的"公共领域"是个幽灵，从来就没有均质的可以运作的公共领域存在过，这个理应发挥公共功能的领域却被国家主义和资本势力所盘踞，于是，大众传媒具有了双重身份，既是国家意识形态工具，又是文化产业，这造成公共领域的结构转型和公共性的瓦解。霍尔也指出，媒介文化并不像法兰克福学派所认为的那样是铁板一块的，也不否认它是欺骗群众的意识形态工具，他的理论兴趣点更侧重认为媒介是一个"场"，里面存在着差异和斗争，是统治阶级为获得文化领导权的努力与被统治阶级对领导权的抵抗共同组成的[①]。媒体也并非铁板一块，也有相互冲突的观点和自我批判的声音。媒体在重大公共事件的报道中扮演重要的角色，因而人们期望媒体成为实现民主潜能的利器。传播技术是可以为公众所用的新工具，促进开放的信息流动与观念交换。

不同的媒介彼此交流重叠，其信息穿越各种分散的社群，在制造跨文化交流与合作上扮演核心角色。面对风险的全球化扩散与危机的跨文化传播，我们必须考虑存在于媒体之中的持续的权力协商。

（一）风险传播中的协商参与

在一定的社会、政治语境下，有关风险或危机状况的信息被媒体呈现给受众。人们普遍认为风险传播是用来向非专业人士提供他们应知的信息以及关于健康、安全和环境风险的独立判断[②]。然而，对于许多制造

---

① 孔令华：《论媒介文化研究的两条路径：法兰克福学派和英国文化研究学派媒介文化观差异之比较》，《新闻与传播研究》2005 年第 1 期，第 43 页。

② Morgan，M.，2002：*Risk Communication：A Mental Model Approach*，Cambridge University Press.

商和管理人员而言，技术"风险传播"意味着说服公众相信技术风险微乎其微甚至可以忽略不计。正如 Jasanoff 所言："风险传播乃专家或工业用来洗脑的代码。"① 另外一种来自科学界的观点认为，风险源于无知或不能理解科学数据、信息，风险沟通就是克服公众对风险的"非理性"反应。

这种研究路径遭到风险传播研究者和社会学者的激烈批评。按照建构主义的模式，风险知识通过冲突与协商的过程被社会建构。建构主义模式注意到专家评估的主观性。当知识通过多个风险承担者的互动，即每个人都按照自己兴趣与体验阐释所获的信息，权威知识最可能产生。通过允许所有的利益攸关者参与风险问题的形构、分析与解决，政策的完善得以实现。现实主义模式不重视"外行"的风险感知，但建构主义模式视日益增加的协商与参与为实现风险规制科学化、政治化最有希望的路径。

虽然学界已经意识到媒体风险建构的功能以及风险沟通民主取向的重要意义，但在新闻传播实践中，如何体现风险沟通民主，却又是一个亟待探讨的问题。本研究认为，"协商民主"理念从理论层面回应了这一问题，为我们探究风险沟通提供了一个较好的思考路径。

（二）协商民主与风险传播

1. 协商民主理论。协商民主（deliberative democracy），又译为"审议式民主"、"商议性民主"，是 20 世纪晚期兴起的一种民主理论。作为对自由主义、共和主义、多元主义和精英主义理论的反思或一种可能性的替代，"协商民主"已经成为当代西方政治学理论研究的热点之一。

"协商民主"是指在政治共同体中，自由、平等的公民通过公共协商而赋予立法、决策以正当性，同时经由协商民主来实现理性立法、参与政治和公民自治的理想。协商民主强调政治共同体中自由平等的公民参与公共讨论、对话与论辩，对公共决策行使公民的民主权利；为所有人提供平等的表达机会、消除参与公共协商的制度性障碍，形成公民能够自由参与协商过程的平等、多元、公开的可获得性论坛，以保证对公民需求和利益的系统考虑。② 简言之，协商民主就是公民通过自由而平等的对话、讨论、审议等方式，在广泛考虑公共利益的基础上参与公共决策和政治生活，从而赋予立法和决策以政治合法性。

---

① Morgan, M. ,2002:*Risk Communication:A Mental Model Approach*,Cambridge University Press.
② 陈家刚选编:《协商民主》，生活·读书·新知三联书店 2004 年版，第 336 页。

　　协商民主与代议制民主的一个区别在于：协商民主不仅要求投票的平等，还要求具有平等有效的参与集体决定过程的机会，即关于共同关注的事务的协商不应当仅局限于政治代表、专家和其他精英的范围内，而应当扩展到整个社会，它强调制度化的协商过程与那些发生在社会中的协商互动。① "许多国家，也许还包括中国，都处于这种创造性的民主发展阶段。"② 民主协商是政治合法性的来源之一，协商民主是建立在发达的代议民主和多数民主之上的，它是对西方的代议民主、多数民主和远程民主的完善与超越，它深深根植于当代西方发达资本主义国家的政治现实③。协商民主的实现，以自由、平等的公民实现理性一致为基础，以享有言论自由的法律作为保障。

　　英国哲学家艾赛尔·伯林将自由分为积极自由与消极自由。积极自由意为"做什么的自由"，是人类应该渴求的自由；而消极自由是指"不做什么或免于什么的自由"，属于简单逃避外界对人的行为限制的自由。"积极自由"的含义源于个体成为他自己的主人的愿望，即成为一个主体而不是一个客体的意愿④。美国传播学者施拉姆在用该概念分析"新闻自由"时指出，自由主义理论是从消极自由的概念诞生出来，这种消极的自由概念可以概括为"免于……的自由"，即"不受外界限制的自由"；社会责任理论则相反，它以积极的"有做……的自由"为基础，它要求有能够达到人们所希望的目标的必需手段⑤。积极自由鼓励人们参与国家和公共事务的讨论和管理，真正体现了公民作为民主社会的主体和"一切权力归属于人民"的本质。因此，法律保障的言论自由并不是简单地不干涉公民"说"的自由，而且是鼓励公民实行积极表达意见的权利。在这个意义上，协商民主的参与不应只是一种消极的"可以参与"的权利，而是一种积极的"必须参与"的权利。⑥

　　2. 协商民主：风险传播的视角。协商存在三个不同场所，即国家制

　　① 陈剩勇、杜洁：《互联网公共论坛：政治参与和协商民主的兴起》，《浙江大学学报（人文社会科学版）》2005 年第 3 期，第 6 页。

　　② 〔美〕詹姆斯·博曼、威廉·雷吉：《协商民主：论理性与政治》，陈家刚等译，中央编译出版社 2006 年版，第 4 页。

　　③ 〔美〕詹姆斯·博曼、威廉·雷吉：《协商民主：论理性与政治》总序，陈家刚等译，中央编译出版社 2006 年版，第 2—3 页。

　　④ 〔英〕以赛亚·伯林：《自由论》，译林出版社 2003 年版，第 189—200 页。

　　⑤ 〔美〕施拉姆：《报刊的四种理论》，新华出版社 1980 年版，第 110 页。

　　⑥ 贺建平、余志平：《从理论到实践：协商民主理论与公共新闻学》，《西南政法大学学报》2006 年第 1 期，第 118 页。

度、普通公民或政治倡导者发起的特设论坛、公共领域，每个场所的实践都可以构建一个协商民主。与协商天然相契的是自由民主制度，当国家制度受制于特定的政治文化传统与国情时，特设论坛与公共领域就显得尤为重要。协商民主需要一个功能良好且具备批判精神的公共领域。公共领域由政治协会以及以公共事务为导向的对话组成，这种对话的参与者包括政治积极分子、媒体、政治评论家、知识分子、社会运动、倡导团体以及普通公民。

乔恩·埃尔斯特（Jon Elster）指出协商民主概念的两个关键要素："政治协商要求公民超越'市场'的私利而诉诸'论坛'的公共利益；只有当其改善政治决策，尤其是实现共同目的时，源自公民立场的协商才是可以正当理解的。"① 这种公共诉求，既有赖于国家的制度安排、公民的民主意识和参与精神，也离不开大众传媒的"论坛"作用。因而，市民社会与独立新闻媒体对公共领域的形成尤为关键。埃尔斯特还指出："任何民主存在的一个重要的必备条件都是非暴政的法治（non‐tyrannous rule of law），在这种情况下，交往和协商实践才是可能的。"除了这种最低条件之外，还需要满足以下条件：公民社会的丰富社团生活，以及允许公共舆论表达和传播的技术、制度和交往的基础设施。政治学家已经看到了政治生态、新闻报道、新闻体制以及传播的技术与设施对协商民主的重要性。

然而，当下的公共领域仍不是很强大，公众同样也可能缺乏基本的批判精神，新闻媒体也可能遭受垄断资本的控制。因此，达成公共领域是一个历史的过程。"公共领域对话并不总是甚至也不主要表现为协商性质。它可以以宣传、欺骗或操纵为特征。"违背协商理念的原因"或许是因为'政治顾问们'试图操纵新闻使其更加符合政府的口味，或者报纸以耸人听闻的方式来报道事件以提高其发行量，或是公司公关专家试图蒙蔽大众使其相信公司利益与公共利益是一致的"②。

尽管如此，哈贝马斯还是认为，公共协商可以通过传媒在某些方面建设性地促进民主法制、政策及其实施的合理性。在《事实与规范之间：关于法律和民主法治国的商谈理论》一书中，他对传媒应该如何履行重

---

① 〔美〕詹姆斯·博曼、威廉·雷吉：《协商民主：论理性与政治》，陈家刚等译，中央编译出版社 2006 年版，第 5 页。

② John S. Dryzek：《不同领域的协商民主》，王大林摘译，《浙江大学学报（人文社会科学版）》2005 年第 3 期，第 36 页。

建公共领域以及在民主政治体系中的任务作了详尽而具体的论述①。公共领域的最大好处就在于它以对公共问题直白的批判性讨论为特点。公共领域对政府来说可以起着一种"预警系统"的作用。因此，我们可以将批判性公共领域理念与某些特殊问题联系起来。

通过大众传媒进行风险沟通就是这样的一种特殊议题。"在当今世界，不管在中国或是西方又或是其他地方，在培育关切心和批判性兼备的公众的过程中，其中，最有意思的进程都与经济发展和技术变革所引发的危机和风险联系在一起。直到最近三四十年，西方才开始拒绝对这些危机风险简单地照单全收"②。同时，也有迹象表明："在中国公众越来越不愿意简单地接受经济发展带来的负面效应，（比如说）杀虫剂对农民和消费者健康的危害，污染的影响以及工业项目的征地等等。"③

风险社会中的政治转型需要尊重参与、合法性等基本原则，但从实践的角度看，民主政治不能局限于自由民主的常规政治体制之中，而要在由更广泛的社会民主所搭建的协商讨论之中开放④。在由经济发展所引发的危机与风险的背景下，无论何种形式的政体，一种典型的官僚反应就是去否认、隐藏或者掩盖风险或危机（如疯牛病、非典）。但是，在世界风险社会，一旦否认和掩盖被曝光就有可能损害政府的合法性。面对风险，政府与媒体的选择必须要二者取其一，要么选择协商公共领域，要么导致公众的渐离渐远和动荡不安。

风险社会的出现赋予人类加深和拓展民主的机会，如果风险社会将要成功地迎接其自身的挑战，就需沿着民主政治的方向发展，即建立在公民广泛参与基础之上的协商民主政治。荷兰的沃特·阿赫特贝格认为："实践的结果只有一种类型的民主，那就是沿着协商民主的方向拓展和加强自由民主，只有它才能使风险社会从容应对生态灾难并实现可持续性发展的目标。"⑤ 协商民主政治视共同利益为核心，并充分容纳贝克所说的有责任的现代性。

在协商民主式的风险论争中，风险沟通主体之间以语言为中介，以

①〔德〕哈贝马斯：《事实与规范之间：关于法律和民主法治国的商谈理论》，童世骏译，三联书店 2003 年版，第 466—467 页。

② Ulrich Beck,1992:Risk Society,London:Sage.

③ Thiers Paul,2003:Risk Society Comes to China:SARS,Transparency and Public Accountability. Asian Perspective,27:241 −51.

④ 陈家刚：《风险社会与协商民主》，《马克思主义与现实》2006 年第 3 期，第 104 页。

⑤ 薛晓源、周战超主编：《全球化与风险社会》，社会科学文献出版社 2005 年版，第 317 页。

交流为中心，以双方在场为要旨。当现代社会不可能提供每个人都能参与并发表自己意见的场所时，大众传媒就有了特殊的意义。在一个媒介化的社会，某个事件或某个个体的公共性（可见性）不再与一种"共享的共同场所"相关，而可以获得一种新的、可称之为"被传媒中介化的"公共性或"传媒调节的"公共性，个体可以通过传媒的"虚拟性在场"，即新闻报道参与这种公共性①。媒体改变了人们体验公共生活、参与协商民主的条件。

尽管风险沟通充满着社会论争与建构，媒体成为风险建构的主要场域之一，但正是这种建构特征更需要多元的风险论述、决策参与和公共协商。在协商民主理论中，稳定的公共生活和繁荣的民主政治是以社会中多数人积极参与为前提的，公民参与已成为政治民主的核心部分②。以协商民主的视角来反观大众传媒的风险传播，它必然强调作为公民的"受众"之间的对话与协商。很显然，这里"作为公民的受众"有别于"作为大众的受众"、"作为群体成员的受众"与"作为商品的受众"。"作为公民的受众"，回应了前面所论述的风险的建构特征与"亚政治"特性。在协商民主模式中，政治讨论以公共利益为导向，民主决策是平等公民之间理性地讨论的结果③。受众借助于媒体的"论坛"，理性、批判地对风险决策做出判断，并通过对话与协商建立联系，解决公共风险问题并作出风险决策。

协商民主的价值诉求是，能培养出维护健康民主所必需的公民素养并形成集体责任感。在"世界风险社会"，对风险伦理的倡导有赖于这样的一种价值诉求，因为社会在整体上的风险沟通，正是基于对公共风险的理性讨论。对于风险的跨文化传播而言，尽管不同文化或民族可能都有不同的"风险目录"，但是，在多元文化中，协商民主能够促进不同文化间的风险沟通，能够有效地回应文化间对话和多元文化社会认知的某些核心问题。它尤其强调对于公共利益的责任，通过将边缘群体或弱势群体纳入民主协商的过程，并向这些团体表明公共协商的结果来自公正和包容性的程序。民主的协商过程需要在形成民众意志的过程中尊重个体公民的风险论述，或参与者共同寻找各种路径，只有通过协商讨论，

---

① 〔德〕哈贝马斯：《事实与规范之间：关于法律和民主法治国的商谈理论》，童世骏译，三联书店 2003 年版，第 447 页。

② 〔美〕玛莎·麦科伊：《协商对话扩展公民参与：民主需要何种对话？》，原载于陈家刚选编：《协商民主》，三联书店 2004 年版，第 103 页。

③ 陈家刚选编：《协商民主》，三联书店 2004 年版，第 7 页。

才能使不同的、有时相互冲突的利益和意见实现融合①。例如，在类似怒江建坝之争的"生态政治"中，媒体与环保 NGO 都极力倡导维护弱势群体或原住居民的风险话语权，鼓励多元的风险论争与协商，体现了这样的一种理念。此外，协商民主还可以促进多元文化国家的政治合法化。在西方，对于一个多元文化社会的风险传播与风险管理而言，协商民主是一种具有巨大潜能的民主治理形式。

2000 年，英国国会上议院（House of Lords）通过《科学与社会》报告，热情地提倡基于公众参与的对话、讨论和辩论。对于公众参与风险决策，报告列举了一些具体方式，如：协商式民意测验、常设咨询组、焦点问题组、公民陪审团、共识研讨会等②。这些公众参与活动具有以下共同特征：包含普通公民；听取专家意见；进行讨论、商议；提出政策建议。报告反映英国科学风险传播观念的深刻变化。风险传播的民主转向，是以公开对话、建立共识的双向、多元模式代替了单向的风险传播模式。这种风险传播模式，与西方政治理论中"协商民主"或哈贝马斯所论述的程序主义的商议民主模式相一致③。哈贝马斯强调，公共意志的形成，必须包容异质意见通过理性的论证或争论来达致共识。对科学研究及其风险报道而言，理想的状态是基于商议民主的规范原则，促使公众借助大众传媒参与风险论争与风险决策，达致社会理性与科学理性的多元共识。

（三）"协商民主"在风险沟通中的媒体实践

1. 从"告知风险"到"公共参与"：媒介议题的转换。20 世纪 80 年代，乌尔里希·贝克在"风险社会"理论中指出：人类社会进入工业文明以后，科学理性的乐观主义情绪占据了大多数人的头脑，由此产生了人类自身对理性和科学技术盲目的崇拜和信任。然而，这也意味着人类社会面临的不可预知的风险也会越多，比如，切尔诺贝利核事故产生大量无法有效处理的放射性核废料。一项科学技术在应用之前，其可能产生的风险，已经远非这项技术的专家所能独自预测估算的。也正是由于这一点，进入 21 世纪后，西方社会理论界开始有意识的提倡一种"大科学"（big science）视角的社会理论，以分析解决人类社会面临的风险

---

① 〔美〕马修·费斯廷斯泰恩：《协商、公民权与认同》，原载于陈家刚选编：《协商民主》，三联书店 2004 年版，第 315—319 页。

② 许志晋、毛宝铭：《风险社会中的科学传播》，《科学学研究》2005 年 4 期，第 442 页。

③ 哈贝马斯：《民主的三种规范模式》，原载于中国社会科学院哲学研究所编：《哈贝马斯在华演讲集》，人民出版社 2002 年版，第 78—88 页。

问题。

所谓的"大科学",指向的是一种跨学科跨分工的社会参与模式,一项技术应用可能对未来造成的利弊影响,将不再由技术专家一方进行描述,而必须通过大众传媒,放大成公共参与的政治话题,从多学科、多社会层面的角度,去审视、监控技术的应用,从而最大限度地化解"风险社会"的问题。媒介将涉及社会公共利益的风险议题转换为"公共参与"的政治话题,既符合民主精神,又是效率的制度化做法。

要实践"协商民主"的精神,媒体对环境与健康风险的报道,亟待引入"公共新闻学"的理念。协商民主与公共新闻学都是20世纪90年代以来的西方政治学与新闻学领域兴起的对西方社会民主缺失的反思。美国公共新闻学的出现,既是对政治变革作出的一种反应,也可视为对协商民主理论的实践尝试。尽管公共新闻思潮无法拯救民主并面临诸多的社会争议,但其理念在社区风险争议以及与公众生活密切的风险报道中具有重要的实践意义。

"公共新闻"(public journalism)是20世纪90年代初在美国兴起并延续至今的一种新闻思潮,它希望重建读者与社区、读者与媒体、媒体与社区的联系,从而唤醒居民对于自身公民身份的醒觉以及居民对公共事务的关怀,促使其成为公共生活的主体。它还提倡媒体的议程应该由公众来设定,记者应借助媒体手段帮助公众解决社会问题。

回顾美国"公共新闻学"思潮的发展可以发现:在公共新闻的实践中,除政治选举之外,关于环境、健康等风险议题,一向都是社区报纸、广播电视与网络等媒体贯彻"公共新闻学"理念的重要新闻议程。"公共新闻"思潮首先是从美国一些地区性报纸中生长起来的。它们"既对新闻理念负责,又有责任促进本社区事情解决得更好,并真正认识到,过去解决事情的方式并不永远就是事情应该被解决的方式,我们可以有所改变。"① 事实上,也是先有美国政治、社区组织、环保主义行动等的变化,然后才出现了公共新闻学。其中,诸多关于NGO、社区健康、环保主义、饮食等新闻题材,本身就是风险议题。公共新闻学落实在风险报道上,强调对公众关心的风险议题与相关的风险决策进行建设性的报道。在新闻题材上,不应只是炒作戏剧性的风险冲突,而应多探讨社区发展、生态环境、健康等风险议题;在报道方法上,不应仅仅是炒作短期的风

---

① 刘肇熙、姚清江:《公共新闻学:美国新闻理论的第三次革命——访〈哥伦比亚——密苏里人报〉总编辑汤姆·瓦霍沃》,《青年记者》2004年第4期,第43—44页。

险争议，而应长期经营，找出公众真正关心的风险问题，推出系列报道，增进公民对风险议题的了解，促进科学的风险决策。

这种新闻思潮开始由"媒体发动公众讨论并寻求公共问题的解决方案"的模式，进入到公众"自主发表观点、形成舆论甚至组织舆论、进而影响媒体、影响公共事务决策"的新阶段。在美国，这种"参与式新闻"（Participatory Journalism），指的就是普通公众可以借助现代网络技术主动地加入到传播活动中。近年来，"公共新闻"与"参与式新闻"（Participatory Journalism）呈现出融合为"公共与参与式新闻"（Public and Participatory Journalism）的新动向①。在具体的新闻操作上，媒体尽量呈现与公共议题核心论述有关的事实，并可开辟版面或时段，鼓励民众对议题发表意见，或由媒体举办听证会，邀请民众、学者专家以及政府官员讨论公共风险议题的解决方案。新闻媒体绝不只是冷眼旁观风险论争与风险决策的角力过程，而是要通过深入、完整的报道，引导民众深思熟虑，为社区面临的重大环境、健康等风险议题寻找最佳解决方案。

例如，"红火蚁"是一种外来的物种，能够威胁到人类生活的安全，也使我们警觉到外来物种对本土物种的威胁。2004 年 10 月 18—22 日，台湾公共电视台的晚间新闻播出四集系列报道《火蚁大对抗》，通过文字与影像，为不会讲话的本土物种请命。该作品在 2005 年获得第四届"卓越新闻奖"的"电视新闻采访报道奖"。获奖词如下："红火蚁入侵是当时的显著社会议题。有别于其他媒体只会紧打恐惧诉求，以浮面方式进行肤浅报导，公视新闻的报导内容有深度、前后能连贯；而且剪辑科学频道的相关信息、邀访专家学者、并以计算机动画仿真红火蚁咬噬人体的情形，显见其用心，值得推荐入围。"②《火蚁大对抗》系列报道，探讨了红火蚁以及其他外来物种给本土生态环境带来的风险，能够引导读者习得相关的风险知识，了解问题、探索对策并采取行动。

《火蚁大对抗》属于典型生态环境风险报道。它在以下四个方面具备了协商、沟通的意义：（1）发掘了一些对社会有实质影响的议题，比如像台湾《联合报》、公共电视对红火蚁等外来物种入侵的风险报道，就跟民生密切相关；（2）长期、深入追踪议题的关键所在；（3）促进公共讨论；（4）在讨论的过程中，由媒体提出或者是由公众讨论，逐渐形成可

---

① 蔡雯：《美国"公共新闻"的历史与现状（下）——对美国"公共新闻"的实地观察与分析》，《国际新闻界》2005 年第 2 期，第 27—28 页。

② http://www.feja.org.tw/Page_Show.asp? Page_ID=235.

行或是可能的解决方案，最后促成公众去面对并解决一些风险问题。在美国新闻界，社区报纸与电视对废弃物的安置、垃圾焚烧炉以及放射性污染物的处置等风险的报道，就是经由"媒体发起—受众关注—媒体报道—公共讨论"的反复回应，媒体报道了风险议题并参与风险决策，以寻求具有广泛的社会接纳力的风险决策。

在西方社区媒体的"公共新闻学"实践中，社区环境与健康风险议题尤为引人注意。路易丝·菲利普斯（Louise Phillips）提供了大量关于丹麦环境风险、媒介与政治行动论述的定量研究，运用了跨学科（社会心理学、传播学研究、语言学）的话语分析框架，根据个体意识到的个人解决公共问题（包括全球和地方性的生态风险）的责任感，依据"责任的民主化"的社会发展分析了六对夫妇的风险论述。研究发现，大众传媒对风险知识的生产与传播被予以强调。话语分析表明，人们的风险论述，为他们提供了处理生态风险增殖、担负风险责任的方法，而人们的责任意识被媒介话语建构[①]。路易丝·菲利普斯从媒介风险话语与社会运动的角度，探讨了"私域"的风险如何转化为"公域"的风险论争域与风险决策等公共议题。正是媒体的公共新闻实践，将政治冷漠中的"私域"风险转化为"公域"风险的论述，促进社区的风险沟通与政治行动。研究表明：人们接近大众传媒还只属于"有限政治消费领域"，接近并主动使用媒介发起社区公共风险议题的讨论，并促进问题的解决，这样的风险论述造就了超越"有限政治消费"的政治行动。这种重视社区观点以解决问题的"公共新闻学"取向，在风险传播中值得推广。

在社区公共新闻学的实践中，除了选举等政治议题之外，关乎环境与健康的公共的、"亚政治"议题常常是媒体实践的重要组成部分。2003年，非典袭击台湾期间，作为与民众进行"风险传播"的媒介，大多数新闻媒体都没有充分发挥其有效传播功能，但公共电视在"解释、分析、指示"非典疫情方面，以热线节目回答观众问题，并制作光盘广为散发，得到不少好评。这种重视社区观点来解决问题的"公共新闻学"取向起到了良好的传播效果；相反，如果风险传播渠道不畅，谣言与集体恐慌滋生，风险就会演变成危机，如台湾在和平封锁医院后导致患者自杀和医院受到周围社区民众抗议等。

没有公共参与的决策不仅会使政府机构为商业利益所掣肘，而且也

①　Louise Phillips, 2000: Mediated Communication and the Privatization of Public Problems: Discourse on Ecological Risks and Political Action, *European Journal of Communication*, 15(2): 171 - 207.

常常使公众对科学采取不加批判地接受的态度①。在这个意义上，风险传播的公共新闻取向表现为强调社会介入和关心社会正义。比如，环境记者对环境保护的使命感，较跑其他线路记者更强烈。这种使命感主导了某些报道与评论，甚至促使他们参与环保运动的发展，使得环境记者的角色不再只是环境运动的报道者，有些甚至是运动的鼓吹者与参与者②。例如，环保 NGO "绿岛"的负责人张可佳是《中国青年报》记者，"绿家园"的创建人汪永晨是中央人民广播电台记者。

在价值和信念上，新闻媒介可以改善民主参与的条件，新闻业能够而且应该对民主有贡献。公众经常将风险传播视为分享权力的一种手段，但风险管理者则将之视为实现健康与安全目的的一种手段，两者认知的差距容易造成沟通不畅。针对这一现状，汉斯（Hance）等人提出"公众参与"模式，从以政府为主体的消极参与模式转变为以公众为主体的互动、参与模式。事实上，公众通过媒体、论坛、运动团体参与风险决策，是极有价值的社会资源，这减轻了危害并促使环境公益。例如，在美国核能管制委员会与环保署的风险传播计划中，沟通对象不仅是学者、专家，而且包括新闻记者与一般民众。

大众媒体的政治角色，本应是促进民主协商，即引导公民针对共同关切的议题，进行自由、理性、平等地对话，寻求彼此都能接受的解决方案，然后根据共识或多数进行风险决策。参照台湾学者王洪钧的"议题"流程图③，可以下图来展示大众传媒通过议题设置和提供公共论坛实践风险沟通的具体过程：

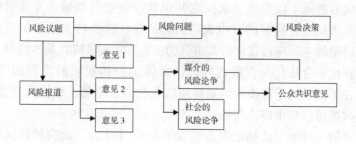

协商民主在风险传播实践中的运用，可以通过民意调查、听证会或

①　薛晓源、周战超主编：《全球化与风险社会》，社会科学文献出版社 2005 年版，第 257 页。
②　王景平、廖学诚：《公共电视〈我们的岛〉节目中环境正义与媒体地方感之分析：以〈斯土安康〉影集为例》，《地理研究》（台湾）2006 年第 44 期，第 16—17 页。
③　王洪钧：《大众传播与现代社会》，台北正中书局 1987 年版，第 166 页。

社区会议，聚焦公共风险议题，增进公民对议题的了解，呈现不同意见，提供公共论坛，促进风险对话与沟通，复兴公共生活，使作为公共事件的潜在参与者变成事件积极关注者和讨论者。以"协商民主"理念重构风险传播，有利于媒体建构社会对不同风险争议的容纳力。

2. 全球电子传播中的风险沟通民主。在风险传播中，协商是民主的关键，但如何具体实施协商民主依然是一个难题。维护公共领域的理念，意味着肯定公众参与的基本原则，即理性、平等、对话和协商，但不容忽视的是，新闻传媒在扮演民主参与角色时，既要维护民主的理想，又要回应民主政治的严酷现实：新闻传媒要提供更好的信息给理性的公众，帮助公众在参与式互动过程中形成对公共事务的恰当理解；又要警惕个人利益、偏见对传播的扭曲并防止把公众参与形式化、仪式化[1]。

美国批判理论研究者汤普森（Thompson）认为，基于对话式的"参与民主"，虽然理论上可以提供平等的社会地位，共同而开放地进行无压迫的辩论过程，但事实上这些优点是难以落实的，在较小的社区中尚有部分实践的可能，但在全球化的媒体渠道上，实在难以适用[2]。如果说媒体在风险传播中的功能主要是提供风险信息的"能见度"，而非充分"对话"，受众则可以根据相关的风险信息或论述，自行对话讨论，做出合理判断。例如，广播电视、报纸以及网络等媒体，在提高转基因食品、全球变暖、生态恶化、工业污染等风险的能见度方面已经有了不凡的表现。在一个全球传播的时代，传播与科技的发展有利于人们参与全球化的风险决策。人们倾向于把大众传媒视为公共领域的代表，即市民可以自由表达及沟通意见，以形成达成民意共识的社会生活领域。公共领域的基本前提是市民应有同等的自由表达机会，并且能够自主地组织成公共团体，其讨论的主题应以批评公共事务为主[3]。公共领域的基本精神是多元化、公开化和合法化。在现代社会，媒体是公共领域的重要构件之一，其功能在于提供免于压迫的沟通情境以及公开、平等、理性的对话空间，让公共政策得以自由辩论与批评。

实时的全球电子传播已经改变既有的全球社会，新的传播网络除了

---

① 单波、黄泰岩：《新闻传媒如何扮演民主参与的角色？——评杜威和李普曼在新闻与民主关系问题上的分歧》，《国外社会科学》2003 年第 3 期。

② Thompson, John B, 1995: *The Media and Modernity: A Social Theory of the Media.* UK: Polity Press. p. 254.

③ 转引自张锦华：《公共领域、多文化主义与传播研究》，台北正中书局 1997 年版，第 16 页。

增加全球监督与全球能见度的可能性，同时会提高相互质疑的程度①。针对传播科技的发展，汤普森进一步指出，大众传播改变了公共领域的形成方式。传统的公共领域或公共性是一群人同时"在场"，如市集、咖啡馆等；大众传播使得"公共性"不再需要以公众的"在场"为根据，形成所谓的"媒介的公共性"（mediated publicness），如电视观众②。这种"媒介的公共性"具有以下特征：公共事务可以让散居不同地方的人"看得到"；"视域"的形成不是公众可以掌控的；"观看"的过程是以单一方向进行的。

网络传播有利于扩大受众的公共参与，如对公共风险议题的讨论。公共新闻学与互联网的结合缔造了市民发声的条件，成为美国新闻学界探讨市民新闻（citizen journalism）、参与性新闻（participatory journalism）的热门话题。

然而，风险的能见度（visibility）成为进入公共领域的决定性门槛。未经媒体呈现的风险议题，将无法被受众"看到"。这种风险"视域"被掌握在新闻从业者的手中。大众传媒中"风险能见度"的竞逐白热化，风险呈现与遮蔽、风险沟通与风险扭曲并存。商业利益对媒体的侵入，更是导致"风险公共领域"被"再封建化"。阿特休尔指出："在所有的新闻体系中，新闻媒介都是掌握政治和经济权力者的代言人。因此，报刊和广播电视并不是独立的媒介，它们只是潜在地发挥独立作用，""新闻媒介的内容往往反映那些给新闻媒介提供资金者的利益。"③日本学者井上俊也认为，尽管历代报人一直以新闻自由、出版自由为奋斗目标，但是报纸从来没有摆脱权力的制约而实现完全的自由④。事实上，大众媒介不仅难以摆脱资本或政治的控制，而且它本身也是一种营利产业。

尽管网络公共领域的形成也许并不具有现实的可能性，但是，建构理想的风险言说/沟通情境是一个引导人们去企求与思考的愿景。"公共新闻"运动的最早倡导者、纽约大学新闻系主任杰伊·罗森（Jay Ros-

---

① James Slevin：《因特网与社会》，王乐成等译，台北：弘智文化事业有限公司2002年版，第265—267页。

② John B. Thompson,1995：The Media and Modernity：A social Theory of the Media, Cambridge：Polity Press.

③〔美〕赫伯特·阿特休尔：《权力的媒介》，黄煜等译，华夏出版社1989年版，第336—337页。

④ 转引自张昆：《大众媒介的政治属性与政治功能》，《武汉大学学报（人文科学版）》2006年第1期。

en），2003 年 10 月在《哥伦比亚新闻观察》（Columbia Journalism Review）上发表了一篇题为《权威的条件》（Terms of Authority）的文章，认为"虽然不是每一个公民都会成为记者，但是每一个记者都能够在网络上形成一个迷你型的公众群体"，"网络上的新闻交易，意味着一种新的公共领域，在这个领域里每个读者都能成为作者，而且人们对新闻的这种'消费'是在他们更主动地寻找正在发生的新闻、有时候还相互合作的情况下完成的。"① 网络技术赋予风险传播某种程度的互动性：（1）新闻使用者与数据库之间的互动，如超链接（hyperlink）提供的新闻背景查阅、新闻搜索、意见调查等；（2）使用者与其他人之间的互动，如网站张贴编辑和记者的电邮地址、常设按题目分类的讨论版、特定议题的实时在线访谈等。通过这些工具，受众能够与他人交流、讨论风险。这两种互动都为市民参与风险传播流程创造了条件。

周桂田考察了德国六家媒体，即《南德早报》、《法兰克福环视报》、《法兰克福汇报》、《日常食品报》、《焦点周刊》以及《明镜周刊》对基因科技的风险论述，发现外在社会的建构机制，包括官方组织、社会运动团体以及个人间的互动，对风险的论述具有重要的社会建构意义。但是，传统媒体的报道虽在某程度上较具系统性，但缺乏风险信息沟通的互动，对于高科技的风险报道更容易被某个框架所支配。在此基础上，他对绿色和平组织、豆芽资讯网、RKI 基因科技资讯、中介网站"Jan's Home"的基因风险沟通进行研究，发现网络风险沟通较传统媒体的风险沟通，具有更好的参与性、互动性、立场选择性与社会学习效果，事实上发展了一个较优良的公共领域条件，而且，网络的分众化传播形式，也提供了异质、多元风险观点的机会，增加了受众的判断选择性。在基因食品事件的科技风险争议中，网络的讨论活动宛如一个"电子集会场"（electronic agora），人们在网上自由地参与、论辩并确立主体沟通与社会认同的权力，以此"建构"一个社会的真实，也就是"网络上多元论述的风险公共领域"②。

在我国，自 2003—2005 年间，云南怒江水电规划所引发的媒体争议中，受制于风险的不确定性与媒介生态，博客或一些网站一度成为媒体

① 转引自蔡雯：《美国"公共新闻"的历史与现状》（下），《国际新闻界》2005 年第 2 期，第 27 页。

② 周桂田：《因特网上的公共领域——在风险社会下的建构意义》，1997 年台湾"第二届信息科技与社会转型研讨会"论文，台北：中央研究院社会学研究所，第 43 页。

的重要消息来源，公众也借助网络媒体参与风险论述并影响国家的风险决策。互联网公共论坛作为一种基于新传播技术的参与方式，打破了空间、时间的限制，增加了公民参与及其与政府之间直接沟通的可能性。互联网公共论坛中的政治参与在"近似地"实践着协商民主的理想，体现了民主的价值和精神①。

有学者援引"协商民主"理论来对公共新闻学进行检视，发现公共新闻学尽管也强调公共协商的运作，仍有诸多疏漏之处，亟待改进。但是，不能因此否定公共新闻学促成协商民主理念发展的潜力，而应积极地以严谨的协商程序来更新公共新闻学，将其视为落实协商民主的场域②。

协商民主对传媒要求是从公民的关切层面着手，强调对于受众的尊重，视他们为可能关心其政治环境、能够理解其政治环境的人们。大众传媒具有双重义务，即参与公共生活与促进公民参与。当然，这种参与还有待制度设计、政治文明与公民素养的多方协力。

## 第三节　大众传媒重塑风险社会的信任关系

"风险"与"信任"是传统工业社会走向风险社会进程中的一对凸显问题。心理学家莫顿·多伊奇（Morton Deutsch）认为，信任是一种主观的、以行为体为中心的信念，即行为体是否信任他者取决于行为体对世界的主观态度③。尼克拉斯·卢曼（Niklas Luhmann）将信任理解为是对产生风险的外部条件的一种纯粹的内心估价④。

在风险社会情境下，社会断裂引发信任危机，制度失序产生信任危机，人格失范导致信任危机。这主要表现为人伦信任危机和制度信任危机，最终将增大社会运营成本，影响社会安全与稳定，造成人的存在危机。信任是有效风险沟通的重要指标，在争议性风险的协商中扮演重要

---

① 陈剩勇、杜洁：《互联网公共论坛：政治参与和协商民主的兴起》，《浙江大学学报（人文社会科学版）》2005 年第 3 期，第 5 页。

② 黄浩荣：《公共新闻学：审议式民主的观点》，台湾大学新闻研究所 2004 年硕士论文。

③ Morton Deutsch, 1962: Cooperation and Trust: Some Theoretical Notes, in M. R. Jones（ed.）, Nebraska Symposium on Motivation, Nebraska University Press.

④ N. Luhmann, 1990: Familiarity, Confidence, Trust: Problems and Alternatives, in D. Gambetta（ed.）, Trust: Making and Breaking Cooperative Relations, Blackwell Publishers, pp. 94 - 107.

角色。但信任需要历时性地建立，却容易在瞬间被瓦解。传媒有效的风险传播不仅具有民主意蕴，而且建构了社会的信任文化。"互动、参与的风险传播将能够提高公众对于争议性科技的理解，并且在自我参与的过程之中，除了具有民主的意涵之外，也形成了一个公众信任的建构过程"①。

## 一、大众传媒形塑风险社会的媒介信任

　　新近的调查显示，受众对媒体传播信息的信任程度依次是电视、报纸、广播、杂志、互联网②。电视与报刊在风险沟通中扮演重要角色，手机和互联网也成为人们获取风险信息的常用渠道，但公众对它的信任却打了折扣。公众既需要依赖它们又无法信任它们，这种现象容易引起公众的心理困惑和冲突，进而产生负面情绪，引发不满和信任危机。因此，基于互联网与手机的风险信息沟通，要注重专业的风险信息发布与反馈，保证信息发布的专业性、权威性与严肃性。

　　风险知情权的实现程度是公民参与风险论争、风险决策与风险治理是否积极的重要因素。"以受众为中心的风险沟通"的核心在于帮助民众建立理性的风险认知模式③。Tsfati 认为无论公民是否相信媒体，个体的认知需求（need for cognition）会促使公民产生了解、思考媒体信息的动力④。公众的媒体接触频率及其对媒体的信任程度，直接影响公民在风险传播中的参与意愿与参与行为。大众传媒不仅有助于公众在风险沟通中发表观点和提出建议，还能传播政治知识、促进社会多元主体之间的网络沟通并促进公民社会的成长。

## 二、大众传媒形塑风险社会的政治信任

　　政治信任就是民众期望政府或政治系统将运作产生出与他们的期待相一致的信念或信心。现代传媒是政治信任双方（公民与政治体系）获

---

　　① 周桂田：《争议性科技之风险沟通——以基因改造工程为思考点》，《生物科技与法律研究通讯》2005 年第 18 期，第 51 页。

　　② 梁莹：《媒体信任与公民的社区志愿服务参与》，《理论探讨》2012 年第 1 期，第 21 页。

　　③ 谢晓非、王惠等：《SARS 危机中以受众为中心的风险沟通分析》，《应用心理学》2005 年第 2 期，第 108 页。

　　④ Tsfati & Cappella，2005：Why do People Watch News they do not Trust？The need for Cognition as a Moderator in the Association between News Media Skepticism and Exposure，Media Psychology，7（3）：1251 – 2711.

取对方基本信息的来源。罗伯特·达尔（Robert Dahl）认为："相互信任有助于多头政治和公开辩论，而极端怀疑有助于霸权政治。"① 媒体已经逐步充当了现代社会中信任关系的中介者，但商业化的传媒往往通过揭露社会和政治问题、精英人物的缺点、缺陷等来赢得公众对自身的认可，其结果必然导致公众信任的下降②。卡皮尼（carpini）认为，研究传媒对政治信任影响的主要理论范式是"媒体抑郁症"（meida malaise）理论，该范式强调媒体对政府机构和政治人物的负面报道，是导致政治信任下降的关键因素③。

风险的日常性与公共性，赋予风险传播的"亚政治"特质。公众对政府或政治体系的信任度，直接影响风险沟通效果、公民参与意愿、政府的风险决策甚至社会的稳定。产生政治的社会信任危机，表现为制度性缺陷以及政治运作过程中的不规范。公众的政治信任度，构成了民主政治环境下风险决策的基础。塑造风险社会的政治信任，政府和媒体首先要保障公民的风险知情权，其次是要有容纳风险争议的能力，最后是鼓励公众参与风险决策过程。风险传播是民主决策下的产物，诚如欧特威（Otway）所说：风险传播是民主程序的一种表现，只有建立双向的、开放式的沟通，才能符合民主政治的要求④。

### 三、大众传媒重构社会信任

德国社会学家齐美尔在其著作《货币哲学》中指出，信任是"社会最主要的凝聚力之一……离开了人们之间的一般性信任，社会自身将变成一盘散沙"⑤。作为一种重要的社会资本，社会信任是具有重要价值的稀缺资源，在风险社会具有社会关系协调的功能，是一种维系社会稳定的重要机制。

美国学者福山指出，由于文化的差异，美国、日本和德国属于高信任社会，而中国、意大利和法国则属于低信任社会。后者属于"特殊信

---

① 〔美〕罗伯特·达尔：《多头政体——参与和反对》，谭君久、刘惠荣译，商务印书馆2003年版，第166页。

② 〔美〕詹姆斯·科尔曼：《社会理论的基础》（上卷），邓方译，社会科学文献出版社1999年版，第226页。

③ Delli Carpini, 2000: Gen. com: Youth, civic engagementand the new information environment. Journal of Communication, 17: 341 – 349.

④ Otway, H. J., & Thomas, K., 1982: Reflections on risk perception and politic, *Risk Analysis*, (2): 69 – 82.

⑤ 〔德〕齐美尔：《货币哲学》，陈戎女等译，华夏出版社2002年版，第178—179页。

任"的强势和"普遍信任"的弱势对比鲜明的国家①。"特殊信任"在中国意味着人际关系中人际信任与熟悉程度、亲密程度、互惠程度挂钩的特点。传统中国是城乡二元结构下的"熟人社会",建立以个人经验"因熟而悉"为基础的人格信任模式;现代中国变成了一个开放的、快速流动的"生人社会",社会信任的建立面临严峻挑战。中国社会原来就比较弱的公共信任程度在改革开放之后不断下降,其表现之一即对他者的信任、对机构的信任乃至于对亲朋的信任大幅度的降低和复杂化②。因此,必须改变以血缘家族关系为核心的中国传统特殊主义人际信任模式,代之以制度信任为核心的普遍主义信任模式,才能使风险社会中的社会转型与政治秩序保持稳定。

甚至,有学者直接认为,社会危机事件之所以频繁发生,不在于经济的转轨、社会的转型以及风险社会的到来,而是由于我们还没有建立起与工业社会相适应的信任关系、信任制度及其实施与监督机制③。研究表明,报纸媒体的使用对人们的社会信任有积极的影响,电视媒体中的暴力和冲突性内容对社会信任有负面影响,展示人性之善的喜剧性内容则能促进人际信任,互联网媒体的工具性使用对人们的社会信任有积极的影响④。

在一个世界风险社会,大众传媒应加强信任文化倡导以及对信任制度的监督,实现由差序信任文化向团体信任文化的转变,努力形成与风险社会相适应的信任文化。

### 四、专家知识及其公民批判:维持风险认知信任的结构

进入世界风险社会,对以科学权威为代表的专家系统的信任存在两难困境:一方面,不断加剧的风险迫使人们希望从既有的专家系统获得保障,因为对专家系统的信任是帮助我们获得安全的工具;另一方面,风险知识的"不确定性"、专家论述的相互冲突或专家被权力与资本收

① 〔美〕弗朗西斯·福山:《信任:社会美德与创造经济繁荣》,彭志华译,海南出版社2001年版。
② 郑也夫:《信任论》,中国广播电视出版社2001年版。
③ 高和荣:《社会危机事件的信任求解》,《江海学刊》2011年第3期。
④ 〔美〕罗伯特·帕特南:《独自打保龄球:美国社区的衰落与复兴》,刘波等译,北京大学出版社2011年版。Shah,Kwak,& Holbert,2001:"Connecting" and "disconnecting" with civic life: Patterns of internet use and the production of social capital. *Political Communication*,18:141 - 162; Shah, McLeod & Yoon(2001). Communication,context and community:An exploration of print,broadcast and internet influences. *Communication Research*,28(4):464 - 506。

编，使公众对科学的权威地位产生质疑。后者在切尔诺贝利核电站的泄漏事件、英国的疯牛病事件、转基因作物争议、非典防治以及云南怒江建坝等风险报道中都分别有所体现。现代性的自反性必须以从专家系统的批评中获得越来越多的自由为条件。"自反性不以信任为基础而以对专家系统的不信任为基础"①

企业丧失社会责任感，专家失去知识分子的精神品格，政府失去公信力，将会瓦解风险沟通的社会根基。一个缺乏公民监督传统的社会，无法拥有具有制衡力量的沟通文化。在一个媒介化的社会，专家在社会空间中的"位阶"使他们比较容易成为风险报道的固定消息来源，从而提高了专家知识与论述的"社会能见度"。媒体积极援引专家的风险知识与论述，寻求和借助专家话语的"权威"来提升风险报道的科学品质。然而，风险的"不确定性"挑战了专家知识的权威性，"专家"日益丧失其权威性，在公众心中的"信任度"也迅速降低。自反性既是威胁科学认知的合法性以及制度基础稳定性、加剧信任危机的力量，又是科学扩张以及建构主动信任的重要能力②。"正"与"反"的张力建构了公众对专家系统的信任关系，公众已经成为科学发展的科学化与民主化的主要力量之一。事实上，专家权威性和信任度的衰落，也和媒体自身的公信力和媒体体制有关。

现代社会对技术理性的崇拜赋予了知识分子在风险沟通中压倒性的话语权，但现代社会中知识分子要做到独善其身变得越来越难。专家们在风险评估中被权力与资本收编而各为其主，高度依赖于专家系统的大众传媒与社会公众必然无所适从。于是，常民的公众批判解构了传统社会中对科学知识的认知崇拜，撼动了科学和理性曾经借助传统形式确立起来的权威地位，直接危及了公众对专家系统的认知信任，主要表现在专家权威批判与知识主张批判两个层面。

在切尔诺贝利核泄漏事故中，温内对英国坎布里安羊（Cumbrian sheep）事件的案例分析中指出：一方面，科学在公众面前表现出自反性的缺乏，它自以为自己是没有问题的；另一方面，被认为是外行的公众的经验知识始终与不同的社会网络、认识的相互依赖性以及认同的确认

---

① 〔德〕乌尔里希·贝克、〔英〕安东尼·吉登斯、斯科特·拉什：《自反性现代化——现代社会秩序中的政治、传统和美学》，赵文书译，商务印书馆 2001 年版，第 147 页。

② 赵万里、王红昌：《自反性、专家系统与信任——当代科学的公众信任危机探析》，《黑龙江社会科学》2012 年第 2 期，第 87 页。

整合在一起，表现了强烈的自反性①。风险认知从解构到重构的过程，"专家知识"仍然不可或缺，但必须面对"常民知识"的公众批判，在不断自反中维持风险认知信任的结构。

商业公司、政策制定者和专家结成的联盟形成的"有组织地不负责任"，制造了当代社会的危险，并建立起一套话语来推卸责任。应对风险的"有组织地不负责任"，贝克提出超越简单政治的自反性政治，即"再造政治"。公众对专家系统的主动信任依赖于自反性政治的两个方面：一是引入民主协商原则；二是融入公共领域实践②。大众传媒为风险社会的"再造政治"提供了公共论坛，成为公民自下而上的"亚政治"。在厦门PX事件中，专家认知的分歧、公众风险认知增强、风险责任归属的困难、公众基于新媒体与人际传播的民主参与，建构了"亚政治"领域媒介图景。媒体传播与公民批判的联结，既要对社会制度与利益结构进行反思，还要对既有的科学与知识生产体制进行反思③。

公民批判消解了公众对专家知识权威的信任程度，而信任关系的建立又依赖制度的不断自反而建构的民主政治实践。社会对风险认知与讨论的知识传统根植于社会批判、沟通的政治文化传统。当社会有成熟的媒体沟通和批判传统，并允许风险成为一个自发的、公共的政治议题，则风险信息传播将更广泛、透明，并且，定义风险的文化关系和意义将有再生产的空间；反之，普遍性的风险将伴随讨论空间的萎缩，或受到冷落，或经此文化解释后隐藏或夸大风险的事实，形成一种失去控制的恐惧。在传媒建构的风险公共领域中，公共批判和公共实践的良性互动，促进了风险领域的开放与公民的参与，有利于建立良性循环的信任关系，从而促进社会的风险沟通。

## 第四节　倡导风险社会中公众媒介素养教育

"风险社会"日益成为媒介化社会流行的关键词。作为一种重要文化

①〔德〕迈诺尔夫·迪尔克斯、克劳迪娅·冯·格罗特：《在理解与信赖之间：公众、科学与技术》，田松等译，北京理工大学出版社 2006 年版，第 292—293 页。

② 赵万里、王红昌：《自反性、专家系统与信任——当代科学的公众信任危机探析》，《黑龙江社会科学》2012 年第 2 期，第 90 页。

③ 王树生：《风险社会中的知识生产、利益框架与公众批判》，《自然辩证法研究》2007 年第 8 期，第 67 页。

形式，媒介建构与定义了受众的风险认知。在一个商业化的媒介系统中，大部分节目生产考虑的不是公民教育而是观众的收视率，接近使用媒介本身就存在风险①。媒介消费本身就可能带来生活方式选择的风险，同时，电视卡通、广告以及电视剧等常常向儿童展示暴力、色情等负面内容。媒介素养教育有助于学生获取类似香烟、酒精等风险产品的信息，并选择负责任的生活方式（如休闲方式）；可以减少与媒介使用有关的风险，并培育比较健康的生活方式②。利用信息传播媒介进行社会反思性监控是必然的选择，公众的媒介素养又从整体上影响媒体的风险传播。受众如何解读风险报道并参与风险传播过程，不仅与媒体报道有关，也与其自身的媒介素养有关。

## 一、公众的媒介素养缺失：受众"风险想象"与风险的社会放大或弱化

"风险的社会放大与弱化"理论认为，灾难事件与心理、社会、制度与文化交互作用的方式会加强或消减对风险的感知并塑造风险行为，这反过来造成新的社会或经济后果，其后果远远超过了对健康或环境的直接伤害，如导致对制度丧失信心、污名化、脱离共同体事务等间接影响③。在不完全信息的博弈中，基于媒介素养缺失的、风险的社会放大或弱化的媒体后果倍受关注。

在缺乏媒介素养的公众那里，传闻也可能被"再生"，风险被放大。1994 年春天，当有关危地马拉"恐慌潮"（传说美国人来绑架儿童并割掉其主要器官，送到美国作器官移植）的新闻故事和图片出现在传媒上，全球主流媒体广泛报道了偷盗儿童器官的故事。作为一个虚构故事的传闻，借助全球媒体的报道大量繁殖并被赋予真实性，这给世界带来一系列完全不同的风险。以拐骗第三世界儿童并盗窃器官为目的的跨国收养，被编织进偷盗儿童器官的报道之中。器官移植技术与利润丰厚的全球器官市场是风险之所在，贫困国家的贫困儿童成为风险的主要目标。

媒体的报道模糊了传闻的真实性与虚构性的界限，也撩拨了受众的

①　Kline S.，1993：Out of the garden：Toys and children's culture in the age of TV marketing，Toronto：Garamond Press.

②　Stephen Kline，2006：Media Literacy in the Risk Society：Toward a Risk Reduction Strategy，Canadian Journal of Education，29(1)：141.

③　Kasperson & Kasperson，1996：The Social Amplification and Attenuation of Risk. The Annals of the American Academy of Political and Social Sciences，545：95 – 106.

"风险构想"，偷盗儿童器官的风险议题通过一个认可和合法化的社会过程或"问题化"而形成。传闻不仅被媒体和民间舆论所复制，而且不停地修饰变化、自我生成或再生。对器官移植技术风险与身体完整性丧失的恐惧，体现了公众整体的"风险想象"或合理的恐惧。超过现有证据的传闻，抓住了公众想象力的丰富与媒介批判力的缺失，刺激了受众的焦虑与恐惧。反击传闻的策略就是利用全球媒体将偷盗儿童器官重新展现为一个虚假的传闻。

## 二、"风险社会"的公众媒介素养：从批判到参与

始于 20 世纪 80 年代末期"风险传播"研究大致有两个取向：将风险传播视为一种机构、个人、团体的公关策略，其研究焦点在于如何运用媒体来达成自我宣传；或者将风险传播视为"专家对非专家的传播"，将公众视为无知的行动客体。它们都意识到传媒的风险告知、倾听、言说和影响功能，重视专家知识及专业权威以达到制定政策的目标，却忽视了公众的风险认知与民主参与。新近的研究则开始重视如何与民众互动、让民众参与决策，即重视民众的参与以获得良好的风险沟通结果。风险传播是一个以公众感知为基础的、多元复杂的、信息互动与民主对话的过程，体现了风险传播的责任伦理与此一致，媒介素养教育也超越了"保护主义"的初衷，从公众的媒介批判走向公民的媒介参与。

20 世纪 30 年代诞生于西方的"媒介素养"（Media literacy）概念，是作为一种防疫性的意识存在，主要是指"媒介批判意识"，是作为大众文化滥觞的对立物而存在的。其预设的理论前提是：传媒具有巨大的影响力，受众（特别是儿童）在这种影响面前是脆弱的、易受伤害的。媒介素养是指人们获取、分析、评价和传播各种媒介信息的能力，以及使用各种媒介信息服务于个人的工作与生活所需的知识、技巧和能力[1]，具体包括：认识大众传媒及其所传递的信息，比如新闻再现与建构等；参与、使用媒介及其信息；受众克服群体压力和从众心理等的社会性交往能力。媒介素养教育实质关系到人们如何正确处理与媒介的关系问题。

针对媒介从业人员，媒介素养教育旨在培养其新闻专业主义职业理念；针对受众，媒介素养教育旨在培养大众理性的媒介批评、媒介参与能力。因此，媒介素养包括识别和使用能力，即解放与赋权能力。电子媒介的繁盛造成媒体/传者与受众关系的重大转变，对媒介素养的认识也

---

① 张开：《媒介素养概论》，中国传媒大学出版社 2006 年版，第 99 页。

摆脱了"保护主义"的窠臼。这种"超越保护主义"的倾向，旨在使公民最大限度上建设性地利用媒体为社会的良性运行服务：获得进入多种媒介和接触各种媒介传播内容的路径，并能对此做出明智的选择；了解各媒介使用的独特传播技术和传播手段；懂得媒介的产品制作过程、制作目的，以及媒介如何应对其受众的反应；利用媒介表达思想和传播信息①。

　　进入世界风险社会，媒介素养教育是一种针对全体社会成员的终身教育。媒介素养的目标必须包括：为在一个充满风险的消费社会培养未来的公民。法国社会学家布尔迪厄（Bourdieu）等学者主张：首先承认人们沉浸于媒介文化之中，同时发展了一种批判的风险沟通策略，例如，教育公众"广告具有欺骗性"、"垃圾食品有害人体健康"、"看电视是浪费时间"等。

### 三、公众如何提高媒介素养并积极参与风险传播

　　科学共同体、政府、媒体、公众和非政府组织构成风险沟通的主体。媒介素养、科学素养与公民素养一起构成了公众参与风险传播、风险决策的重要素质与能力。就风险传播而言，媒介素养包括以下含义：能够认识和运用各种传播媒介，获取目标风险信息或知识；解读、批评和评估风险报道，以做出较为科学的风险决策；有效接近使用媒介，制作传播产品，参与社会的风险论争。

（一）公众对媒介风险报道的批判性解读

　　风险呈现与风险遮蔽并存。新闻报道碎片化，新闻议题的快速切换以及媒体"娱乐至死"，在误导受众对于"风险社会"的真切认知的同时，极大地遮蔽了我们周围需要关注的许多潜在的风险，大大降低社会风险的社会能见度。

　　"绿色和平"组织与壳牌公司就弃置"布伦特司帕"（Brent Spar）石油钻井平台所展示的争议，为我们提供了一个复杂的风险传播个案。政府、企业、NGO与大众传媒纷纷地被卷入风险争议之中。环境运动与媒体报道最后促使壳牌公司改变了先前的决定，同意在陆地上拆除并回收利用布伦特司帕。然而，风险报道一直缺少"布伦特司帕"残留石油的官方数据，"绿色和平组织"也过高估计了该数据。媒体报道的不足被公

① 〔英〕凯丽·巴查尔格特：《媒介素养与媒介》，张开译，《现代传播》2005年第2期，第19页。

众忽视，相反，"布伦特司帕"环境运动成为环境 NGO 里程碑式的活动。

因此，对风险报道的解读，需要一种理性的批判精神，这正如道格拉斯·凯尔纳所告诫：获得一种对媒体的批判性的读解能力，是个人和公民应对诱惑性环境的一种重要资源，有助于个人获得一种与占主导地位的媒体和文化打交道的力量，从而提升个人面对媒体文化的自主权与文化教养①。在强大的媒体文化与社会风险面前，批判性地解读已经成为信息时代公民必须具备的素养。在全球文化面前，中国人对"分析和批判媒体文化的方法和概念等"产生越来越浓厚的兴趣，这有助于形成全球性的启蒙和批判的意识。面对不同媒体、不同的利益集团通过传媒争夺风险话语权，受众也通过新媒体途径对传媒运作背后的权力机制予以批评。

（二）公众利用传播媒介参与风险沟通与风险决策

公民的媒介素养是一个现代公民的综合素质的具体体现。公民媒介素养教育旨在使受众在媒体面前具有一种批判的主体性特征，以提高社会文化品质与健全公民社会的发展。传统上，政府管理者与媒介习惯于将媒介素养教育交给媒介（包括媒介经营者、媒介制作者和媒介的管理者），媒介素养也变成新闻从业者应用技能的补充。

受众参与风险传播（包括提供风险信息、参与新闻传播与参与风险沟通等），不是新闻生产者倡导的"信息经济"理念所能诠释的。当风险或环境议题一旦被视为政治议题，则该议题虽然能见度得以提高，却似乎反而失去了讨论空间，甚至成为各利益集团的争论的工具。一旦该风险议题被视为纯粹的争论工具，不论议题是否得到妥善解决或充分讨论，都丧失了大众传媒在风险沟通中应担当的职能。联合国教科文组织早在1972 年就指出："民主教育必须教育每一个人向滥用宣传机器作斗争，向利用大众通讯媒体到处散布消息并进行诱惑的情况展开斗争，以及向这些媒体可能带来的破坏团结和'反教育'的危害展开斗争。"② 上述参与式和民主式的方法，无疑是一种自觉的媒介素养教育。在"风险社会"，科技与决策的风险不断生成，媒介素养研究及其社会实践所关心的终极问题，也就是如何将这种认知理念化为公众行动，其中，媒介参与行为

---

① 〔美〕道格拉斯·凯尔纳：《媒体文化：介于现代与后现代之间的文化研究、认同性与政治》，丁宁译，商务印书馆 2004 年版，第 10 页。

② 联合国教科文组织国际教育发展委员会编著：《学会生存——教育世界的今天和明天》，中国人事出版社 1996 年版，第 120 页。

是受众通过所谓"赋权"强化其自身社会行动能力的有效途径。

媒介化信息已经成为公众风险信息与知识的最重要来源。但是，媒介化的信息充斥着商业主义幻影与意识形态①，形成一张重复主流价值与商业文化的传播网络。媒体的风险报道，不得不顾及媒介市场，媒介消费者或媒介生产者之间存在高度不平等关系。

进入"世界风险社会"，一旦公众缺乏对于新闻媒体信息以及新闻媒体运作方式的批判性认识，就无法全面、理性解读媒体传播的风险信息，也缺乏借助媒体进行风险沟通的能力。公众对媒体无知与偏激的态度，都不利于其民主素养的养成，也不利于社会民主化程度的提升。

媒介素养对于风险传播的基础性效用，有赖于其批判的态度以及对媒介生态与政治、经济环境的了解来解构与建构风险信息。媒介素养教育期望通过公民媒体素养的涵养，达成社会改变与社会改革的目的。传媒与受众媒介素养的提升，不仅有利于风险信息或知识的传递、风险预警与风险批评，促进公众参与风险沟通与风险决策，还有利于健全的民主社会的形成。

## 第五节　在风险传播中坚守新闻专业主义理想

赫伯特·阿特休尔（J. Herbert Altschull）在《权力的媒介》中说到："新闻专业主义就是指，新闻媒介摆脱外界干涉，摆脱来自政府、广告商甚至公众的干涉；新闻媒介为实现'公众的知晓权'服务；新闻媒介探求真相，反映真理；新闻媒介客观公正地报道事实。"② 陆晔和潘忠党将专业主义的基本原则概括为③：（1）传媒具有社会公器的职能，新闻工作必须服务于公共利益，而不仅限于服务政治或经济利益集团；（2）新闻从业者是社会的观察者、事实的报道者，而不是某一利益集团的宣传员，或政治、经济利益冲突的参与者或鼓动者；（3）他们是资讯流通的"把关人"，采纳的基准是以中产阶级为主体的主流社会的价值观念，而不是任何需要向社会主流灌输的意识形态；（4）他们以实证科学的理性标准

---

① Masterman, L., 1985; Teaching the media, London: Comedia Publishing Group, pp. 4.
② 〔美〕阿特休尔：《权力的媒介》，黄煜、裘志康译，华夏出版社1988年版，第282页。
③ 陆晔、潘忠党：《成名的想象：中国社会转型过程中新闻从业者的专业主义话语建构》，《新闻学研究》，2002年版，第71页。

评判事实的真伪，服从于事实这一最高权威，而不是臣服于任何政治权力或经济势力；（5）他们受制于建立在上述原则之上的专业规范，接受专业社区的自律，而不接受在此之外的任何权力或权威的控制。

新闻专业主义理念主要包括客观公正、自由独立、服务公众等①。其中，"客观性"原则被确立为新闻实践的一种专业意识形态。客观性原则既是一种道德理想，也是一套关于报道及编辑的原则和新闻写作样式②。客观性原则在写作层面体现为"客观报道"理念，在职业理想层面体现为一种"客观性规范"。"客观报道"是一种报道的呈现方式，如新闻要素齐全、采用倒金字塔结构、使用引号、增加更多的受访者和引语作为事实的支撑、注重将事实和评论分开等操作规则；作为职业理想的客观性或"客观性规范"，是坚信事实与价值的分离。在践行新闻专业主义理念中，风险传播就应坚持客观独立的报道，监视环境风险，维护公共利益与社会正义。

## 一、坚持风险报道的新闻专业主义理念

### （一）风险报道中新闻专业主义精神的缺失

贝克认为"产生于晚期现代性的风险在知识里可以被改变、夸大、转化或者削减，它们是可以随意被社会界定和建构的，因而掌握着界定风险的权力的大众媒体、科学和法律等专业，拥有关键的社会和政治地位。"③在争议性风险报道中，新闻业在强调"政治逻辑"、服务"商业逻辑"的同时，淡化的恰恰是对于职业存在的合法性而言最为需要的"公共逻辑"。

商业化竞争使得媒体的风险报道过于追求新闻时效性、戏剧性（或冲突性），误导公众的行为时有发生。这与新闻从业人员片面理解新闻价值或新闻惯例有关。Greenberg 等学者对美国 ABC、CBS 与 NBC 电视网晚间新闻（1984/1—1986/2）环境风险报道的研究表明：对环境风险的报道明显少于对飞机事故的报道，但事实上，环境风险导致癌症的灾祸，远远超过飞机坠毁的死亡概率。

报道的偏差也许源于这样的一个事实：记者依赖不当的消息来源却

① 黄旦：《传者图像：新闻专业主义的建构与消解》，复旦大学出版社 2005 年版；吴飞：《新闻专业主义研究》，中国人民大学出版社 2009 年版，第 29 页。
② Michael Shudson,2001:The Objectivity Norm in American Journalism. Journalism,2(2):149.
③ 〔德〕乌尔里希·贝克：《风险社会》，何博闻译，译林出版社 2004 年版，第 20 页。

不充分地质疑它们；科学界越来越多的公关措施；没有深入考察媒体的产业结构与记者是如何从事新闻报道的，以及记者对风险传播的调查研究不熟悉等。同时，媒体倾向于强调戏剧性或例外的情况、意见不一致和冲突，媒体只依赖单一的信息来源，媒体的报道还受到截稿时间与是否能接近专业知识的限制，这些都可能导致对少数有可能不正确或有偏见的消息来源的依赖。诸多因素导致风险报道有时丧失了其客观性。

（二）反身性自我批评与风险报道的"中立、客观、全面"

风险报道涉及专业性很强的报道领域，常常可以归入科技传播、健康传播、环境传播等范畴。媒介组织用人制度的改革为新闻业的持续发展提供了不竭的动力，但是，在过于强调与"新闻线路"相对应的专业知识的同时，却忽视了记者本身应秉持的新闻专业品格。这一现象可能导致不恰当的甚至错误的风险沟通，扩散、放大风险并成为新的风险来源。

虽然，风险的知识不确定性与潜隐性挑战了传统新闻学理论，但媒介在自我批评中坚持反身性策略将会重构"新闻专业主义"理念。在风险传播研究者看来，平衡报道的理念可能会弱化风险的重要性及其严重后果。在"中立、客观、全面"的"新闻专业主义"旗帜下，媒体只是提供各种"专家解释"，而专家之间互不认同，使大众迷失于风险的丛林之中。记者借助专家来实现平衡报道，也是一种规避风险的报道策略，其结果是有问题的永远是专家，没问题的永远是媒体[①]。但在反身现代性的背景下，"常民知识"与"专家知识"的竞逐，自然学科的科学家与人文社会科学领域的学者争论，始终使媒体对风险后果保持一种警惕，这突破了以往风险报道消息来源的局限性，建构了开放式的风险公共领域，即建立一个充满弹性和极为宽容的传播（沟通）伦理机制，召唤所有可能的力量来参与风险对话。

## 二、提高记者的科学素养

（一）风险视域下的科学家与记者：数学模型与新闻故事

科学家不仅习惯于用数学模型和概率来评估风险，而且总是力求提供完整的实验过程、科学数据与事实、量化分析。科学家的专业主义精神吻合科学研究的需要，但他们所提供的科学信息很难吸引媒体与受众

---

① 马凌：《风险社会语境下的新闻自由与政府责任》，《南京社会科学》2011年第6期，第38页。

的兴趣，因为记者与科学家对风险的呈现方式是不同的。如果说科学家用数学模型与概率来评估风险，记者则依据新闻价值判断来讲述风险故事。

媒体是动态风险信息的解释者与调和者，公众利用多元的信息渠道和知识（个人经验、草根知识与媒介化信息），理解风险问题并对媒体做出回应，媒体则回应和反映社会偏好和关心的问题。商业压力促使媒体关注恐慌题材的"爆料"，却忽视了风险报道的科学性；调查报道的缺失导致对易得的和化约的新闻的追求；利用风险争议与不确定性吸引受众的眼球；风险议题的优先顺序；压力团体的媒体控制，在风险的社会放大或弱化过程中起到重要的作用。

在美国，科学新闻记者通常需具备两种能力：一是了解科学术语、方法与哲学的能力，二是比处理一般社会或灾难新闻还要高明的传播能力[1]。风险故事的讲述要不背离风险科学的内涵，记者不仅要具备必要的科学素养，还要具备一定的科学传播能力，如对科学理论与数据的"转译"能力，即将复杂的风险知识转化新闻的表述。有些国家甚至明确规定：从事工业报道的记者，必须具有工程师资格证书；从事农业报道的记者，必须具有园艺师资格证书；体育记者要达到二级运动员水平；卫生记者要具备医师资格证书[2]。

作为一个民间的科学传播公益团体，科学松鼠会不仅为媒体提供了消息来源，也为记者的风险报道提供了传播经验。科学松鼠会的会员包括国内外高校科研专家、科幻迷、媒体从业者和科学迷。高科学素养与高科技普及能力是这一群体的重要特征。在 2011 年日本大地震引发的核泄漏事件中，核辐射的恐慌蔓延到国内，谣言四起。科学松鼠会利用新媒体（网络社区和微博等），摒弃传统的单向的科学传播模式，使用通俗话语并与公众及时互动，以一种轻松活泼又不失严谨的方式传播科学知识，满足了风险社会下公众对于科学的信息要求。

（二）风险报道中的消息来源：科技专家与人文社会学者兼顾

现代风险具有严重危害性、不确定性、不可见性、非经验性、全球性和公共性等特点。知识专家是风险报道的重要消息来源，这符合新闻生产的惯例。其中，风险报道的消息来源往往偏向自然科学的专家，忽

---

① 〔美〕H. 奎包姆：《科学与大众媒介》，谢瀛春译，台湾远流出版事业股份有限公司1994 年版。
② 刘海贵：《新闻采访写作新编》，复旦大学出版社 2004 年版，第 42 页。

视人文社会学者。消息来源的偏向，并不符合争议性风险报道的内在需求。

虽然风险报道与科学传播直接相关，但是，风险争议常常关涉道德伦理、政策规制、公众心理与社会文化等。因此，风险报道的消息来源不仅要有自然科学领域的专家，还应包括人文学科科学家，以深化对风险后果的理解。贝克认为"新闻自由"提供了很多"影响社会问题定义"的机会，为异议者开启了一定的话语空间。自然科学与人文社会科学的风险争论与充分沟通，有助于风险决策科学与民主。

（三）科学与公众："剂量决定毒性"与"绝对安全"的博弈

在健康风险报道中，毒理学的基本原则是"剂量决定毒性"，而受众心理特征是"宁可信其有不可信其无"，其心理期待的是"绝对安全"。根据"剂量决定毒性"的原则，当有害物质达到一个临界区域时，才会对健康造成危害，即风险转化为危机。在科学研究中，实验室环境下的药物反应不同于日常生活的消费选择，因此，媒体报道科学与否、理性与否将直接影响社会反应与公众行动。

媒体首先要保障公众的风险知情权，然后在"剂量决定毒性"的原则下进行风险预警，让公众做出自己的风险选择。

### 三、科学精神与新闻专业主义理念的融合

"记者的精神脊柱是人性。科学记者可以将科学与人性结合起来衡量事物，这是科学记者的特权。忘记和忽视人性的科学记者也就不配称为记者了。科学记者不能仅仅充当科学信息的传播者和解说者，他们首先应当是人类根本利益的捍卫者。"① 媒体在对潜在或现实的风险适时发出严重警示的同时，也要保持科学、理性的态度，尽量充分提供关于风险沟通与批判的信息。日本福岛核泄漏危机之后，有研究者指责媒体并未质疑过日本核电的安全性。日本媒体不愿刺痛这个曾经历过核伤痛的国家及其核梦想，也就丧失核风险中的传媒的"环境监测"功能。

从事风险报道的记者，应具备一定的科学素养和科学精神。科学精神在某种意义上可以体现为一种新闻专业主义精神。作为专业水准的体现与方法论的指导，科学精神贯穿于风险报道的全过程之中，包括新闻价值判断、权威消息来源的使用、多方消息来源的核实以及报道的客观等。

---

① 〔日〕本田一二：《日报科技报道史话》，刘明华译，新华出版社 2004 年版，第 330 页。

# 结　语

随着科技越来越深入到日常生活，风险也逐渐日常化与公共化。进入"世界风险社会"，潜隐的风险的主观与治理以及社会风险的理性沟通，都有赖于媒体发挥"专家系统"构成部分应有的传播功能。因此，大众传媒必须更敏于风险信息与社会问题。相应地，社会越发需要更具参与性、更开放的风险管理机制与风险传播机制。

媒介在风险传播中的作用以及传媒的运行机制如何影响公众的风险认知与行为，越来越多地吸引了研究者的目光。在一个越来越媒介化的社会中，媒体的风险报道，将深刻地影响社会对争议性风险的认知与行动后果。大众传媒不仅被当作是影响风险认知的因素，还被当作是类似于科学家或公众、有着独特的运行机制的沟通主体。

媒介依然是风险沟通管理的重要构成部分，这为热衷风险传播研究的科学界以及设计与执行风险传播策略的风险控制者所承认。既然风险的新闻再现是一种媒体建构，那么，大众传媒如何促进有效的风险沟通就成为一个非常重要的研究问题。从风险决策的正当性角度看，媒体为公众、社会团体等提供充足的风险情境信息与背景知识，使他们能参与对话，参与风险决策过程。在西方的风险传播中，甚至在公民会议模式下，风险沟通的整个程序对大众传媒开放，旨在通过媒体的报道能让全体公众关注风险议题。

媒体是风险社会的建构、预警、批评、沟通机制，其风险再现体现的是一种再现的政治。正因为风险是一种社会建构，各风险沟通主体都谋求媒介的风险话语权，以维护特定的风险定义与利益。改进风险传播的原则与方法，有助于增加风险信息到达受众的可能性，但这并不能保证风险沟通的成效。即使在一个民主社会的框架中，风险沟通是一个复杂困难的传播远景，但是以受众为中心的"公共参与"永远是风险传播的核心议程。

对风险传播的深入讨论存在国情的差异，但都是基于一种新闻理想。

在风险传播中，这种新闻理想，体现为基于大众传媒的、科学、民主的风险沟通。良性的风险沟通应该是积极、开放、透明的，透过多元的风险信息传播或风险论述的竞争，减少社会对科技与决策争议的无知或不必要的误解。而多元风险论述的竞逐，有助于达到较好的社会学习效果。如果媒体对于相关风险的报道大多采取吹捧、宣传的态度，而少有批判、反省的声音；或者夸大风险的负面因素、引发社会恐慌，都折射出风险传播的失灵。事实上，无论是技术官僚、科学界、新闻记者、社会公众、NGO 等对媒体的风险沟通的反思仍然有待深入。

在现代社会，公众对大众传媒的风险呈现与风险沟通，寄予了更多的期望。对风险沟通主体而言，理解风险传播的过程以及所受到的限制，比诅咒偶尔的、令人失望的结果更卓有成效。这样，我们所需的是改善风险传播的方式，帮助专家与决策者理解新闻记者为何、如何报道风险，帮助记者理解专家和决策者如何思考并相互影响。

风险传播的研究既要加强对风险交流的策略研究，又要对媒体的风险沟通进行批判性的反思。协商民主与公共新闻学是重构风险传播的策略之一，但这种新闻理想必须与一定的制度安排、新闻专业主义理念等结合，才能有效促进社会的风险沟通。因此，在研究媒体的风险传播与风险民主时，离不开当下的风险情境、新闻改革以及政治文明。

# 中外文参考文献

## 一、中文部分

1. 〔英〕安东尼·吉登斯、克里斯多弗·皮尔森:《现代性——吉登斯访谈录》,尹宏毅译,新华出版社 2001 年版。
2. 〔英〕安东尼·吉登斯:《超越左和右:激进政治的未来》,李惠斌、杨雪冬译,社会科学文献出版社 2001 年版。
3. 〔英〕安东尼·吉登斯:《失控的世界——全球化如何重塑我们的生活》,周红云译,江西人民出版社 2001 年版。
4. 〔英〕安东尼·吉登斯:《现代性的后果》,田禾译,南京译林出版社 2000 年版。
5. 〔英〕安东尼·吉登斯:《现代性与自我认同:现代晚期的自我与社会》,赵旭东、方文译,生活·读书·新知三联书店 1998 年版。
6. 〔英〕安东尼·吉登斯编:《在边缘:全球资本主义生活》,达巍等译,生活·读书·新知三联书店 2003 年版。
7. 〔英〕安东尼·吉登斯:《气候变化的政治》,曹荣湘译,社会科学文献出版社 2009 年版。
8. 〔英〕安吉拉·默克罗比:《后现代主义与大众文化》,田晓菲译,中央编译出版社 2006 年版。
9. 〔德〕奥尔特温·雷恩、〔澳〕伯内德·罗尔曼:《跨文化的风险感知》,赵延东、张虎彪译,2007 年版。
10. 〔英〕芭芭拉·亚当、约斯特·房龙、〔德〕乌尔里希·贝克、编著:《风险社会及其超越:社会理论的关键议题》,赵延东、马缨等译,北京出版社 2005 年版。
11. 〔美〕保罗·斯洛维奇编著:《风险的感知》,赵延东等译,北京出版社 2007 年版。
12. 〔美〕本·H. 贝戈蒂克安:《媒体垄断》,吴靖译,河北教育出版社 2004 年版。
13. 〔美〕本尼迪克特·安德森:《想象的共同体:民族主义的起源与散布》,上海世纪出版集团 2005 年版。
14. 〔日〕本田一二:《美日科技报道史话》,刘明华译,新华出版社 2004 年版。
15. Bernard Roshco:《制作新闻》,姜雪影译,远流出版公司 1994 年版。
16. 〔美〕彼德·菲利普斯、禁发新闻项目组:《美国禁发新闻》,张晓译,光明日报出版社 2000 年版。
17. 〔波兰〕彼得·什托姆普卡:《信任——一种社会学理论》,程胜利译,中华书局 2005 年版。
18. 〔美〕C. 赖特·米尔斯:《社会学的想象力》,陈强、张永强译,生活·读书·新知三联书店 2001 年版。

19. 蔡启恩：《从传媒生态角度探讨西方的环保新闻报道》，《新闻大学》2005 年第3 期。

20. 蔡启恩：《谈政府和传媒在风险传播中的作用——以粤港跨境污染为例》，《国际新闻界》2005 年第 3 期。

21. 蔡雯：《美国"公共新闻"的历史与现状（下）——对美国"公共新闻"的实地观察与分析》，《国际新闻界》2005 年第 2 期。

22. 〔英〕查斯·克里彻：《道德恐慌与媒介》（英文影印版），北京大学出版社 2007年版。

23. 陈家刚：《风险社会与协商民主》，《马克思主义与现实》2006 年第 3 期。

24. 陈静茹、蔡美瑛：《全球暖化与京都议定书议题框架之研究——以 2001—2007 年纽约时报新闻为例》，《新闻学研究》，2009 年总第 100 期。

25. 陈力丹：《舆论学——舆论导向研究》，中国广播电视出版社 1999 年版。

26. 陈世敏：《"健康传播"话从头》，《传播研究简刊》2003 年第 33 期。

27. 陈剩勇、杜洁：《互联网公共论坛：政治参与和协商民主的兴起》，《浙江大学学报（人文社会科学版）》2005 年第 3 期。

28. 陈晓云、吴宁：《中国转型期社会冲突观念的重构》，《华中科技大学学报（社会科学版）》2003 年第 4 期。

29. 陈璇：《风险社会与美国的转基因纷争》，《读书》2007 年第 2 期。

30. 陈绚：《谈新闻悖论》，《国际新闻界》2005 年第 1 期。

31. 陈映芳：《图像中的孩子——社会学的分析》，山东画报出版社 2003 年版。

32. 陈岳芬：《风险社会危机传播困境之分析》，《暨南学报（哲学社会科学版）》2008 年第 6 期。

33. 陈智杰：《机构的风险责任与公共论述——传媒呈现香港汇丰控股负面消息的个案研究》，《传播与社会学刊》2010 年第 15 期。

34. 〔英〕大卫·丹尼：《风险与社会》，马缨等译，北京出版社 2009 年版。

35. 〔美〕黛安娜·克兰主编：《文化社会学——浮现中的理论视野》，王小章、郑震译，南京大学出版社 2006 年版。

36. 〔美〕戴维·阿什德：《传播生态学：控制的文化范式》，邵志择译，华夏出版社2003 年版。

37. 〔英〕戴维·莫利、凯文·罗宾斯：《认同的空间：全球媒介、电子世界景观与文化边界》，司艳译，南京大学出版社 2001 年版。

38. 方汉文：《后现代主义文化心理：拉康的理论》，《国外社会科学》1998 年第 6 期。

39. 〔美〕弗兰·R.迈特拉、雷·J.阿尔提格：《公关造势与技巧：通向 21 世纪的桥梁》，欧阳旭东译，中国人民大学出版社 2005 年版。

40. 〔英〕弗兰克·富里迪：《知识分子都到哪里去了》，戴从容译，江苏人民出版社2005 年版。

41. 〔美〕弗兰克·富里迪：《恐惧》，方军、张淑文、吕静莲译，江苏人民出版社2004 年版。

42. 〔奥〕弗洛伊德：《精神分析引论》，高觉敷译，商务印书馆 2004 年版。

43. 〔荷〕盖叶尔、佐文编：《社会控制论》，黎鸣等译，华夏出版社 1989 年版。

44. 格拉斯哥大学媒介研究小组、〔英〕约翰·埃尔德里奇主编：《获取信息——新闻、真相和权力》，张威、邓天颖译，新华出版社 2004 年版。

45. 顾忠华：《风险社会中的风险治理——SARS 事件的启示》，《当代》2003 年第194 期。

46. 顾忠华:《"风险社会"的概念及其理论意涵》,《台湾政治大学哲学学报》1999 年第 69 期。

47. 顾忠华:《风险、社会与伦理》,《台湾政治大学哲学学报》1999 年第 5 期。

48. 顾忠华主编:《第二现代——风险社会的出路?》,台北:巨流 2001 年版。

49. 郭小平:《西方媒体对中国的环境形象建构——以〈纽约时报〉"气候变化"风险报道(2000—2009)为例》,《新闻与传播研究》2010 年第 4 期。

50. 郭小平:《城市废弃物处置的风险报道:环境议题分化与"环境正义"的诉求》,《中国地质大学学报(社会科学版)》2011 年第 1 期。

51. 郭小平:《风险传播视域的媒介素养教育》,《国际新闻界》2008 年第 8 期。

52. 郭小平:《风险传播的"公共新闻学"取向》,《兰州学刊》2008 年第 8 期。

53. 郭小平:《"怒江事件"中的风险传播与决策民主》,《国际新闻界》2007 年第 2 期。

54. 郭小平:《西方风险传播研究的范式转换》,《中国传媒报告》2006 年第 3 期。秦志希、郭小平:《论"风险社会"危机的跨文化传播》,《国际新闻界》2006 年第 3 期。

55. 郭小平:《论电视在危机传播中的社会动员》,《中国广播电视学刊》2008 年第 4 期。

56. 郭小平:《风险沟通中环境 NGO 的媒介呈现及其民主意涵》,《武汉理工大学学报(社会科学版)》2008 年第 5 期。

57. 郭小平:《地震灾害、创伤记忆与媒体的"心理危机干预"》,《成都理工大学学报(社会科学版)》2010 年第 4 期。

58. 郭小平:《环境 NGO 风险沟通的媒介策略》,陈先红、何舟主编:《新媒体与公共关系研究》,武汉大学出版社 2009 年版。

59. 郭小平:《环境风险与迪斯尼动画片的生态文化传播》,《南方电视学刊》2009 年第 5 期。

60. 郭小平:《灾难片的生态危机意识与生态文明的影像传播》,《今传媒》2009 年第 1 期。

61. 郭小平:《纪录片〈南京〉与创伤记忆的影像书写》,《社会观察》2008 年第 7 期。

62. 郭小平:《危机传播中电视主持人职业心理创伤的危机干预》,《现代视听》2008 年第 11 期。

63. 郭小平:《论传媒对受众"风险认知"的建构》,《大众传媒》2007 年第 2 期。

64. 郭小平:《危机传播中的新闻发言人制度》,《中国广播电视学刊》2006 年第 3 期。

65. 郭小平:《危机报道中媒体的"心理干预"策略》,《电视研究》2004 年第 2 期。

66. 郭小平:《金融"信息操作"与媒体责任——从"活力门事件"看传媒对金融风险的监控》,《声屏世界》2006 年第 11 期。

67. 郭小平:《网民的"群体极化"倾向与网络的"符号暴力"》,张磊主编:《和谐社会、公民社会与大众媒介》,中国传媒大学出版社 2009 年版。

68. 郭于华:《天使还是魔鬼——转基因大豆在中国的社会文化考察》,《社会学研究》2005 年第 1 期。

69. 〔德〕哈贝马斯:《公共领域的结构转型》,曹卫东等译,学林出版社 1999 年版。

70. 〔德〕哈贝马斯:《事实与规范之间:关于法律和民主法治国的商谈理论》,童世骏译,三联书店 2003 年版。

71. 〔瑞士〕汉斯达克·克里西、〔德〕鲁德·库普曼斯、〔荷〕简·威廉·杜温达克、〔美〕马可·G.朱格尼:《西欧新社会运动——比较分析》,张枫译,重庆出版社 2006 年版。

72. 〔美〕赫伯特·阿特休尔：《权力的媒介》，黄煜等译，华夏出版社 1989 年版。

73. 胡百精：《危机传播管理》，中国传媒大学出版社 2005 年版。

74. 胡泳：《谣言作为一种社会抗议》，《传播与社会学刊》2009 年总第 9 期。

75. 黄旦：《传者图像：新闻专业主义的建构与消解》，复旦大学出版社 2005 年版。

76. 黄懿慧：《科技风险认知与沟通问题》，《民意研究季刊》1994 年第 188 期。

77. 黄懿慧：《风险社会与危机传播》，《传播与社会学刊》2010 年第 15 期。

78. 黄浩荣：《风险社会下的大众媒体：公共新闻学作为重构策略》，《国家发展研究》2003 年第 3 卷第 1 期。

79. Jeffrey A.McNeely：《外来入侵物种问题的人类行为因素：环球普遍观点与中国现状的联系》，原载于汪松、谢彼德、解焱主编：《保护中国的生物多样性》（二），中国环境科学出版社 2001 年版。

80. 〔美〕托德·吉特林：《新左派运动的媒介镜像》，张锐译，华夏出版社 2007 年版。

81. 〔英〕吉尔德·德兰逊：《社会科学——超越建构论和实在论》，吉林人民出版社 2005 年版。

82. 贾士荣：《转基因作物的安全性争论及其对策》，《生物技术通报》1999 年第6 期。

83. 景军：《泰坦尼克定律：中国艾滋病风险分析》，《社会学研究》2006 年第 5 期。

84. John S. Dryzek：《不同领域的协商民主》，王大林摘译，《浙江大学学报（人文社会科学版）》2005 年第 3 期。

85. 〔德〕卡尔·曼海姆：《卡尔·曼海姆精粹》，徐彬译，南京大学出版社 2002 年版。

86. 〔美〕凯斯·R. 孙斯坦：《风险与理性：安全、法律及环境》，师帅译，中国政法大学出版社 2005 年版。

87. 〔美〕科塞：《社会冲突的功能》，孙立平等译，华夏出版社 1989 年版。

88. 〔英〕克里斯托弗·卢茨主编：《西方环境运动：地方、国家和全球向度》，徐凯译，山东大学出版社 2005 年版。

89. 〔英〕雷吉斯特·拉尔金：《风险问题与危机管理》，谢新洲等译，北京大学出版社 2005 年版。

90. 李明颖：《科技民主化的风险沟通：从毒奶粉事件看网络公众对科技风险的理解》，《传播与社会学刊》2010 年第 15 期。

91. 李培林、覃方明主编：《社会学：理论与经验》（第 2 辑），社会科学文献出版社 2005 年版。

92. 李艳红：《一个"差异人群"的群体素描与社会身份建构：当代城市报纸对"农民工"新闻报道的叙事分析》，《新闻与传播研究》2006 年第 2 期。

93. 廖为建、李莉：《美国现代危机传播研究及其借鉴意义》，《广州大学学报（社会科学版）》2004 年第 8 期。

94. 林爱珺、吴转转：《政府应急管理中的风险沟通》，《北京航空航天大学学报（社会科学版）》2010 年第 5 期。

95. 林芳枚：《女性与媒体再现》，台北：巨流 1996 年版。

96. 林岩：《美国新闻记者与匿名消息来源》，《国际新闻界》2000 年第 5 期。

97. 凌燕：《中国电视新闻评论节目解读》，《二十一世纪》2002 年第 4 期。

98. 刘兵、李正伟：《布赖恩·温的公众理解科学理论研究：内省模型》，《科学学研究》2003 年第 6 期。

99. 柳建文：《"行动"与"结构"的双重视角：对中国转型时期群体性事件的一个

解释框架》,《云南社会科学》2009 年第 6 期。

100. 刘霞:《风险决策: 过程、心理与文化》, 经济科学出版社 1998 年版。

101. 刘亚猛:《追求象征的力量——西方修辞学研究》, 三联书店 2004 年版。

102. 刘燕华、葛全胜、吴文祥:《风险管理——新世纪的挑战》, 气象出版社 2006 年版。

103. 〔美〕刘易斯·科瑟:《阿伯瓦克与集体记忆》, 邱澎生译,《当代》1993 年第 91 期。

104. 〔美〕罗伯特·K. 默顿:《社会理论和社会结构》, 唐少杰、齐心等译, 译林出版社 2006 年版。

105. 〔美〕罗伯特·K. 默顿:《社会研究与社会政策》, 林聚任等译, 三联书店 2001 年版。

106. 罗刚、刘象愚主编:《文化研究读本》, 中国社会科学出版社 2000 年版。

107. 〔英〕罗杰·迪金森、拉马斯瓦米·哈里德拉纳斯、奥尔加·林耐编:《受众研究读本》, 单波译, 华夏出版社 2006 年版。

108. 〔美〕罗斯:《社会控制》, 秦志勇、毛永政译, 华夏出版社 1989 年版。

109. 〔德〕马丁·海德格尔:《林中路》, 孙周兴译, 上海译文出版社 1997 年版。

110. 〔美〕马克·丹尼尔:《风险世界: 掌握变动时代下的新策略》, 滕淑芬译, 汕头大学出版社 2003 年版。

111. 〔德〕马克斯·韦伯:《学术与政治》, 冯克利译, 三联书店 1998 年版。

112. 〔美〕玛丽恩·内斯特尔:《食品政治: 影响我们健康的食品行业》, 刘文俊、王莹、张国春译, 社会科学文献出版社 2004 年版。

113. 〔英〕马修·帕特森:《气候变化和全球风险社会政治学》, 周长银编译,《马克思主义与现实》2005 年第 6 期。

114. 马杰伟、陈韬文、黄煜、萧小穗、冯应谦、叶月瑜、罗文辉:《反思风险社会》,《传播与社会学刊》2011 年第 15 期。

115. 马凌:《新闻传媒在风险社会中的功能定位》,《新闻与传播研究》2007 年第4 期。

116. 〔美〕迈克尔·爱德华兹:《积极的未来》, 江西人民出版社 2006 年版。

117. 〔德〕迈诺尔夫·迪克斯等主编:《在理解与依赖之间: 公众, 科学与技术》, 田松等译, 北京理工大大学出版社 2006 年版。

118. 〔法〕莫里斯·哈布瓦赫:《论集体记忆》, 毕然、郭金华译, 上海人民出版社 2002 年版。

119. 〔英〕尼克·史蒂文森:《媒介的转型——全球化、道德和伦理》, 顾宜凡等译, 北京大学出版社 2006 年版。

120. 倪炎元:《再现的政治: 解读媒介对他者负面建构的策略》,《新闻学研究》第 58 期。

121. 〔英〕诺曼·费尔克拉夫:《话语与社会变迁》, 殷晓蓉译, 华夏出版社 2003 年版。

122. 欧训民、张希良、王若水:《全球气候变化信息传播扩散模型及实证分析》,《科学决策》2009 年第 6 期。

123. Paula Rabinowitz:《谁在诠释谁: 纪录片的政治学》, 游惠贞译, 台北远流出版公司 2000 年版。

124. 潘祥辉:《论中国语境下的危机事件与媒介制度变迁的内在关联——以汶川地震和群体性事件为例》,《传播与社会学刊》2010 年第 15 期。

125. 〔法〕皮埃尔·布尔迪厄:《关于电视》, 许钧译, 辽宁教育出版社 2000 年版。

126. 〔美〕皮帕·诺里斯:《新政府沟通——后工业社会的政治沟通》, 顾建光译, 上海交通大学出版社 2005 年版。

127. 〔英〕齐格蒙·鲍曼：《立法者与阐释者——论现代性、后现代性与知识分子》，洪涛译，上海人民出版社 2000 年版。

128. 〔英〕乔纳森·波特、玛格丽特·韦斯雷尔：《话语和社会心理学：超越态度与行为》，肖文明、吴新利、张擎译，中国人民大学出版社 2006 年版。

129. 〔美〕乔治·瑞泽尔：《后现代社会理论》，谢中立译，华夏出版社 2003 年版。

130. 乔同舟、李红涛：《农民工社会处境的再现：一个弱势群体的媒体投影》，《新闻大学》2005 年第 4 期。

131. 乔同舟：《乡村社会冲突中的利益表达与信息传播研究——兼论大众传媒的角色与作用》，《新闻与传播评论（2010 年卷）》，武汉大学出版社 2010 年版。

132. 秦志希、夏冠英：《当代中国媒介风险报道透视》，《武汉大学学报（人文科学版）》2006 年第 4 期。

133. 秦志希、刘敏：《新闻传媒的消费主义倾向》，《现代传播》2002 年第 1 期。

134. R. A. B. 皮埃尔、法兰克·苏瑞特：《美丽的新种子——转基因作物对农民的威胁》，许云错译，商务印书馆 2005 年版。

135. 〔美〕塞伦·麦克莱：《传媒社会学》，曾静平译，中国传媒大学出版社 2006 年版。

136. 〔美〕塞缪尔·亨廷顿：《变革社会中的政治秩序》，李盛平译，华夏出版社 1988 年版。

137. 〔美〕塞缪尔·亨廷顿：《文明的冲突与世界秩序的重建》，周琪等译，新华出版社 1998 年版。

138. 单波、黄泰岩：《新闻传媒如何扮演民主参与的角色？——评杜威和李普曼在新闻与民主关系问题上的分歧》，《国外社会科学》2003 年第 3 期。

139. 〔美〕斯坦利·巴兰、丹尼斯·戴维斯：《大众传播理论：基础、争鸣与未来》（第三版），曹书乐译，清华大学出版社 2004 年版。

140. 〔英〕斯图亚特·霍尔编：《表征》，徐亮、陆兴华译，商务印书馆 2003 年版。

141. 司景新：《共识的焦虑：中国媒体知识分子对社会风险的论述》，《传播与社会学刊》2010 年第 15 期。

142. 史安斌：《化危为机：风险社会中的危机传播》，《绿叶》2009 年第 8 期。

143. 宋明哲编：《现代风险管》，中国纺织出版社 2003 年版。

144. 〔美〕苏珊·桑塔格：《反对阐释》，程巍译，上海译文出版社 2003 年版。

145. 〔美〕苏珊·桑塔格：《疾病的隐喻》，程巍译，上海译文出版社 2003 年版。

146. 孙立平：《断裂：20 世纪 90 年代以来的中国社会》，社会科学文献出版社 2003 年版。

147. 孙立平：《失衡：断裂社会的运作逻辑》，社会科学文献出版社 2004 年版。

148. 孙立平：《转型与断裂：改革以来中国社会结构的变迁》，清华大学出版社 2004 年版。

149. 孙玮：《日常生活的政治——中国大陆通俗报纸的政治作为》，《新闻大学》2004 年冬季号。

150. 〔荷〕托伊恩·A. 梵迪克：《作为话语的新闻》，曾庆香译，华夏出版社 2003 年版。

151. 〔美〕W. 兰斯·班尼特：《新闻：政治的幻象》（第五版），杨晓红、王家全译，当代中国出版社 2005 年版。

152. 庹继光：《风险社会中的传媒监测功能及边界剖析》，《西南民族大学学报（人文社科版）》2008 年第 7 期。

153. 唐钧：《风险沟通的管理视角》，《中国人民大学学报》2009 年第 5 期。

154. 王建芹：《第三种力量》，中国政法大学出版社 2003 年版。

155. 王景平、廖学诚：《公共电视〈我们的岛〉节目中环境正义与媒体地方感之分析：以〈斯土安康〉影集为例》，《地理研究》（台湾）2006 年第 44 期。

156. 王绍光、胡鞍钢、丁元竹：《最严重的警告：经济繁荣背后的社会不稳定》，《战略与管理》2002 年第 3 期。

157. 温志强：《风险社会中突发事件的再认识——以公共危机管理为视角》，《华中科技大学学报（社会科学版）》2009 年第 2 期。

158. 文军：《承传与创新：现代性、全球化与社会学理论的变革》，华东师范大学2004 年版。

159. 翁秀琪、钟蔚文、简妙如、邱承君：《似假还真的新闻文本世界：新闻如何呈现超经验事件》，《新闻学研究》第 58 期。

160. 〔德〕乌尔里希·贝克：《风险社会》，何博闻译，译林出版社 2004 年版。

161. 〔德〕乌尔里希·贝克：《世界风险社会》，吴英姿、孙淑敏译，南京大学出版社 2004 年版。

162. 〔德〕乌尔里希·贝克、威尔姆斯：《自由与资本主义——与著名社会学家乌尔里希·贝克对话》，路国林译，浙江人民出版社 2001 年版。

163. 〔德〕乌尔里希·贝克：《全球风险世界：现在与未来——德国著名社会学家、风险社会理论创始人乌尔里希·贝克教授访谈录》，《新华文摘》2005 年第 12期，原载于《马克思主义与现实》2005 年第 1 期。

164. 〔德〕乌尔里希·贝克：《全球化危机：全球化的形成、风险与机会》，孙治本译，商务印书馆 1999 年版。

165. 〔德〕乌尔里希·贝克：《“9·11”事件后的全球风险社会》，王武龙编译，《马克思主义与现实》2004 年第 2 期。

166. 〔德〕乌尔里希·贝克、〔英〕吉登斯、拉什：《自反性现代化：现代社会秩序中的政治传统与美学》，赵文书译，商务印书馆 2001 年版。

167. 吴宜蓁：《危机传播——公共关系与语义观点的理论与实证》，五南图书出版公司 2002 年版。

168. 吴宜蓁：《危机沟通策略与媒体效能之模式建构——关于肠病毒风暴的个案研究》，《新闻学研究》2000 年总第 62 期。

169. 吴宜蓁：《运用网络社交媒体于风险沟通》，《传播与社会学刊》2010 年第 15 期。

170. 吴瑛：《危机传播需要的是什么》，《新闻记者》2005 年第 9 期 。

171. 吴予敏：《传播学知识论三题》，《深圳大学学报（人文社会科学版）》2001 年第 6 期。

172. 吴予敏：《论传播与人的反思性》（第六次全国传播学研讨会论文集），1999 年版。

173. 夏禾雨：《透过疫苗事件看新闻报道的风险性》，《新闻记者》2005 年第 9 期。

174. 〔英〕谢尔顿·克里姆斯基、多米尼克·戈尔丁编著：《风险的社会理论学说》，徐元玲、孟毓焕、徐玲等译，北京出版社 2005 年版。

175. 谢晓非、王惠、任静等：《SARS 危机中以受众为中心的风险沟通分析》，《应用心理学》2005 年第 2 期。

176. 谢晓非、李洁、于清源：《怎样会让我们感觉更危险——风险沟通渠道分析》，《心理学报》2008 年第 4 期。

177. 邢怀滨：《社会建构论的技术观》，东北大学出版社 2005 年版。

178. 徐美苓：《健康传播研究的回顾与展望：从国外到台湾》，原载于翁秀琪主编：

《台湾传播学的想象》（下），台北：巨流 2004 年版。

179. 徐美苓：《新闻乎？广告乎？医疗风险资讯的媒体再现与伦理》，《新闻学研究》第 83 期。

180. 徐美苓、丁智音：《小病微恙的真实再现——以"感冒"的新闻论述为例》，《新闻学研究》2004 年第 79 期。

181. 徐美苓、杨意菁：《台湾全球暖化风险沟通的常民认知》，《传播与社会学刊》2010 年第 15 期。

182. 许志晋、毛宝铭：《风险社会中的科学传播》，《科学学研究》2005 年第 4 期。

183. 薛晓源、周战超主编：《全球化与风险社会》，社会科学文献出版社 2005 年版。

184. 郇庆治：《80 年代末以来的西欧环境运动：一种定量分析》，《欧洲研究》2002 年第 6 期。

185. 杨伯溆：《从 SARS 爆发期看互动类媒介与大众媒介之间的关系》，《华中科技大学学报（社会科学版）》2004 年第 2 期。

186. 杨雪冬：《风险社会与秩序重建》，社会科学文献出版社 2006 年版。

187. 〔日〕伊藤公雄、桥本满编：《你好，社会学——社会学是文化学习》，社会科学文献出版社 2006 年版。

188. 〔英〕以赛亚·伯林：《自由论》，胡传胜译，译林出版社 2003 年版。

189. 〔英〕英国皇家学会：《公众理解科学》，唐英英译，北京理工大学出版社 2004 年版。

190. 〔英〕英国上议院科学技术专门委员会：《科学与社会》，张卜天、张东林译，北京理工大学出版社 2004 年版。

191. 〔英〕约翰·齐曼：《真科学》，曾国屏等译，上海科技教育出版社 2002 年版。

192. 〔英〕约翰·塔洛克：《电视受众研究——文化理论与方法》，商务印书馆 2004 年版。

193. 臧国仁：《新闻媒体与消息来源——媒介框架与真实建构之论述》，台北：三民书局 1999 年版。

194. 臧国仁、钟蔚文：《灾难事件与媒体报导：相关研究简述》，《新闻学研究》第 62 期。

195. 〔美〕詹姆斯·博曼、威廉·雷吉：《协商民主：论理性与政治》，陈家刚等译，中央编译出版社 2006 年版。

196. 〔英〕詹姆斯·卡伦：《媒体与权力》，董关鹏、史安斌译，清华大学出版社 2006 年版。

197. 〔美〕詹姆斯·R. 奇利斯：《灾难：科技前沿的教训》，黄德远译，中信出版社 2002 年版。

198. 〔英〕詹姆斯·库兰、〔美〕米切尔·古尔维奇：《大众媒介和社会》，杨击译，华夏出版社 2006 年版。

199. 赵鼎新：《社会与政治运动讲义》，社会科学文献出版社 2006 年版。

200. 张海波：《风险社会与公共危机》，《江海学刊》2006 年第 2 期。

201. 张洁、张涛甫：《美国风险沟通研究：学术革命、核心命题及其关键因素》，《国际新闻界》2009 年第 9 期。

202. 张涛甫：《风险社会中的环境污染问题及舆论风险》，《西南民族大学学报（人文社科版）》2008 年第 4 期。

203. 中国社会科学院哲学研究所编：《哈贝马斯在华演讲集》，人民出版社 2002 年版。

204. 钟新：《危机传播研究——信息流及噪音分析》，中国人民大学新闻学院 2005 年博士论文。

205. 周桂田：《独大的科学理性与隐没（默）的社会理性之"对话"——在地公众、科学专家与国家的风险文化探讨》，《台湾社会研究季刊》2004 年第 56 期。

206. 周桂田：《在地化风险之实践与理论缺口——迟滞型高科技风险社会》，《台湾社会研究季刊》2002 年第 45 期。

207. 周桂田：《争议性科技之风险沟通——以基因改造工程为思考点》，《生物科技与法律研究通讯》2005 年第 18 期。

208. 周桂田：《现代性与风险社会》，《台湾社会学刊》1998 年第 21 期。

209. 周君兰、毕盈、李盈谆：《摇头丸新闻报导之媒体建构——以中国时报、联合报、民生报与自由时报为例》，《传播与管理研究》2001 年第 1 卷第 1 期。

210. 周丽玲：《风险归因：媒体的风险话语生产与社会建构的核心议题》，《新闻与传播评论（2010 年卷）》，武汉大学出版社 2010 年版。

211. 朱元鸿：《风险知识与风险媒介的政治社会学分析》，《台湾社会研究季刊》1995 年第 19 期。

## 二、英文部分

1. Adams, William C. , 1993: "The role of media relations in risk communication", *Public Relations Quarterly*, 37(4): 28 – 32.

2. Akiko Fukumoto & Mary M. Meares, 2005: "Y2K and the Construction of Risk Perception in Newspapers in Japan and the United States," *Keio Communication Review*, 27: 99 – 115.

3. Allan, Stuar, 2002: "*Media, risk and science*," Philadelphia: Open University Press.

4. Allan, S. , B. Adam & C. Carter(Ed. ) , 2000: "*The Media Politics of Environmental Risks: Environmental risks and the media*," London: Routledge.

5. Alexander Görke, Matthias Kohring & Georg Ruhrmann, 2000: "Genetic engineering in the press: An international long – term analysis from 1973 to 1996. " *Publizistik – Vierteljahreshefte für Kommunikationsforschung*, 45(1): 20 – 37.

6. Alison Anderson, 1993: Sources – Media Relations: The Production of the Environmental Agenda, in Anders Hansen( ed. ) The Mass Media and Environmental Issues, Leicester: Leicester University Press.

7. Anderson, A. , 1997: "Media, culture and the environment. " London: UCL.

8. Antonia Lyons, 2000: "Examining Media Representations: Benefits for Health Psychology," *Journal of Health Psychology*, 5(3): 349 – 358.

9. Bell, A. , 1994: "Media ( mis) communication on the science of climate change. " *Public Understanding of Science*, 3(4): 259 – 275.

10. Bennet, P. & Calman S. K. ( eds. ) , 1999: "*Risk communication and public health*," New York: Oxford University Press.

11. Blood RW & Holland K, 2004: "Risky news, madness and public crisis: A case study of the reporting and portrayal of mental health and illness in the Australian press. " *Journalism*, 5(3): 323 – 342.

12. Breakwell, G. M. Barnett, J. , 2001: "*The impact of social amplification of risk on risk communication.* " Surrey University for HSE Books. (注: 此为 HSE 研究报告 CRR 332/2001)

13. Boykoff & Boykoff. ,2004: "Balance as bias: Global warming and the U. S. prestige press. "*Global Environmental Change*,14:125 – 136.

14. Calman, C. K. ,2002: "*Communication of risk: Choice, consent and trust, The Lancet,*" 360:166 – 168.

15. Chyi, H. I. & McCombs, M. ,2004: " Media Salience and The Process of Framing: Coverage of the columbine school shooting. "*Journalism and Mass Communication Quarterly*,81 (1):22 – 35.

16. Cohn, V. ,& Cope, L. ,2001: "*News and numbers: A guide to reporting claims and controversies in health and other fields,*"Ames: Iowa State University Press.

17. Coleman, C. L. ,1993: "The influence of mass media and interpersonal communication on societal and personal risk judgments. "*Communication Research*,20:611 – 628.

18. Covello, V. T. & Johnson, B. B. ,1987: "*The social and culture construction of risk: Issues, methods, and case studies,*"D. Reidel Publishing Company.

19. Craig Trumbo, ,1996: "Constructing climate change: Claims and frames in US news coverage of an environmental issue. "*Public Understanding of Science*,5(3):269 – 283.

20. David L. Altheide. ,2002: "*Creating Fear: News and the Construction of the Crisis,*"New York: Aldine de Gruyte.

21. Deborah Lupton,1999: "*Risk and Socialculture Theory,*"Cambridge University Press.

22. Dominique Brossard, James Shanahan, Katherine McComas. ,2004: " Are Issue – Cycles Culturally Constructed? A Comparison of French and American Coverage of Global Climate Change. "*Mass Communication & Society*,7(3):359 – 377.

23. Dorothy Nelkin, ,1987: "*Selling science: how the press covers science and technology,*"New York: W. H. Freeman and Company.

24. Douglas, Mary,1966: "*Purity and Danger: an analysis of the concepts of pollution and taboo. "*London: Routledge.

25. Douglas, M. & Wildavsky, A. ,1982: "*Risk and Culture. "*University of California Press.

26. Downs, Anthony. ,1972: "Up and down with ecology: the issue – attention cycle," *The Public Interest*,28:38 – 50.

27. Dunwoody, S. ,1994: "Community structure and media risk coverage,"*Risk, Health, Safety & Environment*,5:193 – 202.

28. Dunwoody, Sharon ,1992: The media and public perceptions of risk: how journalists frame risk stories, in Bromley, D. W. & Kathleen, Segerson( ed. )The Social Response to Environmental Risk: Policy Formulation in An Age of Uncertainty, Norwell, Massachusetts: Kluwer Academic Publishers, pp. 75 – 100.

29. Durrant, R. , Wakefield, M. , Mcleod, K. , Clegg – Smith, K. , & Chapman, S. ,2003: "Tobacco in the News: An Analysis of Newspaper Coverage of Tobacco Issues in Australia, 2001 ,"*Tobacco Control*,12:75 – 99.

30. Edy, Jill A. ,1999: "Journalistic uses of collective memory,"*Journal of Communication*,49 (2):71 – 85.

31. Frewer, Lynn,2004: "The public and effective risk communication,"*Toxicology Letters*, 149:392.

32. Funkhouser, G. R. ,& Maccoby, N. ,1973: "Tailoring Science Writing to the General Audience,"*Journalism Quarterly*,50(1):220 – 226.

33. Gamson W. A. ,1992:"Media images and social construction of reality,"*Annual Review of sociology*,18:373 -379.

34. Gamson,W. A. ,& Modigliani,A. ,1989:"Media discourse and public opinion on nuclear power: A constructionist approach. *American Journal of Sociology*,95(1):1 -37.

35. Glassner,Barry. ,1999:"*The Culture of Fear.* "New York: Basic Books.

36. Gordon,Judy A. ,1991:"Meeting the challenge of risk communication,"*Public Relations Quarterly*,47(1):28 -29.

37. Grossberg,L. ,E. Wartella & D. C. Whitney,1998:"*Mediamaking: Mass Media in a Popular Culture.* "London: SAGE.

38. Stuart Hall,1982:"The Rediscovery of Ideology: Return of the Repressed in Media Studies ."*Culture,Society and the Media.* London: Methuen.

39. Stuart Hal,1997:"*Representation: Cultural representations and signifying Practices,*"London: SAGE.

40. Handmer,Penning - Rowsell. (Eds. ),1990:"*Hazards and the Communication of Risk.* "Aldershot: Brookfield.

41. Jeffrey & Theresa,2006:"Place,Culture and the Social Amplification of Risk,"*Risk Analysis*,26(2): 437 -454.

42. John Sonnett,2010:"Climates of risk: A field analysis of global climate change in US media discourse,"1997 -2004. Public Understanding of Science,19(6):698 -716.

43. Jon Cracknell, 1993: "Issue Arenas, Pressure Groups and Environmental Agendas, in Anders Hansen( ed. )"*The Mass Media and Environmental Issues*,Leicester: Leicester University Press.

44. Julie Doyle,2011:Acclimatizing nuclear? Climate change,nuclear power and the reframing of risk in the UK news media. International Communication Gazette,73(1 -2):107 -125.

45. Katherine McComas & James Shanahan, 1999: "Telling Stories About Global Climate Change: Measuring the Impact of Narratives on Issue Cycles. "*Communication Research*, 26(1):30 -57.

46. Kitzinger,Jenny & Reilly,J. ,1997:"The Rise and Fall of Risk Reporting: Media Coverage of Human Genetics Research,False Memory Syndrome and Mad Cow Disease,"*European Journal of Communication.* 12(3):319.

47. Klaidman,S. ,1990:"How well the media report health risk,"*Daedalus*,119(4):119 -132.

48. Lacy,S. & D. C. Coulson. ,2000:Comparative case study: Newspaper source use on the environmental beat,Newspaper Research Journal,21(1):13 -25.

49. Lima,J,C. ,& Siegel,M. ,1999:"The Tobacco Settlement: An Analysis of Newspaper Coverage of a National Policy Debate,1997 -1998,"*Tobacco Control*,8(3):247 -253.

50. L. M. Walters,L. Wilkins,and T. Waters (Eds. ),*Bad tidings: Communication and catastrophe*, NJ: Lawrence Erlbaum Associates.

51. Mary Douglas. ,1992:"*Risk and Blame: Essays in Cultural Theory*,London: Routledge.

52. Matthew C. Nisbet,Bruce V. Lewenstein. ,2002:"Biotechnology and the American Media: The Policy Process and the Elite Press(1970 -1999),"*Science Communication*,23(4): 359 -391.

53. Mazur,A. ,1981:"Media coverage and public opinion on scientific controversies. "*Journal*

*of Communication*,31:106 - 115.

54. Mazur,A. ,& Lee,J. ,1993:"Sounding the global alarm: Environmental issues in the U. S. national news," *Social Studies of Science*,23:681 - 720.

55. Mazur,A. ,1984:"The journalist and technology: Reporting about Love Canal and Three Mile Island. "*Minerva*,22:45 - 66.

56. McCallum, D. B. , Hammond, S. L. , Covello, V. T. , 1991: "Communicating about health risk:How the public uses and perceives information sources," *Health Education Quarterly*, 18(3):349 - 361.

57. McManus,P. A. ,2000:"Beyond Kyoto? Media representation of an environmental issue," *Australian Geographical Studies*,38(3):306 - 319.

58. Menashe,C. L. ,& Siegel. M. ,1998:"The Power of a Frame: An Analysis of Newspaper Coverage of Tobacco Issues - United States,1985 - 1996," *Journal of Health Communication*,3(4):307 - 325.

59. Morgan,M. ,2002:"*Risk Communication: A Mental Model Approach*,"Cambridge University Press.

60. National Research Council. ,1989:"*Improving Risk Communication*,"Washington,D. C. : National Academy Press.

61. National Research Council. , 2002: "*Alerting America: Effective Risk Communication*," Sixth Natural Hazards Roundtable Forum,Washington D. C. : National Academies Press.

62. Nelkin,D. , 1995: "*Selling science: How the press covers science and technology*," New York: W. H. Freeman.

63. Nick Pidgeon, Roger E. Kasperson, Paul Slovic. , 2003: "*The Social Amplification of Risk.* "London: Cambridge University Press.

64. Niklas Luhmann,2000:"*The Reality of the Mass Media*,"Cambridge: Polity Press.

65. Pidgeon,Nick,Kasperson,and Slovic,2003) *The Social Amplification of Risk.* Cambridge: Cambridge University Press.

66. Powell,Douglas & Leiss,William ,1997:"*Mad Cows and Mother's Milk: The Perils of Poor Risk Communication.* "McGill - Queen's University Press.

67. Raul Reis. , 1999: "Environmental News: Coverage of the Earth Summit by Brazilian Newspapers. "*Science Communication*,21(2):137 - 155.

68. R. L. Heath( ed. ) ,2001:Handbook of Public Relations,London: Sage.

69. Robert J. Griffin & Sharon Dunwoody,1997:"Community Structure and Science Framing of News About Local Environmental Risks. "*Science Communication*,18:362 - 384.

70. Robert A. Stallings ,1990:"Media Discourse and the Social Construction of Risk," *Social Problems*,37(1):80 - 95.

71. Rubin, D. M. , 1987: "How the news media reported on Three Mile Island and Chernobyl," *Journal of Communication*,37(3):42 - 57.

72. S. Allan,B. Adam,C. Cater ,2000:"*Environmental Risks And the Media.* "London: Routledge.

73. Sharon Dunwoody. , 1994: " Community Structure and Media Risk Coverage," *Risk: Health,Safety and Environment*,5(3):193 - 202.

74. Sheldon Krismsky & Dominic Golding( eds. ) ,1992:"*Social Theories of Risk*,"Connecticut: Praeger.

75. Simon Cottle. , 1998: "Ulrich Beck, 'Risk Society' and the Media: A Catastrophic View?" *European Journal of Communication.* 13:5 – 32.

76. Singer, Eleanor, & Endreny, Phyllis M. , 1993: "*Reporting on Risk: How the mass media portray accidents, diseases, and other hazards,*" New York: Russel Sage Foundation.

77. S. M. Friedman, S. Dunwoody, C. L. Rogers. , 1999: "*Communication uncertainty: media coverage of new and controversial science,*" N. J. : L. Erlbaum Associates.

78. Starr, C. , 1969: "Social benefit versus technological risk." *Science,* 165:1232 – 1238.

79. S. Vettenranta. , 1996: "The Media's Reception of the risk associated with radioactive disasters." *Radiation Protection Dosimetry,* 68(3/4):287 – 291.

80. Taylor, Claire E. , Lee Jung – Sook & Davie, William R. , 2000: "Local Press Coverage of Environmental Content," *Journalism & Mass Communication Quarterly,* 77(1):175 – 192.

81. Tuckman, G. , 1978: "*Making News: A Study in the Construction of Reality,*" New York: Free Press.

82. Ulrich Beck. , 1992: "*Risk Society: Towards a new Modernity,*" London: Sage.

83. Warwick Blood & Kate Holland. , 2004: "Risky News, Madness and Public Crisis: A Case Study of the Reporting and Portrayal of Mental Health and Illness in the Australian Press." *Journalism,* 5(3):323 – 342.

84. Willis Jim, 1997: "*Reporting on Risks: The practice and ethics of health and safety communication,*" London: Praeger.